INSIDE OUT

1ª reimpressão: julho/2012
2ª reimpressão: novembro/2013

Título original: *Inside out: a personal history of Pink Floyd*

Primeira publicação pela Weidenfeld & Nicolson, Londres, 2004

Escrituras Editora e Distribuidora de Livros Ltda.
Rua Maestro Callia, 123 – Vila Mariana – São Paulo, SP – 04012-100
Tel.: (11) 5904-4499 – Fax: (11) 5904-4495
www.escrituras.com.br
escrituras@escrituras.com.br

Editor do original: Philip Dodd

Diretor editorial: Raimundo Gadelha
Coordenação editorial: Mariana Cardoso
Assistente editorial: Ravi Macario
Capa: Storm Thorgerson e Peter Curzon
Diagramação: Renan Glaser
Tradução: Alan Ianke
Revisão: Jonas Pinheiro e Carmen Barreto
Impressão: Arvato

Dados Internacionais de Catalogação na Publicação (CIP)
(Câmara Brasileira do Livro, SP, Brasil)

Mason, Nick
Inside out: a verdadeira história do Pink Floyd / Nick Mason; tradução Alan Ianke. – São Paulo: Escrituras Editora, 2012.

Título original: Inside out: a personal history of Pink Floyd.
ISBN 978-85-7531-424-1

1. Pink Floyd (Grupo musical) 2. Pink Floyd (Grupo Musical) – Biografia I. Título.
12-00501 CDD-782.421660922

Índices para catálogo sistemático:
1. Pink Floyd: Grupo musical: Biografia 782.421660922

Impresso no Brasil
Printed in Brazil

NICK MASON

INSIDE OUT
A verdadeira história do PINK FLOYD

Edição do original
Philip Dodd

Tradução
Alan Ianke

NOVA EDIÇÃO ATUALIZADA

escrituras
São Paulo, 2013

*Este livro é dedicado à Annete,
copilota, comotorista e quando
solicitada, perfeita esposa do rock
e também às crianças, primeira-
mente à Chloe, Holly, Guy e Cary,
mas também para toda a longânime
prole da banda, empresários e equipe.*

AGRADECIMENTOS

Primeiramente, obrigado a David Gilmour, Roger Waters e Richard Wright. E, por recorrerem às suas lembranças e pelo incentivo: Douglas Adams, Chris Adamson, Peter Barnes, Joe Boyd, Marc Brickman, Lindsay Corner, Jon Corpe, Nigel Eastway, Bob Ezrin, Jenny Fabian, Mark Fenwick, Mark Fisher, Peter Gabriel, Ron Gessin, A.A. Gill, Nick Griffiths, James Guthrie, Tony Howard, Andy Jackson, Peter Jenner, Howard Jones, Bob Klose, Mick Kluczynski, Andrew King, Norman Lawrence, Mike Leonard, Lindy Mason, Lise Mayer, Clive Metcalf, Dave Mills, Bryan Morrison, Steve O'Rourke, Alan Parker, Alan Parsons, Guy Pratt, Gerald Scarfe, Nick Sedgwick, Norman Smith, Tony Smith, Phil Taylor, Chris Thomas, Storm Thorgerson, Judy Trim, Snowy White, Robbie Williams, Peter Wynne Wilson e Juliette Wright.

Por ter ajudado o livro a se tornar uma realidade, obrigado, em primeiro lugar, a Philip Dodd, editor, copista e compulsivo fazedor de café, que acompanhou o trabalho desde os primeiros dias, e às vezes solicitado a sair e cobrar quando tudo parecia estar perdido. Obrigado também a Michael Dover da Weidenfeld & Nicolson, cujo entusiasmo pelo livro garantiu que ele fosse finalizado, e a toda a equipe de publicação, incluindo Jennie Condell, Kirsty Dunseath, Jenny Page, Justin Hunt, David Rowley, Mark Rusher e Mark Stay; ao pesquisador de fotografias Emily Hedges; e a David Eldridge e a Two Associates.

Por sua ajuda durante o caminho: à arquivista e colecionadora de artefatos Stephanie Roberts; aos pesquisadores Silvia Balducci, Jan Hogevold, Jane Jackson, Lidia Rosolia, Jane Sen e Madelaine Smith; à equipe da Ten Tenths de Julia Grinter, Stella Jackson, Michelle Stranis-Oppler e Paula Webb; Jonathan Green por ter me autorizado a usar sua própria pesquisa; e pela assistência e serviços de Elina

Arapoglu, Jane Caporal, Paul Du Noyer, Vernon Fitch, Matt Johns, Suzenna Kredenser, Chris Leith, Ray Mudie, Olympus Cameras, Tom O'Rourke, Shuki Sen, Rob Shreeve, Di Skinner, Paul Trynka, Sarah Wallace e Alan Williams.

Ao longo do livro, fui muito comedido na checagem dos nomes. Dado que literalmente centenas de pessoas trabalharam conosco através dos anos (nós tivemos uma equipe de mais de 200 pessoas na última turnê) o que se tornou impossível dar crédito e mencionar a todos. Peço desculpas a todos os heróis e heroínas não citados.

SUMÁRIO

OS DIAS NA "POLY" 1

Nick
Mason

ROGER WATERS apenas prestou-se a falar comigo depois de passada a maior parte dos seis meses em que estivemos estudando juntos na faculdade. Durante uma tarde, enquanto eu tentava me isolar do murmúrio gerado por quarenta colegas estudantes de arquitetura para que pudesse me concentrar no desenho técnico em minha frente, a longa e característica sombra de Roger passou pela minha prancheta. Embora tenha sistematicamente ignorado minha existência até aquele momento, Roger finalmente reconheceu em mim um empático espírito musical preso dentro do corpo de um arquiteto em formação. O encontro cósmico das constelações de Virgem e Aquário tinha ditado o nosso destino, e estava convencendo Roger para procurar uma maneira de unir nossas mentes em uma grande aventura criativa.

Não, não, não. Eu estou tentando fantasiar o mínimo possível. O único motivo pelo qual Roger importou-se em se aproximar de mim foi porque ele queria tomar emprestado o meu carro.

O veículo em questão era um Austin Seven "Chummy" o qual eu tinha comprado por vinte libras. A maioria dos adolescentes da época talvez escolhessem comprar um carro mais prático como um Morris 1000 Traveller. Entretanto, meu pai incutiu em mim uma paixão por veículos antigos e procurou esse carro em particular. Com a ajuda dele, recebi uma formação básica em engenharia mecânica enquanto aprendia como manter o "Chummy" funcionando. Roger devia estar mesmo precisando do carro para chegar ao ponto de pedir-me emprestado. A velocidade do Austin era tão lenta que houve um episódio no qual tive que transportar uma pessoa por puro constrangimento, pois eu estava indo tão vagarosamente que ela pensou que eu estava parando para responder positivamente ao seu pedido de carona. Eu disse para Roger que o carro não estava em condições de uso, o que não era totalmente verdade. Parte de mim estava relutante em emprestá-lo para qualquer um que fosse, mas penso também que achei Roger um pouco temerário. Quando ele me viu dirigindo o Austin pouco depois, ele sentiu o primeiro sabor da minha inclinação para ocupar aquela terra de ninguém entre a dissimulação e a diplomacia. Em uma ocasião anterior, Roger abordou Rick Wright, que também era um estudante da nossa classe, e pediu a ele um cigarro, uma solicitação que Rick recusou terminantemente; um sinal prematuro da lendária generosidade de Rick. Esses primeiros contatos sociais - durante a primavera de 1963 - continham as sementes dos relacionamentos que iríamos gozar e enfrentar pelos anos futuros.

O Pink Floyd emergiu da interseção de dois grupos de amigos: um era sediado nos arredores de Cambridge, de onde Roger, Syd Barrett, David Gilmour e vários futuros afiliados do Pink Floyd vieram; o outro - Roger, Rick e eu - reuniu-se no primeiro ano de um curso de arquitetura na Regent Street Polytechnic em Londres, que é onde começam as minhas lembranças de nossa história em comum.

De fato eu já me havia aposentado como baterista quando cheguei à Poly (desde então pomposamente renomeada Universidade de Westminster). A faculdade era sediada em Little Tichfield Street, perto da Oxford Street no centro do bairro de West End. A Poly, em retrospecto, parecia ser de uma época passada, com antiquados painéis de madeira remanescentes de uma gigante escola pública utilitarista. Até onde posso lembrar, não havia instalações para refeição no local, além de alguns equipamentos para preparar chá, mas a Poly - no coração da área de comércio em torno de Great Tichtfield e de Great Portland Streets - era cercada por cafés que serviam ovos, salsicha e batatas fritas até o meio-dia, quando "steak and kidney pie" e "jam roly-poly" eram o cardápio do dia.

A faculdade de arquitetura sediava-se em um edifício que alojava outras disciplinas correlatas e se tornou uma conceituada instituição.

Ainda havia uma metodologia de ensino bastante conservadora; na disciplina de História da Arquitetura por exemplo, o professor desenhava no quadro-negro uma reprodução imaculada da planta baixa do Templo de Khonsu, em Karnak, a qual se esperava que nós copiássemos, da mesma forma como se vinha fazendo havia trinta anos. Entretanto, a faculdade tinha recentemente introduzido a ideia de trazer professores convidados, tendo servido de anfitriã para alguns renomados arquitetos que estavam na fronteira do novo pensamento, incluindo Eldred Evans, Norman Foster e Richard Rodgers. Com certeza, a faculdade oferecia boas condições para a graduação.

Havia iniciado meus estudos em arquitetura sem grandes ambições. Certamente estava interessado no assunto, mas não particularmente comprometido com uma possível carreira. Tinha a sensação de que ser arquiteto seria uma boa maneira de ganhar a vida tanto quanto qualquer outra. Por outro lado não estava gastando meu tempo na academia sonhando me tornar um músico. Qualquer aspiração adolescente nesse sentido tinha sido eclipsada pela chegada da minha carteira de motorista.

Não obstante à minha moderada ambição, o curso oferecia uma variedade de disciplinas - incluindo belas-artes, artes gráficas e tecnologia - fato que me propiciou uma ampla base de conhecimento, e provavelmente explica porque Roger, Rick e eu, todos, em maior ou menor grau, compartilhávamos entusiasmo pelas possibilidades oferecidas pela tecnologia e efeitos visuais. Nos anos posteriores, nos tornaríamos fortemente envolvidos em tudo desde a construção de torres de iluminação passando pela concepção artística de capas de álbuns, engenharia de estúdio e de palco. Nossa formação em arquitetura nos permitiu o luxo de fazer comentários relativamente esclarecidos quando trazíamos os verdadeiros especialistas no assunto em pauta.

Para aqueles que prestam atenção em conexões tênues, meu interesse na mistura de efeitos técnicos e visuais provavelmente veio do meu pai, Bill, um diretor de documentários. Quando eu tinha dois anos de idade, ele aceitou um emprego na Shell Film Unit, e então nos mudamos do subúrbio de Birmingham em Edgbaston, onde eu havia nascido, para a zona norte de Londres, lugar em que passei minha adolescência.

Apesar do fato de meu pai não ter um talento musical específico, ele era definitivamente interessado em música, especialmente quando havia relação direta com um dos seus filmes. Nesses casos, ele podia se tornar bastante apaixonado por música, variando de *steel bands* jamaicanas à orquestra de cordas, jazz ou os mais selvagens improvisos elétricos de Ron Geesin. Ele também era fascinado por equipamentos de gravação, gravações-teste em estéreo, efeitos sonoros e carros de corrida; em várias combinações, interesses que acabei por herdar.

Entretanto, havia outras pistas de herança musical dentro da família: meu avô materno, Walter Kershaw, tocou em uma banda de banjos com seus quatro irmãos e teve uma peça musical publicada, chamada "The Grand State March". Minha mãe, Sally, era uma competente pianista, cujo repertório incluía a peça (hoje em dia politicamente incorreta) "Golliwog's Cakewalk" de Debussy. A coleção de discos de 78 rotações na nossa casa era ainda mais eclética, incluindo peças clássicas, canções do proletariado comunista interpretadas pelo Coral do Exército Vermelho, "The Teddy Bears Picnic" e "The Laughing Policeman". Sem dúvida, traços dessas influências podem ser encontrados em algum lugar da música do Pink Floyd – vou deixar a tarefa de encontrá-los para aqueles com mais energia. Tive algumas aulas de piano e de violino, mas elas falharam em revelar um prodígio musical e ambos os instrumentos foram abandonados.

Também confessarei uma misteriosa atração por Fess Parker cantando "The Ballad of Davy Crockett", um *single* lançado no Reino Unido em 1956. Mesmo naqueles dias, a profana relação entre a música e o *merchandising* claramente existia, uma vez que logo eu estaria ostentando um elegante chapéu de pele sintética de guaxinim primorosamente enfeitado com seu rabo arrojado.

Foi por volta dos meus doze anos quando o rock obteve o primeiro impacto na minha consciência. Lembro-me de lutar para ficar acordado até o fim das exortações de Horace Batchelor sobre o seu singular sistema de loteria esportiva na Radio Luxembourg, na esperança de poder ouvir "Rocking to Dreamland" na sequência da programação. Eu ajudei o *single* "See You Later Alligator" de Bill Halley chegar aos dez mais vendidos no Reino Unido em março de 1956, comprando uma cópia do disco de 78 rotações na loja de material elétrico local, e mais tarde naquele ano também gastei minhas economias para levar para a casa "Dont Be Cruel", de Elvis Presley. Ambos eram tocados no então moderníssimo gramofone da família que funcionava a eletricidade e era conectado a um equipamento que lembrava a cruza entre os armários feitos na época de Luís XIV e o painel de um Rolls Royce. Aos treze anos eu tinha o meu primeiro álbum em LP – Elvis Rock N' Roll. Esse álbum seminal foi comprado como primeiro LP por pelo menos dois outros membros do Pink Floyd, e por quase todos os músicos de rock da nossa geração. Não apenas era um fantástico novo estilo musical, mais ainda, para um adolescente rebelde o álbum vinha acompanhado do *frisson* adicional de receber o mesmo tipo de boas-vindas dos pais usualmente reservada para uma aranha de estimação.

Foi nessa época que parti com a minha mochila, usando calças curtas de flanela e o casaco da escola – este último cor-de-rosa com a barra preta e um broche em forma de cruz de ferro – para assistir à performance de Tommy Steele em um show de variedades na zona oeste de Londres. Eu estava sozinho. Aparentemente, nenhum dos meus colegas da escola estavam tão entusiasmados quanto eu. Tommy era a atração principal, as outras atrações eram ruins. Comediantes, malabaristas e outros refugiados das salas de concerto inglesas se esforçaram para esvaziar o salão antes de Tommy entrar, mas não arredei pé. E ele foi fantástico. Tommy cantou "Singing The Blues" e "Rock With The Caveman" soando exatamente como ele havia interpretado no programa "The Six-Five Special", o primeiro *pop show* da televisão no Reino Unido. Ele não era o Elvis, mas com certeza era a melhor coisa por vir.

No decorrer de alguns anos, gravitei em torno de um grupo de amigos da vizinhança que também havia descoberto o rock' n' roll, e formar uma banda nos pareceu uma excelente ideia. O fato de que nenhum de nós sabia tocar revelou-se apenas um pequeno contratempo, uma vez que não possuíamos nenhum instrumento. Consequentemente, decidir quem tocaria o quê foi quase uma loteria. Minha única ligação com o ato de tocar bateria era que Wayne Minnow, um jornalista amigo de meus pais, uma vez me trouxe um par de vassourinhas. Após a falha das minhas aulas de piano e violino, isso me pareceu um motivo perfeitamente legítimo para eu me tornar um baterista. Meu primeiro kit, comprado de Chas. E. Foote na Denman Street no bairro do Soho, incluía um bumbo da marca Gister, uma caixa de origem e idade indeterminadas, chimbau, pratos, e um método sobre os mistérios de *flam paradidles* e *ratamacues* (os quais eu ainda estou tentando descobrir). Equipado com esse arsenal devastador, juntei-me aos meus amigos para formar os Hotrods.

O grupo incluía Tim Mack na guitarra principal, William Gammel em outra guitarra, e Michael Kriesky no baixo. Também ostentávamos um tocador de sax, John Gregory, apesar de seu instrumento ter sido fabricado anteriormente à padronização ocorrida na primeira metade do século XX na qual a nota "lá" foi definida em 440 hertz, portanto, tinha a afinação aproximadamente meio-tom acima do que os modelos de então e consequentemente não podia ser tocado em um conjunto. Michael, com a ajuda de todos nós, fez seu baixo do nada. Francamente, saxões construindo uma sonda espacial teriam tido mais sucesso, mas alcançamos a vaga aparência de um instrumento. Embora possuíssemos alguns amplificadores, eles estavam em um estado tão vergonhoso que, para tirar foto, fizemos um modelo em tamanho natural de um gabinete da Vox usando papelão e caneta esferográfica.

Graças ao meu pai e o seu trabalho com filmes, tivemos acesso a um gravador de fitas estéreo da marca Grundig, novinho em folha. Ao invés de perder tempo ensaiando, imediatamente iniciamos a nossa primeira sessão de gravação. A técnica de estúdio envolvia um método de tentativa e erro para o posicionamento de dois microfones em algum lugar entre a bateria e o amplificador. Para o meu embaraço, as fitas dessas sessões ainda existem.

Os Hotrods nunca realmente se desenvolveram além de versões sem fim do tema do programa de TV *Peter Gunn*, e a minha carreira na música parecia destinada ao fracasso. Mas agora eu tinha passado da escola preparatória para a Frenshman Heights, uma escola independente e para ambos os sexos no condado de Surrey. Na Frenshman havia garotas (foi lá que conheci Lyndy, minha primeira esposa), um clube de jazz, e você podia usar calças compridas após o terceiro ano. Sim, esta era a vida sofisticada que eu procurara.

Em comparação com a estada na escola preparatória, realmente aproveitei meu tempo na Frensham – a escola era sediada em uma grande casa de campo com extensos gramados, perto de Hindhead em Surrey. Embora fosse razoavelmente tradicional – tratando-se de paletós e exames – a escola tinha uma metodologia de educação muito mais liberal, e tenho boas lembranças dos professores de Arte e de Língua Inglesa. Também comecei a desenvolver minhas habilidades em negociação. Uma vez que a escola ficava próxima às lagoas de Frenshman, consegui adquirir uma canoa, e em troca por emprestá-la ao professor de jogos, eu podia evitar de ter de jogar críquete. Como prova dessa façanha, a minha cara camisa de críquete – uma das peças do uniforme fornecido pela escola – nunca saiu da sua embalagem de celofane.

A escola usava o salão de baile da casa de campo para assembleias e outras atividades, mas normalmente o salão era usado para o seu propósito original, quando dançávamos valsas, foxtrotes e veletas. Porém, durante o tempo em que fiquei em Frenshman, as danças no salão de baile evoluíram para festas estudantis, não obstante eu tenha certeza de que era necessário conseguir autorização especial para tocar os últimos *singles*, uma tentativa da escola em limitar a invasão da música *pop*. Algo sem muito sentido, pois havia um clube de jazz para nós. O clube não foi algo criado pelos professores, antes disso, era mais uma reunião informal de alunos: Peter Adler, filho de Larry, um grande tocador de gaita, estava na escola. Eu me lembro dele tocando piano, e talvez em algum momento tenhamos tentado tocar jazz juntos. Era difícil até mesmo ouvir nossos discos de jazz, pois a escola possuía apenas um toca-discos, e teríamos os nossos próprios aparelhos já por volta do final do meu tempo lá. O clube era na verdade mais uma oportunidade para escapar de ter que fazer algo mais árduo e menos agradável, mas pelo menos representou um nascente interesse em jazz. Mais tarde, eu iria gastar tempo em Londres indo a lugares como o 100 Club para ouvir os líderes do movimento de *trad jazz* na Inglaterra, músicos como Cy Laurie e Ken Colyer. Todavia, nunca gostei da parafernália de uma porção do *trad jazz* – os chapéus-coco e os coletes – e migrei para o *bebop*. Ainda tenho um grande entusiamo pelo *modern jazz*, mas na condição de um adolescente, o nível avançado de técnica instrumental requerida era uma barreira intransponível. Voltei para aperfeiçoar a parte da bateria de "Peter Gunn".

Depois de sair da Frenshman Heights, e após passar um ano em Londres aperfeiçoando meus estudos, cheguei à Regent Street Poly em setembro de 1962. Estudei um pouco, produzi várias peças de trabalho para o meu portfólio e assisti a inúmeras aulas. Demonstrei, entretanto, séria aplicação em tentar cultivar o visual certo, com uma propensão para jaquetas de veludo e casacos de baeta. Também tentei fumar um cachimbo. Foi em algum momento durante o meu segundo ano na faculdade que me envolvi com o tipo de pessoa que a geração mais antiga chamaria de "um encrenqueiro": era Roger.

Nossa primeira e inútil conversa sobre o Austin "Chummy" tenha talvez surpreendentemente levado a uma crescente amizade, baseada em gostos musicais comuns. Outro laço na amizade desenvolvida entre nós era uma predileção compartilhada por qualquer coisa que nos levasse para fora do prédio da faculdade, como perambular pela Charing Cross Road olhando para baterias e guitarras, ir a shows vespertinos nos cinemas em West End, ou seguir para a loja de Anello e Davide, os fabricantes de sapatos de balé, no distrito de Convent Garden, que também estavam fazendo botas de *cowboy* com esporas cubanas sob encomenda. A expectativa de uma pausa no final de semana na casa de Roger em Cambridge também ocasionalmente encorajava uma partida antecipada na sexta-feira do rigoroso trabalho de classe.

Politicamente viemos de um histórico bastante similar. A mãe de Roger era uma ex-afiliada do Partido Comunista e uma militante convicta do Labour, assim como eram os meus pais: meu pai juntou-se ao Partido Comunista para se opor ao fascismo; quando houve a eclosão da guerra, ele deixou o PC e se tornou um delegado sindical na ATC, a Associação de Técnicos da Cinematografia. Esse mesmo histórico era também partilhado pelas nossas respectivas namoradas, e futuras esposas, Lindy e Judy. Roger foi presidente do comitê da juventude da Campanha para o Desarmamento Nuclear em Cambridge, e Judy e ele participaram de um série de manifestações da CDN seguindo de Aldermaston até Londres. Lindy e eu participamos de apenas uma das marchas da CDN na periferia de Londres no último dia, e mais tarde ela esteve no comício da Praça Grosvenor, o qual a polícia reprendeu com mão de ferro. Hoje eu descreveria o meu comprometimento geral com a política como ligeiramente à esquerda de coração partido com somente ocasionais ataques de bom comportamento.

Um pouco da força de convicção de Roger provavelmente foi herdada de sua mãe, Mary, uma professora que demonstraria sua tenacidade pessoal ao criar sozinha Roger e o seu irmão mais velho John após o seu marido, Eric Waters, (que também foi professor) ter sido morto na Itália durante a Segunda Guerra Mundial. Roger frequentou a Cambridgeshire High School for Boys ao mesmo tempo que Syd Barrett – entre os seus colegas estava Storm Thorgerson, que mais tarde desempenharia um importante papel na história da banda como o nosso *designer* gráfico por mais de três décadas. A escola também proporcionou a Roger o contato com um tipo particular de professor prepotente, material cru que mais tarde apareceria como uma caricatura em *The Wall*.

As atividades musicais de Roger não eram diferentes das de qualquer outro adolescente da época: um pouco de dedilhado na guitarra, aprender frases e pegar ideias de antigos discos de blues. Como eu, ele era um ávido ouvinte da Radio Luxembourg e também da American Forces Network. Quando ele foi para a universidade em Londres, a sua guitarra viajou junto. Um sintoma precoce de como usaríamos a nossa formação acadêmica foi a forma com a qual ele utilizou Letraset, naqueles tempos uma ferramenta essencial para um especialista em design, para estampar "Eu acredito em minha alma" no corpo da guitarra. Ficou muito bom, para os nossos olhos.

Juntamente com a sua guitarra, Roger trouxe uma postura particular. Como alguns outros colegas da turma, ele já tinha passado por alguns meses de experiência trabalhando em um escritório de arquitetura antes de chegar à faculdade. Isso tinha dado a ele uma visão ligeiramente mais sofisticada de onde toda aquela formação poderia levar, e ele ostentava uma expressão de desdém para a maioria do resto de nós, a qual, eu acho, até mesmo o corpo docente considerava desrespeitosa.

Um colega, Jon Corp, tem uma vívida memória da impressão deixada por Roger na Poly: "Alto, magro, com a pele do rosto cheia de marcas, ele parecia vir de uma cena do filme *High Plains Drifter*. Carregava sua guitarra a qual tocava suavemente no estúdio ou com firmeza na sala dos estudantes músicos [essa era a instalação do clube de teatro da Poly, um dos nossos espaços de ensaio]. Para mim, Roger sempre estará a uma certa distância, cantando canções sobre luto e perda".

Ocasionalmente éramos convocados a formar equipes para completar um trabalho requerido, e então em algum ponto do nosso primeiro ano na faculdade Roger e eu juntamos forças com Jon Corpe para projetar uma pequena casa. Nosso projeto de construção foi muito bem avaliado, a despeito do fato de que era totalmente impraticável, mas isso ocorreu principalmente porque Jon era um excelente estudante e parecia feliz em se concentrar na arquitetura, enquanto Roger e eu gastamos o adiantamento em caril e instrumentos musicais.

Trabalhar com Roger não era fácil. Era corriqueiro eu viajar de Hampstead na zona norte de Londres, onde ainda estava morando na casa dos meus pais, cruzando a cidade, para encontrar apenas um bilhete de Roger pendurado na porta – "Fui ao *Café des Artistes*". Ele também se mudava com muita frequência; por um tempo, ele morou em uma casa abandonada bastante barra pesada perto da King's Road no bairro Chelsea. Sem água quente – os banhos eram tomados lá numa casa especial que ficava um pouco mais adiante seguindo a estrada – sem telefone e compartilhando o ambiente com alguns moradores muito instáveis, esta experiência provavelmente deu a ele uma prévia do que seria o enfrentamento com a vida durante as turnês, mas em termos práticos, era extremamente difícil de armar uma prancheta para poder estudar.

Embora a imagem, sons e aromas dos alojamentos de Roger tenham se impregnado em mim, tenho algumas poucas claras memórias de Rick neste momento, e ele não pode fazer muito melhor. Acho que tão logo ele chegou à faculdade, Rick percebeu que a arquitetura não era compatível consigo – segundo Rick, a escolha pelo curso foi uma sugestão totalmente arbitrária de um aplicador de testes vocacionais – mas passou-se um ano inteiro até a Poly chegar à mesma conclusão. Uma vez que ambas as partes chegaram a um entendimento mútuo, Rick partiu para procurar uma rota alternativa, terminando na Faculdade de Música de Londres.

O que a história de fato registra é que Rick nasceu em Pinner, que seu pai, Robert, era o bioquímico-chefe da Unigate Dairies, e que o lar da família era em Hatch End na periferia de Londres: de lá, Rick ingressou na Haberdasher's Aske's Grammar School. Rick tocava trompete na época da escola, e se afirma que tocava piano antes de começar a andar... porém, também se diz que ele não andava até os dez anos. Na verdade, foi uma perna quebrada aos doze anos de idade – e dois meses de cama – que o deixaram na companhia de uma guitarra, contudo, sem alguém que o ensinasse a tocar. Rick ensinou a si mesmo, usando seu próprio dedilhado, e mais tarde, encorajado pela sua mãe – chamada Daisy, de origem galesa – usou a mesma abordagem para o piano. Este método autodidata produziu o som e o estilo único de Rick, e provavelmente o preveniu de ganhar a vida como professor de técnica em um conservatório.

Após um breve flerte com o *skiffle*, Rick sucumbiu às influências do *trad jazz*, tocando trombone, saxofone e piano. Sinto dizer que ele confessou ter usado um chapéu-coco como abafador para o trombone. Ele assistiu a Humphrey Lyttelton e Kenny Ball no Eel Pie Island, e Cyril Davies, um dos pais do R&B britânico na Railway Tavern em Harrow. Ele também pegava carona ou pedalava para Brighton nos finais de semana, antes dos *mods* aparecerem montados em lambretas, e adotou a maneira de se vestir de um frequentador de festas do *underground* (camisa sem colarinho, colete e, na ocasião ímpar, chapéu-coco). Antes de chegar à Poly, ele teve uma breve passagem como assistente de entrega da Kodak, onde a rotina de trabalho era baseada em assistir aos motoristas escaparem ao meio-dia para jogar golfe até retornarem ao depósito às oito horas da noite para bater o cartão-ponto e reivindicar suas horas extras.

Minhas impressões de Rick na faculdade são de alguém quieto, introvertido, com um círculo de amigos fora da Poly. Jon Corpe lembra-se de que "Rick possuía uma aparência viril, com cílios longos e luxuriantes que despertavam a curiosidade das garotas".

No nosso primeiro ano, Rick, Roger e eu acabamos nos encontrando em uma banda construída por Clive Metcalfe, mais um estudante da Poly, que tocava em dupla com Keith Noble, um de nossos colegas de classe. Estou certo de que Clive foi o motivador original da banda:

ele tocava um pouco de guitarra e com certeza havia passado várias horas aprendendo as canções. O resto de nós todos foi recrutado no mais casual "Sim, eu costumava tocar de vez em quando", sem maiores pretensões. Esta primeira banda da Poly – o Sigma 6 – consistia de Clive, Keith Noble, Roger, eu e Rick, com Sheila, irmã de Keith ocasionalmente ajudando nos vocais. A posição de Rick era um pouco instável uma vez que não possuía um teclado elétrico. Ele tocaria se uma casa de shows tivesse um piano, mas sem qualquer amplificação era difícil alguém conseguir ouvi-lo sobre a bateria e o Vox AC30s11. Se não havia piano disponível, ele tratava de trazer o seu trombone.

A namorada de Rick, e futura esposa, Julliete era mais uma artista convidada com um repertório de várias peças de blues incluindo "Summertime" e "Careless Love" que ela cantava muito bem. Julliete, que estava estudando Línguas Modernas na Poly, foi para a Universidade em Brighton no final do nosso primeiro ano, ao mesmo tempo em que Rick dirigiu-se para a Faculdade de Música de Londres. Entretanto, naquele ponto já havíamos achado o suficiente em comum, em se tratando da música, para continuar com nossa amizade.

Acho que a banda tomou forma mais por influência dos piores músicos do que dos melhores. Por pouco tempo, tivemos um guitarrista realmente capacitado (sei que ele era bom, pois possuía um ótimo instrumento e um amplificador da marca Vox muito apropriado), mas ele saiu após alguns ensaios. Minhas lembranças são de que nunca tentamos fixar uma formação: se dois guitarristas estavam disponíveis, isso simplesmente aumentava o repertório, pois indubitavelmente um deles saberia uma canção que o resto de nós ainda não havia aprendido. Nesse ponto, Roger foi designado para executar a guitarra rítmica. Ele foi relegado ao contrabaixo apenas depois de se recusar a gastar um dinheiro extra para comprar uma guitarra, fato que, combinado com a chegada de Syd Barrett, forçou-o a tomar uma posição mais modesta. Mais tarde, ele comentou "Graças a Deus que não fui empurrado para a bateria". Eu sou obrigado a concordar com essa afirmação. Se Roger assumisse a bateria, suponho que eu acabaria por ser o *roadie*...

Como acontece na maioria das bandas em formação, muito mais tempo era gasto conversando, planejando e sugerindo nomes do que realmente ensaiando. Os concertos eram poucos e espaçados entre si. Até 1965, nenhum dos shows que fizemos foi estritamente comercial, no sentido de que eles eram organizados por nós ou por colegas e eram direcionados preferencialmente para plateias privadas. Festas de aniversário ou de final de semestre e saraus estudantis eram a norma. Ensaiávamos em um salão de chá no porão da Poly, e juntamente com canções que servissem para festas estudantis como "I'm a Crawling King Snake" e números dos Searchers. Também trabalhamos em canções escritas por um dos amigos de Clive Metcalfe, um colega chamado Ken Chapman. Ken se tornou nosso empresário/letrista. Ele tinha cartões impressos oferecendo nossos serviços para festas, e uma grande campanha publicitária para a nossa – felizmente breve – aparição sob o nome Architectural Abdabs foi montada a partir de uma fotografia nossa, um tanto tímida, e um artigo no jornal estudantil no qual expressávamos nossa lealdade ao R&B acima do rock. Infelizmente, as letras de Ken nos pareciam tender demais para o lado das baladas açucaradas, com versos do tipo "Você notou a rosa da manhã?" (da canção "Für Elise") e "Lembrança da Separação". Entretanto, finalmente ele conseguiu uma oportunidade para demonstrá-las a um renomado editor, Gerry Brown, que veio para uma audição da banda e das canções. Ensaiamos dedicadamente para essa ocasião, mas não obtivemos grande sucesso. Gerry gostou mais das canções do que da banda (bem, foi o que Ken nos disse), mas nem mesmo as canções conseguiram ir adiante.

No começo do nosso segundo ano na faculdade em setembro de 1963, Clive e Keith decidiram se lançar sozinhos como uma dupla, então a nova versão da banda começou a se amalgamar em torno de uma casa pertencente a Mike Leonard. Mike, então nos seus trinta e poucos anos, era um professor em tempo parcial na Poly, e somando-se ao seu amor pela arquitetura, era fascinado por percussão étnica e pela interação entre ritmo, movimento e luz, da qual ele falava com entusiasmo durante suas aulas. Em setembro de 1963, agora também lecionando na Faculdade de Arte de Hornsey, Mike comprou uma casa na zona norte de Londres e queria alguns inquilinos para começar a receber renda de aluguel.

O número 39 da Stanhope Gardens em Highgate é uma daquelas confortáveis casas do período Eduardiano com peças espaçosas e teto alto. Mike estava no processo de convertê-la em um apartamento no andar térreo com a sua exótica acomodação e um estúdio de desenho no andar superior. Ele abriu boa parte da área do telhado e criou um grande espaço, ideal para uma instalação de ensaios, mas felizmente para ele, as escadas eram muito íngremes e raramente estávamos dispostos o suficiente a carregar todo o equipamento para cima.

Mike também precisava de uma ajuda em tempo parcial no seu escritório, onde o seu trabalho em adicionar instalações sanitárias nas escolas para o Conselho do Município de Londres permitiu-lhe financiar o projeto e a construção de máquinas de iluminação que ele estava construindo em casa. Parecia uma combinação ideal, então Roger se mudou para a casa de Mike. Nos três anos seguintes, Rick, Syd e vários outros conhecidos viveram lá em períodos diferentes; o clima do lugar foi capturado por um documentário do programa *Tomorrow's World* da BBC TV, que mostrava as máquinas de iluminação de Mike em ação enquanto ensaiávamos no térreo (O programa corajosamente previu que nos anos 1970 todas as salas de estar teriam sua própria iluminação).

Mike tinha dois gatos chamados Tuniji e McGhee – o primeiro, um birmanês e o segundo um siamês – pelos quais, Roger e ele eram apaixonados. Como resultado disso, Roger continuou o seu relacionamento com gatos por anos. Acho que ele gostava da hostilidade arrogante deles e achava isso reconfortante. As paredes da casa eram cobertas com tela e após embalar um salmão em um pano, Mike sinalizava a hora de comer para os gatos com uma antiga buzina. Os gatos voltavam correndo da tarefa de aterrorizar a vizinhança, saltavam pela caixa de correio e então começavam uma louca jornada pelas paredes e bordas das janelas até acharem o salmão, às vezes pendurado no teto do estúdio de desenho.

Stanhope Gardens fez uma grande diferença para as nossas atividades musicais, era a nossa própria instalação para ensaios em caráter permanente, graças a um complacente proprietário: mais ainda, usamos o nome Leonard's Lodgers por um tempo. Os ensaios aconteciam na sala da frente do apartamento onde todo o equipamento ficava permanentemente montado. Infelizmente, isso fazia qualquer estudo se tornar bastante difícil, e dormir estava quase fora de questão, uma vez que a sala também era o meu quarto e de Roger também. Os vizinhos, naturalmente, se queixavam, mas a ameaça de um embargo por causa do barulho nunca se materializou, mas apenas por prevenção, de vez em quando aliviávamos o sofrimento deles quando alugávamos uma sala de ensaios perto de Railway Tavern na Archway Road.

Nunca houve qualquer reclamação por parte de Mike. Na verdade, ele se tornou um participante ativo. Era um competente pianista, e o convencemos a comprar um órgão elétrico da marca Farfisa Duo, e ele se tornou nosso tecladista por um período. Mike ainda possui o Farfisa. Outro grande bônus era de que Mike nos dava acesso aos seus experimentos de som e luz praticados na Faculdade de Arte de Hornsey. Roger, em particular, passou muitas horas lá, trabalhando com as máquinas de iluminação, e se tornou uma espécie de assistente de Mike.

Então, do começo ao fim do nosso segundo ano na faculdade, moramos em Stanhope Gardens, ensaiamos, fazíamos um show de vez em quando, enquanto continuávamos nossos estudos em um modo periclitante. A próxima grande mudança nos nossos destinos foi a chegada de Bob Klose em setembro de 1964. Bob, mais uma cria da Cambridgeshire High School for Boys, chegou a Londres junto com Syd Barrett e se inscreveu na escola de arquitetura dois anos depois de nós. Bob pôde se mudar diretamente para Stanhope Gardens uma vez que eu havia me mudado do apartamento durante o verão e voltado para a casa do meus pais em Hampstead. Tornou-se óbvio o fato de que se eu fosse permanecer na Poly, o que parecia então uma boa ideia, teria que me esforçar um pouco mais nos estudos; e estudar em Stanhope Gardens era impossível.

A reputação de Bob como guitarrista era bem conhecida e muito desejada. Ir a uma loja de guitarras com ele era um prazer e até mesmo os vendedores experientes ficavam impressionados com os seus acordes jazzísticos de Mickey Baker e com seu dedilhado rápido, embora do nosso ponto de vista parecesse lamentável o fato de ele preferir as conservadoras guitarras semiacústicas em detrimento da Fender Stratocaster. Com Bob, nos sentimos mais confiantes em termos musicais, mas como Keith Noble e Clive Metcalfe tinham ambos deixado a Poly e a banda, estávamos desesperados por um vocalista. A conexão em Cambridge funcionou novamente, e Bob nos forneceu Chris Dennis. Ele era um pouco mais velho que o resto de nós, e tinha integrado algumas boas bandas na cena musical de Cambridge. Chris era um assistente de dentista da Força Aérea Real em Northolt. Ele não tinha carro (geralmente eu era o motorista - ainda dirigindo o Austin "Chummy"), mas tinha um sistema de PA12 da Vox que consistia de duas colunas e um amplificador em separado com canais individuais para os microfones. Quando necessário, era possível conectar as guitarras no sistema de PA somando-se aos amplificadores. Com todo esse equipamento Chris, é claro, automaticamente garantiu a posição de vocalista.

Como *front man* para a banda - agora chamada Tea Set - Chris tinha uma infeliz tendência para fazer bigodes estilo Hitler com sua gaita, dizendo "Desculpa aí, pessoal" e para anunciar cada número ("com uma pose mortal", como dizia Bob Klose) como "Looking Through The Knotholes In Grannys Wooden Leg". Se Chris tivesse permanecido na banda, suspeito que esse hábito poderia ter posto à prova a nossa reputação quando o Floyd se formou.

Separamos-nos de Chris logo em seguida, quando Syd Barrett começou a tocar conosco regularmente. Roger conhecia Syd de Cambridge – a mãe de Roger tinha sido professora de Syd no ginásio – e estávamos planejando adicioná-lo à banda mesmo antes de ele chegar a Londres para estudar na Faculdade de Arte de Camberwell. A situação era muito mais o caso de Syd se juntar a nós do que ele estar recrutando uma banda. Bob Klose recorda bem do momento: 'Lembro-me do ensaio que selou o destino de Chris Dennis. Foi no sótão em Stanhope Gardens. Chris, Roger, Nick e eu estávamos trabalhando em números de R&B que estavam em voga. Syd chegou atrasado e assistiu ao ensaio silenciosamente do topo da escada. Mais tarde, ele disse: 'Sim, me pareceu muito bom, mas não vejo o que eu poderia fazer na banda'".

Embora Syd não tivesse certeza de onde ele poderia se encaixar, pareceu certo que deveria juntar-se a nós. Como resultado, os dias de Chris Dennis e o seu sistema de PA estavam contados. Uma vez que Bob foi o responsável por recrutar Chris, Roger decidiu que ele deveria estar de acordo com processo de dispensá-lo, o qual Bob realizou através de um telefone público na estação de metrô em Tottenham Court Road. E concluiu-se o trâmite para a dispensa de Chris, que teria de sair de qualquer forma. Então, parcialmente pela eliminação de outras possibilidades, Syd se tornou o nosso *front man.*

Não tendo lembranças de infância de Syd, posso apenas dizer que em nosso primeiro encontro, em 1964, ele foi encantador. Em um período em que todo mundo agia – de forma adolescente e semiconsciente – de maneira não muito amigável, Syd possuía um estilo próprio; minha memória mais duradoura da ocasião em que nos conhecemos foi de que ele se importou em vir se apresentar a mim.

A educação de Syd em Cambridge foi possivelmente a mais livre e liberal de nós todos. Arthur, seu pai, um patologista que trabalhava no hospital e na universidade, e Winifred, sua mãe, sempre encorajaram Syd em sua musicalidade. Eles permitiam, e recebiam bem, os ensaios das primeiras bandas de Syd na sala da frente da casa. Esse era um comportamento avançado para pais no começo da década de 1960. Juntamente com a música, o interesse e talento de Syd por pintura era evidente, durante o seu tempo na Cambridgeshire School, a qual ele deixou para ir estudar arte na Cambridge Tech, logo após a morte de seu pai. Um antigo conhecido dele, David Gilmour, também estava lá, estudando Línguas Modernas. Os dois se davam muito bem – reunindo-se nas horas de almoço com guitarras e gaitas para uma *jam session* – e mais tarde passaram um verão no sul da França, pegando caronas e se apresentando nas ruas.

Syd nem sempre foi Syd – ele foi batizado Roger Keith, mas no Riverside Jazz Club, um *pub* de Cambridge ao qual ele costumava ir, um dos frequentadores assíduos era um baterista chamado Sid Barrett. Os outros clientes do clube imediatamente apelidaram o Barrett novato de 'Syd', com o devido 'y' no final para evitar confusão, e é assim que nós o conhecemos desde o início.

Storm Thorgerson lembra-se de Syd como uma figura interessante, mas não necessariamente a mais interessante entre os membros de um talentoso grupo de amigos que moravam em Cambridge, todos entusiasmados pela elegância, cultura da cidade e campos ao redor. Syd era bonito, charmoso, divertido, tocava um pouco de guitarra e fumava um baseado ocasionalmente. Quando ele se juntou à nossa banda em Londres, não houve mudança súbita nos nossos gostos musicais. Syd estava bem à vontade com interpretações de canções de Bo Diddley, Stones e números de R&B que eram a estrutura do nosso repertório. Storm também recorda de que Syd adorava os Beatles em um tempo em que a maioria dos seus amigos preferia os Stones.

Assim como Stanhope Gardens resolveu nossos problemas com os ensaios, a Poly era uma instalação pré-pronta para performances. A impressão que guardo é de que nessa época estávamos bastante atarefados na faculdade. O curso de arquitetura requeria uma boa soma de estudos fora da classe, e várias noites em casa – e depois nos apartamentos em que morávamos – horas e horas estudando, ou pelo menos tentando despistar outras distrações. Durante a semana havia poucas chances, ou nenhuma, de ir a um clube ou a um bar, mas quando chegava a noite de sexta-feira, podíamos relaxar em um *pub*, e nos finais de semana havia eventos regulares na Poly. Esses eventos aconteciam em um grande salão que tinha o aspecto de um ginásio. Havia um palco em um dos extremos, onde várias atividades aconteciam e peças de teatro eram apresentadas ocasionalmente. Os encontros estudantis eram simples reuniões dançantes com um aparelho de som tocando no volume máximo os últimos sucessos da parada, mas de vez em quando uma banda era agendada para se apresentar ao vivo.

Como a única banda da casa, em algumas ocasiões conseguimos acertar para abrirmos o show da atração principal. Esse foi um desenvolvimento significante para nós e trabalhamos muito para conseguir a oportunidade. Provavelmente seríamos pagos, mas não uma grande quantia; a expectativa em si de tocar era aquilo que nos motivava. Não éramos intimidados pela ideia de tocar – em qualquer caso, apenas subiríamos no palco e faríamos algumas versões de músicas para as pessoas dançarem – mas éramos engolidos pelo profissionalismo dos músicos em tempo integral. A maneira com a qual eles tocavam sublinhava o abismo que havia entre uma banda tocando regularmente para ganhar a vida e uma banda de meio expediente composta por estudantes, como a nossa.

Em especial, lembro-me de abrir o show do Tridents, que na época contavam com Jeff Beck na guitarra. O Tridents foi o primeiro conjunto de Jeff Beck com certo apelo comercial, e conseguiu uma reputação razoável; mais significativamente quando Jeff Beck deixou o Tridents para assumir o lugar de Eric Clapton nos Yardbirds e aumentar sua reputação como um dos grandes guitarristas de blues rock, mas ele também sabia como tocar o clássico dançante "Hi Ho Silver Lining".

Perto do Natal de 1964, fomos a um estúdio de gravação pela primeira vez. Conseguimos isso através de um amigo de Rick que trabalhava em um estúdio localizado em West Hampstead. Foi ele quem nos deixou usar algumas horas disponíveis de graça. A sessão incluiu uma versão de um antigo clássico de R&B chamada "I'm a King Bee" e três canções escritas por Syd: "Double o Bo" (Bo Diddley encontra o tema de 007), "Butterfly" e "Lucy Leave". Essas gravações se tornaram nosso material para demonstração, registrados em fita de ¼ de polegada e em uma prensagem limitada em vinil, uma vez que vários locais exigiam esses itens previamente a uma audição ao vivo.

Curiosamente, nessa época Rick tinha uma canção chamada "You're The Reason Why" editada e lançada como lado B de um *single* chamado "Little Baby" de um grupo conhecido como Adam, Mike & Tim, e então ele recebeu um adiantamento pela edição no valor de 75 libras, anos antes de qualquer um de nós saber o que "ser passado para trás" realmente significava...

Na primavera de 1965, conseguimos a oportunidade de ser a banda da casa do Countdown Club, um porão no número 1-A da rua Palace Gate perto da Kensington High Street. O Countdown Club era embaixo de um hotel ou um bloco de apartamentos, fato que certamente levou a problemas relacionados com o nível de ruído emanando do clube. O Countdown não tinha um tema de decoração em particular ou uma ambiência escurecida. Era um lugar arranjado para a música, com uma clientela relativamente jovem e as bebidas eram baratas. Acho que a ideia era de que, dada a falta de investimento em propaganda, os donos esperavam que grupos como o nosso trouxessem uma grande turma de amigos para dar apoio, e que eles se refrescariam no bar do clube.

Tocávamos das nove horas da noite até às duas da madrugada com alguns intervalos. Três grupos de números de noventa minutos cada e isso significava que começaríamos a repetir as canções na medida em que o final da noite se aproximava e o álcool já havia afetado a memória de curto prazo da plateia. Também foi o início da percepção de que as canções podiam ser estendidas com longos solos. Começamos a estabelecer um repertório maior, assim como um pequeno, mas fiel grupo de seguidores. Havíamos conseguido apenas duas ou três noites de sucesso quando o clube recebeu uma notificação sobre o nível de ruído. Estávamos tão desesperados pelo trabalho (na época era o único lugar em que éramos pagos) que nos oferecemos para tocar no formato acústico. Roger de algum jeito conseguiu um baixo acústico, Rick tirou a poeira do piano vertical, Bob e Syd tocavam violões e eu usava um par de vassourinhas. Lembro que o repertório incluía "How High The Moon", uma das melhores cartas na manga de Bob e "Long Tall Texan", mas os outros números foram há muito esquecidos.

À mesma época, fizemos audições para duas oportunidades de início de carreira. Uma delas era ser a banda de abertura em um clube chamado Beat City. Havia anúncios procurando por bandas no *Melody Maker*, o jornal semanal que – até encerrar as atividades em 2000 – trazia informações na seção "Músicos Disponíveis e Procurados" ("Bom Acordeonista procura..." foi o primeiro da seção durante anos). Vimos o anúncio do Beat City e comparecemos, tocando uma seleção de músicas próprias. Fomos recusados.

A outra audição era para o *Ready Steady Go!*, que era o maior show musical à época, no qual jovens descolados dançavam ao som de recentes bandas descoladas. Transmitido pela ITV, ainda um relativamente novo canal comercial, o programa era um pouco mais radical do que a BBC aceitaria fazer. Lamentavelmente, até mesmo os produtores do *Ready Steady Go!* nos acharam radicais demais para a audiência em geral, mas disseram que gostariam de nos ouvir novamente, dessa vez tocando canções com as quais eles estivessem mais familiarizados. Pelo menos mostraram algum interesse e tiveram a decência de nos convidar para uma audição em estúdio na semana seguinte. Isso me deu uma boa razão para ir até a Carnaby Street e comprar um colete xadrezado e calças boca de sino, enquanto a plateia era vista dançando em frente às câmeras. Também era uma oportunidade para ver bandas como os Rolling Stones e os Lovin' Spoonful tocarem ao vivo.

Outra grande ideia para lançar a nossa carreira foi a de participar de concursos de rock. Inscrevemo-nos em dois. Um deles era um evento local no Country Club na zona norte de Londres. Já havíamos tocado lá algumas vezes e possuíamos um pequeno grupo de fãs, assim, chegamos às finais sem maiores dificuldades. Nesse ponto, vencemos um obstáculo. Também estávamos inscritos em um evento de maiores proporções, o *Melody Maker* Beat Contest (*beat* foi uma palavra muito usada naquela década). Ansiosamente, nós mandamos a nossa fita demo juntamente com fotos da banda tiradas no quintal da casa de Mike, com destaque para os nossos uniformes compostos por camisas com colarinho em aba e gravatas de malha azul de nó italiano, todas da loja Cecil Gee's na Charing Cross Road.

A fita demo e as gravatas de malha atingiram o alvo. Tendo sido aceitos no concurso, descobrimos, então, que a nossa apresentação estava agendada para a mesma noite da final do concurso do Country Club. A final não poderia sofrer qualquer alteração, tampouco a nossa apresentação no Country, uma vez que o concurso do *Melody Maker* era um elaborado meio que possibilitava o produtor a ganhar dinheiro através da venda de ingressos para os simpatizantes de cada banda. No final das contas, conseguimos negociar com outra banda para sermos os primeiros a tocar. Esse era sem dúvida o pior horário (mesmo assim não fez diferença, nosso cartaz trazia o nosso nome escrito errado, Pink Flyod). Os que tocaram depois de nós foram os vencedores, os St. Louis Union, que não podiam acreditar na sorte que tiveram – e acabaram ganhando o primeiro prêmio nacional. Depois de tocar, corremos para o Country Club, apenas para sermos desqualificados de qualquer chance de primeiro lugar por culpa do nosso atraso. Isso deu a chance para uma banda chamada The Saracens de pegar os louros da vitória e abraçar a oportunidade de carreira.

Bob Klose deixou a banda durante o verão de 1965 pela insistência de seu pai e de seus tutores da faculdade. Sorrateiramente, ele tocou conosco mais algumas vezes, mesmo que estivéssemos perdendo a pessoa que considerávamos nosso músico mais proficiente, isso não nos parecia um grande empecilho. Essa notável presciência – ou pura falta de imaginação – se tornaria quase um hábito.

Eu estava prestes a começar uma experiência de um ano de trabalho no escritório de arquitetura do pai de Lindy, Frank Ruther, que ficava perto de Guildford. Tenho que agradecer a Roger por me ajudar a chegar até este ponto do curso, uma vez que ele me ajudou com os mistérios da matemática estrutural quando eu estava a perigo de falhar no teste de recuperação. Roger, por outro lado, havia sido afastado por um ano, e foi instruído a conseguir experiência prática, apesar de ter recebido um elogio de um examinador de fora. Acho que os professores estavam finalmente respondendo à antiga demonstração de desdém por parte de Roger, conjugado com o fato de ele estar cada vez menos interessado em comparecer às aulas. A decisão deles pode ter sido pura vingança, ou pode ser que simplesmente precisassem de um tempo sem encontrar com Roger.

Frank era um bom e pragmático arquiteto, mas também era um admirador do novo movimento e tinha um sólido conhecimento sobre cultura e história da arquitetura. De certo modo, ele representava o modelo no qual eu me inspiraria se eu tivesse permanecido na escolha da arquitetura como minha carreira profissional. Ele havia recentemente finalizado a universidade de Serra Leoa e estava começando a trabalhar na universidade da Guiana Inglesa, no projeto em que trabalhei quando cheguei à condição de mais inexperiente dos inexperientes. Embora o meu envolvimento fosse de pouca responsabilidade, isso me acordou para o fato de que eu havia passado três anos aprendendo arquitetura, mas ainda não tinha a mínima ideia de como transformar as plantas da prancheta em realidade. Foi um golpe na minha confiança.

Fiquei na casa de Rutter em Thursley, sul de Guildford, que era grande o suficiente para abrigar os escritórios de desenho para a grande quantidade de trabalho de Frank, assim como familiares e convidados. O grande terreno nos dava a opção mais prazerosa de jogar croqué no gramado durante o intervalo do almoço. Por coincidência, Frank mais tarde vendeu a casa para Roger Taylor, baterista do Queen.

Ao longo do outono, tocamos com o nome Tea Set, mas agora possuíamos um nome alternativo criado por Syd. O nome apareceu em uma situação de necessidade. Fomos tocar em um festival, usando o nome Tea Set, em uma base da Força Aérea Real, provavelmente Northold, nos arredores de Londres, quando, eis que extraordinariamente encontramos outra banda chamada Tea Set agendada para se apresentar. Não tenho certeza se a outra Tea Set tinha a precedência, mas rapidamente precisávamos de uma alternativa. Syd produziu, sem mais delongas, o nome Pink Floyd Sound, usando os primeiros nomes de dois veneráveis músicos de blues, Pink Anderson e Floyd Council. Apesar do fato de talvez os conhecermos de algum disco de blues importado, os nomes não eram aqueles com os quais estávamos mais familiarizados, isso foi puramente uma ideia de Syd. E pegou.

É extraordinário como uma decisão no calor do momento pode se tornar algo permanente, sonoro, com duradouras e longínquas implicações. Os Rolling Stones chegaram ao seu nome em uma ocasião bastante similar, quando Brian Jones tinha que dar à *Jazz News* o nome de sua banda, então ele olhou para baixo e viu a faixa "Rolling Stone Blues" em um álbum de Muddy Waters. A partir disso emergiram décadas de *merchandising,* jogos de palavras e associações. No nosso caso, quando nos tornamos uma das bandas do *underground*, tivemos sorte de que a própria abstração da combinação de Pink e Floyd tinha uma adequada e tênue sugestividade psicodélica, coisa que um nome do tipo Howlin' Crawling King Snake não teria oferecido.

Apenas ocasionalmente saíamos de Londres para concertos que efetivamente nos pagavam para tocar. Tocamos em um evento numa grande casa de campo chamada High Pines na cidade de Esher localizada no condado de Surrey, e em outubro de 1965 aparecemos em uma grande festa em Cambridge para festejar o vigésimo primeiro aniversário da namorada de Storm Thorgerson, chamada Libby January e sua irmã gêmea Rosie. Dentre aqueles que tocaram conosco naquela noite estavam os The Jokers Wild (contando com um tal David Gilmour) e um jovem cantor de *folk* chamado Paul Simon. Storm lembra-se de que essa festa representou a separação polarizada entre as gerações da época. Os pais de Libby organizaram a festa e convidaram vários de seus amigos, que estavam lá usando trajes de passeio e vestidos de gala. Libby e os amigos de sua irmã, quase todos estudantes, usavam roupas leves e acessórios do período pré-*hippie*, e preferiam a sua música tocando alto. Algum tempo depois, o pai de Libby, desgostoso com o jovem Thorgerson, ofereceu-lhe um cheque em branco para que ele se abstivesse – permanentemente.

Embora não fosse óbvio na época, nosso próximo passo importante foi fazer um concerto no Marquee em março de 1966. Antes disso, a nossa reputação era baseada na combinação de Syd como o nosso *front man* e na nossa afinidade com o intrigante porvir da oficina de luz e som da Faculdade de Arte de Hornsey. Com certeza, não possuíamos mais de cinco canções próprias, sendo que a maioria delas tinha sido gravada quando fizemos a fita demo em Broadhurst Gardens.

O nosso único show que pode ter atraído maior atenção ocorreu na Essex University. No ginásio de esportes, dividimos o palco com os Swinging Blue Jeans, que se apresentaram, e Marianne Faithfull que estava agendada para tocar – se ela houvesse conseguido retornar da Holanda em tempo. Ainda éramos chamados Tea Set na época, embora passássemos a impressão de estarmos na transição para a psicodelia. Tínhamos "Long Tall Texan" no nosso repertório, número no qual todos cantávamos acompanhados de violões. Alguém decidiu levar *slides* e um projetor de filmes. Imagino que alguma pessoa que presenciou o show ou o consequente boca a boca foi responsável por nos levar ao Marquee...

Encaramos esse show no Marquee como uma grande oportunidade para entrar de vez no circuito de clubes, entretanto o concerto estava inserido dentro de um evento chamado *The Trip,* totalmente à parte para o qual o clube tinha sido reservado privadamente. Aconteceu em uma tarde de domingo e certamente nenhum frequentador assíduo do Marquee sonhou em aparecer.

Achei o evento todo muito estranho. Estávamos acostumados a tocar em festas de R&B nas quais a entrada era bem acessível. Subitamente, estávamos tocando em um "acontecimento", e sendo encorajados a desenvolver os solos que apenas colocamos nas canções para estendê-las durante a nossa residência no Countdown Club. Os organizadores nos convidaram a voltar ao Marquee para eventos semelhantes nas tardes de domingo, o que subsequentemente se tornou conhecido como *Spontaneous Underground.* Não fosse essa casualidade, nunca teríamos conhecido Peter Jenner.

Peter, graduado havia pouco em Cambridge, por incrível que pareça, não encontrou nenhum membro da turma do Pink Floyd durante o seu tempo na universidade (ainda havia uma significante divisão entre moradores da cidade e comunidade acadêmica). Ele estava trabalhando no Departamento de Administração Social na London School Of Economics, ensinando sociologia e economia para assistentes sociais, e também estava envolvido com uma gravadora chamada DNA. Ele era, em suas próprias palavras "um aficionado por música", gostava de jazz e especialmente de blues, e tinha montado a DNA com John Hopkins, Felix Mendelssohn e Ron Atkins. Eles possuíam ampla gama de interesses musicais: "Nós queríamos que a DNA fosse uma gravadora de vanguarda em qualquer coisa: jazz, *folk*, música clássica, *pop*".

Ao final do ano acadêmico, Peter estava preenchendo uma pilha de papéis em pleno domingo e achou melhor sair para respirar um pouco de ar puro. Ele deixou LSE em Holborn para chegar até o Marquee Club na Wardour Street, onde ele sabia que um evento estava acontecendo. Sabia disso através de um conhecido chamado Bernard Stollman, cujo irmão Stephen administrava a ESP, um selo artístico americano, que incluía artistas como os Fugs. Tal experiência tinha servido de inspiração para montagem da DNA.

Peter recorda: "a DNA tinha trabalhado com o grupo de livre improvisação chamado AMN, gravando um álbum em apenas um dia na Denmark Street. O contrato era podre, o álbum todo custaria 30 libras, sendo que 2 por cento seria para custos com o estúdio e talvez um pouco mais tinha de ser pago aos artistas; como um economista, cheguei à conclusão de que 2 por cento de um álbum de 30 libras era apenas 7 pennies (centavos de libras), e de que levaria vários montes de 7 pennies para ganhar 1.000 libras, que era a minha ideia de fortuna. Decidi que, se fosse para a DNA deslanchar, teríamos que ter uma banda *pop*. Foi quando vi o Pink Floyd Sound no Marquee Club naquele domingo. Lembro-me de ter pensado que a palavra 'Sound' no nome da banda não soava bem.

"Eu me lembro claramente do show. A banda estava tocando basicamente R&B, coisas como "Louie Louie" e "Dust My Broom", números que todos tocavam à época. Não pude entender as letras, mas ninguém conseguia escutar as letras naqueles dias. Mas o que me intrigou foi que ao invés de lamuriosos solos de guitarra, faziam um ruído estranho. Por um tempo, não percebi o que era. Mas de repente, percebi ser Syd e Rick. Syd tinha um Binson Echorec e estava fazendo sons estranhos com *feedback*. Rick também estava produzindo alguns acordes incomuns, longos e modulados. Nick estava usando *mallets*. Aquilo foi a coisa que me pegou. Isto é vanguarda! Trato feito!".

Peter queria entrar em contato conosco e pegou nosso endereço com Bernard Stollman. Ele veio até Stanhope Gardens para nos encontrar: "Roger atendeu à porta. Todos os outros haviam saído de férias, pois era o fim do ano acadêmico. Então combinamos: 'Vejo você em setembro!' A gravadora era um capricho meu, um *hobby*, não era um problema esperar. Roger não tinha me dispensado. Foi apenas 'Vejo você em setembro'".

Quando Peter foi até Stanhope Gardens, eu estava pela primeira vez nos Estados Unidos em uma viagem de baixo orçamento. Minha viagem para a América foi planejada para ser parte da minha formação contínua em arquitetura, uma oportunidade para ver grandes edifícios nos EUA, não tanto para ser uma peregrinação rumo às raízes musicais. Lindy estava em Nova Iorque – recebendo treinamento de dançarina na Martha Graham Dance Company – mais uma razão para a viagem, uma vez que ela teria alguns dias de folga no recesso de verão (Juliette, a namorada de Rick, também estava lá, por coincidência).

Voei em um PanAm 707 e passei algumas semanas em Nova Iorque. Havia um pouco de turismo cultural e arquitetônico – o Guggenheim, MOMA, o edifício Lever – mas também fui ver um pouco de música ao vivo. Vi os Fugs e fui a alguns concertos de jazz como Mose Allison e Thelonious Monk no Village Vanguard e em outros clubes de jazz em Greenwich Village. Passei um bom tempo indo a lojas de discos. Havia muita música indisponível para importação, e os álbuns americanos com suas capas duras – pareciam uma extravagância em comparação com os seus equivalentes britânicos de papel fino – eram troféus valorizados.

Por US$99,00 Lindy e eu compramos uma passagem de ônibus da empresa Greyhound que nos dava direito a viagens ilimitadas por três meses e rumamos para o oeste numa gigante jornada – para nós – de 3000 milhas de costa a costa, sem paradas, além daquelas para reabastecimento e refresco dos passageiros. No ônibus, conhecemos um casal de americanos que havia acabado de se casar – o noivo estava prestes a ir para o Vietnã, o que significava pouco para nós em 1966; o significado pleno me atingiu apenas mais tarde, às vezes fico pensando se ele sobreviveu.

São Francisco não era ainda a capital onde se realizou o *Summer Love* (Verão do Amor). Haigh-Ashbury era então um simples cruzamento. A cidade era mais direcionada ao turismo (visitas à

Alcatraz) e à culinária de frutos do mar. De lá, pegamos o ônibus da Greyhound e fomos na direção leste até Lexington, no estado de Kentucky e encontramos com um colega da Poly, Don McGarry, e Deirdre, sua namorada. Don havia comprado um Cadillac do final dos anos 1950, com freios instáveis, o que fazia a passagem pelas montanhas ainda mais excitante. Dirigimo-nos quase imediatamente – com o devido passeio arquitetônico – para a Cidade do México, onde demos umas voltas, antes de passar um tempo em Acapulco, maravilhados com os preços da baixa temporada: quartos para dormir custavam um dólar por noite. Uma jornada épica de volta a Lexington aconteceu, mas retornei antes para Nova Iorque e então cruzei o Atlântico de volta para a casa.

O Pink Floyd Sound ainda não havia penetrado fundo na minha consciência durante essa viagem. Simplesmente pensava que setembro chegaria e eu estaria de volta à monotonia acadêmica. Entretanto, em Nova Iorque, me deparei com um exemplar do jornal *East Village Other*, com uma matéria sobre Londres e as bandas que estavam surgindo, entre elas, o Pink Floyd Sound.

Encontrar essa referência tão longe de casa me deu uma nova percepção sobre a banda. Exibindo uma tocante e ingênua credibilidade no fato de que você pode acreditar em tudo o que lê nos jornais, isso me fez compreender que a banda tinha o potencial para ser mais do que simplesmente um veículo para a nossa diversão.

RUMO AO
UNDERGROUND
2

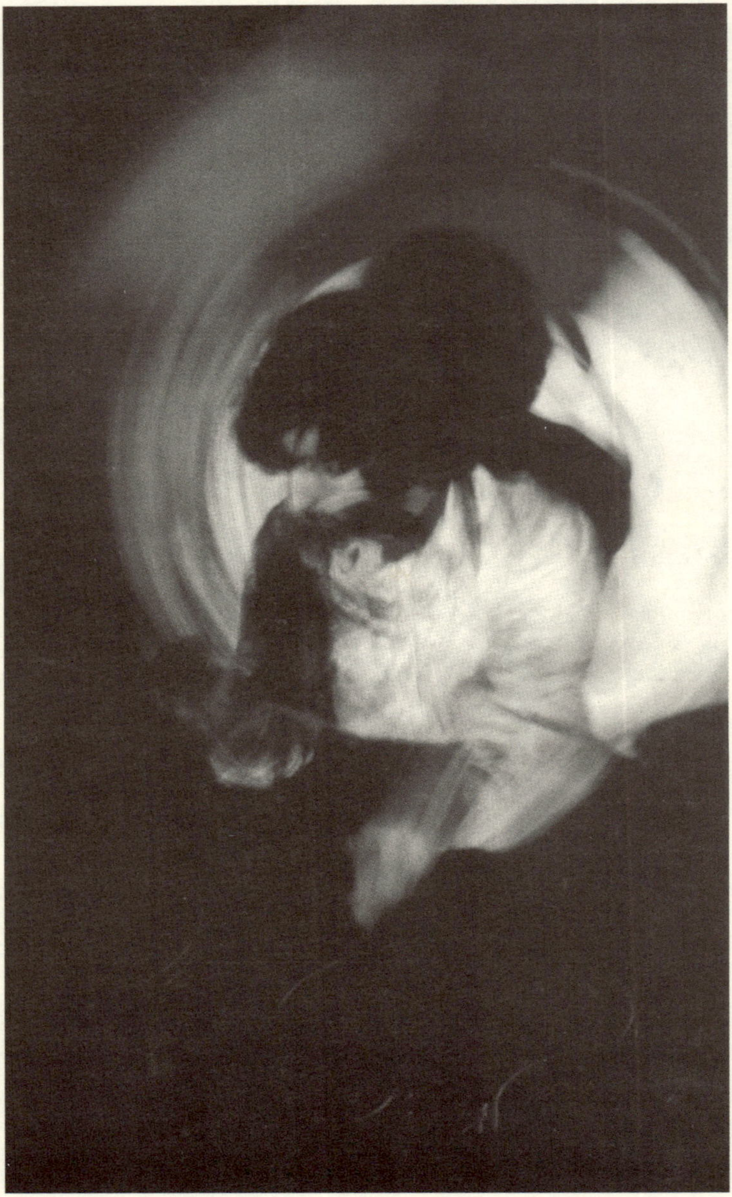

QUANDO OS membros do Pink Floyd se reagruparam em Londres após a pausa de verão em 1966, Peter Jenner ainda estava esperando. Ele voltou a Stanhope Gardens e disse: "Nós adoraríamos ter vocês na gravadora". Roger disse a ele que não precisávamos de uma gravadora, mas nos faltava um empresário.

Isso instantaneamente reacendeu nossas vagas fantasias de sucesso, devaneios que poderiam ter acabado com o fim do verão. Ligeiramente surpresos pela sua persistência, mas ansiosos por aproveitar qualquer oportunidade, então concordamos que Peter e seu sócio Andrew King seriam os empresários da banda. Em uma ocasião, quando debatíamos sobre os empresários e a banda, Andrew lembra-se de uma fala minha: "Ninguém quer nos empresariar, então vocês poderiam...". Encaramos o envolvimento deles como um importante passo, dando-nos a chance de conseguir vários itens, todos essenciais se quiséssemos realizar a transição do amadorismo para o profissionalismo: trabalho remunerado e regular, um nível mínimo de credibilidade e equipamentos decentes.

Peter e Andrew se conheciam desde os tempos da escola em Westminster. Os seus pais eram ambos vigários: quando Andrew estava prestes a ingressar na última série, os pais dele tiveram que sair de Londres e decidiram encontrar uma boa casa cristã onde seu filho poderia ficar durante o período letivo. Em consequência disso, Andrew morou com os Jenners em Southall, no vicariato de St. George. Peter era um ano mais novo que Andrew, então eles não conviveram na escola, mas morar na mesma casa os levou a interesses comuns. Infelizmente, não tenho qualquer lembrança da banda recebendo aconselhamento espiritual da profana aliança que resultou da amizade deles. Entretanto, Andrew percebeu que a atenção pastoral é uma boa ferramenta para os empresários da indústria musical: "Em uma paróquia, você tem que estar pronto para lidar com qualquer coisa e com qualquer pessoa que aparecer na sua porta".

No espaço de tempo entre as provas finais em Oxbridge e a chegada do outono, Andrew e Peter foram aos Estados Unidos, através de outra conexão clériga (dessa vez Anglicana) e trabalharam por seis meses em uma destilaria de uísque em Peking, estado de Illinois. Essa localização deu a eles fácil acesso a Chicago nos finais de semana, assim como a chance de absorver uma rica mistura de blues elétrico, jazz e música gospel.

Os dois mantiveram contato durante a estada na Universidade – Peter estava em Cambridge e Andrew em Oxford. Quando Peter decidiu nos empresariar, ele chamou seu velho amigo Andrew para ajudá-lo, e principalmente, para conseguir dinheiro. Andrew trabalhava em conjunto com uma companhia aplicando princípios científicos na formação educacional com o uso de uma máquina que solicitava aos candidatos selecionar respostas a questões de múltipla escolha através de bastões sensíveis ao toque. Após escrever um programa para a máquina com questões sobre termodinâmica (assunto sobre o qual ele possuía apenas o mais básico entendimento), Andrew foi emprestado à companhia aérea BEA para ajudar na motivação dos seus funcionários. Cada empresa pensava que ele estava no escritório da outra, quando era mais provável que Andrew estivesse na cama, ou praticando origami com papéis para enrolar tabaco... Assim como os funcionários da companhia aérea, Peter não foi capaz de reunir motivação suficiente, e a ligação de Peter pareceu uma proposta muito mais atrativa.

Peter recorda: "Nós éramos bons amigos e havíamos ido assistir a muitos shows musicais juntos. Pensamos: 'Por que não empresariar esta banda? Poderia ser interessante'. Andrew havia deixado o seu emprego e não estava trabalhando e pensei que continuaria sendo um bom *hobby*". Juntos eles formaram a Blackhill Enterprises, nome inspirado na Fazenda Blackhill, uma propriedade em Brecon Beacons que Andrew havia comprado com um pouco de dinheiro herdado. O resto da herança foi consumido igualmente entre os custos de uma vida boêmia e os tão necessários equipamentos para o Pink Floyd Sound.

Anteriormente, em poucas ocasiões havíamos sido pagos pelos concertos e qualquer renda eventual foi gasta melhorando nosso equipamento: Roger comprou um baixo da marca Rickenbacker e avancei do meu improvisado kit para um da marca Premier. Depois de nos separarmos de Chris Dennis e o seu sistema de PA, costumávamos emprestar um PA ou fazíamos o show com qualquer sistema que o lugar possuísse. Usualmente, apresentavam o tipo de qualidade sonora que até mesmo o locutor da estação de trem acharia obscura. A Blackhill retificou essa situação imediatamente nos levando para um passeio na Charing Cross Road e comprando um sistema de PA da marca Selmer e também novos amplificadores para guitarra e baixo.

Inicialmente, Peter tinha a intenção de continuar com a DNA, dar aulas e nos empresariar, enquanto Andrew cuidaria do Pink Floyd, mas quando ficou claro que a DNA não era uma preocupação contínua, Peter se focou em nós. Peter era o mais ativo dos dois – e o diplomata – que sabia como conduzir um acordo. Peter descreve a si mesmo como "um jogador de conversa fora – ainda sou!", ele ainda tinha o bônus de possuir uma ligação com a cena *underground*. Andrew era mais relaxado e era muito divertido estar perto dele, mas o seu gosto por badalação às vezes levava a momentos de instabilidade. Entretanto, ele refuta a lenda de que todas as nossas provisões para uma turnê na Escandinávia tenham desaparecido após uma de suas boas saídas à noite. Na verdade, ele afirma que apenas retirou alguns trocados do seu bolso e algumas moedas rolaram pelo esgoto. Foi se lamentando que o olho de águia de Roger registrou esse momento.

Fora o tempo que passaram em Illinois, quando puderam observar a cena musical de Chicago em ação, os dois não possuíam qualquer experiência nos negócios da indústria musical. Entretanto, para os nossos ainda menos experimentados olhos, eles pareciam ter conexões o suficiente para encontrar mais e melhor trabalho e para abrir negociações com as gravadoras. Teria sido loucura de nossa parte tentar negociar um contrato por nós mesmos, pois, deslumbrados por visões de termos nossa música em primeiro lugar nas rádios, haveríamos de aceitar uma mixaria da primeira gravadora que fizesse uma oferta. Peter e Andrew pelo menos hesitariam por um breve momento.

Assim como a promessa de mais trabalho, e a realidade de novos equipamentos, a equipe de Jenner nos forneceu uma ligação para o nascente movimento *underground* em Londres através do envolvimento de Peter com a Escola Livre de Londres, um estabelecimento educacional alternativo. A Inglaterra, em 1966, estava passando por notáveis mudanças. O governo de Harold Wilson do partido trabalhista estava em pleno processo de trazer um pacote de mudanças nas leis sobre obscenidade, divórcio, aborto e homossexualidade. A pílula contraceptiva agora estava disponível. A emancipação feminina agora estava se desenvolvendo a ponto de não ser mais apenas teoria, permitindo a mulheres como Germaine Greer e Caroline Coon (a fundadora do primeiro serviço telefônico do mundo para drogas e aconselhamento jurídico) a participarem da sociedade em condições iguais às dos homens.

Também foi um período de mudança cultural. Os Beatles iniciaram um fenômeno no qual subitamente as bandas inglesas dominaram a cena musical internacional. Na esteira dos Beatles, bandas britânicas foram adotadas pelo mercado musical norte-americano. Foi a versão original da "Cool Britannia" da época de Tony Blair. Isso foi acompanhado pelo florescimento da moda inglesa, inovações no varejo, modelos, fotógrafos, trazendo fama a nomes como Mary Quant e Ozzy Clark, Carbaby Street e Biba, Twiggy, Jean Shrimpton, Bailey e

Donovan. Até mesmo o futebol inglês estava em alta após a conquista da Copa do Mundo de 1966.

Essa explosão comercial ocorreu em paralelo ao surgimento de atividade na área educacional. Muito disso estava dentro das escolas de arte, que não estavam apenas produzindo bons estilistas e fotógrafos, mas também uma geração de talentosos músicos de rock incluindo Ray Davies, Keith Richards, John Lennon e Pete Townshend. O número crescente de bolsas fazia com que a continuação dos estudos não fosse apenas um bom investimento para a carreira, mas também um excelente modo de adiar o maldito dia de ir para o mercado de trabalho e ganhar a vida. Os empregos eram relativamente abundantes e longas carreiras facilmente disponíveis, o que dava muitas escolhas aos estudantes, incluindo simplesmente optar por cair fora (e voltar) ocasionalmente. Na verdade, é impressionante pensar que estávamos realmente preocupados com o que iríamos fazer com todo o nosso tempo de lazer, uma vez que no *Mundo de Amanhã* os robôs fariam todas as tarefas por nós.

O único lado ruim de tudo isso foi não ter acontecido por mais treze anos. No admirável e alternativo mundo novo da classe média, a política convencional era negligenciada. À época, qualquer um percebia que era tarde demais. Os "bons moços", que foram deixados de lado de toda a diversão dos anos 1960 conseguiram a revanche durante os anos 1980 quando ganharam o controle do país e vandalizaram os sistema de saúde e educação, as bibliotecas e quaisquer outras instituições culturais em que eles pudessem colocar as mãos.

Em 1965, um dos momentos significantes que marcaram o início do movimento intelectual do *underground* foi um sarau literário organizado no Albert Hall em junho – com a lista de convidados contando com Allen Ginsberg, Lawrence Ferlinghetti e Gregory Corso. Os organizadores esperavam apenas algumas centenas de pessoas; 7.500 espectadores compareceram. Esta florescente cultura do *underground* começou a coalescer em volta da Livraria Indica. O dinheiro para montar a Indica foi juntado por Peter, irmão de Jane Asher, que também era um amigo dos tempos de escola de Peter Jenner e Andrew King. Os outros fundadores da Indica eram Miles, escritor e jornalista, e John Dunbar, um amigo de Rick que mais tarde se casou com Marianne Faithfull. A loja de livros originalmente fazia parte de uma galeria de arte em Mason's Yard perto de St. James antes de se mudar para Southampton Row. Era um lugar em que ideias e literatura experimental podiam ser promovidas pela importação do trabalho de poetas norte-americanos, uma área em que a conexão com os Estados Unidos estava bem estabelecida. Em outra livraria, a Better Books, Andy Warhol veio dos EUA para um sarau literário. Ele estava acompanhado de uma comitiva que incluía Kate Heliczer, a estrela do filme de Warhol chamado *Couch*, que foi quem trouxe as primeiras fitas do Velvet Underground ouvidas no Reino Unido.

Tais lojas abriram uma rota para o tipo de rock de vanguarda nos EUA que de outra forma a maioria de nós nunca haveria conhecido, como os Fugs e o Mother of Invention. Algumas vezes, os nomes dessas bandas americanas, que soavam estranho para nós, sugeriam um grupo alternativo, mas sua música se apresentava de uma forma convencional. Quando nós começamos a escutar artistas americanos como Country Joe & The Fish ou Big Brother & The Holding Company, frequentemente ficávamos surpresos ao perceber que a música era de fato inspirada no country ou no blues, embora o conteúdo das letras fosse radical o suficiente para serem considerados como bandas do *underground*.

Algumas pessoas envolvidas com a Livraria Indica também contribuíram com a Escola Livre de Londres. A instituição havia sido montada por um grupo que contava com Peter Jenner, e seria um meio de trazer educação avançada para o distrito de Notting Hill. Um fotojornalista *freelancer*, uma das forças vivas do *underground*, chamado John Hopkins – conhecido por todos como Hoppy – havia importado a ideia da Universidade Livre de Nova Iorque, e isso em parte desencadeou toda a empreitada. (Hoppy foi um dos primeiros a deliberadamente "cair fora" de uma carreira estável, deixando o seu emprego no Harwell Atomic Research Establishment no começo dos anos 1960 para se tornar um fotojornalista freelancer).

Peter diz: "A Escola Livre de Londres foi pensada como uma alternativa à educação das massas. Em retrospectiva, era uma incrivelmente pretensiosa atuação da classe média. Todos viemos de origens privilegiadas e todos recebemos educação de qualidade, mas não estávamos felizes com o que havíamos aprendido. Nossa educação teve várias limitações". A Escola Livre de Londres foi uma resposta ao fato de as pessoas tornarem-se alienadas ao receberem educação, e que ao ensinar outras pessoas, o professor também poderia aprender com os alunos. A empreitada durou cerca de um ano e se desintegrou – todos os diretores estavam lidando com outras coisas, do jornalismo ao empreendedorismo de eventos. A ELL e o movimento psicodélico foram em parte inspirados pelo multiculturalismo de Notting Hill. Peter assinala que as pessoas não se lembram da monotonia que reinava na Inglaterra do pós-guerra: "Foi triste de se ver. A psicodelia era a antimonotonia".

A Escola Livre de Londres se estabeleceria em Tavistock Crescent em Notting Hill Carnival. A instituição precisava de dinheiro para sobreviver, e os organizadores ainda queriam lançar um jornal para que todos soubessem sobre o novo *underground*. Peter Jenner e Andrew King apresentaram a solução: como todos os bons filhos de pároco, eles sabiam que se você quiser juntar dinheiro, faça um torneio de uíste ou um baile. Um torneio de uíste parecia inapropriado, então a ELL alugou o salão (hoje demolido) da igreja local de All Saints no bairro Powis Gardens, Notting Hill, e chamou o Pink Floyd Sound – decidimos ficar com o nome de Syd para a banda durante a nossa estada no Marquee Club – para participar de uma "festa *pop*".

Provavelmente não estávamos tão radiantes com a perspectiva: tocar em um salão de igreja não era o que esperávamos dos nossos novos empresários. Mas no decorrer dos fatos, acabou se tornando um dos melhores lugares que poderíamos ter achado, uma vez que a área de Notting Hill rapidamente se estabeleceu como o centro do movimento alternativo. Todo o distrito de Notting Hill estava se tornando a área mais interessante em Londres reunindo aluguéis baratos, moradores cosmopolitas, atividades como a Escola Livre de Londres e um próspero comércio de drogas ilegais. Para combater este último, a polícia desenvolveu criativas habilidades, a maioria delas relacionadas com a fabricação de provas. Isso era algo novo para os intelectuais radicais: fora as marchas da CDN, a classe média raramente se via obrigada a enfrentar o lado mais obscuro da lei.

O salão de All Saints era de um tipo comum. Com teto alto, piso de tábuas de madeira e com um palanque armado em um dos extremos, parecia como inúmeras construções de igreja pelo país afora. O evento rapidamente ganhou uma personalidade própria. A plateia era diferente dos fanáticos por R&B e dos espectadores do *Top of The Pops*. Assim como a comunidade *hippie* local, havia estudantes e aqueles que se afastaram da faculdade, orgulhosos por serem "freaks", que se sentavam no chão ou apenas ficavam dando voltas e balançando os braços, uma definição física do que ficou conhecido como "ficar numa boa". Eles chegavam quase sem preconceitos ou expectativas de uma plateia normal e frequentemente estavam em um alterado estado químico suficiente para acharem tinta molhada não apenas interessante, mas profundamente significativa. O resultado em nós foi muito bom. A plateia respondia tão bem e tão acriticamente às nossas sessões de improviso que começamos a nos concentrar em estendê-las ao invés de simplesmente passarmos para uma sequência de releituras de canções.

A iluminação possuía um papel importante nos shows em All Saints: os eventos eram concebidos como "acontecimentos" e as pessoas eram encorajadas a participar da forma que quisessem. Um casal norte-americano, Joel e Toni Brown, inicialmente projetaram alguns *slides* quando estiveram em uma visita. Quando eles retornaram aos Estados Unidos, a contribuição com o jogo de luzes tinha se tornado importante o suficiente para que Peter, sua esposa Sumi e Andrew construíssem alguns equipamentos substitutos. Com o baixo orçamento e a falta de qualquer amigo atuando na iluminação de espetáculos, Andrew e Peter decidiram não se aproximar das grandes marcas de iluminação profissional, ao invés disso, foram até a loja de material elétrico local e voltaram com holofotes domésticos, interruptores comuns, géis e percevejos, provavelmente ganharam um desconto passando-se por empreiteiros. Todo esse equipamento de iluminação comum foi montado em ripas pregadas em algumas tábuas, a engenhoca era ligada na tomada e as luzes simplesmente acendiam e apagavam com o acionamento dos interruptores. Esse tipo de equipamento improvisado era revolucionário à época – nenhuma outra banda possuía tal iluminação no palco.

Uma cobertura jornalística do *Melody Maker* de 22 de outubro de 1966 nos fornece o sabor de uma de nossas típicas performances. "Os *slides* foram excelentes – coloridos, assustadores, grotescos, belos, mas ficam com pouco brilho na fria realidade de All Saints Hall. Versões psicodélicas de *Louie Louie* não conseguirão ir adiante, mas se incoporarem suas proezas eletrônicas a algumas canções melódicas e líricas – se afastando dos números datados de R&B – podem decolar num futuro próximo".

Nosso repertório em palco estava incluindo cada vez menos os clichês de R&B e mais canções de Syd – muitas dessas formariam a base do nosso primeiro álbum. Os clássicos de R&B eram misturados com nossos longos improvisos, de forma que "Interestelar Overdrive", que costumava ser a canção de abertura do show, poderia ser imediatamente seguida por uma versão convencional de "Can't Judge a Book" de Bo Diddley ou "Motivating" de Chuck Berry, uma das favoritas de Syd.

Embora essa série de concertos tenha começado a nos trazer uma plateia regular, uma vez que estávamos começando a ser identificados com o que já poderia ser chamado de *underground*, minha impressão é de que nenhum dos membros da banda estava consciente da importância do movimento. Éramos simpatizantes de suas causas, mas certamente não éramos participantes ativos. Gostávamos da mistura de pessoas envolvidas como Hoppy, Rhaunnie Laslett e o ativista negro Malcolm X, mas o nosso real interesse era entrar no mundo da indústria musical e comprar nosso novo sistema de PA, não exatamente os ideais de um jornal independente.

O dinheiro vindo de All Saints ajudou a ELL a começar o seu jornal. O *IT* (*International Times*) foi concebido com a ideia de proporcionar coesão a todos os acontecimentos e eventos que então ocorriam em Londres. O modelo foi o *Village Voice* de Nova Iorque com sua distinta mistura de crítica artística, jornalismo investigativo e canal para opiniões liberais e radicais. Para lançar a primeira edição – à venda por um xelim em todos os estabelecimentos alternativos, publicada pela Lovebooks Ltd e com uma tiragem de 15.000 cópias – o *IT* organizou uma festa de lançamento em Roundhouse em Chalk Farm, no distrito de Camden, em uma fria noite de outubro.

A Roundhouse foi construída em 1840 para ser um estaleiro de inspeção para motores a vapor, mas o estaleiro e seus equipamentos se tornariam obsoletos em quinze anos, pois o tamanho dos motores fabricados cresceu muito. A destilaria Gilbeys usou a construção como depósito, mas no início dos anos 1960 o lugar estava extremamente degradado. Foi bem documentado que nossa equipe técnica, que era composta pelos nossos empresários dado que não possuíamos uma legítima equipe, bateu a traseira da van em uma geleia gigante moldada por um artista para a festa de lançamento. Esse cataclísmico desastre culinário não ajudou a reforçar qualquer senso de ordem.

Não havia palco, mas sim uma antiga carroça que foi usada como plataforma. Toda a nossa combinação de instrumentos, amplificadores e jogo de luzes estava ligada em um único transformador de 13 amperes que mal poderia suportar o fornecimento de energia de uma cozinha comum. Consequentemente, os níveis de iluminação eram extremamente baixos, sendo que tochas e velas forneciam a maior parte da luz. A energia acabava em intervalos irregulares sinalizando o fim – ou pausas – na apresentação dos números.

Os efeitos luminosos em Roundhouse também eram mínimos. Eles consistiam do equipamento construído a mão por Peter e Andrew e alguns projetores de 35mm da marca Aldis funcionando com pouca potência – o tipo de máquinas que as famílias usavam para mostrar suas fotos de férias – contendo *slides* preenchidos com misturas de óleo, água, tintas e produtos químicos que eram então aquecidos com pequenos maçaricos. Grande habilidade era necessária para não superaquecer a geringonça; de outra forma o vidro quebrava e a tinta espirrava criando a possibilidade de um pequeno incêndio e a certeza de uma grande bagunça. Nossos técnicos de iluminação podiam ser instantaneamente reconhecidos pelas manchas escabrosas em seus dedos e pelas bolhas em suas mãos.

O lançamento do *IT* foi um sucesso. A performance do Floyd foi descrita pela revista *Town* como "estilhaçante para os tímpanos e globos oculares", e pelo próprio *IT*, "eles tornaram o ambiente do evento ainda mais exótico com os seus estranhos sons de *feedback*". Isso soava como Powis Gardens com um *glamour* adicional. A dica estava dada e logo os rostos e as celebridades começaram a aparecer. Algumas centenas de pessoas compareceram. Paul McCartney, Michelangelo Antonioni e Monica Vitti estavam lá. O Soft Machine também tocou, com a surpreendente participação especial de uma moto modificada durante a apresentação. Havia quadros de carros americanos pintados no estilo *pop-art*, uma tenda de adivinhação e uma mostra de filmes alternativos durante toda a noite. E havia a maior plateia que havíamos enfrentado até então.

Passamos um bom tempo na plateia compartilhando a experiência. Foi uma das últimas vezes que fizemos isso; logo chegaria o tempo em que começaríamos a nos retirar para a ensimesmada cultura do camarim da banda. Eu lembro-me de que a maioria de nós estava usando maquiagem pesada e passávamos uma enorme quantidade de tempo alisando e penteando os cabelos a fim de conseguir a aparência que achávamos que um *pop-star* deveria ter. Nosso roupeiro provocou mais um desfalque em nossas carteiras. Apenas alguns anos depois foi que o visual com camiseta se tornou a norma, com a concomitante economia no caixa. Por agora, pensávamos que camisas de cetim, calças boca de sino em veludo, lenços e botas de salto eram obrigatórios.

Ao final de outubro, formalizamos nosso acordo com Peter e Andrew, nos tornando sócios da Blackhill Enterprises. Nós quatro mais Peter e Andrew possuíamos cada um a sexta parte da companhia, o que significava que todos poderíamos partilhar o sucesso do Floyd e de quaisquer outros ganhos com os empreendimentos da Blackhill com outras bandas e do maciço império do entretenimento que Andrew e Peter previam. O acordo foi feito à moda da época, "organizado no estilo *hippie*", como uma frase de Peter e "uma boa ideia" segundo Andrew.

A Blackhill se estabeleceu no número 32 da Alexander Street em Bayswater – havia um apartamento no andar de cima e uma loja descendo as escadas. O lugar era uma propriedade alugada por Wendy, namorada de Andrew, que muito mais tarde se tornaria a sede da Stiff Records. Andrew morou no apartamento de cima e Roger, Rick e Syd moraram lá em vários períodos assim como Joe Gannon, nosso primeiro técnico de iluminação, que mais tarde radicou-se nos EUA e se tornou um bem-sucedido diretor, produtor e engenheiro de iluminação, tendo trabalhado com Alice Cooper. O lugar logo virou um caos. A sala de estar da banda que se transformara em depósito e escritório, foi apenas colocada em ordem com a chegada de June Child, nossa secretária, assistente de produção, motorista e assistente pessoal. Ela se tornou um membro valoroso do time, providenciando o elemento de organização que faltava à nossa vida profissional – e futuramente se casaria com Marc Bolan, outro artista da Blackhill.

Robert Wyatt, do Soft Machine, se lembra da Blackhill como "um amável grupo de pessoas. Eles eram legais, uma honrosa exceção à regra da honestidade duvidosa tratando-se de empresários da indústria da música, e realmente se importavam com as pessoas pelas quais trabalhavam. A maioria das bandas não tinha tanta sorte". O Soft Machine foi uma das poucas bandas que conseguimos conhecer, pois frequentemente nos encontrávamos trabalhando além das margens da música *pop* do primeiro escalão. Os eventos em Powis Gardens e em Roundhouse não eram a forma tradicional de "pagar suas contas".

Considerando sua abordagem casual ao empresariar, Peter e Andrew provaram possuir uma ótima intuição para descobrir bandas. O Pink Floyd não foi a única banda que nutriram. Embora inicialmente tenham se concentrado em nossas necessidades, na sequência iriam lançar as carreiras de Edgar Broughton, Roy Harper e Marc Bolan, bem como os Tyranossaurus Rex, e trabalharam com bandas como Slapp Happy e Third Ear Band.

A conexão deles com o produtor de música clássica Christopher Hunt era um exemplo do porquê a BlackHill foi um acontecimento tão bom para nós nessa época. Ao invés de permanecer no já conhecido circuito de clubes, Peter e Andrew estavam constantemente procurando formas alternativas para mostrar sua banda *alternativa*. Sumi, a esposa de Peter, era secretária de Christopher. Ele organizou um show para nós em janeiro de 1967 no Commonwealth Institute, um bonito auditório musical em Kensington que era principalmente usado para recitais de música étnica de artistas como Ravi Shankar que recentemente havia entrado em voga. Precisaríamos da chancela de um produtor clássico para abrir a nossa porta, uma vez que, do contrário, tenho certeza, os responsáveis pelo lugar teriam entendido que um tumulto estava prestes a acontecer; imagino que ainda pensavam que "rock" era algo relacionado com calças justas, Teddy boys e Bill Haley.

A ligação com Westminster também veio a calhar quando nos forneceu Jonathan Fenby, que foi quem escreveu os primeiros comunicados à imprensa sobre o Pink Floyd, e os textos eram bons, porque ele sabia o que a imprensa consideraria como uma boa história – à época, ele era jornalista empregado da Reuters e mais tarde se tornou editor do *The Observer* e do *South China Morning Post*, assim como um destacado autor. Ganhamos alguma cobertura da imprensa renomada através de Jonathan – o primeiro artigo apareceu no *Financial Times*. Então, a coluna de Hunter Davie no *Sunday Times* de 30 de outubro de 1966 apresentou um pequeno artigo sobre a psicodelia com citações de Andrew e Roger, que afirmou "Se você tomar LSD, a sua experiência dependerá totalmente de quem você é. Nossa música pode te levar aos gritos de desespero ou aos gritos de êxtase. Na maioria das vezes, acontece o último caso. Percebemos que a nossa plateia parou de dançar. Agora vemos as pessoas paradas, totalmente entretidas e com as bocas abertas". Hunter Davies fez um comentário monossilábico sobre tudo isso: "Hum". Hunter era o jornalista que um pouco depois desenvolveu reputação como um observador do mundo *pop* com a biografia *The Beatles*, lançada em 1968.

Continuamos com mais apresentações esporádicas. Não eram propriamente concertos, mas eventos privados anunciados boca a boca, a maioria em Londres, alguns fora da cidade em lugares como Bletchley e Canterburry, ou de volta à Faculdade de Arte de Horsney, assim como mais eventos em All Saints – o último foi em 29 de novembro. Também ocorreram mais alguns em Roundhouse, incluindo o "Psychodelphia vs Ian Smith", que anunciava "Toda maluquice é bem-vinda! Traga seus próprios apetrechos e substâncias geradoras de êxtase. Tome se desejar", mas nenhum deles conseguiu repetir o clima do lançamento do *IT*.

Tocar em outros lugares nos proporcionou uma súbita curva de aprendizado. Quando fizemos um show em um pequeno clube da juventude católica, a pessoa responsável se recusou a pagar afirmando que o que estávamos tocando "não era música". Andrew e Peter recorreram ao juizado de pequenas causas, e para a nossa total descrença e a dele também, o juiz concordou inteiramente com a opinião do supervisor do clube... Um evento beneficente da Oxfam chamado "You Must Be Joking?", que aconteceu no Albert Hall em dezembro, foi mais uma boa vitrine, apesar do fato de sermos a atração menos expressiva. Havia vários grandes nomes acima de nós incluindo Peter Cook e Dudley Moore, Chris Farlowe e Alan Price Set, que garantiram uma plateia de cinco mil pessoas. Também ganhamos uma pista para entender como o resto da indústria musical nos encarava quando Alan Price gargalhou às nossas custas ao bater na unidade de reverberação do seu órgão Hammond, produzindo um ruído estranho e anunciando aquilo como música psicodélica. No momento, ficamos mortificados, provavelmente porque todas as nossas mães estavam na plateia; mas no final das contas, qualquer ressentimento quase desapareceu por inteiro.

Também retornamos ao Marquee Club em dezembro, mas tivemos um relacionamento um tanto desconfortável com o clube e seus frequentadores. O dono, John Gee, tinha as origens no jazz e parecia não satisfeito com o tipo de música que o lugar estava agora abrigando. Irado e compreensivelmente desgostoso após sofrer uma exposição prolongada a inúmeras bandas barulhentas, ele parecia odiar com a mesma força as bandas e os seus parceiros. Com a nossa música estranha e luzes divertidas, assim como nossas marcas de amadorismo musical, éramos a encarnação do mal para ele.

Infelizmente, o público do Marquee e nossos grupos de apoio possuíam um ponto de vista semelhante. O Marquee abriu em 1958 primeiramente como um clube de jazz, mas com o tempo acabou emergindo como o fulcro do movimento britânico de R&B. Inicialmente, os aficionados por jazz encararam o R&B com desdém, senão até mesmo com raiva, particularmente como alguns músicos que também faziam a vida tocando em sessões, e que viram os seus concertos regulares e, portanto, seus meios de subsistência desaparecerem rapidamente. Porém, o clube era o coração do movimento britânico de R&B ao invés do *underground*, e embora tenhamos aproveitado uma curta residência, o nosso encontro foi muito mais uma casualidade.

O Marquee era um clube musical absolutamente comum. O camarim era pequeno e perfumado com suor e o forte cheiro de desodorante masculino barato – sempre uma opção mais simples do que tomar banho em uma pia – e em uma noite de sucesso apresentava a atmosfera de uma festa estudantil em um elevador. A melhor opção era ir ao bar nos fundos onde cerveja de boa qualidade era servida em copos plásticos, para o caso de os patrões não gostarem da música ou se desentenderem. Era fácil alguém perceber que iria se molhar por causa da cerveja jogada pelo público, mas pelo menos não sofreria graves cortes, contanto que não descesse do palco.

Por sorte, havia um clube que parecia ter sido feito especialmente para nós – esse era o UFO, (pronunciado "U-fo"), uma sigla para Underground Freak Out. Se a Indica era a loja de rua do *underground*, a Escola Livre de Londres o seu sistema de educação, e o *IT* a sua Fleet Street, então o UFO era o parque de diversões, montado por Joe Body e John Hopkins (Hoppy). Joe havia se formado em Harvard e era um aficionado por música que tinha vindo à Inglaterra pela primeira vez durante a primavera de 1964 como empresário da turnê da Blues and Gospel Caravan. Ele conheceu Hoppy quando este apareceu para tirar fotos da Caravan. Quando Joe retornou mais tarde com um emprego como Executivo de Artista e Repertório para a Elektra Records, ele ficou impressionado por ver que durante sua ausência todo o movimento *underground* subitamente floresceu.

Nos primeiros dias do seu retorno a Londres no outono de 1965 ele compareceu à primeira reunião da Escola Livre de Londres, e um ano mais tarde se envolveu com a ideia de montar um clube noturno. Hoppy e Joe encontraram o lugar: o Barney Club em Tottenham Court Road, um pouco depois do posto policial e embaixo de duas salas de cinema, o que significava que os shows não podiam começar antes das dez horas da noite, horário em que os cinemas fechavam, por causa dos problemas com o barulho. A primeira noite do UFO foi em 23 de dezembro de 1966 – tocamos na abertura – e depois disso o clube abriria todas as noites às sextas-feiras e só fechava às oito horas da manhã.

O UFO adicionou outra dimensão à nossa carreira: mesmo que não fosse um clube de tradição, ficava no bairro de West End, e o lugar estava cheio de pessoas que queriam nos ver e sabiam o que esperar de nós. Estávamos acostumados a tocar para grandes públicos e esperávamos uma oportunidade para tocar em West End. Foi uma mudança bem-vinda ao receio que sentíamos sempre que tocávamos fora de Londres. Sabendo que possuíamos um público partidário e o começo de uma base de fãs, saíamos do camarim para dar uma volta e assistir às outras apresentações: o Soft Machine tocava regularmente, havia companhias de teatro, declamação de poesia e eventos de arte performática. Também havia aplausos em abundância, ao invés da falta de entendimento com que comumente deparávamos fora da capital. O UFO parecia um genuíno acampamento-base para aqueles expedientes.

Nas palavras de June, "as pessoas iam por causa do ambiente. Era escuro, você descia as escadas... parecia uma adega alongada. Havia um palco muito limitado e pequenos alto-falantes, alguns AC30, e o equipamento de iluminação que era algo como uma pequena plataforma". O equipamento de iluminação era montado em algo parecido com o tipo de andaime usado por decoradores e pintores.

Jenny Fabian, o autor do romance *Groupie* (o qual teve um *succès de scandale* no seu lançamento em 1969; lá aparecemos discretamente disfarçados com o nome de Satin Odyssey), lembra-se de uma noite típica no UFO: "A noite de sexta-feira era a melhor, você podia se vestir como um antigo astro de cinema, tomar ácido, ir ao UFO, ver os outros participantes da cena, comprar um algodão-doce e dar uma volta até o Floyd subir ao palco. Eles foram o primeiro autêntico som da consciência lisérgica. Eu deitava no chão e os via no palco como gárgulas sobrenaturais tocando sua música espacial, e a mesma explosão de cores que refletia neles também refletia em nós. Era como ter sublimados a mente, o corpo e a alma".

O UFO tinha outros shows de luzes além do nosso (ainda éramos a única banda que possuía um show de luz próprio). Robert Wyatt lembra-se do técnico de iluminação do UFO, chamado Mark Boyle, "operando as luzes e queimando-se aos pedaços ao fazer experimentos com vários ácidos coloridos. Frequentemente ele era visto usando óculos de proteção, com as roupas todas queimadas e pendurado em alguma armação alta". Também havia um cinquentão chamado Jack Bracelin, que administrava uma colônia nudista em Watford que ocasionalmente usava um canto do UFO para apresentar um show de luzes de menores proporções; presumivelmente, ele fazia isso sempre que o tempo em Hertfordshire ficava ruim. Enquanto Robert lembra-se de que o show de luzes permitia a ele desfrutar de um certo anonimato, para que sua banda pudesse relaxar na "mesma penumbra flamejante" que a plateia, ainda estávamos interessados em usar o show de luzes para nos iluminar ao invés de nos obscurecer.

A revista *Town* apresentou um artigo sobre o *underground* e capturou o clima do UFO em particular: "O Pink Floyd é a orquestra residente do *underground.* A música do grupo soa mais como Thelonius Monk do que os Rolling Stones. *Slides* projetados banhavam os músicos e a plateia em padrões frenéticos de luzes líquidas coloridas. Favos de mel, galáxias e células cintilantes giram em torno do grupo com cada vez mais liberalidade enquanto a música se desenvolve".

Realmente fomos adotados como orquestra residente, mas raramente participávamos da experiência psicodélica. Estávamos fora disso, não do ácido, mas fora do circuito, presos no camarim do UFO. Estávamos ocupados sendo uma banda: ensaiando, viajando para os shows, carregando o equipamento e dirigindo para casa. A psicodelia estava em nossa volta, mas não estava dentro de nós. De vez em quando comprávamos um livro na Indica, mas com certeza não tínhamos tempo para curtir. Líamos o *IT,* mas a razão primária era para checar se havia uma nota sobre nós ou não. Dentro da banda, Syd estava talvez levemente mais interessado nos aspectos mais amplos da psicodelia, e sensível a alguns dos aspectos filosóficos e místicos que o seu grupo particular de amigos estava explorando. Apesar do fato de ele estar interessado, não acho – assim como todos na banda, se quiséssemos – que ele tinha tempo suficiente para ficar totalmente imerso naquele contexto.

O resto do mundo obtinha suas impressões sobre a psicodelia por meio de anúncios como os publicados no *Melody Maker* pelos *promoters* da festa chamada "Psychedelicamania" que aconteceu no Roundhouse na noite de ano novo: "O que é uma festa FREAK OUT? Ocorre quando um grande número de indivíduos se expressam criativamente através da música, dança, circuitos de luz e sons eletrônicos. Os participantes, já libertados da nossa escravidão nacional, vestidos com seus trajes mais inspirados, tomam conhecimento em grupo de todo o potencial que possuem para a livre expressão. TUDO ESTÁ ACONTECENDO!".

Nessa época, um ponto de inflexão no meu próprio desenvolvimento musical ocorreu na noite em que o Cream tocou na Poly, onde ainda nos apresentávamos de tempos em tempos, embora estivéssemos apenas como observadores nesse concerto em particular. O momento em que a cortina se abriu está cristalinamente gravado na minha mente. Um assistente da banda estava no palco – provavelmente ainda tentando fixar o bumbo duplo de Ginger Baker no chão. Ginger era famoso por insistir que seus bumbos não escorregassem, e há pisos de mármore e tapetes arruinados ao redor do globo para provar isso. A partir desse momento, eu me obrigaria a ter um kit de bateria com bumbo duplo – e fui comprar logo no dia seguinte.

Sim, éramos os pupilos da psicodelia, mas estávamos aturdidos pela exibição dos equipamentos e pela própria banda. Babei por aquele kit de bateria da marca Ludwig em cor champanhe metálica e os outros cobiçavam as colunas de amplificadores Marshall, enquanto Eric Clapton, Jack Bruce e Ginger Baker abriam o show com a canção "NSU". Ficamos impressionados pra valer quando a cortina se fechou quase imediatamente ao decidirem parar o show para tentar consertar alguns problemas técnicos. O fato de Jimi Hendrix subir ao palco mais tarde como músico convidado em alguns números – sua primeira aparição na Inglaterra – foi a cereja do bolo.

Para mim, aquela noite foi o momento em que eu soube que queria fazer as coisas decididamente. Amei a força daquilo tudo. Percebi que não precisavam se vestir com jaquetas Beatle e camisas de colarinho, tampouco possuíam um cantor bonito na frente do palco. Não havia porque continuar tocando canções com a estrutura de estrofe-refrão-estrofe-refrão-solo-refrão-final, e o baterista não estava atrás do palco em uma hórrida plataforma...ele estava bem na frente.

Isso simplesmente reforçou o que passou a ser nossa meta principal: conseguir mais trabalho, comprar mais equipamento e assinar um contrato com uma gravadora. Ao final de 1966, uma combinação de *momentum* e sorte estava começando a trabalhar em nosso favor, e com as composições distintas de Syd somadas com o nosso estilo de improvisar, já possuímos uma abordagem musical ainda crua, mas com certeza original para ser apresentada às gravadoras.

Os acontecimentos se seguiram rapidamente nesse período. Nosso desconexo contato com Peter Jenner no início das férias de verão se transformou em um bola de neve durante o outono, e com a chegada do inverno, nas palavras de Peter "decolou como um foguete". Havia grande interesse sobre esse novo fenômeno por parte das gravadoras, editores e agentes. O *Melody Maker* possuía uma coluna sobre os acontecimentos recentes, a antena ligada de *Harper & Queen*. Peter recorda o momento em que percebeu que havia algo de grandes proporções em movimento. Ele estava a caminho do UFO em Tottenham Court Roud e quando chegou à Oxford Street lá havia "todos aqueles jovens usando sinos pendurados no pescoço. Pensei: 'Maldição! Está mesmo acontecendo'. Inacreditável".

Lindy voltou à Inglaterra após finalizar seu curso de dança nos Estados Unidos e compareceu a uma de nossas apresentações num evento chamado "Freak Out Ethel". Ela ainda se lembra da sua surpresa ao ver nossa súbita mudança de uma banda de estudantes para os homens de frente da psicodelia. Nas palavras de Andrew, "nós não percebemos, mas a maré estava alcançando a praia e o Pink Floyd curtia na crista da onda". Na visão dele, o som que tocávamos e o que viríamos a tocar era muito menos importante do que estar no lugar certo, na hora certa.

Além de administrar o UFO, Joy Boyd ainda estava envolvido com seu emprego de Executivo de Artista e Repertório, como também com produção, mas seu ex-patrão da Elektra, Jac Holzman, nos ofereceu uma miséria de uns sete-oito por cento. Não fechamos o acordo porque a Elektra era conhecida apenas como uma pequena gravadora de *folk* – apesar de que no futuro assinaria com o The Doors. Queríamos uma gravadora de respeito. Joe ainda estava desesperado, assim como nós, para ter um contrato assinado. A Polydor ofereceu um bom acordo que permitiria Joe atuar como produtor independente. Na medida em que o pacto parecia selado, Joe formou sua própria companhia, a Witchseason Productions, para bater o martelo.

Uma sessão de gravação foi marcada para nós em janeiro de 1967 no estúdio Sound Techniques em Old Church Street perto de Kings Road, com Joe na produção e John Woods, dono do estúdio, como engenheiro. Todas as gravações – incluindo "Arnold Layne", uma canção que tocávamos ao vivo já por algum tempo, e uma versão de "Interestelar Overdrive" – foram registradas em um gravador de fita de quatro pistas para reprodução em mono. Gravamos o baixo e a bateria em uma pista e a guitarra e teclado Farfisa Duo com o efeito de *tremolo* nas duas outras trilhas. Os outros efeitos como as repetições da bateria em "Arnold Layne" foram adicionados depois que as três pistas prévias foram unidas em uma quarta trilha, já os vocais e solos de guitarra foram adicionados como um *overdub*. Uma mixagem final da canção foi então masterizada em uma fita mono.

Um estúdio profissional de gravação sempre gera bom som. No estúdio de West Hampstead, a primeira vez que nos ouvimos em *playback*, com um pouco de eco na bateria e no vocal, e uma mixagem decente, soou formidável. O Sound Techniques foi novamente um passo adiante. O estúdio ostentava os então alto-falantes Tannoy Red, os melhores do período. Revestidos com um acabamento folheado em nogueira, tinham cerca de 1,5 metro de altura e forneciam um incrível reforço nos graves quando comparados ao tipo de equipamento a que estávamos acostumados.

Hoje, quando escuto "Arnold Layne" e outras canções da época, percebo que não consigo criticar minha performance. Definitivamente não me envergonho da nossa juvenília. Todo o trabalho soa bastante profissional, mesmo que tenha sido gravado relativamente rápido. Com um número limitado de trilhas, tinha-se que tomar decisões prévias sobre qual instrumento ocuparia qual pista e então se mixava. Apesar disso, a música genuinamente parece não ter sido prejudicada.

"Candy And a Currant Bun" era originalmente chamada "Let's Roll Another One", incluindo o verso "I'm high, don't try to spoil my fun". Uma vez que isso parecia forçar a nossa sorte com a ainda muito conservadora indústria musical, um conjunto de versos alternativos teve que ser embutido na canção.

Por alguma razão também fomos convencidos de que precisávamos de um filme promocional para "Arnold Layne". Embora os programas de TV como o *Top of the Pops* raramente usassem filmes, a não ser que alguma atração norte-americana não pudesse vir à Inglaterra, já nos víamos como uma banda multimídia. Derek Nice – um conhecido de June Child, e o único diretor de filmes que conhecíamos – foi contratado para fazer o filme, e fomos para a costa de Sussex para começar o trabalho.

Acho que escolhemos Sussex porque meus pais moravam nas redondezas e convenientemente estavam viajando. Isso resolveu a acomodação e providenciou o cenário adequadamente bizarro do litoral da Inglaterra durante o inverno. Embora tosco para os padrões atuais, e emprestando a sensação de *Hard Day's Night*, o filme em preto e branco é surpreendentemente não datado e relativamente humoroso, com os quatro membros da banda na praia mais um quinto elemento que se revela um manequim de vitrine. Filmamos tudo em um dia curto e cinza e quando estávamos deixando o estacionamento de East Wittering, uma viatura da polícia apareceu para colocar fim na diversão. Dada a notoriedade de outro morador local, o Senhor Keith Richards, e seus amigos, acho que os agentes da lei estavam esperando para conseguir mais uma grande prisão. Com os nossos mais inocentes rostos de classe média, relatamos não ter visto nada suspeito, mas com certeza informaríamos imediatamente se notássemos qualquer coisa minimamente nociva. Foi realmente sorte o fato de não terem revistado o carro. Dentro estava o manequim, salvo da nudez apenas por um chapéu de policial.

Tudo parecia certo. Possuíamos uma oferta da Polydor, um produtor, algumas gravações e até mesmo um filme promocional. Entretanto, como frequentemente acontece nos negócios do mundo da música, alguém teria de ser ejetado do barco salva-vidas. E nesse assunto específico, foi Joe Boyd quem perdeu a vez. A razão é que Bryan Morisson apareceu. Bryan, que tinha sua própria empresa de agenciamento, nos contratou – embora nunca tivesse nos visto em ação – para um show na Architectural Association, após ter conhecimento da cobertura de imprensa e do retorno que estávamos recebendo. Ele queria ver aquela nova banda-sensação com seus próprios olhos e presenciou um dos nossos ensaios para a gravação de "Arnold Layne". Joe lembra-se de que seu coração disparou imediatamente porque Bryan estava começando a perguntar sobre o contrato com a Polydor e dizia que reuníamos condições de conseguir um contrato ainda melhor. Bryan, que tinha bons contatos na EMI, financiou as gravações no Sound Techniques, pegou uma cópia da fita demo e nos apresentou aos executivos da EMI, que nada sabiam sobre nós além do fato de estarmos no burburinho corrente. Todavia, Bryan levava jeito com as palavras. Eles decidiram que queriam nos contratar.

O problema intransponível – certamente para Joe – era de que a EMI não gostava de usar produtores ou estúdios de fora da companhia. A companhia era a proprietária de Abbey Road, afinal de contas. Queria seu próprio homem, Norman Smith, que havia recentemente sido promovido do posto de engenheiro de som dos Beatles, para ser nosso produtor. Esses eram os termos do contrato, e concordamos – parcialmente porque o acordo era melhor que o da Polydor e também porque a EMI era *a* grande gravadora, graças aos Beatles. Não havia dúvida a respeito de irmos para a Polydor ou não. A EMI era a gravadora dominante do Reino Unido à época, juntamente com a Decca – a Polygram tampouco havia se estabelecido no mercado. E Peter obteve bons resultados com Beecher Stevens e seus colegas da EMI. Eles ofereceram 5.000 libras em adiantamento, uma proposta séria – ou nas palavras de Andrew, "uma porcaria de contrato, mas mil vezes melhor do que o dos Beatles" [referindo-se ao acordo inicial entre os Beatles e a EMI] – e os custos com estúdio.

Peter Jenner recebeu a desagradável tarefa de dar a notícia para Joe Boyd. Peter professa certa culpa por ter se comportado de maneira um pouco insensível no dia em que colocou Joe de fora. Andrew diz: "A espontaneidade com a qual Peter e eu informamos Joe foi vergonhosa". Porém, naqueles dias não era comum assinar com a gravadora e trazer consigo seu produtor de estimação. Agora éramos artistas da EMI – e diferentemente da maioria das bandas já possuíamos um material próprio já finalizado.

Logo após a assinatura do contrato, fomos para um show no Queen's Hall, na cidade de Leeds. O lugar que era inicialmente uma garagem-depósito para os bondes elétricos da cidade, agora abrigava 5.000 espectadores do norte da Inglaterra, quase todos usando calças boca de sino, que foram conferir uma festa de dez horas de duração capitaneada pelo Cream e pelo Small Faces, e descrita pelo jornal *Daily Express* como "a noite em que Carnaby Street mudou-se para o norte".

Nossa viagem rumo ao norte foi vagarosa. Deixamos Londres no início da tarde uma vez que não sabíamos o caminho até Leeds, a M1 parou em Coventry – o primeiro trecho de estrada de alta velocidade na Inglaterra foi inaugurado apenas em 1959 – e o nosso transporte era o velho e instável Renault de Andrew King. Quando chegamos de volta a Londres nas primeiras horas da manhã não houve tempo suficiente para eu conseguir chegar à faculdade em tempo de assinar a lista de presença. (No Queen's Hall, decidi experimentar com nomes de palco. Pensei que Noke Mason seria uma divertida variante e noticiei isso ao jornal local que devidamente imprimiu o nome falso embaixo da nossa foto. Não repeti essa brincadeira outras vezes).

Após aquele show em especial, eu soube que não podia continuar conciliando a vida acadêmica com a vida na banda. Eu ainda estava estudando arquitetura ostensivamente, mas é claro que estava gastando praticamente todo o meu tempo com ensaios, shows ou na estrada. Mesmo com Jon Corpe fazendo todos os trabalhos de classe para mim, eu estava ficando para trás. Aparentemente, não se conseguia a graduação tão somente com assinaturas nas listas de presença. Jon também se lembra de que eu passava a impressão de nunca estar interessado em arquitetura. De acordo com Jon, sempre senti que a arquitetura era um trabalho que devia ser deixado para arquitetos. Mesmo assim, ele sempre me ajudava.

Para minha eterna gratidão, o meu tutor naquele ano, Joe Mayo, sugeriu que seria uma boa ideia eu tirar um ano de folga da faculdade. Ele garantiu que me deixaria voltar no ano seguinte se eu o quisesse. Ele não disse, mas acho que ele reconheceu que eu estava tomando a forma de um arquiteto medíocre. Tenho certeza de que ele sentiu que gastar certo tempo em uma vida diferente poderia até mesmo me prover uma carreira melhor ou pelo menos me fazer um melhor projetista. A direção da faculdade foi menos amigável e me mandou uma carta cheia de advertências baratas sobre o fato de eu estar desistindo de uma graduação promissora, mesmo assim, não me importei em mostrar a tal carta para os meus pais. Abandonei a faculdade, com a expectativa de um dia retornar, mas ainda não consegui.

Fui o último da banda a perceber o que todos já haviam percebido. Roger já estava ansioso para finalizar seu trabalho com a Fitzroy Robinson and Partners no qual ele projetava cofres para o Banco da Inglaterra. Acredito que ele foi chamado a assinar o Ato de Segredo Oficial e prometer nunca revelar as especificações sobre a quantidade de concreto requerida para proteger o dinheiro. Seria legal saber se os projetos que ele fez estão até hoje guardando nossos ganhos ilícitos. Rick já havia decidido se dedicar à música em tempo integral e Syd havia parado de comparecer às aulas na Faculdade de Arte de Camberwell.

A EMI tinha uma preocupação em particular com a banda que havia contratado fazia pouco, uma preocupação que iria exigir do departamento de imprensa durante todo o ano. Adquiriram uma banda com uma "marca psicodélica", e embora não pudessem negar conhecimento sobre a conexão com as drogas, agindo de maneira evasiva, e afirmando que as bonitas luzes eram apenas mais uma forma de entretenimento para toda a família, não havia dúvida de que o movimento que nos lançou não podia ser mantido em segredo. De fato alguns dos participantes estavam engajados no zelo evangélico de mudar o mundo. Esse era o período em que a ideia de algum *hippie* enlouquecido colocando LSD no abastecimento de água era um pesadelo popular – ou sonho, dependendo do seu ponto de vista.

Demos várias entrevistas em tom inocente negando que entendêssemos o significado da palavra psicodelia. Havia muita confusão nos escalões superiores porque em uma entrevista achamos necessário explicar que uma festa "freak out" deveria ser relaxada e espontânea ao invés de "uma multidão de tapados atirando garrafas", nas palavras de Roger. Uma das minhas típicas respostas em uma entrevista ao *Melody Maker* era: "Você tem que ser cuidadoso quando começa a falar sobre psicodelia. Não nos definimos como um grupo psicodélico ou dizemos que tocamos música *pop* psicodélica. Acontece que as pessoas nos associam com isso e conseguimos trabalhar em várias 'freak outs' e eventos em Londres". À qual Roger adicionou: "Eu às vezes penso que é tão somente pela quantidade de equipamento e luzes, e que isso livra os *promoters* de terem que contratar a iluminação para o grupo".

Também tivemos que completar uma última obrigação com a EMI que era tocar 30 minutos em um "teste artístico" ou audição. Isso era algo que cada novo artista contratado tinha que fazer, mas no nosso caso foi apenas um fútil exercício, uma vez que já havíamos assinado o contrato. Nossa próxima tarefa era providenciar à companhia um *single,* e obviamente aconteceu de já possuirmos um preparado anteriormente. Em 11 de março, o compacto "Arnold Layne" (com 'Candy and a Currant Bun' no lado B) foi lançado. A gravação era remanescente das sessões no Sound Techniques da época pré-EMI (uma tentativa de regravar o material foi tentada, mas não se conseguiu melhorar o material). Apenas seis meses após nossas férias de verão, e do começo do nosso envolvimento com Peter Jenner e Andrew King, nos tornamos artistas profissionais contratados por uma grande gravadora.

Alguns meses após a assinatura do contrato com a EMI, fomos presenteados com uma típica e estrondosa festa de uma gravadora, em que foram recebidos astros da EMI, incluindo Beecher Stevens, quem assinou o contrato conosco (e logo depois se separou da EMI – sem qualquer ligação entre os eventos, disso estou certo). Um palco foi erguido no edifício sede da corporação na Machester Square, nosso show de luzes foi trazido e dublamos "Arnold Layne". Todos tinham canapés e champanhe à vontade, e alguns convidados aproveitaram uma pequena porção de acompanhamento de químicos.

Lembro-me claramente de pegar o elevador com Sir Joseph Lockwood, o presidente da companhia, o qual estava apenas nos seus sessenta e poucos anos, mas para nós parecia um nonagenário. Ele tinha uma expressão impenetrável, outra característica comum na indústria da música, e assustou Derek Nice, o diretor do nosso filme promocional de "Arnold Layne", quando sugeriu que deveriam instalar uma cortina cenográfica com a imagem da Torre de Londres no andar de cima para que todas as bandas pudessem vir e dublar seus sucessos para uma câmera antes de enviá-los mundo afora. Sir Joseph estava anos à frente do seu tempo.

A cerimônia de assinatura do contrato foi conduzida com a devida prova fotográfica, aparentemente uma exigência do desconfiado departamento jurídico no caso de algum músico hesitante reivindicar a falsidade das assinaturas. Estávamos plenamente felizes e orgulhosos de nós mesmos. Havíamos alcançado uma posição que alguns meses atrás seria considerada mera fantasia. Então quando nos foi solicitado a posar para fotografias, a nossa noção de euforia nos direcionou a alegremente cabriolar da forma mais vergonhosa.

5 FREAK OUT SCHMEAK OUT*

*Termo criado na década de 1970 para nomear festas psicodélicas regadas a ácido (N. do E.).

SEGUINDO-SE ÀS exuberantes celebrações após o fechamento do acordo com a EMI, havia chegado a hora de nos concentrarmos seriamente no trabalho. Diferentemente de outras bandas, não havíamos liquidado nossas dívidas musicais. Na verdade, mal havíamos recebido um depósito. Não passamos por um tempo sério na estrada, tampouco passamos um ano tocando nos clubes de Reeperbah. Nossas performances no outono de 1966 haviam acontecido em alguns bons lugares e dentro do conforto do casulo de um público partidário. Ainda confrontaríamos uma civilização desconhecida que espreitava além dos confins da vila psicodélica.

O transporte era – e provavelmente ainda é – um grande problema para as bandas novas. Emprestar o carros dos pais era um opção de escopo limitado, especialmente considerando a imediata depreciação por atrolhá-lo com as peças da bateria e os membros da banda. Comprar uma van era de longe a maior despesa de capital possível – mas sem o *glamour* de gastar a bolsa de estudos em uma nova guitarra ou em um bumbo. Era possível ajeitar um show com uma mistura de equipamentos menos do que perfeitos ou emprestados, mas a banda – e a sempre crescente pilha de equipamentos – ainda precisava chegar até o local do show e voltar para a casa em segurança após o término.

Antes de assinarmos o contrato com a EMI, as viagens para fora de Londres eram normalmente restritas pelas limitações da van Bedford. Orgulhosamente compramos esse veículo na época do Tea Set, quando gastamos vinte libras para tirá-la do pátio do vendedor no final da tarde de um domingo. O vendedor não podia acreditar na sua sorte – a van estava provavelmente esperando ser rebocada ao ferro velho.

Em um surto de generosidade, ele disse que venderia o carro "com novas botas e sangue", um jargão para pneus novos e taxa de licenciamento grátis. A Bedford era inacreditavelmente vagarosa (meu velho Austin "Chummy" podia ultrapassá-la); e a sua falta de velocidade apenas era superada pela sua insegurança.

Vivenciamos outro obstáculo quando nosso equipamento desapareceu. Rick costumava ganhar um troco a mais por descarregar nosso equipamento no escritório da Blackhill após os shows, mas em uma ocasião ele falhou na sua tarefa, depois de uma longa noite em particular, quando simplesmente deixou a van amanhecer sozinha em Regent's Park. Pela manhã, todo o caro equipamento transportado havia sido roubado, incluindo o amplificador do PA (aquele comprado por Andrew King) e as guitarras. Nossos empresários não dispunham de mais recursos, e nenhuma instituição de caridade se ofereceu para nos financiar, então deve ser gravado para a posteridade que a minha mãe, para nossa eterna gratidão, nos emprestou as duzentas libras de que necessitávamos para repor os elementos mais importantes. Rick ainda sente uma momentânea pontada de culpa sobre o incidente, embora ele ainda não tenha se oferecido para reparar os danos.

Logo após o contrato com a EMI, adquirimos uma Ford Transit, a qual era vista como um verdadeiro símbolo de *status*, o Rolls Royce do transporte para bandas. Nessa época, a necessidade de uma van decente era imperativa – porque estávamos conseguindo substancialmente mais trabalho através do nosso agente, Bryan Morrison, que havia sido muito influente para o fechamento do acordo com a gravadora. Nosso primeiro encontro com Bryan aconteceu durante uma sessão de ensaio para a gravação de "Arnold Layne", no estúdio, Technique. Peter e Andrew nos avisaram para esperarmos a visita de um peso pesado da indústria musical, e aguardamos a sua chegada com certa expectativa. A porta do estúdio se abriu revelando Bryan e seus dois capangas. Essas três figuras claramente eram parte do submundo de Londres e com certeza não eram do *underground*. Sem calças boca de sino ou vestidos longos, mas ternos italianos e sobretudos de lã com colarinho de veludo. Com as mãos nos bolsos, o trio nos observava com um olhar impassível – os três pareceram estranhamente não impactados com o que viram.

Andrew e Peter falaram com diversas agências antes de decidir com qual prosseguiriam, incluindo a bem estabelecida Noel Gay Agency na Denmark Street, onde todos os agenciadores vestiam fraques. Eles, entretanto, estavam pedindo uma comissão de 15 por cento para nos representar, enquanto Bryan queria apenas 10 por cento. Acordo fechado com Bryan.

Embora a aparência e as roupas de Bryan sugerissem um vendedor de carros novato, ele havia passado pela Central School of Art. O seu escritório abriu para empresariar o Pretty Things – que contava com Dick Taylor (que estivera no embrião dos Rolling Stones) e Phil May, dois outros estudantes de arte – e então se expandiu para publicidade e agenciamento. À época em que nos juntamos, ele já possuía um bom rol de artistas, dentre os quais estavam Aynsley Dunbar Retaliation and Herbic Goins e os Night-timers, sendo que depois ele adicionou todos os artistas da Blackhill, incluindo Fairport Convention, Incredible String Band, Edgar Broughton Banda, Tyranosaurus Rex e Keith West and Tomorrow, uma banda que contava com Steve Howe, que mais tarde integrou o Yes.

Bryan possuía um adequado escritório no número 42 da Charing Cross Road, chamado Tin Pan Alley, situado acima de um bar 24 horas (um artifício para driblar as draconianas leis sobre licenciamento então vigentes na Inglaterra). Acho que o escritório custava a ele 8 libras por semana. As paredes externas eram cobertas com pichações professando amor eterno a cada um dos membros do Pretty Things e dentro do escritório reinava um pandemônio constante. Bryan havia dispensado o interfone e apenas gritava para a sua secretária através das divisórias do seu santuário. Na verdade todos gritavam, no telefone ou uns com os outros. Era muito longe do gentil e cavalheiresco mundo da Blackhill, que era enfeitado com tecidos do oriente e aromatizado com o perfume de óleo de patchuli.

Além de seus negócios como empresário, Bryan era agente exclusivo para algumas das principais casas de show de Londres. Enquanto ele empresariava o Pretty Things, percebeu a vantagem adicional de não apenas empresariar, mas também controlar a agenda das bandas. Porém, às vezes, até mesmo Bryan, com toda sua experiência, podia ser intimidado. Em uma ocasião, ele fez um favor a um amigo e concordou em representar outra agência, em troca de metade da comissão. Em um determinado clube, conheceu dois irmãos que eram os diretores da outra agência. Durante a reunião, um dos irmãos apresentou seus argumentos e foi para o andar de cima "para resolver a questão da exclusividade da agência" com o gerente do clube. A próxima coisa que Bryan ouviu foi o som de um corpo rolando escada a baixo. O outro irmão também apresentou seus argumentos e foi dar alguns chutes no prostrado corpo do desafortunado gerente do clube. Bryan, que preferia convencer seus clientes com uma garrafa de vinho tinto, sorrateiramente escapuliu. Apenas mais tarde, ele soube que o sobrenome dos irmãos era Kray.

Andrew King também encontrou o lado mais pesado dos negócios, porém nada da dimensão dos irmãos Kray. O dono de uma agência foi acusado de jogar o *promoter* (e futuro chefe da gravadora Polydor) Robert Stigwood para fora de uma janela na tentativa de resolver uma disputa, e ele ainda tinha um sócio apelidado de Pinky, que era conhecido por cortar os dedos de guitarristas que voltavam atrás na decisão de assinar o contrato. O mais perto que Andrew chegou desse mundo foi quando ele foi coletar o dinheiro referente a um show realizado na Royal College of Art em uma agência no Soho. Andrew chegou, a porta se abriu, e ele viu uma grande festa em andamento, cheia de mulheres de gângsteres, uma festa obviamente financiada com o nosso dinheiro. Ele disse que havia chegado para coletar o dinheiro do Pink Floyd. "Olha só, há um bebê aqui que quer um pouco de dinheiro...". Todos voltaram a atenção para Andrew. Houve uma breve pausa, e então toda a sala explodiu em gargalhadas, e um homem que estava na porta arrancou uns trocados de uma maço enorme de notas do seu bolso de trás. Enquanto Andrew virou-se para ir embora, a festa continuou.

Os dois capangas que acompanharam Bryan na sua visita ao Sound Techniques para nos conhecer eram seus assistentes Tony Howard e Steve O'Rourke. Tony, um rapaz de Hackney, começou a sua vida profissional como *office boy* para o *New Musical Express*, uma vez que sua intenção inicial era se tornar um jornalista musical. Brevemente desviado para uma carreira como crupiê de casa noturna e locutor de bingo, ele conheceu Phill May do Pretty Things, que foi quem colocou Tony em contato com Bryan. Tony foi convencido a vir trabalhar para a agência de Bryan.

Steve O'Rourke, após se formar em contabilidade, trabalhou como vendedor para um fabricante de comida para animais de estimação. Seus empregadores acabaram por demiti-lo quando descobriram que ele estava disputando corridas com o carro da companhia todos os finais de semana em Brands Hatch e repassando as suas rotas a outros vendedores para que pudesse passar mais tempo administrando um clube chamado El Toro na Edware Road. Uma subsequente estada de três meses com outra empresa de agenciamento forneceu a ele experiência mais que suficiente para Bryan considerá-lo plenamente qualificado.

Com Bryan na condição de nosso agente, finalmente estávamos conseguindo a quantidade de shows que sempre havíamos desejado. Isso entretanto era uma faca de dois gumes, pois a agenda representava um total desencontro entre os músicos e as plateias. Certamente era a realidade no circuito dos principais clubes, onde as pessoas apenas queriam dançar com um número de *soul* ou ficarem deslumbradas por uma das estrelas que haviam visto no *Top of The Pops*. Falhávamos em ambos os casos e éramos obrigados a conviver com o fato de que os maiores clubes mantinham um código de vestimenta – para afastar os indesejáveis – que exigia paletó e gravata, não permitia cabelos compridos e uso de *jeans*. Isso acarretava a proibição de irmos até o bar para beber e nos misturarmos com os nativos e também que o nosso pequeno grupo de apoiadores nunca conseguisse passar da porta de entrada.

Para o público dos grandes clubes, assistir ao Pink Floyd deve ter sido uma experiência confusa. Sem qualquer exposição na TV até o compacto "See Emily Play" ser lançado, éramos de uma grandeza totalmente desconhecida para quase todos. A nossa única música que esteve entre as vinte mais tocadas, "Arnold Layne", não era representativa em relação ao resto do nosso show, e de qualquer forma havia obtido limitada execução nas rádios e não havia sido transmitida na TV. Um *promoter* veio até nós depois de um show e disse: "Que vergonha, rapazes, se vocês tivessem pelo menos algumas canções decentes...".

Deparados com uma hora de músicas estranhas e assustadoras, bem como uma banda quase invisível e não excitante, as reações do público variavam do desinteresse à violência. Essas eram as nossas primeiras exposições a contratantes que não seriam certamente solidários, e se não possuíssemos um agente para insistir no recebimento adiantado dos cheques, provavelmente nunca seríamos pagos no final das contas. O conceito de reagendamento era ainda desconhecido, então apenas continuamos nos movendo um passo à frente da incompreensão que deixávamos em nosso caminho. Em 1967, não pudemos sequer contar com uma simpática plateia de estudantes. À época, não havia um circuito universitário, parcialmente porque existiam menos universidades regionais e também porque organizar shows não era considerada uma apropriada atividade de recreação para estudantes. Consequentemente, estávamos sentenciados a trabalhar nos circuitos de clubes e salões de baile.

Um olhar sobre a lista dos concertos nos quais tocamos em 1967 revela um súbito crescimento de 20 shows no final de 1966 para bem mais de 200 no ano seguinte. Nesses não estão incluídos nossa primeira turnê na América, viagens à Europa para aparições na TV ou o tempo requerido para gravar três *singles* e um álbum. Não é surpresa o fato de que esses shows parecem se fundir em um insosso amálgama de camarins mal iluminados e estradas no caminho de casa direto da M1 de Birmingham de volta para Londres. A loja de conveniência Blue Boar em Wadford Gap era onde todas as bandas paravam para confrontar suas calças de veludo com o uniforme dos caminhoneiros.

Alguns poucos shows foram de fato "memoráveis". Nossa turnê escocesa em 1967 foi um caso típico. Foram apenas cinco shows, os dois primeiros foram em Elgin e Nairn, cidades do norte da Escócia, onde nossa invasão inglesa foi rapidamente repelida. No *Moray, Nairn and Banff Courant*, alcançamos o mesmo faturamento de um concurso local de tortas de fruta, e uma típica crítica ao nosso trabalho por parte da plateia, com o típico sotaque escocês foi: "Vocês sabiam que eu posso cantar melhor até quando estou na minha banheira?".

Mais perto de casa a recepção foi melhor. No California Ballroom em Dunstable, a galeria acima do palco era um local ideal para o público expressar a sua indignação jogando suas bebidas diretamente nas cabeças dos membros da banda. Como Roger comentou mais tarde: "Eles não nos odiaram completamente, pelo menos não atiraram em nós os copos de vidro que estavam segurando". Entretanto, em um *pub* chamado Feathers, Roger foi atingido diretamente na testa por uma antiga moeda de cobre, um projétil de pouca ameaça. Eu me lembro bem desse fato porque o resto do show foi gasto com Roger tentando achar o sujeito que jogou a moeda. Foi sorte Roger ter falhado em encontrá-lo, pois sem dúvida o autor do disparo teria uma ampla turma de amigos mais fortes do que nós. Tanto é assim que provavelmente teríamos sofrido mais abuso se um verdadeiramente dedicado fã não tivesse inadvertida e audivelmente revelado sua apreciação pelo nosso talento. Isso deu à multidão alguém em condições mais fáceis para ser pego, então bateram nele em nosso lugar.

Também houve uma inesquecível performance no Isle of Man durante a Quinzena Escocesa, as duas semanas em julho nomeadas em homenagem a todos os glasgowneses que iam até o clube para uma grande diversão durante o feriado. O palco nesse lugar era alto o suficiente, acima da pista de dança, para prevenir que até mesmo o maior celta agarrasse a perna de algum membro da banda e o arrastasse para uma briga. Do alto de sua dolorosa experiência, o *promoter* sugeriu que era melhor continuar tocando houvesse o que houvesse no salão, manter as luzes da casa todas ligadas e esquecer do nosso jogo de luzes. Deveríamos ter aceitado os conselhos dele. Os seus avisos não eram nada comparados aos presságios revelados quando ocupei meu lugar atrás da bateria. Não pude deixar de notar a poça de sangue onde o baterista anterior havia tocado alguns minutos antes. Ele certamente foi pego distraído e foi atingido diretamente.

Assim que começamos a tocar e diminuímos as luzes, o público ficou em um silêncio de perplexidade. Inicialmente, achamos que nossa música e nosso show de luzes havia capturado sua atenção, mas um sinistro murmúrio logo indicou o contrário. Na verdade a escuridão deu a todos a oportunidade de caírem uns em cima dos outros em um frenesi raivoso. Tardiamente, seguimos os conselhos do *promoter* e cumprimos nosso contrato de fornecer o acompanhamento musical psicodélico do feriado para que os escoceses se nocauteassem mutuamente. Como o nosso bom amigo Ron Geesin gostava de anunciar: "A próxima dança será uma briga".

Estranhamente, essas experiências não diminuíram nosso entusiasmo. Como um pelotão sob fogo cruzado, nosso espírito de banda foi fortalecido pelo completo horror de alguns dos shows e o bombardeio de xingamentos. Como parte de uma estranha terapia catártica, gargalhávamos sobre esses episódios durante a volta para casa, convencendo a nós mesmos que o próximo show seria melhor.

Frequentemente encarávamos um determinado problema técnico nesses salões, os quais por influência do *Saturday Night At The Palladium* decidiram que palcos giratórios eram uma forma sofisticada de mudar as atrações durante a noite. Mas o nosso equipamento de som e luz cresceu em quantidade e a cena quando o palco começava a girar era de um completo caos. Em um episódio, os cabos dos alto-falantes foram esticados até o ponto crítico e as trêmulas torres de equipamento despencaram até o chão. Em meio a essa refilmagem de *Os Últimos Dias de Pompeia*, com as colunas de alto-falantes tombadas à nossa volta, nossa equipe técnica se movia freneticamente para religar a eletricidade. O tremor final que ocorreu quando o palco atingiu o ponto de parada fez a banda, corajosamente ainda em posição depois de tudo isso, parecer com a equipe de *Star Trek* sendo atingida diretamente por uma nave Klingon.

Nessa época, já possuíamos o escopo de uma equipe técnica, embora quando se tratava de *roadies* que carregavam nosso equipamento, tínhamos a tendência de contratar profissionais dispensados de outras bandas. De uma certa maneira, ingenuamente pensávamos que qualquer um chegando de uma carreira como *roadie* do Cream deveria ser muito bom. O que não fazíamos era procurar por qualquer referência. A razão pela qual um determinado *roadie* havia perdido seu emprego com o Cream foi ter faltado em um show devido a uma ressaca. Ele e seu cúmplice simplesmente rastejaram ao redor da casa do empresário, colocaram as chaves da van dentro da caixa de correio e saíram para a noite. Quando conosco, ele até conseguia chegar aos shows, mas algumas extraordinárias discrepâncias entre as marcações no odômetro e as despesas com combustível que ele estava reclamando – claramente indicavam um desvio entre Londres e Brighton envolvendo uma viagem aos Bálcãs – significou que sua estada conosco sofreu um fim abrupto.

Um subsequente *roadie* obteve um pouco mais de sucesso. Ele acabou sendo demitido quando descobrimos porque estávamos tendo inúmeros problemas com os nossos alto-falantes WEM. Havíamos acertado um contrato de patrocínio com a Walkins Electronic Music ("É a WEM, sacou?"), mas nós e tampouco Charlie Walkins conseguíamos entender por que o dano nos nossos alto-falantes era tão grande e tão frequente. Descobrimos que o nosso não tão leal escudeiro estava cuidadosamente substituindo os novos cones de reposição pelos velhos e estourados, e então seguindo para o West End para vender os novos alto-falantes a lojas de material elétrico em Lisle Street. Fácil perceber porque possuíamos um som único.

Dada a imprevisível qualidade da equipe, era uma exigência de todos os envolvidos com a Blackhill - banda, empresários e equipe de apoio - colocar a mão na massa durante longas horas. Em uma noite o pessoal, mesmo improvisado, devia organizar uma jornada dupla começando cedo da noite em Norfolk, e depois carregar tudo até Londres para uma apresentação no UFO às duas horas da manhã. Finalmente, a equipe de apoio se tornou mais organizada com a chegada de Peter Wynne Wilson.

Peter era um experiente iluminador de teatro. Ele foi expulso da escola Oundle por participar de uma marcha em Aldermaston, tendo trabalhado em teatros locais, depois regionais, para então chegar aos teatros de West End. Ele tinha um apartamento em Earlham Street, em Convent Garden, com a sua namorada Susie Gawler-Wright (conhecida como a "debutante psicodélica"), no qual Syd foi morar - Susie havia passado algum tempo em Cambridge e conhecia vários do mesmo círculo de amigos.

Na época de nossos shows em All Saints Church, Peter esporadicamente vinha nos ver. Joe Gannon estava cuidando da nossa iluminação àquele tempo, então quando Peter se juntou ao nosso pessoal, ele assumiu as responsabilidades de gerente da equipe de apoio. Entretanto, ele tinha uma certa desvantagem para exercer esse papel - não possuía carteira de motorista. Então Rick dirigia a van enquanto Peter lidava com o equipamento. Peter então assumiu o som (ele não admitia, mas sabia cuidar do som muito bem), antes – seguindo a partida de Joe – operando as luzes com a assistência de Susie.

Peter herdou o equipamento construído por Andrew King e Peter Jenner para operar as luzes, o qual, embora para a mente profissional de Peter fosse "extremamente arriscado", funcionou surpreendentemente bem até um show em uma faculdade de arte, quando a estranha fiação ligou duas fases, mandando uma súbita sobrecarga de 440 volts através de todo o sistema de iluminação destruindo-o em um lampejo de glória. Peter então se concentrou em construir um sistema mais avançado baseado em torno de três projetores Rank Aldis de 1.000 watts e começou a experimentar com diferentes formas de tratar a luz, colocando-a a através de polarizadores e membranas esticadas feitas de látex. As cores criadas eram "espetaculares, mas muito fracas". Peter descobriu que uma das melhores maneiras de tratar a luz se dava com o uso de preservativos esticados. Logo ocorreu uma ocasião em que a van e nossa equipe de apoio foi parada na estrada pela polícia em uma noite. Os oficiais da lei ficaram intrigados quando acharam um dos membros equipe, John Marsh, cortando uma pilha de preservativos no banco da frente da van. "Não se preocupem com ele", disse Peter calmamente. "É o nosso *roadie* – ele é louco".

Outra forma de tratar a luz era posicionar um espelho a um ângulo de 45 graus de frente para o extremo de lentes de longo alcance. Esse espelho era então vibrado para fazer curvas de Lissajous. Inserindo pulsadores e rodas de cor na passagem e alternando a velocidade, as rodas criavam o que pode ser descrito como "ondas de cor".

Uma das outras criações de Peter usava um projetor de luz para estúdio, levado além do limite recomendado para alcançar o máximo brilho possível. Na frente, era montada uma roda de espelhos girada a uma grande velocidade por um motor. Esse aparato era montado em uma caixa com cerca de um metro de altura e direcionado para a banda com algum pedestal que Peter conseguira. Como não havia fornecedores especializados, Peter invadiu as lojas de excedente governamental em Edgware e Tottenham Court Roads para comprar equipamentos de qualidade militar, cabos e conectores – que eram particularmente robustos e podiam viajar pelo Reino Unido em uma era anterior aos estojos de voo.

O efeito do equipamento de Peter era espetacular. Com duas rodas as possibilidades não apenas dobravam, mas eram elevadas ao quadrado. Ajustando-se a velocidade de ambas as rodas, as cores produzidas podem ser descritas como – "roxo metálico prateado. Os braços de Nick trilhavam o arco-íris na tela de projeção atrás dele de uma maneira deliciosa". Mas as temperaturas irregulares, a trepidação e as ferozmente velozes rodas de cor faziam com que o vidro tivesse uma preocupante tendência a se quebrar ruidosamente, mandando perversos pedaços de vidro pelo ar que chegavam bem perto da banda. Éramos obrigados a carregar grandes quantidades de vidro reserva – e com certeza, dispúnhamos de um kit de primeiros socorros também. Roger e eu apelidamos essas máquinas de "Daleks" em tributo à sua natureza robótica e sua óbvia hostilidade aos humanoides. As luzes eram agora uma parte essencial de nosso show e em uma entrevista ao *Melody Maker* à época, solenemente afirmei que "o iluminador tem que ser literalmente um membro da banda", menos na partilha dos *royalties*.

Na estrada, tentávamos economizar sempre que fosse possível. Comprávamos álcool na beira da estrada para evitar os inflacionados preços dos bares nos clubes. Os hotéis eram dispensados em favor de uma longa jornada de volta para a casa, o que impedia a vida selvagem que todas as outras bandas aparentemente estavam aproveitando. Graças à habilidade que a Bryan Morrison Agency possuía para agendar shows, fato que exigia uma constante cruzada pelo país, parecia que estávamos permanentemente na van. Para adicionar certa emoção, experimentávamos o medo constante de ficar sem combustível uma vez que os *roadies* apenas iam para postos de gasolina que oferecessem o mínimo do quádruplo de selos da Green Shiel – o primeiro sistema de fidelização do consumidor.

O dinheiro era geralmente apertado: a despeito da crescente quantidade de trabalho, ainda estávamos em uma espiral de dívidas, uma vez que estávamos constantemente melhorando o equipamento. Na teoria, estávamos pagando a nós mesmos um salário de 30 libras por semana, mas de fato conseguíamos extrair apenas 7 libras e 10 xelins, e consequentemente, para complementar essa renda, estratagemas para ganhar dinheiro sempre estavam em voga. Muito mais tarde, em alguma travessia de balsa para o continente, John Marsh se ofereceu para rastejar de proa à popa do barco, latindo como um cachorro, se Roger lhe pagasse 20 libras, uma aposta que Roger achou irresistível e outros passageiros acharam perturbante. John cumpriu seu lado na aposta e empolgado com o sucesso desse lucrativo negócio se ofereceu para pular fora da balsa no meio do canal e nadar de volta para a Inglaterra em troca da casa de Roger. Como um bom jogador, Roger ficou seriamente tentado. Ele sabia da probabilidade de John não conseguir. Mas, uma vez que isso implicaria a falta de um iluminador pelo resto da viagem, a razão finalmente ganhou naquele dia.

Entre as intermináveis jornadas, acabamos por fixar residência no UFO – embora possuíssemos apenas uma ou duas datas por mês – após janeiro de 1967. Entretanto, duas grandes datas na primavera nos ajudaram a manter contato com o nosso público original. O "14-Hour Technicolour Dream" foi um evento que durou a noite toda no Alexandra Palace, com atrações que incluíam Alex Harvey, Soft Machine e Arthur Brown. Todo o evento foi organizado por Hoppy e o pessoal do *IT* para arrecadar mais fundos para a revista na sequência de uma incursão policial. "Foi um caos, mas funcionou", Andrew King se lembra. Para muitas pessoas, esse evento ficou na memória como um acontecimento seminal da psicodelia, o pináculo de toda aquela fase, com as bandas tocando até o nascer do sol. Peter Jenner, por exemplo, diz: "O 'Techinicolour Dream' simbolizou tudo. Foi o pináculo da pura psicodelia amadora, a cerimônia de coroação, o último grande evento da gangue. Na hora em que o Pink Floyd chegou àquele salão quase em ruínas, estava amanhecendo, a luz estava refletindo em todas os antigos vitrais das janelas e as pessoas estavam subindo nos andaimes em volta do órgão Ally Pally. Absolutamente todos estavam viajando, fora a banda, mas talvez Syd também estivesse. Um grande show – Deus sabe como foi".

Entretanto, outras pessoas acharam a coisa toda comercial demais, o fim musical do movimento *underground* porque foi o evento mais rentável – o "Technicolour Dream" foi realmente apenas um grande concerto de rock. Miles se lembra de que a banda The Flies, que mais tarde urinou na plateia para apresentar suas credenciais pré-punk, estava ao lado do palco enquanto tocávamos e gritavam insultos dizendo "Vendidos!". Eu não me lembro bem disso, mas se ocorreu, havia razão: o evento vendeu todos os ingressos. E o nosso fiel público do UFO, acostumado com experiências compartilhadas, deparou com avisos de segurança, um palco com 3,5 metros de altura e desempenhou um papel parecido com o das atrações de um *freak show*.

Do nosso ponto de vista, o "Technicolour Dream" foi mais um pesadelo logístico. Naquela noite, havíamos tocado na Holanda, finalizamos o show, carregamos o equipamento, dirigimos durante o resto da noite em alta velocidade com um holandês muito agitado ao volante para pegar o último voo, e corremos alucinadamente à zona norte de Londres para fazer nossa apresentação. Dado esse itinerário, as chances de aproveitar qualquer benefício da romântica festa psicodélica eram remotas. Syd estava distante de tudo o que acontecia, ou simplesmente viajando, ou sofrendo de mais um distúrbio neural, ainda não tenho ideia.

Em comparação, acho que "Games for May" que ocorreu quinze dias depois, foi um dos shows mais importantes que já fizemos, uma vez que o concerto continha elementos que se tornaram parte fundamental de nossas performances pelos próximos trintas anos. Peter e Andrew organizaram um evento no Queen Elizabeth Hall no complexo de arte em London's South Bank através de Cristopher Hunt, o *promoter* que havia arranjado para tocarmos no Commomwealth

Institute. Mais uma vez, as credenciais de música clássica provaram-se inestimáveis, porque ele era uma das poucas pessoas que podiam costurar a nossa entrada nesse prestigiado lugar.

Embora possuíssemos pouco tempo para a preparação e ensaio a fim de preencher as duas horas de espetáculo, conseguimos conceber a noite como um evento multimídia do Pink Floyd. Diferentemente dos nossos shows normais, não havia bandas de abertura, de modo que pudemos controlar o ambiente e criar um clima específico. O público no Queen Elizabeth Hall estava sentado, porque a intenção era claramente essa, singularmente para um concerto de rock, deveria ouvir e assistir, ao invés de dançar. Grande parte desse show foi improvisado. Apresentamos nosso repertório usual e fizemos a estreia de "See Emily Play" ("You'll lose your mind and play free games for May..."), mas a maior parte dos números foi selecionada a fim de servir de suporte para ideias em constante mutação. As pessoas se lembram de Syd como letrista, mas ele provavelmente merece igual crédito pelo seu radical conceito de improvisação no rock.

Tivemos algumas luzes extras e uma máquina de bolinhas de sabão, assim como os projetores domésticos de *slides,* os quais tiveram que ser instalados no meio das primeiras filas para se conseguir um pouco de projeção de luz. Isso exigiu um pouco de improvisação técnica, pois naquela época o controle das luzes e do som era feito ao lado do palco. Foi apenas alguns anos mais tarde que se tornou padrão posicionar as mesas de som e de luz no centro do auditório.

O *IT* relatou o evento como "muito bem concebido...um verdadeiro concerto de música em auditório do século 21. A sobriedade da decoração do próprio rol serviu perfeitamente à bastante livre composição de mídias". É uma pena que não tenhamos conseguido tirar proveito dessa recepção e ter evitado o próximo ano de labuta cumprindo uma rotina de shows regulares.

O Azimuth Co-ordinator, que teve sua estreia no "Games for May", era um equipamento operado por Rick. Havia dois canais, cada um com um controle, um para o órgão Farfisa e outro para os efeitos sonoros. Quando o controle estava no meio, o som ficava central, mas movendo-o diagonalmente, ele era mandado para o canto equivalente do salão. Rick conseguia fazer os sons do seu teclado passearem em volta do auditório, ou fazer o som de passos – acompanhado de um gravador de fita Revox – aparentemente marcharem de um lado para o outro. Ninguém se lembra quem sugeriu o nome, mas o Dicionário de Inglês de Oxford define "azimuth" como "o arco dos céus se estendendo do zênite ao horizonte que o corta em ângulos retos". Parece bem descrito, não?

Acabamos sendo banidos de futuras apresentações no Queen Elizabeth Hall, não por causa dos descontrolados fãs rasgando os assentos, mas porque um dos nossos *roadies*, com a melhor das intenções, lançou pétalas de rosas nos corredores dos assentos. A direção do lugar julgou isso como um risco potencial à segurança do integrante da plateia menos firme dos pés...

Esse era um típico caso do desrespeito, e até mesmo da franca hostilidade, que existia entre as bandas de rock e a administração dos lugares. Quando se tratava de segurança e iluminação, impunham inúmeras pequenas regras, algumas justificáveis, apenas para sinalizar a sua desaprovação. Uma das regras que particularmente nos aborrecia era quando os lugares exigiam níveis mais altos de iluminação no auditório quando ocorriam shows de rock do que quando ocorriam outras formas de entretenimento, fato que nos prejudicava demais, pois o impacto do nosso show de luz era seriamente diminuído. Um rifle às vezes era empregado para garantir que a iluminação da casa fosse modificada ao nosso gosto. Na verdade, a norma era ser banido de todas as grandes casas de espetáculo, e assim como Andrew King disse: "Você sempre dizia a todos que havia sido banido, mesmo que não tivesse sido". Acho que como quase todos os outros grupos, fomos banidos do Royal Albert Hall "por toda a vida" por um breve período...

"Arnold Layne" também recebeu um banimento tanto das estações de rádio pirata de Londres, a Radio London e a Radio Caroline, assim como da BBC, fato que fez a promoção se tornar muito difícil, dado que havia apenas um punhado de estações de rádio transmitindo naquela época. O banimento foi causado por vagas referências na letra que podiam ser interpretadas, se alguém tentasse dedicadamente, a uma celebração da "perversão sexual". Logicamente, não muito tempo depois, a BBC falhou completamente - com uma ingenuidade surpreendente - não notando qualquer referência sexual na letra de "Walk On The Wild Side", de Lou Reed. Parece absurdo hoje em dia - e incrivelmente antigo, dada a ultraexplícita natureza das letras do século vinte e um - mas naquele tempo ainda havia grande influência da censura. O Lorde Chamberlian obteve poder sobre os teatros de Londres até 1967, e mesmo mais tarde quando em 1974 fomos obrigados a esperar autorização do Conselho Britânico de Censores de Filmes para exibir as obras que acompanhavam nossas apresentações (incluindo a bizarra dispensa especial de termos que mostrar a autorização do censor na tela antes dos filmes, o que estragaria seu efeito artístico).

De qualquer forma, ter uma canção tocada nas rádios era difícil, assim como o tempo de transmissão ainda era muito limitado. O sindicato dos músicos havia negociado um acordo com a BBC que restringia a quantidade de gravações que podiam ser tocadas na rádio a quarenta horas por semana. Isso disponibilizava mais horas de música tocada por músicos empregados que compunham as orquestras da rádio. Isso funcionava bem quando as canções eram um belo cantarolar seguido de um solo de trompete, mas quando tentavam recriar "Purple Haze", o resultado era o equivalente auricular de um cabide maneta.

Confrontados com esses obstáculos, uma opção se abriu para nós - e para qualquer outra banda na esperança de alcançar as 20 músicas mais executadas na parada - superfaturar as vendas do álbum. Em uma era anterior ao controle eletrônico da quantidade de vendas, o sistema era muito simples: era bem sabido quais as lojas que forneciam dados para indicar as vendas dos discos, então várias pessoas eram mandadas incessantemente aos relevantes estabelecimentos para comprar um determinado *single.* Era necessário muito cuidado dentro do escritório de um superfaturador. A abertura inadvertida de um armário poderia causar sérios danos, pois uma cascata de discos nunca tocados desabaria. Um certo especialista, em troca de 100 libras, carregava seu carro com flores e chocolates, e se dirigia até as lojas de disco para convencer as garotas atrás do balcão a ajustar os valores das vendas, o que elas tinham prazer em fazer.

"Arnold Layne", lançado em março de 1967, alcançou a vigésima posição na lista das canções mais executadas no Reino Unido. Para dar sequência, "See Emily Play" foi escolhida e tentamos gravá-la em Abbey Road. Entretanto, não conseguimos obter o mesmo som de "Arnold Layne", então voltamos ao Sound Techniques para recriar a fórmula mágica, o que deu um estranho prazer a Joe Body.

Quando "Emily" foi lançado, ganhamos alguns benefícios adicionais desde o banimento de "Arnold Layne". Acho que as estações de rádio estavam um pouco envergonhadas e parecia que a reputação delas seria abalada se não fossem vistas acompanhando as novas coisas brilhantes e jovens. Todas as rádios tocaram a gravação e alcançamos a décima sétima posição após duas semanas. Essa aparição entre os vinte mais tocados nos concedeu o direito de irmos ao *Top of The Pops.* Isso marcou uma importante subida de degrau escada a cima, e nos deu uma grande exposição. Ser visto pela audiência da televisão nacional afetaria diretamente nosso poder de exposição e consequentemente os nossos rendimentos em potencial como uma banda ao vivo. "COMO VISTO NA TV!" valia pelo menos mais cem libras por noite.

A maior parte do dia foi gasta entre ensaios, maquiagem, alisamento de roupas extravagantes, lavagem de cabelos e acessórios, tudo na bem equipada instalação da BBC em Lime Grove. A equipe de apoio logo descobriu que os departamentos de cabelo e maquiagem não sabiam quem eram os membros da banda, então entrou em nosso lugar para usufruir dos serviços, conversar com as garotas, ter os cabelos lavados, aparados e secados. Poucas vezes eu vi uma tão prazerosamente brilhante equipe de apoio como aquela que corria nos corredores da BBC naquela noite.

Entretanto, senti o próprio show muito como um anticlímax. Dublar, na melhor das hipóteses, parece muito idiota, e essa não foi das melhores vezes. É sempre uma esquisitice o ato de dublar, especialmente para um baterista. Para manter o nível de som baixo era preciso evitar de bater nas peles da bateria ou bater na lateral das peças da bateria. Ambos os métodos eram embaraçosos. Alguns anos mais tarde, esse horroroso exercício incluiu o uso de peças de plástico e almofadas para abafar o som. Além disso, havia toda a adrenalina de uma performance sem qualquer atividade física ou uma resposta real do público para absorver a energia. Comparado ao show, entretanto, a completa falta de emoção depois era de destruir a alma. Suponho que esperava que o mundo mudasse após a aparição na TV. Será que agora éramos verdadeiras estrelas do mundo *pop?* Mas parecia que não. O mundo continuou como antes, e assim seguimos para mais um terrível local onde o público ainda nos odiava, mas creio que pelo menos nos odiava "COMO VISTO NA TV!".

Na semana seguinte, o disco chegou à quinta posição, então voltamos e repetimos tudo novamente. Uma terceira aparição foi planejada, mas Syd acabou com o ideia ao se recusar a fazer o show, uma prévia indicação dos problemas que estavam por vir. Ele argumentou da seguinte maneira: "Se John Lennon não tem que ir ao *Top of the Pops*, por que eu deveria?".

Qualquer chance de o disco chegar ao primeiro lugar estava fora de questão. O grupo Procol Harum havia lançado "A Whiter Shade of Pale" exatamente ao mesmo tempo e não se moveria da primeira posição. A cada semana, olhávamos desesperadamente para a lista dos álbuns mais vendidos assegurando-nos de que todas as pessoas deveriam tem comprado uma cópia de "Whiter Shade" agora – mas com certeza sofriam de fraqueza na memória de curto prazo ou queriam duas cópias. (Gary Brooker do Procol estava fazendo críticas sobre compactos para o *Melody Maker*: ele acabou com "Emily" em apenas um golpe. "O Pink Floyd. Eu reconheço o horrível som do órgão...").

O sucesso comercial estava atraindo a todos nós, com exceção de Syd. Norman Smith – que era agora nosso produtor oficial da EMI – lembra-se de que na ocasião da conversa sobre a sucessão de "Arnold Layne" e sobre a possibilidade de "See Emily Play" ser o novo compacto, Syd reagiu como se a palavra "compacto" fosse um conceito infame. Embora ele gostasse de brincar com ideias musicais atraentes, odiava a ideia de qualquer coisa ser "comercial".

Norman Smith foi despachado pela EMI para supervisionar a gravação de "See Emily Play" no Sound Techniques, e para produzir as sessões de gravação do nosso primeiro álbum, *The Piper at The Gates of Dawn*, que aconteceram em Abbey Road, começando em março de 1967. Após tentar se tornar, em suas palavras, "um famoso músico de jazz", Norman se candidatou para um emprego na EMI após ver um anúncio no jornal *The Times* para aprendiz de engenheiro. A idade máxima permitida era de vinte e oito anos, e Norman, que estava com seus trinta e poucos anos, teve que podar em seis anos sua idade real, e para sua surpresa foi convidado a voltar para uma entrevista, juntamente com mais de cem candidatos. Perguntado por um de seus entrevistadores sobre o que achava de Cliff Richard, que estava apenas emergindo à época, Norman passou longe de elogiar Cliff. Os entrevistadores, novamente para sua surpresa, tenderam a concordar. E Norman foi empregado como um dos três novos aprendizes.

A partir daquele momento, ele foi mandado a varrer o chão, buscar cigarros ou a preparar chá, e às vezes apertar um botão ao comando de um engenheiro. Até que um dia, "aqueles quatro rapazes com cabelos engraçados apareceram". Os Beatles haviam chegado à Abbey Road e por pura sorte coube a Norman fazer a gravação-teste deles – após a qual ele pensou consigo: "É a última vez que eu vou vê-los, rapazes, porque eles não eram assim tão bons, para falar o mínimo". Os Beatles tinham outras ideias, e Norman foi quem os gravou até o fim de *Rubber Soul.*

Normam sempre cultivou aspirações em se tornar produtor, e após George Martin sair da EMI para abrir os estúdios AIR, ele foi requisitado para assumir o selo Parlophone. Em resposta à sua carta de apresentação, ele recebeu uma ligação de Bryan Morrison pedindo a ele que desse uma olhada em uma banda chamada Pink Floyd. Norman e Beecher Stevens – que acabara de se juntar à EMI como chefe dos executivos de artistas e repertórios – não se encontraram pessoalmente, e estavam ambos tentando demarcar seus territórios. O fato de que ambos nos queriam na EMI provavelmente jogou a nosso favor, pois eles, de forma independente um do outro, batalharam duro para nos ter no selo. Norman se lembra de que a diretoria demorou a ser convencida sobre a contratação desse desconhecido grupo, e de que as 5.000 libras de adiantamento eram uma enorme quantia à época. Quando veio a aprovação, disseram a Norman – possivelmente no tom de brincadeira – de que ele podia nos contratar, mas que o emprego dele estava na mira.

Acho que Norman nos via como uma oportunidade de se tornar um George Martin. Ele estava interessado, assim como nós, em explorar todas as possibilidades oferecidas pelo estúdio, era muito agradável como pessoa e um hábil músico do seu próprio jeito. O mais importante de tudo para nós, ele estava feliz em nos ensinar ao invés de proteger sua posição ao encobrir o processo de produção com uma aura de mistério.

Nas nossas gravações, Norman era assistido por Peter Bown, um experiente engenheiro residente da EMI, outro homem que havia passado anos dentro dos estúdios, conhecia sobre tudo e havia aprendido a maior parte por si mesmo. Em uma sessão anterior, incitados por Peter e Andrew, repassamos o nosso repertório a fim de escolher um número para começarmos a gravar e para impressionar nossos novos camaradas. Lamentavelmente, todos haviam comparecido em sessões no dia anterior. Após trinta minutos, Peter Brown caiu no sono em cima do console, e Norman se lembra de que seguiu o exemplo um pouco depois.

Dada a nossa falta de experiência no estúdio, fomos muito afortunados ao ter conosco alguém como Norman. Era algo ainda raro os músicos terem permissão de chegar perto da mesa de mixagem, e era praxe músicos de estúdio serem trazidos para poupar horas no estúdio: os Beatles começaram a mudar isso, pois o sucesso deles convenceu as gravadoras a interferirem cada vez menos. Praticamente todas as bandas que se seguiram devem gratidão aos Beatles por eles terem criado uma atitude na qual a música popular era feita pelos artistas, e não construída para eles.

Desde o nosso primeiro dia, Norman encorajou-nos a nos envolver com todo o processo de produção. Ele estava ciente do nosso interesse na ciência e na tecnologia de gravação, quando, nas suas palavras "a maioria das bandas naquele tempo estava apenas tentando ser parte do vagão de Mersey Sound".

Naquela época, os Abbey Road Studios (oficialmente os estúdios da EMI) eram uma curiosa mistura de conservadorismo e radicalismo. A companhia também dispunha de um grande departamento de engenharia onde eram construídas muitas das máquinas de gravação, mesas de mixagem e demais equipamentos. A gravação era levada a cabo em máquinas de quatro pistas, era então mixada em uma fita de 1/4" em mono ou estéreo. Toda a edição era feita por estagiários que usavam tesouras de latão, com a intenção de prevenir que qualquer magnetismo afetasse o som. Todo o prédio era pintado com um tom de verde que só posso pensar que foi inspirado nos quartéis da KGB em Lubyank.

De forma semelhante ao que ocorria na BBC, esse tipo de organização produziu uma leva de bons engenheiros. Eles se tornaram versados nas técnicas exigidas para gravar cada pequeno instrumento e montagem e não se importavam por gravar rock em um dia e

Os Hotrods – da esquerda para a direita: Michael Kriesky (baixo), Tim Mack (guitarra solo), eu, Willian Gammell (guitarra base) e John Gregory (saxofone). Sem planos para uma turnê de retorno.

Meu primeiro carro, um Austin "Chummy" 750cc fabricado em 1930, estacionado em frente à casa dos meus pais em Hampstead Garden Suburb.

A banda de banjos de meu avô, Walter Kershaw. Minha mãe prestativamente disse que ele era "aquele com bigode". Na verdade, é o segundo da esquerda, na fileira da frente.

Ensaio do Sigma 6 no diretório acadêmico da Regent Street Poly. Da esquerda para a direita: Clive Metcalf, Sheila Noble, Keith Noble, Roger, eu e um desconhecido guitarrista, mas que agora posso felizmente apresentar como Vernon Thompson.

Com Roger no nosso primeiro ano na faculdade.

Roger auxiliando Mike Leonard (no detalhe) com uma de suas máquinas de luz.

Em Stanhope Gardens – em sentido horário a partir da esquerda superior: Bob Klose, Syd, Roger e Rick.

Um dia de inverno na praia de Wittering, onde mais tarde filmamos para a promoção de "Arnold Layne" – Roger, eu e Syd com Rick atrás.

O Tea Set e uma (não) confiável van Bedford do lado de fora da casa da mãe de Roger em Cambridge. Da esquerda para a direita: Bob Klose, Rick, Roger, Chris Dennis, no teto, e eu.

Peter e Sumi Jenner no dia em que se casaram em agosto de 1966.

Andrew King, com certeza ainda não era um fotógrafo profissional.

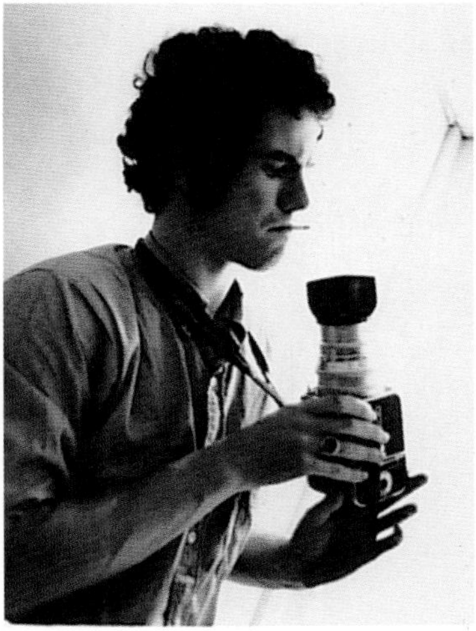

No Marquee Club, em apresentação com o nome Pink Floyd Sound, com a bateria Premier e usando calças da Carnaby Street.

Um bom exemplo do tipo de efeitos luminosos que estávamos usando em All Saints – e ao longo do outono de 1966.

Uma típica noite no UFO, com a plateia sentada no chão.

Um dos primeiros pôsteres do Pink Floyd, desenhado e impresso por Wendy Gair, namorada e, mais tarde, esposa de Andrew King.

John Hopkins, "Hoppy", no UFO, inspecionando seu pedaço.

Os pôsteres do UFO foram criados por Michael English e Nigel Waymouth, que atendiam pelo nome Hapshash & The Coloured Coat.

Retrato de Syd no UFO, por Andrew Whittuck.

Uma foto de Dezo Hoffman para a publicidade da EMI. Repare na total ausência de microfones, cabos ou de qualquer coisa do gênero.

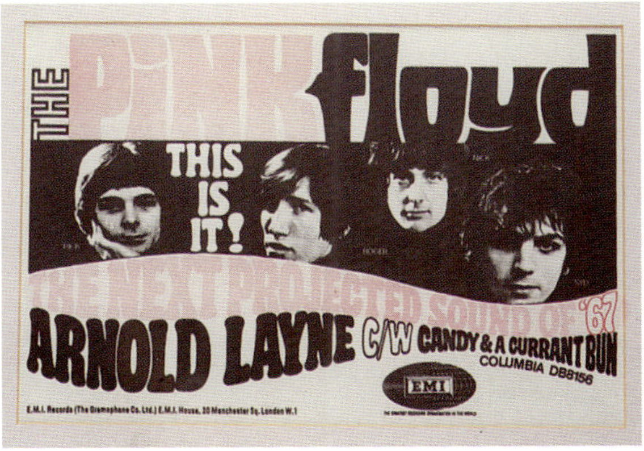

Flyer do nosso primeiro *single*, março de 1967.

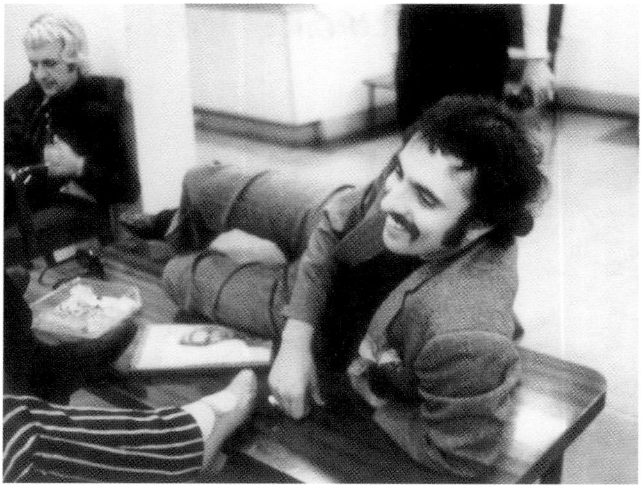

Bryan Morrison nos estúdios de Abbey Road, durante as sessões de gravação de *Piper At The Gates Of Dawn,* na primavera de 1967.

Uma de nossas primeiras fotos para publicidade, tirada no Ruskin Park de Londres por Colin Prime.

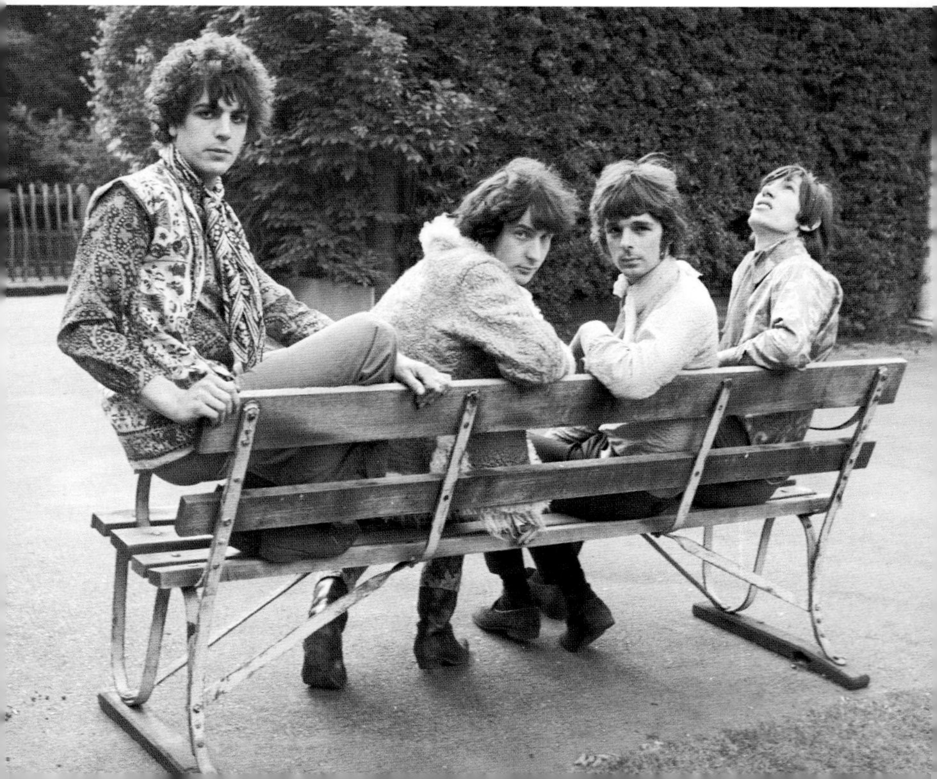

O Azimuth Co-ordinator apresentado no “Games For May”, no Queen Elizabeth Hall, em maio de 1967. O pôster do evento incluía uma ilustração de Barry Zaid que capturava uma mistura de fantasia e bizarrice da época.

Syd e Roger a bordo de um barco que nos levava a uma apresentação no Star Club, Copenhagen, em 1967.

Apresentação no *Top Of The Pops* em julho de 1967, com o meu bumbo duplo em destaque.

Late News Flash ! !
It's all happening . . .
SCHIZOPHRENIC
PSYCHEDELIC POP !
FREAK OUT-SCHMEAK OUT
Turn up, Shell Out, Get Lost
MUSIC IN COLOUR
by
THE PINK FLOYD
For the first time outside London the Pink Floyd develop a Total Show and Explosive Sound with Films, Light and Image all combined into a single Image
★
Late Extra News Flash ! !
We've had so many requests from all over the North that we have also included, by public demand . . .
THE NORTH'S TOP RAVE
THE
ROLL MOVEMENT

Um *flyer* produzido pelos promotores que replicaram palavra por palavra a paródia que usamos em um anúncio no *Melody Maker*. A ironia do nosso pastiche foi totalmente perdida.

Norman Smith (esquerda) e Andrew King nos estúdios Abbey Road.

Da esquerda para a direita: June Child, Rick, Syd e Peter Jenner, no saguão do lado de fora do Estúdio 3 em Abbey Road.

Um retrato do grupo de 1967.

Herbert von Karajan com a sua orquestra de oitenta elementos no dia seguinte. Havia, entretanto, uma clara divisão entre o *pop* e os escalões superiores; embora o fato de que os lançamentos de música *pop* estivessem subsidiando as gravações de música clássica, a equipe que trabalhava com o clássico recebia um tratamento diferenciado pela cúpula. O presidente, Sir Joseph Lockwood, deve receber o devido crédito por acabar essa antiquada hierarquia. Para contextualizar, dois anos antes de ele entrar na EMI, a direção havia decidido que "não havia futuro" no formato de gravação em LP.

Uma das vantagens de um tão bem equipado estúdio como Abbey Road era de que uma vez que as máquinas de efeitos eletrônicos ainda não haviam sido inventadas, o império possuía vastas quantidades de instrumentos que ficavam dispersos nos estúdios. Pianos Bell, órgãos Hammond, clavinetes, tímpanos, gongos, triângulos, *cajons*, sinos e máquinas de vento estavam disponíveis para uso (e podem ser ouvidos ao longo de *Piper* e *A Saucerful of Secrets*, assim como, eu suponho, em vários discos dos Beatles). Uma extensa biblioteca de efeitos sonoros também estava disponível, assim como câmaras de eco especialmente projetadas com revestimento acústico que usávamos para gravar o som de passos.

Embora minha memória seja de que as gravações para *Piper* tenham acontecido muito bem, de que havia um entusiasmo geral compartilhado por todos, e de que Syd parecia estar mais relaxado e a atmosfera mais focada, Norman Smith discorda: "A minha parte nunca foi fácil. Eu constantemente estava pisando ovos, e tinha que cuidar de cada coisa que dizia a Syd. Ele era sempre muito frágil. Às vezes gravava uma trilha de vocal e então eu o chamava e dizia: 'OK, Syd, foi muito bom, mas que tal blá-blá-blá?'. Eu nunca conseguia uma resposta, apenas 'Hum, hum'. Nós rodávamos a fita novamente e ele cantava exatamente do mesmo modo. Poderíamos fazer mais de cem tomadas da trilha vocal e o resultado sempre seria o mesmo. Havia uma certa teimosia no temperamento dele".

Finalizávamos cada canção em média a cada dois dias no estúdio, onde as sessões eram muito controladas - blocos de três horas, pela manhã, tarde e noite, com pausas para almoço e chá - e então seguíamos para fazer alguns shows durante o resto da semana. A calma durante as gravações se deve em parte ao fato de estarmos gravando o nosso repertório ao vivo, e ao escutar *Piper* hoje dá uma boa indicação das músicas que estávamos tocando no UFO e no Roundhouse, embora sejam versões de estúdio - para cumprir a exigência de faixas de três minutos - e fossem inevitavelmente mais curtas, com a construção dos solos mais concisa.

Entretanto, algumas das canções mais extravagantes do repertório eram excluídas quando encarávamos multidões temerárias em lugares como o California Ballroom: Deus sabe o que teriam feito do gnomo chamado Grimble Gromble. Encontrar canções para colocar no lugar não era um problema. Andrew lembra-se: "Syd estava escrevendo a todo vapor. As canções estavam saindo dele; é um processo bem conhecido. A pessoa atinge um ponto em que há uma erupção súbita no ato de compor. Algumas conseguem manter, outras não".

"Interestellar Overdrive" é um exemplo de uma canção que no vinil é uma versão do modo que tocávamos nos shows. "Interestellar" era um pilar central dos nossos shows ao vivo desde Powis Gardens. Baseado em um *riff* de Syd, a peça era geralmente tocada com diferentes elementos estruturados na mesma ordem cada vez. No álbum, ela tem menos de dez minutos; ao vivo podia durar até vinte minutos. O truque era construir essas canções novamente para que funcionassem mesmo com as limitações do que era então considerada a duração normal de uma canção. Um problema extra era de que nas performances em palco haveria inevitavelmente momentos bons e ruins cada vez que tocássemos, particularmente nas sessões de improviso. Uma gravação por outro lado, teria de ser capaz de suportar uma audição repetida. As duas versões são frutos de necessidades diferentes.

Na outra ponta, nas canções mais estruturadas, Norman podia trazer suas habilidades de produtor para apoiar, adicionando arranjos e harmonias, bem como fazendo uso de efeitos que poderiam ser realizados através da mesa de mixagem e equipamentos periféricos. Ele também ajudou a revelar as possibilidades contidas na coleção de instrumentos e de efeitos sonoros disponíveis em Abbey Road. Uma vez que percebemos o potencial deles, rapidamente começamos a introduzir todos os tipos de elementos estranhos, desde inserções de rádio em "Astronomy Domine" aos relógios no final de "Bike". Esse flerte com a *musique concrètel* não era de qualquer forma único – George "Shadow" Morton já havia usado uma motocicleta em "The Leader Of The Pack" do Shangri-Las – mas era relativamente novo à época, e a partir de então se tornou um elemento habitual no nosso processo criativo.

Uma vez que Norman havia trabalhado com os Beatles, era previsível que em algum estágio da gravação iríamos encontrar com Suas Eminências. Além do mais, ambas as bandas estavam lançando mão em quantidades sem precedentes dos recursos do estúdio, e consequentemente Abbey Road se tornou quase uma residência para nós. Quando percebemos que queríamos gastar mais tempo no estúdio, renegociamos nosso contrato com a EMI, retirando um pouco da nossa porcentagem de 8 para 5 por cento em troca de uso livre do estúdio.

Fomos levados ao estúdio 2, onde os "Fab Four" estavam ocupados gravando "Lovely Rita". A música soava maravilhosa e incrivelmente profissional, mas da mesma forma que sobrevivemos aos nossos piores shows, ficamos entusiasmados ao invés de completamente arrasados pela experiência.

É difícil explicar como conseguimos permanecer confiantes, considerando nossa inexperiência e falta de conhecimento técnico. Havia pouca ou nenhuma interação com os Beatles. Sentamo-nos de forma humilde e discreta no fundo da sala de controle enquanto eles trabalhavam na mixagem e após um conveniente (e embaraçoso) período de tempo, fomos levados para fora do estúdio novamente. Sempre quando os Beatles estavam em Abbey Road havia um senso de ocasião, pois o séquito deles os enclausurava em um exótico microambiente dentro dos confins do estúdio.

Piper foi lançado em agosto de 1967. Peter Jenner ficou impressionado com a contribuição de Norman Smith: "Norman fez um ótimo trabalho. Ele conseguiu realizar uma gravação fantástica, perfeitamente comercial, condensando em três minutos o que o Pink Floyd fazia, sem destruir a distinta musicalidade do grupo ou a peculiar natureza das composições de Syd". Entretanto, Peter ainda não sabia quanto o álbum havia vendido. "Eu estava interessado apenas nos *singles*, não tenho ideia do desempenho do álbum - um sinal da minha ingenuidade". Quando o álbum chegou às lojas, entretanto, o movimento *underground*, que tinha nos ajudado em nosso caminho, começava a cambalear sob os ataques das pressões comerciais.

O empresariado musical havia reconhecido a moda da psicodelia e cada show de música *pop*, baile ou cantata entre amigos eram agora anunciados como um *freak-out*. As próprias grafias alternativas eram algo que chamava a atenção. Nos meados de abril, Peter, Andrew e nós nos sentimos obrigados a fazer um anúncio falso intitulado "Freak Out - Schmeak Out" para zombar. Mas mesmo assim os *promoters* que estavam entrando na onda, ou os simplesmente burros, não conseguiram entender a piada, e os anúncios deles ainda cegamente continham a frase "Compareça, gaste, vá embora" - uma variação do lema de Timothy Leary, o guru do LSD, "Rebele-se, sintonize-se, caia fora". O conceito inicial de todos fazendo o próprio entretenimento já havia sido posto de lado em favor de uma mercadoria que podia ser vendida.

Os instigadores do *underground* também estavam sob ataque. Em uma dura demonstração de força pelo *establishment*, o *IT* foi levado ao tribunal por acusações de obscenidade. Hoppy foi preso por posse de maconha e mandado à Wormwood Scrubs por seis meses, o rigor de sua sentença causou um notável clamor. O público do UFO havia mudado: embora Joe Boyd – o melhor produtor desde sempre – contasse com o Move e o Floyd atraindo multidões consecutivamente nos finais de semana de junho, as plateias que os shows atraíam agora preferiam observar o fenômeno a participar dele.

Uma ocorrência inesperada aconteceu quando a imprensa de tabloides se apegou à ideia de uma perigosa contracultura e nos passou uma rasteira. Mais cedo naquele ano, uma pequena história publicada no *News of the World* sobre os sórdidos acontecimentos no UFO – que fez com que o clube enfrentasse sérias dificuldades – mencionava os perigosos subversivos do Pink Floyd. Subitamente, tudo se tratava de sexo, drogas e rock' n' roll. O que fazia a matéria ser ainda mais irritante era o fato de que eu não havia experimentado nada das boas coisas de que estavam falando. Na verdade, o artigo falhou em descobrir qualquer coisa relevante e erroneamente relatou que nos denominávamos como "depravados sociais". A palavra depravado era frequentemente um gatilho para os jornalistas dos tabloides; nesse caso em particular, o repórter ficou excessivamente impressionado ao ver a frase "depravados sociais" em um de nossos cartazes. Porém, ele falhou ao não perceber que não se tratava de uma autodescrição de nossa parte, e sim do nome da nossa banda de abertura, um grupo liderado por Mick Farren. Advogados foram convocados e uma audiência foi marcada. Passamos pela sessão de acusação e defesa e aceitamos humildemente o formal pedido de desculpas com fontes deste tamanho na página de trás do tabloide.

A imprensa perdeu a história realmente boa: a de que o nosso *front man*, guitarrista e letrista estava começando a passar por sérias dificuldades. Estávamos atentos a esse fato, mas do nosso ponto de vista, Syd estava tendo dias bons e dias ruins, sendo que os dias ruins pareciam aumentar em número. Ofuscados pelo desejo de nos tornarmos uma banda de sucesso, tratamos de nos convencer de que ele passaria por essa fase. Outras pessoas ao nosso redor tinham uma visão mais clara. June Child foi categórica ao falar sobre esse assunto:

"Syd tomava muito ácido. Muitas pessoas conseguem tomar um pouco de ácido e lidam com isso em suas vidas, mas se você viajar três ou quatro vezes em um dia, todos os dias...".

Syd estava morando em um apartamento em Cromwell Road, o qual Peter Jenner lembra-se como "o catastrófico apartamento onde Syd excedeu-se no ácido". Nunca nos aventuramos a entrar – apenas pegando Syd para os ensaios e shows e não entrando em contato com os outros moradores. Os rumores eram de que nunca se deveria aceitar qualquer bebida lá dentro, nem mesmo um copo de água, a não ser se pudesse purificá-lo, porque tudo era batizado. Não era um mundo que o resto de nós frequentava. Nesse ponto, Roger, Rick e eu éramos ainda leais à cultura estudantil de beber cerveja e conhaque de vez em quando. Estávamos muito mais preocupados com os efeitos que o estilo de vida de Syd estava tendo nas nossas performances.

Durante a "14-Hour Technicolour Dream", Syd estava cansado assim como todos nós, mas os seus sintomas eram muito mais graves. June Child procurou por ele: "Primeiramente, nós não conseguíamos encontrá-lo, então o achei no camarim e ele estava tão... distante. Roger Waters e eu o colocamos em pé e o levamos ao palco. Ele tinha uma guitarra e nós a colocamos envolta do pescoço dele; ele entrou no palco e, é claro, os espectadores deliraram porque eles o amavam. A banda começou a tocar e Syd apenas ficou parado. Ele estava com a guitarra pendurada no pescoço e com as mãos balançando".

Logo depois, estávamos agendados para tocar no Windsor Jazz Festival. Novamente fomos obrigados a cancelar. Syd estava sofrendo de "exaustão nervosa", dizia a mensagem mandada para a imprensa musical. Os organizadores do festival colocaram o pobre Paul Jones no nosso lugar. Paul havia recentemente saído do Manfred Mann e estava experimentando uma bem-sucedida carreira solo cantando R&B. Ele subiu ao palco aos gritos de "Vocês gostam de *soul music*?". Um rugido dizendo "NÃO!!!" voltou da plateia repleta de jovens *hippies*, juntamente com uma saraivada de acessórios psicodélicos e latas de cerveja. Enquanto isso, o resto de nós reagia a esses cancelamentos com constrangimento e fúria, enquanto nossos empresários tentavam formular um plano.

Depois de muita conversa e pouca ação, principalmente porque havia pouca informação disponível sobre como tratar problemas relacionados a drogas, Peter marcou uma consulta para Syd com o eminente psiquiatra R.D. Laing. Acho que Roger levou Syd até a zona norte de Londres para a realização da consulta, mas Syd se recusou a continuar com o tratamento, de modo que Laing teve pouco o que fazer. Entretanto, ele fez uma observação contundente: sim, Syd poderia estar perturbado, ou até mesmo, louco. Mas talvez fosse o resto de nós que estaria causando o problema, por perseguir nosso desejo de sucesso, e por forçar Syd a caminhar junto de nossas ambições. Talvez fosse Syd que estivesse cercado por loucos.

Roger também ligou para o irmão de Syd, dizendo que estávamos extremamente preocupados – ele veio até Londres e foi ver Syd, e acabou dizendo que achava que tudo acabaria bem. Essa era uma reação recorrente. Houve muita discussão sobre a condição de Syd, mas no nosso modo de pensar ele passaria por um período bom e focado, e então nós pensaríamos: "ótimo, ele está normal novamente".

Finalmente, se decidiu que Syd seria mandado para Formentera, uma pequena ilha perto de Ibiza, juntamente com o médico recém-graduado Sam Huft, que estava indo para lá em férias e para conjecturar sobre seu próprio futuro. Sam era o próprio médico do *underground*, simpático a usuários de drogas e a músicos: como fez com os Boeing Duveen And The Beautiful Soup e mais tarde Hank Wangford. Sam era capaz de apresentar um diagnóstico com a perspectiva de um participante do movimento. "Eu era um médico *hippie*. A vestimenta que eu usava no hospital durante o verão do amor, ao invés de avental branco, era uma jaqueta sem mangas em seda indiana cor-de-rosa com figuras que pareciam espermatozoides imersos em cor púrpura com detalhes em dourado. E as calças largas da marca Williams Morris".

Rapidamente cancelamos os shows agendados para agosto e os transferimos para o mês seguinte. Syd foi para Formentera acompanhado de sua namorada, Lindsay Corner, Rick e Juliette, Sam Hutt, sua esposa e seu bebê recém-nascido. Roger e Judy ficaram em Ibiza, a uma pequena travessia de balsa. Não obtivemos sucesso: Syd não mostrou sinais de melhora, mas estranhos ataques de violência. Em uma das noites, quando uma poderosa tempestade de raios estava mostrando sua fúria, a turbulência externa refletia o tormento interior de Syd – a lembrança de Juliette é de Syd literalmente tentando escalar as paredes.

Enquanto isso na Inglaterra, ainda estávamos planejando um futuro para a banda. Roger estava dizendo ao *Melody Maker:* "Nós estamos frustrados nesse momento pelo fato de que para sobrevivermos, temos que tocar em vários e vários lugares que não são adequados. Nós todos gostamos da nossa música. É a única força motriz por trás de nós. Não podemos continuar indo a clubes e a salões de baile. Queremos um novo ambiente e chegamos à ideia de usar uma tenda de circo". Havia a visão de um caminho a seguir, mas parecia não haver um modo de alcançá-lo.

Quando Syd retornou de sua estada em Formentera, não em melhor forma, cegamente o mergulhamos de volta ao trabalho. Havíamos agendado – com certa dificuldade – algumas datas em setembro no Reino Unido e na Holanda, e fomos para o De Lane Lea Studios a fim de gravar as últimas, e levemente desvairadas, canções de Syd. E acima disso tudo, precipitadamente nos preparamos para a nossa primeira turnê nos EUA. Estávamos agendados para iniciar no Bill Graham's Filmore em São Francisco, em 26 de outubro, mas a viagem não correu bem. Antecipadamente, Andrew King disse que estava preocupado sobre todos os aspectos dessa turnê. Sua apreensão era bem justificada.

Quando Andrew partiu com antecedência para encontrar o nosso agente em Nova Iorque e assinar os contratos para a turnê, o agente friamente retirou uma arma de uma gaveta e a entregou a Andrew para seu uso pessoal durante a turnê. Andrew, não acostumado com armas, perguntou se era realmente necessário portar uma arma. "Você não é obrigado a portá-la, meu garoto. Se você não quiser usá-la, eu a guardarei de volta na gaveta". Nem o pior episódio durante a promoção de turnês na Inglaterra chegou perto disso.

Andrew então se dirigiu à Costa Oeste. Nossos vistos de trabalho não haviam chegado, o que significava que não poderíamos chegar a tempo para as primeiras apresentações no Filmore. Andrew se lembra de sentar-se no escritório do lendariamente pavio curto empresário Bill Graham, escutando-o xingar algum infeliz executivo de gravadora representando o Jefferson Airplaine que ele estava empresariando. Ao colocar o telefone no gancho, ele então focou sua atenção naquele imberbe britânico cuja banda não estava pronta para aparecer. "As bandas sempre chegam para Bill Graham", ele gritou.

Em Londres, a situação para nós tratava-se de levar a cabo a espera diária até saber se a papelada havia sido completada, e se poderíamos pegar um voo naquela noite ou não. Passamos incontáveis horas na embaixada dos EUA em Londres para que os vistos corretos chegassem. Nas turnês atuais, ainda é necessária uma enorme pilha de papéis, mas naquela época havia tanta burocracia quanto hoje, combinada com comunicações mais vagarosas e mais difíceis. Houve problemas com a papelada assim como no combinado intercâmbio com os músicos americanos Sam The Sham and The Pharaohs – as regras do sindicato ainda exigiam um intercâmbio igual entre artistas britânicos e americanos.

A solução de Bill Graham foi ligar para o embaixador americano em Londres em meio à noite e conseguir forçar o trâmite dos papéis. Para o nosso lugar, ele contratou Ike e Tina Turner, que estavam tocando na Bay area, que se tornaram os primeiros artistas negros a se apresentar na Filmore. Finalmente, os vistos chegaram e embarcamos a tempo para nos apresentar em outra casa de shows de Bill Graham em São Francisco, a Winterland. Os presságios não eram bons. Uma ansiosa aeromoça pediu a Syd que apagasse o seu cigarro antes da decolagem, e após um olhar aterrorizado, ele descuidadamente jogou o cigarro no carpete do avião ao invés de depositá-lo no cinzeiro. Não é de se admirar que o serviço de bordo da PamAm naquele voo tenha deixado a desejar. Chegamos a São Francisco tarde da noite e totalmente exaustos, para sermos recebidos não pelos gritos do nosso fã clube americano, mas por Bill Graham ainda furioso por ter sido obrigado a esperar pela nossa chegada.

Também nos encontramos com Andrew King, que ainda estava preocupado. Ele estivera no Winterland, uma casa para 5 ou 6 mil pessoas, e após ter visto as dimensões do local, o grande palco e os poderosos projetores de filme de 35mm em frente aos quais o nosso básico equipamento Aldis de 1kw ficaria pálido. O show de luzes do lugar era operado por especialistas, e estava em uma escala completamente diferente e adaptado para o tamanho do auditório. Andrew generosa e sabiamente disse: "nós vamos combinar os recursos", percebendo que havíamos mordido mais do que podíamos mastigar. Na verdade, havíamos mordido o suficiente para comer por mais algumas semanas.

O dia seguinte foi gasto em meio a tentativas desesperadas de reunir algum equipamento: havíamos levado apenas as guitarras, nada mais. Eu esperava que um kit de bateria estivesse disponível. Todas as promessas de apoio haviam misteriosamente evaporado. A gravadora não ajudou em nada. Conseguimos um teclado para Rick e um kit de bateria foi montado. A Premier Company era inglesa e trabalhava nos Estados Unidos através de uma rede de afiliados. O revendedor local deve ter ficado assustado quando lhe foi pedido para liberar seu estoque a uma banda britânica praticamente desconhecida que representava a Premier na qual o mais conhecido *endorsee* era Keith Moon, famoso pelo seu apetite por destruição quando se tratava de kits de bateria. Consequentemente, suspeito, me foram dadas peças de bateria avulsas que possuía em algum canto do depósito – cada elemento do kit era de uma cor diferente.

Finalmente, chegamos ao Winterland para a primeira boa surpresa da turnê. O organização do lugar era muito profissional e os outros músicos em cartaz foram muito receptivos, estavam entusiasmados com o som que tocávamos e não possuíam a atitude agressiva do tipo "vamos acabar com todos no palco" com a qual estávamos acostumados no Reino Unido. Apesar do fato de termos sido anunciados como "A banda com a melhor iluminação da Inglaterra", o show de luzes foi, nas palavras de Andrew "cômico. Eu francamente me senti um imbecil".

Abrimos o show do Big Brother & The Holding Company (a primeira e excelente banda de Janis Joplin), Richie Havens por uma semana, e H.P. Lovecraft na semana seguinte. Janis estava usando o lendário colete que ela ganhou da empresa Southern Comfort em reconhecimento aos serviços prestados. Não tenho certeza se isso ocorreu pelo nível pessoal do consumo ou por que ela sempre carregava uma garrafa de Southern Comfort no palco em um primitivo exemplo de *merchandising* artístico. Roger trouxe sua própria garrafa e ofereceu um gole a Janis. Ao final do show, ela devolveu a garrafa vazia.

O público parecia mais com os nossos seguidores do UFO do que a plateia dos grandes clubes. A Califórnia e a cidade de São Francisco de modo especial eram o centro do ideal *hippie*. Infelizmente, estávamos impossibilitados de estar tão descontraídos; exaustos pela duração do voo na chegada, fomos jogados em uma caótica série de datas, subfinanciados, subequipados e sobrecarregados. E para coroar todo o resto, a abordagem de Syd para esse importante show foi de afrouxar totalmente as cordas da guitarra durante "Interestellar Overdrive".

Entretanto, nem tudo estava perdido, e algumas datas, como no Cheetah Club em Venice, Los Angeles, foram mais bem-sucedidas. Considerando que no maior auditório não éramos a atração principal – e as outras atrações eram bem ensaiadas e usavam o seu próprio equipamento – em um clube na condição de atração principal nossas luzes podiam ter algum impacto real e podíamos controlar a ambiência geral e o clima, assim como fazíamos no UFO.

O Cheetah Club foi a ocasião em que Syd decidiu que seu cabelo estava muito encaracolado e precisava ser alisado. Ele mandou alguém ir comprar um tubo de gel, o qual ele colocou numa enorme quantidade no cabelo para corrigir o problema. Calçado em um extraordinário par de botas verdes amarradas com elásticos de borracha, ele subiu ao palco e mais uma vez desafinou sua guitarra durante o primeiro número. Em um frenesi de raiva, Roger talhou sua mão em um furioso ataque ao seu baixo. Ele tomara emprestado um baixo Vox que não estava com a proteção para as cordas, então continuou batendo sua mão contra as pontas nuas. Ao final do show, demoliu o baixo em pedaços. O dono do baixo, aparentemente impressionado, calmamente guardou os pedaços em uma mochila. A despeito disso, foi um grande show. O público gostou de nós, assim como gostou da inusitada banda de apoio, Lothar And The Hand People. Aparentemente não havia ninguém chamado Lothar – esse era na verdade o nome do teremim do grupo, uma notável invenção russa que produzia sons parecidos com *Dr Who* quando as mãos eram balançadas em frente à antena do instrumento, e foi usado por Brian Wilson em "Good Vibrations". Além disso, o grupo ainda contava com algumas bonitas jovens mulheres. Vagamente lembro que elas não tinham instrumentos e apenas dançavam conforme o clima da música em um maneira bastante *avant-garde*.

Parte da estratégia de promoção para a banda envolvia a televisão. Anos antes da MTV, o sistema consistia na aparição da banda em um dos shows de celebridade do período. O apresentador, usualmente um cantor popular já de certa idade esperando estender sua carreira, cantava algumas canções e então recebia os convidados para uma conversa, com interlúdios musicais de artistas como nós. Com Syd se aproximando de um estado catatônico, alguém deve estar pensando que essa não era exatamente a receita do sucesso. E é verdade, Syd estava se tornando difícil, até mesmo violento. Após dublar perfeitamente a canção para a passagem de som, ele ficava parado de forma indiferente durante a tomada de gravação, enquanto o diretor dizia em vão: "OK. Esta é a tomada". Então Roger e Rick foram forçados a assumir a performance dos vocais, Syd ficava olhando vaga e melancolicamente ao horizonte. Após dublarmos "Emily" em um êxtase de embaraço, fomos chamados para uma pequena conversa. Se os outros convidados estavam dentro do alcance do microfone, eles impiedosamente usavam a oportunidade para agarrar o precioso tempo diante das câmeras, intrometendo-se com histórias, piadas ou comentários fúteis.

Em outro show, ancorado por Pat Boone, ele gentilmente manteve os outros convidados em separado para conversar conosco. A despeito de um súbito ataque da síndrome de pernas inquietas da nossa parte, ele escolheu o agora muito instável Syd para conversar. O mundo inteiro prendeu a respiração enquanto ele perguntou a Syd do que ele gostava. Já estávamos tremendo com as milhares de possíveis respostas inadequadas que passavam por nossas mentes. "América", Syd brilhantemente respondeu. Pat sorriu, a plateia aplaudiu e gritou enquanto o resto de nós suava em bicas enquanto o carregávamos.

Longe dos estúdios de televisão, Syd ficava um pouco melhor. Chegando de uma reunião com a Capitol Records, paramos na esquina das ruas Hollywood e Vine. "É bom aqui em Las Vegas", observou Syd. Mais tarde, no Hollywood Hawaiian, um típico pequeno hotel de LA, com cactus iluminados e decoração extravagante, Roger encontrou Syd adormecido em uma cadeira com um cigarro aceso entre seus dedos.

Aquilo foi a gota d'água. Andrew ligou para Peter em Londres e disse: "Nos tire daqui". Havíamos cumprido com todos os compromissos na Costa Oeste, mas cancelamos a ida à Costa Leste e voamos direto para um concerto na Holanda. Já possuíamos provas suficientes de que estávamos em negação sobre o estado mental de Syd. Por qual motivo pensamos que um voo transatlântico imediatamente seguido por ainda mais datas seria de ajuda é algo além da compreensão.

Na Inglaterra, Bryan Morrison havia negociado um encaixe para tocarmos em uma turnê de Jimi Hendrix. Essa era uma grande oportunidade para assistir a Jimi Hendrix tocar e passar algum tempo ao lado de músicos que admirávamos. Finalmente, encontramos semelhanças com outras bandas, especialmente o Nice, que parecia ter inclinações musicais parecidas com as nossas, mas espantosa proficiência técnica, no caso do seu tecladista, Keith Emerson, que mais tarde seria o "E" da ELP, verdadeira virtuosidade.

Essa pequena turnê foi feita com o tempo em palco muito controlado. O motivo principal, até onde o *promoter* sabia, era de que os fãs de Jimi Hendrix haviam gastado um bom dinheiro, e não importava o que acontecesse ele subiria no palco na hora marcada. Para evitar que passássemos dos nossos oito minutos, havia sempre alguém com um cronômetro ao lado do palco. Andrew se lembra de que se excedêssemos apenas trinta segundos ganharíamos uma advertência, se acontecesse novamente estaríamos fora da turnê. Logo, os nossos números mais longos, como "Interestellar Overdrive" tiveram de ser encurtados ao extremo. Peter Winne Wilson se lembra de que a turnê usava as luzes da casa acesas, logo a nossa iluminação era redundante. Ele insistiu para que nossos empresários colocassem uma cláusula em qualquer contrato para que as luzes do lugar fossem desligadas e para que uma tela e um local para a projeção fossem disponibilizados, mas isso não iria acontecer por alguns anos.

Syd ainda estava como um canhão sem mira (e alucinado). Em uma ocasião, ele nem mesmo conseguiu chegar ao local do show. Percebemos antecipadamente que ele não conseguiria chegar e conseguimos recrutar Dave O'List do Nice para tocar. Colocamos pouca luz em Dave e com certeza tocamos "Interestellar Overdrive". Lembro que acabou sendo uma perfeitamente passível performance e acredito que poucas pessoas tenham percebido a substituição.

Essa turnê foi a nossa primeira exposição real ao mundo do rock' n' roll como sempre havíamos imaginado. *Popstars* usando calças justas e padrões morais frouxos acompanhados por garotas histéricas com vestidos curtos e padrões morais ainda mais frouxos. Essa foi uma das poucas – posso dizer que foram realmente poucas – ocasiões em que fomos perseguidos nas ruas por garotas descontroladas. Desde então, nutri grande simpatia pelo apuro da raposa, pois o barulho dos cascos (ou dos sapatos das adolescentes) estourando atrás de você é de gelar o sangue. Nesse esporte de campo – talvez mais equilibrado que o usual – o papel de caça e caçador não era sempre claro, pois os vários músicos e a comitiva da miniturnê estavam em pleno período de acasalamento... As garotas provavelmente haviam acabado de sair da escola, mas era possível vê-las na recepção dos hotéis usando vestidos justos enquanto sondavam quem seria a próxima vítima.

Havia um ônibus da turnê em que todos embarcavam – com exceção da banda de Jimi Hendrix – como loucos estudantes em uma saída de campo. Nossos últimos meios de transporte se tornaram imprevisíveis. Alguns meses antes, havíamos concordado em comprar uma Bentley em meio a algum mal-entendido de que esse seria um meio de transporte prático e que melhoraria a nossa primeira impressão causada. Mais uma vez um vendedor de carros triunfou e experimentamos um veículo emocionante em função de nenhuma oficina mecânica conseguir fazer com que os freios da Bentley funcionassem adequadamente. Roger ainda sonha com esse veículo, e se lembra muito bem de deixar um determinado show e ser forçado a passar por cima de uma rótula. Alugamos um carro de Godfrey Davis, pelo qual Andrew teve que se responsabilizar, uma vez que não alugavam carros para músicos. Depois de nós vergonhosamente devolvermos o carro com semanas de atraso, com 17.000 milhas no odômetro e com uma montanha de lixo na traseira, aparentemente a companhia mudou as regras para garantir que nem mesmo com o aval da diretoria seria possível alugar um carro para qualquer empresa ligada ao mundo da música.

Para acompanhar a esteira da turnê com Jimi Hendrix, lançamos um *single* chamado "Apples and Oranges" em mais uma tentativa de criar uma canção de sucesso. Essa era mais uma das composições bizarras de Syd, e seria uma ótima faixa em um álbum, mas não era certamente apropriada para um sucesso nas rádios. Entretanto, estávamos sob pressão, e tentamos transformá-la em um *hit*, com a ajuda de Norman Smith, adicionando refrães e ecos na edição. Não me lembro de tê-la tocado ao vivo muitas vezes, se é que chegamos a apresentá-la. É possível que houvesse uma certa pressão dos EUA para que a música fosse lançada em acompanhamento com a nossa turnê, mas não tínhamos tempo de fazer qualquer promoção real lá. Esse foi o caso em que, seguindo os conselhos recebidos, aprendemos que às vezes, senão sempre, é melhor seguirmos nossos instintos a tomarmos decisões equivocadas.

A turnê se encerrou e fizemos um show no Olympia em dezembro de 1967, em um evento chamado "Christmas On Earth Continued". Syd estava completamente fora novamente, e o resto de nós estava finalmente chegando ao ponto de ruptura. Era hora de assumir a nossa negação. Havíamos tentado ignorar os problemas esperando que eles passassem, mas a nossa busca incessante pelo sucesso não podia escurecer o fato de que não poderíamos continuar com Syd naquele estado, e de que tudo aquilo não estava mais sendo divertido como antes – e ainda, com certeza, menos divertido para Syd. Não queríamos perder Syd. Ele era o nosso letrista, cantor, guitarrista e – talvez ninguém acredite, dada a forma menos que simpática com a qual estávamos lidando com ele – nosso amigo.

Nossa ideia inicial era de seguir o exemplo do Beach Boys. Essa era a solução sugerida pelas histórias que havíamos escutado sobre Bryan Wilson: aparentemente incapaz de se apresentar ao vivo, ele era efetivamente um compositor de casa. Pensamos em aumentar o número de componentes da banda com mais um guitarrista para remover a pressão sobre Syd. O nome de Jeff Beck foi mencionado, o qual teria sido uma interessante (e espetacular) experiência. Acho que nenhum de nós teria a coragem de fazer o contato telefônico naquela época. Vinte e cinco anos mais tarde, Roger ligou para ele.

Entretanto, conhecíamos alguém que poderíamos chamar: o velho amigo de Syd e Roger: David Gilmour, de Cambridge.

A SOMA DAS PARTES 4

NOSSA PRIMEIRA discreta oferta a David Gilmour aconteceu quando o avistei na plateia de um show na Royal College of Art no final de 1967. A RCA, próxima ao Royal Albert Hall, era à época a coisa mais próxima que tínhamos a um lugar para ter residência seguindo a derrocada do UFO. Possuíamos amigos em vários departamentos da faculdade, o que levou a uma polinização cruzada entre design de cartazes, capas, fotografias e música, assim como o uso contínuo das instalações da RCA para atividades de extensão universitária.

Como David não era um dos alunos, presumi que ele estava lá para ver a nossa apresentação. Durante um intervalo, me dirigi a David e falei alguma coisa sobre a possibilidade de ele se juntar a nós como um guitarrista adicional. Isso não era uma tentativa de recrutamento unilateral da minha parte, foi a primeira chance que um de nós teve para abordar o assunto com ele. David certamente ficou interessado, principalmente, imagino, porque embora ele nos visse - corretamente - como músicos menos experimentados do que os da sua antiga banda, chamada Jokers Wild, havíamos conseguido todo o aparato que eles nunca adquiriram: um agente, um contrato com uma gravadora e algumas canções de relativo sucesso nas estações de rádio.

O Jokers Wild havia sido uma das mais bem cotadas bandas na área de Cambridge. Todos os membros eram vistos como talentosos músicos. Willie Wilson, que substituiu Clive Welham, o baterista original, reapareceu com Tim Renwick no grupo Sutherland Brothers and Quiver, e mais tarde integrou a banda fantasma que usamos nos shows ao vivo do álbum *The Wall*.

Agora não consigo me lembrar da primeira vez que encontrei com David. Certamente tocamos nos mesmos lugares, incluindo a festa de Libby January e sua irmã, e nos encontramos em alguns eventos sociais, pois eu estava à vontade para me aproximar dele no meio do público da RCA.

Como um nativo de Cambridge – seus primeiros encontros musicais com Syd ocorreram na Cambridge Tech – David conseguiu bastante trabalho para o Jokers Wild tanto localmente, tocando para os aviadores americanos que aguardavam a Terceira Guerra Mundial, quanto em incursões ocasionais até Londres. Entretanto, David se aventurou mais logo após as férias passadas no sul da França na companhia de Syd e outros colegas em agosto de 1965, quando eles se apresentaram nas ruas. David decidiu retornar ao continente com o Jokers Wild e eles continuaram por cerca de um ano tendo passado pelo "Verão do Amor" quando pragmaticamente se rebatizaram como Flowers. Essa banda finalmente se separou e à época em que a vi no Royal College of Art, David estava sem ocupação, dirigindo uma van para os designers Ossie Clark e Alice Pollock, que administravam a butique Quorum em Chelsea.

Nós o abordamos formalmente dias antes do Natal de 1967, quando propusemos que ele se juntasse a nós como o quinto elemento do Pink Floyd. Syd foi convencido a concordar que a entrada de David era uma boa ideia. Passamos às formalidades de uma reunião de banda, e se esclareceu a Syd de que a discordância não era uma opção. David aceitou nossa oferta e prometemos a ele um salário de trinta libras por semana, omitindo-lhe o fato de que o salário real era de um quarto daquilo. Steve O' Rourke, que agora havia se tornado o nosso ponto de contato dentro da Bryan Morrison Agency, disponibilizou um quarto na sua casa, que era equipado com um gravador de fitas Revox e alguns sanduíches de cortesia, onde David dominou nosso repertório inteiro em uma questão de dias.

Um problema muito mais desgastante para David era se estabelecer dentro da banda existente. Oficialmente, ele era o segundo guitarrista e vocalista adicional. Mas Syd via David como um intruso, enquanto o resto da banda o via como um potencial substituto de Syd. Entretanto, levamos mais algum tempo evitando articular isso com David, estávamos felizes em não encarar a dura verdade. Com esses sinais obscuros, David teve de dar o seu melhor em uma situação desconfortável.

Os eventos, em seguida, aconteceram muito rapidamente. Havia um punhado de shows no começo de 1968 nos quais tentamos tocar como uma banda de cinco membros. O que Syd estava tomando nesses shows podemos apenas conjecturar a respeito: é provável que ele estivesse completamente confuso e irritado porque sua influência estava sendo continuamente erodida. No palco, ele empreendia o mínimo esforço possível na sua performance, aparentemente apenas fingindo estar tocando e cantando. Essa falta de contribuição era talvez sua recusa em participar da farsa. Na medida em que ele se distanciava mais e mais, isso simplesmente nos convencia de que estávamos tomando a decisão certa.

O exemplo mais ilustrativo do comportamento de Syd ocorreu em um ensaio num salão de uma escola em West London, no qual Syd passou algumas horas nos ensinando uma nova canção que ele havia intitulado “Have You Got It Yet?”. Ele constantemente mudava o arranjo, então cada vez que tocávamos a música o coro vocal do verso “No, no, no” com certeza estava errado... Foi a última e inspirada demonstração de toda a sua raiva e frustração.

A gota d'água ocorreu em fevereiro no dia em que devíamos tocar em Southampton. Dentro do carro, no caminho para buscar Syd, alguém disse: “Temos mesmo que ir pegar Syd?” e a resposta foi: “Não, foda-se, vamos esquecer isso”. É difícil relatar as coisas de forma tão direta, mas é a verdade. A decisão foi insensível e estávamos insensíveis. Com nosso juízo desviado do que estávamos fazendo, eu pensava que Syd estava sendo simplesmente vingativo, e eu tão exasperado com ele que considerava apenas o impacto no curto prazo que ele estava exercendo no nosso desejo de ser uma banda de sucesso.

Considerando que nunca havíamos ensaiado juntos com uma formação de quatro integrantes, a apresentação ocorreu musicalmente bem, com David cobrindo todas as partes do vocal e da guitarra. Foi uma indicação de quão pouco Syd vinha contribuindo nos últimos shows, mas mesmo assim, é surpreendente o quanto devíamos estar alegremente confiantes para dar esse passo. Mais relevante ainda é o fato de o público não ter exigido a devolução do dinheiro: estava claro que a ausência de Syd não seria um obstáculo crítico. Simplesmente não o buscamos mais.

Apesar do fato de convenientemente havermos esquecido de informar os nossos empresários sobre a modificação da nossa formação e sobre os novos arranjos para viagem, Peter e Andrew – e Syd, naturalmente – rapidamente perceberam o que estava acontecendo. Era preciso resolver a questão. Uma vez que o que possuíamos à época era uma parceria envolvendo seis pessoas, Roger, Rick e eu sequer possuíamos a maioria para reivindicar o nome da banda, e dada a importância adicional de Syd como o principal compositor, o seu direito provavelmente seria mais forte.

Surpreendentemente, talvez, isso nunca fora um problema. Da mesma forma com que a parceria foi montada em uma base eminentemente justa, então o ato de desmontá-la foi conduzido de uma maneira civilizada. Uma reunião foi convocada com a presença de todos, incluindo Syd, na casa de Peter no início de março. Peter diz: "Lutamos para manter Syd na banda. Eu realmente não conhecia David, embora soubesse que ele era um talentoso guitarrista e um ótimo imitador. Ele tocava as partes da guitarra de Syd melhor que o próprio Syd". Entretanto, Peter e Andrew acabaram admitindo, e apenas após o ímpar surto de recriminações, a parceria foi dissolvida. A propósito, a sugestão de Syd para resolver qualquer problema foi de adicionarmos duas mulheres saxofonistas à formação.

Concordamos sobre o direito de posse perpétua da Blackhill para todas as nossas atividades passadas. Nós três continuamos como o Pink Floyd e Syd saiu da banda. Peter e Andrew claramente pensavam que Syd era o centro criativo da banda, um razoável ponto de vista considerando as nossas gravações até aquele ponto. Consequentemente, eles decidiram representar Syd ao invés de nós. "Peter e eu desejávamos libertar o Pink Floyd", diz Andrew. "Nós não havíamos feito um bom trabalho, especialmente nos EUA. Não havíamos sido agressivos o suficiente com as gravadoras". Andrew acha que nenhum de nós – fora David – conseguiu sair radiante dessa fase. E ele ainda chama atenção para o fato de que a dissolução da parceria foi certamente um choque para Syd, porque ele nunca considerou o resto de nós (como outros talvez considerassem) como se fôssemos a sua banda de apoio – "ele era dedicado à banda".

"A separação era o caminho natural", diz Peter. "Nós queríamos desenvolver a Blackhill, então não poderíamos ter o Pink Floyd como parceiros se fôssemos nos concentrar em outros artistas. O Pink Floyd perguntou sobre a possibilidade de nós os empresariarmos sem Syd. E Andrew e eu estávamos sempre remontando aos dias de Syd". A visão de Peter era de que se Syd fosse tirado da pressão de estar em uma banda e ganhasse mais espaço e tempo, ele se tornaria mais estável. Peter diz: "eu gostaria de saber o que aconteceu. Eu gostaria de não ter deixado acontecer. Nós todos queríamos ajudar, eu me sinto mal com a minha parcela de culpa. Se Syd não está infeliz, então ele atingiu o recluso estado de paz e tranquilidade. Eu adoraria saber a resposta".

Na sequência da ruptura da nossa parceria com a Blackhill, na falta de um empresariado obrigatório, pareceu lógico solicitar a Bryan Morrison para nos empresariar. Encontramo-nos com ele e ele concordou em designar os serviços de Steve O'Rourke para nós. Bryan continuaria a desenvolver seu império editorial, enquanto Tony Howard cuidaria da nossa agenda. Steve permaneceu como nosso empresário pelo resto de sua vida.

Tanto Andrew quanto Peter pensam que Bryan e Steve conseguiam ver as possibilidades de explorar a situação que criamos juntos. Bryan se lembra de alertar Steve sobre os benefícios de se focar em nós ao invés de continuar tentando descobrir novos talentos. Andrew se recorda de estar sentado com Steve no Speakeasy Club (o influente clube da indústria musical perto de Upper Regent Street) muito antes do cisma, e de Steve dizendo a ele: "Você consegue perceber o quão importante e influente o Pink Floyd será para milhões de jovens?", e também observa que Steve sempre levou muito a sério o trabalho de nos empresariar. Ele nunca conseguia relaxar da tarefa de empresariar, enquanto Brian às vezes conseguia.

Steve veio de uma origem muito diferente da banda. Tommy, seu pai, era um pescador nas Ilhas Aran, próxima a costa da Irlanda; quando o grande documentarista americano Robert Flaherty fez o seu filme *Man of Aran* sobre a vida nas ilhas durante os anos 1930, o pai de Steve foi uma das personagens em destaque. Tommy então foi convencido a ir para a Inglaterra a fim de tentar a fortuna nos filmes, e embora a eclosão da guerra e o recrutamento houvessem liquidado com suas chances de glória nas telas, ele se estabeleceu em Londres, onde Steve nasceu.

Com seu conhecimento prévio na área de vendas e com as técnicas afiadas aprendidas na escola de Bryan Morrison, Steve trouxe uma abordagem mais firme para o nosso empresariado. Ele exalava uma impressão de confiança, era um duro negociador e, vestido em seu terno azul-escuro, transparecia a imagem dos negócios. Esse sempre foi o seu estilo de empresariar, apenas os ternos se multiplicaram. Ficamos sabendo que, na sua época como vendedor de comida para animais de estimação, ele pegava um pouco do produto com uma colher e o comia. Achamos esse comprometimento com os seus clientes muito admirável e seriamente preocupante, e Steve talvez se arrependeu de haver nos contado tantos detalhes sobre suas técnicas de venda, pois Roger sempre se lembrava desse fato nas conversas nos anos seguintes.

Após os detalhes finais terem sido resolvidos, um anúncio formal sobre a saída de Syd e a chegada de David foi realizado no começo de abril. Ainda me surpreende o fato de que qualquer eventual receio que sentimos por perder a nossa principal força criativa foi eclipsado por uma sensação de alívio.

Fortuitamente, havíamos conduzido as coisas para evitar que Syd se tornasse a figura dominante, a despeito do seu visual e de sua presença de palco. Nossas fotos oficiais de divulgação sempre mostravam a banda como um todo, não apenas Syd, o que deve ter contribuído. Pode ser também que a força de um grupo sem um reconhecido líder provoque maior integração de todos os membros – foi um tempo em que o So-and-so e os Whatsits foram suplantados pelo The Whatsit.

Esse foi um momento difícil para nós, dado que éramos uma banda que não possuía um *single* nas paradas havia quase um ano, e as sequências para "Arnold Layne" e "See Emily Play" não cumpriram o prometido. O certo seria começarmos tudo novamente, mas de alguma forma já havíamos achado o nosso nicho dentro da indústria musical. Eu me lembro que estávamos prestes a entrar num momento particularmente feliz. Mais uma vez, estávamos comprometidos com as mesmas metas e ideias musicais, desejávamos tocar juntos de uma forma mais estruturada. Havia mais uma vez a impressão de sermos uma banda completa.

David, sem dúvida, tinha a tarefa mais difícil. Ele tinha o não invejável emprego de continuar a ser Syd. Claramente, ele podia adicionar sua própria interpretação em qualquer performance ao vivo, mas nossas gravações recentes incluíam uma horrível quantidade de peças de Syd que levariam cerca de um ano para serem substituídas. Além de tudo isso, a David era solicitado a dublar a voz de Syd em todos os tipos de programas de televisão da Europa. Prestando atenção de volta a alguns desses programas, percebi que David era muito melhor do que o resto de nós, quem de fato tocou nas gravações, e a prova de que foi suportável para ele é que ele se lembrava das partes melhor do que nós.

David trouxe novas forças para a banda. Já um bom guitarrista – embora até onde sei, nunca "Um bom acordeonista" – sua voz cantada era forte e característica. Assim como o resto de nós, ele estava interessado em experimentar novos sons e efeitos, e juntamente com sua inventividade, ele também adicionou uma abordagem mais estruturada e profunda, com a perseverança para desenvolver todo o potencial de uma ideia musical. Ele também tinha uma boa aparência e havia pulado a fase em que permanente de cabelo era considerado o auge da moda dos barbeiros. Enquanto isso, Rick estava fornecendo textura e melodia, e Roger nos dava energia, disciplina e disposição musical. Como os bateristas bastam-se por si mesmos, felizmente nunca precisei justificar a minha existência da mesma forma que os outros.

Embora David tenha se sentido desconfortável com a formação inicial contando com cinco elementos, ele nunca foi visto como o "novo garoto". Pessoas que se apresentam como guitarrista solo e vocalista raramente são tímidos ou reservados. Norman Smith se lembra da primeira vez em que encontrou David como membro da banda e pensou: "Esse cara vai dominar o grupo". (Norman obviamente falhou ao não registrar o alto baixista que ficava no fundo).

Se faltava alguma coisa a David, era a herança de pagar nossos débitos, os quais estavam marcando a substancial quantia de 17.000 libras. Um dos efeitos colaterais do nosso acordo com a Blackhill para adquirir os direitos de uso do nome Pink Floyd foi de que tivemos que assumir sozinhos a responsabilidade pelos empréstimos contratados para financiar a van, nosso equipamento de iluminação e sistema de som.

Antes da chegada de David, Syd havia sido efetivamente o diretor musical devido ao fato de que era o principal compositor. Norman Smith lembra-se de ter ficado muito preocupado quando escutou as notícias sobre a saída de Syd, porque ele não tinha conhecimento de que qualquer um dos restantes fosse capaz de compor canções. Apesar disso, Roger e Rick começaram a escrever materiais novos, e Roger particularmente – quem havia escrito "Take Up Thy Stethoscope And Walk" em *Piper* – atacou a tarefa resolutamente, mas esse era um processo lento, e para o futuro próximo ainda haveríamos de tocar essencialmente as mesmas coisas que vínhamos fazendo com Syd na banda.

Gradualmente uma nova coleção de peças, inicialmente improvisadas e então mais estruturadas, foi se desenvolvendo. "Careful With That Axe, Eugene" é um bom exemplo. Em sua versão original era um lado B instrumental para "Point Me At The Sky", a qual foi construída e executada em uma única sessão de três horas em Abbey Road. A versão final de "Point Me" tem cerca de dois minutos e meio. Já "Careful" se estendia em uma longa peça de mais de dez minutos com uma forma dinâmica mais complexa. Essa complexidade pode ter sido apenas "baixo, alto, baixo, alto novamente", mas num tempo em que a maioria das bandas de rock tinha apenas duas regulagens de volume – dolorosamente alto e muito, muito dolorosamente alto – isso era algo inovador.

Ainda estávamos fazendo uma quantidade considerável de viagens, mas havia importantes diferenças entre os tipos de shows que fizemos no ano anterior e aqueles que estávamos fazendo agora. A cena do movimento *underground* original havia se fragmentado e havíamos esgotado o circuito dos principais clubes. Sob a liderança de Tony Howard, aterrizamos em um ambiente próprio: o circuito universitário. Novas universidades estavam surgindo nas grandes cidades provinciais e os diretórios estudantis rapidamente perceberam que concertos eram uma excelente maneira de arrecadar dinheiro e até mesmo uma fonte de renda. A maioria desses lugares possuía fundos suficientes para atrair bandas renomadas, público cativo, locais adequados e frequentemente secretários sociais com o desejo compulsivo de provarem a si mesmos serem como homens de negócio – muitos acabaram por se tornar promotores de eventos durante os anos 1970 e em diante: Harvey Goldsmith é um exemplo clássico e Richard Branson veio do mesmo tipo de ambiente.

Entretanto, não abandonamos completamente a cena de Londres, apesar de que, quando Syd saiu, com certeza perdemos um pouco de nossa credibilidade com "o *underground*" (havia naquela época, e ainda há, uma escola de pensamento que prega que a saída de Syd marcou o fim do "verdadeiro" Pink Floyd, um ponto de vista que posso entender, mesmo que não concorde com ele). De qualquer forma, as coisas estavam mudando com a chegada de novos clubes em oposição às originais e idealísticas intenções do UFO.

O Middle Earth, por exemplo, que começou como um fruto do UFO em 1967, era um lugar mais voltado para a música comercial ao invés de um fórum para experiências artísticas multimídia, uma espécie de Marquee Club psicodélico que apresentava bandas que podiam ser vagamente descritas como *underground*. Vagamente porque a maioria se tratava de bandas de R&B que haviam alegremente trocado seus ternos Cecil Gee por calças boca de sino, adotado cabelo liso e longo, bem como nomes no estilo *flower power*, mas ainda continuavam a tocar os mesmos velhos *riffs* de Chuck Berry.

Tocar no Middle Earth nos permitiu manter a nossa reputação como uma banda do *underground*, pelo menos o suficiente para sermos convidados a tocar em festas como a que Vanessa Redgrave deu para celebrar o fim das filmagens do seu filme *Isadora*. Essa definitivamente foi uma *entrée* num mundo no qual estávamos felizes de adentrar, mas era algo raro de acontecer à época. Ninguém da banda parece ter guardado memórias dessa *soirée* boêmia, mas alguns com certeza guardaram um punhado de elegantes almofadas de seda como suvenires.

Estávamos adquirindo um comportamento mais profissional, e agora possuíamos uma equipe adequada. Peter Watts foi o nosso primeiro verdadeiramente experiente gerente de equipe técnica. Ele se juntou a nós, apresentado por Tony Howard, depois de trabalhar com o Pretty Things. Eventuais desavenças nesse grupo foram tratadas com a exigência de que o carro parasse ao lado da rodovia. As portas foram abertas, todos os passageiros desembarcaram do carro e uma briga aconteceu antes da jornada recomeçar. Peter disse que ficaria feliz em cuidar do nosso equipamento, mas que devido à sua experiência com o Pretty Things, ele não desejava qualquer envolvimento com a banda.

Mais tarde Peter reconsiderou sua decisão. Isso foi sorte, uma vez que possuíamos apenas um veículo. Começando com um *mixer* WEM de quatro canais posicionado ao lado do palco, Peter supervisionou uma explosão de tecnologia para turnê. Dentro de três anos, estávamos usando mesas de mixagem multicanais posicionadas no centro do auditório, que requeriam vários tipos de cabos, conectores e uma proliferação de microfones no palco. Com a responsabilidade de operar o som, carregar e descarregar todo o equipamento, repará-lo quando necessário e dirigir para nós, o trabalho do gerente de equipe técnica exigia uma combinação de habilidades: engenheiro, eletricista, levantador de peso e motorista de van para longas distâncias.

Conforme a ocasião, até mesmo todas essas habilidades eram insuficientes. Peter uma vez foi o primeiro membro da equipe a chegar para uma visita ao Dunnoon no longínquo norte da Escócia. Ele levou todo o equipamento até lá, mas devido ao atraso do nosso voo, a banda teve que alugar um barco de pesca para cruzar um lago na escuridão em meio a um fortíssimo vendaval. Chegamos à praia e cambaleamos enjoados até o hotel onde uma inquieta plateia estava considerando destruir o lugar e o nosso equipamento. Ao final do show o agradecido *promoter* anunciou que devido ao nosso atraso, com pesar, ele não poderia nos pagar. Após uma breve discussão na qual ele deixou claro que estava no seu pleno direito garantido pela sua ossatura de um metro e oitenta e pelos seus amigos escoceses ainda mais altos, e sem voos até o próximo dia, subimos a bordo da van para uma jornada sem fim rumo ao sul.

A jornada poderia ser realmente sem fim se o agora exausto Peter tivesse visto a placa dizendo "Obras na Estrada" antes de a atingirmos.

A van foi danificada e necessitou de reparo imediato e então passamos o resto da noite nas celas da polícia da vila local, que foram bondosamente disponibilizadas para nós até podermos pegar a primeira travessia de balsa pela manhã. Nossos companheiros de viagem, um grupo de fortes fazendeiros locais, ficaram maravilhados com as nossas exóticas botas de pele de cobra, casacos afegãos e colares: parecíamos mais com pastores itinerantes do que os próprios nativos. Finalmente, chegamos ao aeroporto de Glasgow e à relativa segurança de Londres.

Isso não era estar em turnê, mas viajar para fazer shows. Não havia a preocupação em construir ciclos de jornada racionais e logisticamente razoáveis. Simplesmente pegávamos qualquer trabalho disponível que nos pagasse. E se isso significasse um show perto de Londres seguido por uma performance rápida no outro extremo da Britânia, antes de voltar para uma aparição em, digamos, Hull na noite seguinte, essa era a situação a ser encarada sem escapatória.

Oportunamente, Peter Watts adquiriu um assistente, Alan Styles, um ex-instrutor de condicionamento físico do exército com cabelo comprido e dono de um guarda-roupa extravagante, contando com calças justíssimas: após a sua aparição no palco para fazer a checagem dos microfones, a nossa própria chegada era algo como um anticlímax. Alan era, mais uma vez, um nativo de Cambridge, onde ele era uma celebridade local, pois era o cara que procurava e cuidava de aluguel de barcos para travessia no rio Cam, assim como tocando o saxofone com sua inimitável característica própria (ele levava uma flauta nas viagens). Ele não era geralmente um homem violento, mas se ele fosse provocado o suficiente pela turma do “É um rapaz ou uma moça?” ele podia responder de acordo. Um memorável incidente ocorreu uma vez em que Alan tentava passar por alguns encrenqueiros escada a cima carregando algumas pesadas colunas de PA. Após algumas ironias, Alan suspirou, e então em um movimento jocoso, ele habilmente virou-se com as colunas atingindo seus antagonistas, fazendo-os voar escada a baixo.

Ambos Peter e Alan nos acompanharam em um crescente número de viagens para o continente – com certeza já estávamos pagando nossas contas agora – que estava se demonstrando surpreendentemente receptivo à nossa música. Talvez porque não prejudicamos nossa reputação por não termos tocado nos nossos dias mais enlouquecidos, ou com Syd na altitude máxima da camada de ozônio. Qualquer que fosse a razão, essas viagens tinham um importante efeito colateral: elas nos afastavam mentalmente do Reino Unido de modo que podíamos nos desenvolver como banda, o que ajudava imensamente. A Europa ainda não figurava fortemente nas nossas datas de 1967, mas em 1968 passamos um bom tempo na França, nos Países Baixos e na Bélgica – foi maravilhoso.

Os clubes holandeses e belgas eram destinos frequentes à época, a França um pouco menos, embora mais tarde tenha se tornado um dos nossos mercados mais fortes. Havia várias cidades geograficamente próximas, o que fazia a logística de tocar em quatro cidades em quatro dias muito mais fácil. E já existia uma cultura rock que nos abraçou mais prontamente. Alguns renomados clubes – o Paradiso e o Fantasia em Amsterdã – eram inspirados no Filmore, pequenos teatros ricamente decorados, agora dedicados exclusivamente à música, que ainda eram raros na Europa à época. Por toda a parte se sentia o aroma de óleo patchuli e asas de frango fritas.

Tocar mais ao sul da Europa trazia um pouco mais de problemas. Um festival em maio no Palazzo dello Sport em Roma foi uma notável apresentação para o trabalho na Itália. No aeroporto Leonardo da Vinci, a alfândega italiana confiscou um machado pertencente ao Move, que também iriam tocar naquela noite; era um adereço de palco essencial que eles usavam para destruir uma TV. Os oficiais da alfândega conseguiram identificar o machado de guerra como uma arma potencialmente danosa, mas talvez a barreira da linguagem não permitiu que eles vissem o perigoso conteúdo nas caixas com a inscrição "Explosivo: fogos de artifício". O show rapidamente se transformou de arte para violência. Quando um tumulto começou, a polícia respondeu com o único auxílio que dispunha – gás lacrimogêneo. Ao longo dos anos, as forças da lei e da ordem frequentemente se juntaram, batalhando fora do estádio com pessoas que, por razões políticas ou financeiras, haviam chegado para uma boa briga. Hoje em dia, os preparativos para a fase italiana de qualquer turnê incluem a provisão de baldes de colírio ao lado do palco para aliviar os efeitos do gás flutuando pelo palco.

Leuven na Bélgica foi uma das – graças a Deus – poucas vezes em que fomos forçados a sair correndo do palco. O show foi em uma universidade onde duas facções rivais de jovens acadêmicos – flamingos e valões – decidiram expressar o desgosto mútuo fisicamente. Os flamingos haviam contratado a banda para a noite, enquanto que os valões haviam comprado a cerveja e queriam cantar canções de bar. Após cerca de dez minutos no palco, vi o que achei que fosse uma antiga tradição estudantil: o chafariz de copos. Alguns segundos depois, percebi que não era o caso. Eram os estudantes atirando copos uns nos outros, e parecíamos ser o próximo alvo legítimo. Com uma pressa indecente e covarde, terminamos e saímos do palco, escapando para o transporte em prontidão sofrendo apenas danos superficiais no equipamento e algumas cicatrizes de batalha. Animamo-nos com a compreensão de que, uma vez que havíamos recebido em adiantado, esse episódio foi de longe o show em que mais ganhamos por minuto tocado.

Nosso *promoter* nos Países Baixos era Cyril van den Hemel. As suas viagens aconteciam com o mínimo possível de membros na equipe e com ele era possível fazer até três shows em um dia. "Já pegamos o dinheiro, vamos embora" era a frase sussurrada por Cyril ao lado do palco: então terminávamos a canção que estávamos tocando, nos despedíamos e saíamos com pressa para o próximo show. Em um feriado bancário, dissemos aos empresários que estávamos tirando dois dias de folga, quando na verdade estendemos a viagem em dois dias e dividimos o dinheiro extra entre nós. Isso foi especialmente bem-vindo, pois os cheques bancários de bandas à época geralmente estavam sem fundos. O dinheiro nos aliviou da falta de conforto na estrada. Algumas frituras de um vendedor de beira de estrada e um claustrofóbico beliche na balsa de Dunkirk era o que usualmente podíamos saborear da vida noturna do continente.

Geralmente, as turnês além-mar ocorriam bem. A banda e a equipe se davam bem juntas, não faltávamos nos shows e nosso equipamento ainda era relativamente manejável e facilmente transportável: uma coluna de alto-falantes tipo gabinete para David, Roger e Rick, com um *mixer* de quatro canais ao lado do palco que alimentava um par de colunas de PA, mas nenhum microfone para a bateria. Rick possuía um órgão Hammond nesse período, e começamos a levar um gongo conosco para Roger tocá-lo, mas havia poucos itens extras. O Azimuth Co-ordinator ficava em casa.

Nosso show de luzes continuava baseado em projetores de *slide* apoiados por um *rack* de holofotes montados, e os Daleks giratórios. Abaixo do brilho deles, uma vez que a maioria dos lugares eram pequenos, enfrentávamos muito calor e ficávamos suados, mas a nossa performance no palco era séria e não espalhafatosa. Depois de brevemente experimentar com barras de energia no estilo de Keith Moon, me estabeleci com um estilo menos chamativo. Rick nunca aderiu à escola de performance artística de Little Richard, preferindo o tradicional uso das mãos ao invés dos pés. David geralmente se concentrava no que estava tocando.

Entretanto, Roger era dado a perambular pelo palco de vez em quando e ocasionalmente atacava o gongo com gosto. Ainda tenho uma memória visual muito forte dele se inclinando para trás, mostrando os dentes, a cabeça jogada para trás e o braço do seu baixo na posição vertical extraindo o máximo de uma típica e longa decrescente corrida. Ele frequentemente dava a impressão de que queria torcer o braço do baixo. Ele e Rick fumavam no palco, e enquanto o cigarro de

Rick deixava marcas na borda do seu Farfisa, a ponta incandescente do cigarro de Roger ficava encravada entre as cordas na mão do baixo, e era um útil ponto de referência quando porventura as luzes apagavam.

Durante esse tempo, enquanto estávamos fora da estrada, trabalhando em estúdio num novo álbum, mais uma vez encaixando as sessões de gravação nos espaços da nossa agenda de shows. A EMI obviamente foi pega de surpresa quando anunciamos que Syd estava deixando a banda: não queríamos causar preocupação por comunicá-los com pressa indevida. Talvez consideraram que uma vez que Syd estava ligado contratualmente, tinham todas as bases cobertas. Para o devido crédito, a gravadora foi gentil ao não intervir... e na verdade escreveu uma carta formal confirmando a saída dele apenas quatro anos mais tarde.

A estrutura do sucessor de *Piper, A Saucerful of Secrets*, foi gravado em Abbey Road, e o álbum apresenta as forças mais intensas que trabalharam naquele período. Ele contém a última chama das contribuições de Syd: até mesmo a letra de "Jugband Blues" lembra um réquiem ("I'm most obliged to you for making it clear that I'm not here"). Para a gravação dessa peça – que fizéramos em dezembro do ano anterior – Syd sugeriu a inserção de um conjunto de metais. Norman perguntou se ele tinha qualquer ideia sobre figuras ou contramelodias: "Syd apenas disse: "Não, vamos usar o Exército da Salvação'. Eu tinha uma dúzia de músicos do Exército da Salvação no estúdio, e é claro que não tinha nada escrito. Nós estávamos todos lá, exceto Syd. Eu conversei com os músicos e disse: 'Olha só, meus amigos, Syd Barrett tem um certo talento – não há dúvida sobre isso – mas eu acho que talvez vocês o achem uma figura um pouco esquisita, então não mostrem surpresa quando ele chegar'. Nós esperamos cerca de meia hora e finalmente Syd apareceu. Eu perguntei a ele o que os músicos deveriam fazer, e ele disse 'Apenas deixe-os à vontade para fazer o que gostam, qualquer coisa'. Eu argumentei que nós não poderíamos fazer aquilo porque ninguém tinha qualquer noção do que fazer, mas foi assim que aconteceu".

Possuíamos um número de outras canções de Syd em reserva, incluindo "Old Woman With A Casket" e "Vegetable Man". Inicialmente, elas foram pensadas como *singles* em potencial, mas nunca foram satisfatoriamente finalizadas. Ambas as faixas possuíam vocais meus incluídos na mixagem o que exigiu alguma paciência na tarefa. Nenhuma das faixas foi lançada oficialmente, mas conseguiram chegar ao mercado como cortesia de Peter Jenner.

Peter lembra que Syd escreveu "Vegetable Man" de uma vez só na sua casa no espaço de alguns minutos: "Era a descrição dele à época. 'Eu sou um homem vegetal'. Eu fiquei aterrorizado ao ler aquela letra. Eu deixei aquelas canções. Eu pensei que se você queria entender Syd, aquelas canções eram importantes, eram fantásticas, embora terrivelmente perturbadoras. As pessoas precisavam escutá-las".

Voltamos ao Abbey Road para trabalhar no novo álbum uma vez que David estava a bordo. Rick contribuiu com "Remember a Day" e "See-Saw". "Remember a Day" tinha abordagem da bateria diferente da nossa marcação usual, e eu eventualmente releguei à Norman a tarefa de tocar a bateria. Realmente não gostei de ceder a minha banqueta - e nunca havia cedido no passado - mas nesse caso em particular teria dificuldade para prover a abordagem requerida. Ouvindo novamente essa faixa, ela me parece mais como uma faixa de Norman Smith e não de qualquer outro membro. Além do arranjo não Floydiano, a voz de Norman é também proeminente dentro dos *backing vocals*.

Roger forneceu três canções: "Corporal Clegg", "Let There Be More Light" e "Set The Controls For The Heart Of The Sun". Dentro de meses, Roger evoluiu da estranheza de 'Take Up The Stethoscope And Walk" para um estilo lírico que era muito mais fluido. "Light" e "Clegg" tiveram grande participação de Norman na produção, e a última conta com uma colaboração verbal também. "Corporal Clegg" tem Norman murmurando "Git yore hair cut" no *fade out*, uma piada interna, e liricamente o tema da letra pode ser entendido como um precursor humoroso de

"The Gunner's Dream". "Let There Be More Ligth" foi engendrada por referências a Pip Carter, um dos personagens mais excêntricos da máfia de Cambridge, agora falecido. Vindo dos pântanos e com sangue cigano, Pip trabalhou para nós algumas vezes, foi um dos mais espetacularmente inaptos *roadies* do mundo – um título calorosamente contestado – e tinha a estressante mania de tirar os sapatos dentro do confinamento da van.

"Set the Controls" é talvez a canção mais interessante em relação ao que estávamos fazendo naquele período, uma vez que foi construída para apresentar ao máximo o que havíamos aprendido. A canção – com um ótimo *riff* – foi concebida para ficar dentro do alcance vocal de Roger. Liricamente, ela é bem correspondente com os anos 1960 (baseada, segundo Roger, na poesia do final da dinastia Tang) e ritmicamente, ela me deu a oportunidade de emular uma das minhas peças favoritas, "Blue Sands", a faixa tocada pelo baterista Chico Hamilton no filme *Jazz On A Summer's Day*. "Set the Controls" é uma canção que tem durado incrivelmente bem. A canção era divertida de se tocar ao vivo – e a tocamos por vários meses deixando-a se desenvolver e aparando quaisquer arestas – mas no estúdio pudemos realçá-la com eco e reverberação, adicionando uma qualidade de sussurro aos vocais.

A faixa título, "A Saucerful of Secrets", é na minha visão uma das mais coerentes peças que produzimos. No lugar de uma estrutura de canção padronizada, feita por versos, refrães, pré-refrães e ponte, e em contraste com a evolução para peças mais improvisadas, ela foi cuidadosamente construída. Roger e eu a mapeamos *in advance*, seguindo a convenção de música clássica de três movimentos. Isso não foi único para nós, mas era incomum. Sem conhecimento de notação musical, projetamos toda a peça em um pedaço de papel, inventando nossos próprios hieróglifos.

Um ponto de partida foi o som que Roger descobriu quando posicionou um microfone perto da borda de um prato e capturou todos os tons que normalmente se perdem quando ele é atacado fortemente.

Isso nos deu uma primeira seção para trabalhar e com os quatro indivíduos contribuindo livremente, a peça se desenvolveu rápido. A seção intermediária – ou "Rats In The Piano" como era às vezes mais familiarmente classificada pela banda – era uma evolução de sons que usávamos em sequências improvisadas em shows anteriores, provavelmente levantados de uma peça de John Cage, enquanto o ritmo era fornecido por um *loop* de bateria de duas faixas. A sequência do fim era um hino que foi construído ao longo do tempo e em performance nos deu uma oportunidade de usar os já crescentes órgãos domésticos, culminando em Albert Hall – um instrumento com tal poder estava rodeado de boatos de que nunca deveria ser usado, pois causaria danos às fundações de edifícios ou maciço ataque de náusea entre os espectadores. Também usamos um Mellotron, com seus estranhos laços de fita derretidos dos sons das cordas, que a Musician's Union estava abraçando, como também pensava que marcaria o fim dos tocadores de corda existentes. O instrumento parece agora tão ultrapassado que se acha que poderia estar em um museu ao lado de outros instrumentos de sopro, mas seu som é tão peculiar que recria digitalmente nas caixas de som com toda sua quota de imperfeições de permanente encanto.

Eu me lembro da atmosfera geral no trabalho de estúdio em *A Saucerful of Secrets* como sendo laboriosa e construtiva. Todos desejávamos envolvimento total, então o ato de criar um som percussivo encontraria Roger segurando o prato da bateria, David movendo o microfone para mais perto, Rick ajustando a altura e eu entregando o *coup de grâce*.

Estávamos aprendendo a tecnologia e um pouco de técnica de estúdio, e o trabalho estava sendo feito, mesmo que não estivesse totalmente de acordo com o gosto de Norman. Talvez quando Syd saiu, Norman pode ter pensado que retornaríamos a um processo de composição mais tradicional. Houve uma história de que durante as gravações de *Saucer,* ele teria ouvido o comentário de que os rapazes teriam que se estabelecer e fazer um bom trabalho, pois haviam tirado aquela peça fora do seu sistema.

Finalmente, nos separamos de Norman, embora ele tenha mantido um crédito de produtor executivo nos dois álbuns posteriores. No começo dos anos 1970, ele teve algumas gravações de sucesso sob o nome artístico "Hurricane" Smith ("Don't Let It Die" e "Oh Babe, What Would You Say?") e para o prazer da plateia e dele mesmo, foi literalmente levantado ao palco por um pódio móvel para conduzir a orquestra em "A Saucerful of Secrets" quando tocamos ao vivo a canção no Royal Albert Hall, em junho de 1969.

A notável contribuição de Steve O'Rourke para as sessões de gravação de *Saucer* foi a continuação no Studio 3 do seu casamento realizado em primeiro de abril de 1968. Steve chegou com a sua noiva, Linda, e alguns de seus emocionalmente cansados convidados decidiram explorar o complexo do estúdio e experimentar suas mãos em alguns raros e intrigantes instrumentos musicais que cruzavam no caminho. Roger diz que mais tarde encontrou a noiva dormindo no piano de cauda. Logo em seguida, Sir Joseph Lockwood emitiu uma norma proibindo o consumo de álcool dentro dos estúdios.

O projeto da capa de *Saucer* marcou a chegada de Storm Thorgherson e Aubrey Powell (que era conhecido como Po muito antes dos Teletubies sonharem em existir) na condição de colaboradores mais do que observadores. A capa contém todos os politicamente corretos ingredientes do período e é um testamento não apenas da corrente de ideias que fluíram da companhia deles, a Hipgnosis, a qual ainda fluiu para o nosso benefício e de Storm pelas próximas três décadas adiante, mas também das instalações do Royal College of Art, onde ambos estiveram na escola de cinema. Uma vez que vários dos amigos deles eram estudantes ou ex-estudantes, procuraram a RCA para assistência técnica, pois não havia orçamento para laboratórios profissionais.

No dia do lançamento do álbum – 29 de junho de 1968 – tocamos o primeiro concerto gratuito no Hyde Park, juntamente com Roy Harper e Jethro Tull. Esse foi um evento maravilhoso: o tempo estava bom, a atmosfera branda e relaxada. Talvez até acidentalmente, ninguém se atentou para o fato de estabelecer uma área VIP, e todos pareciam estar nas mesmas boas vibrações. Ademais o concerto nos deu a chance de reencontrar com a nossa base de fãs original, não obstante em frente a um público muito mais amplo, e com a Blackhill, que foi responsável pelo evento como um todo. Essa foi nossa primeira oportunidade de trabalhar com Peter e Andrew depois de nossa separação e o fato de que parecia não haver ressentimentos foi um bônus. Peter Jenner diz: "O concerto no Hyde Park foi um grande prazer. O fato de Floyd ter tocado provou que não havia hostilidade remanescente. Ambas as partes haviam sido cavalheiras. Havia um respeito mútuo".

Acho que quase todos os que estiveram lá guardam boas memórias do concerto, especialmente aqueles espertos o suficiente que alugaram botes no Lago Serpentine. Eles não conseguiram visualizar o show, mas o evento ocorreu durante o dia e então os efeitos de iluminação não existiram. Outros fãs obviamente estavam menos sintonizados com o clima, pois o *Melody Maker* relatou várias ligações de fãs ansiosos que queriam saber exatamente quanto custaria para entrar no concerto gratuito.

Em agosto, voltamos aos Estados Unidos, dez meses após nossa primeira e desastrosa excursão. Depois da nossa partida, Bryan nos contatou e explicou que, como uma formalidade, ele precisava de que assinássemos um acordo com outra agência para fazer com que a turnê ocorresse mais facilmente. Roger desconfiou e apenas assinou com uma cláusula de que seria um contrato de seis semanas. Ele estava certo na sua inquietação. Dois dias após, ficamos sabendo através da imprensa de que a agência e a parte da gestão do negócio de Bryan havia sido vendida por 40.000 libras para a NEMS Enterprises, a antiga companhia musical de Brian Epstein, agora de propriedade e administrada por Vic Lewis.

Vic era da antiga escola da indústria musical – com aparência típica contando com bigode e cabelo tratado com creme – fomos levados a uma reunião para conhecer o grande homem em seu grande escritório em Mayfair. Horrorizados, escutamos ele nos contar orgulhosamente sobre o álbum que havia gravado com seus arranjos de cordas para canções dos Beatles. Ele sugeriu a possibilidade do Pink Floyd ter o mesmo tratamento. Isso era uma ameaça, uma promessa ou uma piada? Incapazes de distinguir, nos entreolhamos nervosamente.

Embora tenhamos assinado o contrato com a agência, Bryan negligenciou o aspecto do empresariado e esqueceu-se de fazer com que assinássemos o contrato de fato relevante. Isso nos deu poder suficiente para extrair algum dinheiro da NEMS – um grande atenuador da dor de artista, acho – e para insistir que Steve, que deveria se juntar à NEMS, fosse liberado para se tornar nosso empresário pessoal.

Bryan hoje afirma que uma das razões básicas para ele ter vendido a agência para a NEMS foi de que seu médico disse a ele para mudar o estilo de vida e diminuir sua carga de trabalho, porque ele estava sofrendo de úlcera. Mas, para seu crédito, Bryan de fato entendeu a importância de nos levar de volta para a América numa segunda turnê, e foi providencial para fazer acontecer.

Era, e provavelmente ainda é, fantasticamente importante alcançar o sucesso nos EUA, tanto em termos de vendas em um mercado tão grande como aquele, e em shows ao vivo... Entretanto, uma greve dos controladores de voo em 1968 assegurou que uma relativamente pequena turnê se transformasse em um drama de grande escala. Devido ao fato de nossos vistos estarem atrasados mais uma vez, fomos forçados a desembarcar como turistas, e então fazer uma breve viagem ao Canadá (teve que ser uma viagem de ida e volta no mesmo dia porque não tínhamos fundos para bancar a estada por uma noite) para conseguir a documentação correta em meio a uma residência no Steve Paul's Scene Club em Nova Iorque. Esse clube de porão na esquina da rua 47 e da 6 era um renomado lugar de shows em Nova Iorque, e embora pequeno, era uma plataforma de lançamento ideal para nós. Como um atrativo adicional, o Fletwood Mac foi agendado como a banda de abertura para algumas noites, embora eu não tenha lembranças de como lidamos com a troca de equipamentos entre as apresentações. A liberação do bar para as bandas compensou o baixo valor pago. Com as temperaturas do verão de Nova Iorque e um teto baixo, a atmosfera era intensa. Tomado por uma onda de criativa percussividade e talvez pelo acordo do bar, Roger sofreu alguns feios cortes em suas mãos ao jogar copos de vidro no gongo durante "Set The Controls". Após sua corrida com o baixo Vox no Cheetah Club na nossa primeira turnê, ele parecia estar fazendo uma tradição o ato de derramar sangue na América.

O público não era a multidão tranquila do UFO, mas uma plateia muito mais variada em Nova Iorque. Entre a multidão, havia outros músicos e artistas dos shows locais da Broadway. Eu me lembro de cambalear de volta ao hotel depois de um show acompanhado por uma das garotas que apareciam em *Hair* que havia recentemente estreado na Broadway. Muito orgulhoso da minha conquista, apenas anos mais tarde que descobri que a reputação dela como cantora era de alguma forma eclipsada pelo seu *status* de *super-groupie*...

Em Nova Iorque, ficamos no Chelsea Hotel. Para um tão lendário hotel, ele estava bem degradado. Famoso por aparecer em canções de seus hóspedes como Bob Dylan e Leonard Cohen, assim como para a sua boêmia clientela do rock' n' roll, o hotel tinha uma coleção de hóspedes permanentes, uma aceitável política de garantia de receita, que permitia a um artista ceder uma pintura em troca do aluguel, e um alojamento de feras no andar superior com uma coleção de animais selvagens. Tínhamos dois quartos para toda a banda, equipe e quaisquer visitantes ou amigos que estivessem na nossa rota. Tal bagunça não era vista desde o nosso apartamento em Stanhope Gardens. Nessa turnê em particular, Roger viajava com apenas uma bagagem de mão. A roupa suja ficava em um compartimento inferior e então era reciclada para a seção superior quando ela estava vazia. O sistema se provou perfeitamente higiênico, dado que uma garrafa de uísque quebrou-se na mala na partida para o voo.

Clubes como Scene formaram uma estrutura sólida para a turnê, mas tudo ainda acontecia de forma apertada. Em um momento, ficamos presos no Camlin Hotel em Seatle, vivendo do serviço de quarto, até algum dinheiro chegar do nosso agente norte-americano e podermos resolver a situação e continuar.

Essa foi a nossa primeira grande turnê, e foi avivada por passarmos tempo com duas outras bandas britânicas que estavam na estrada conosco durante o mesmo período, a Soft Machine e o The Who. O Soft Machine era um grupo com que sempre tivemos afinidade. Inicialmente, eles tiveram problemas para alcançar a aceitação do grande público devido à sua música mais esotérica e inspirada no jazz. O The Who consubstanciava a maioria das qualidades a que aspirávamos como banda profissional – atração principal, tocando em lugares para cinco mil pessoas e mostrando uma atitude seriamente profissional. Tocamos com eles em um show intitulado "A Invasão Inglesa", na Filadélfia (a lista de atrações também contava com o Troggs e Herman's Hermits) e tivemos sorte quando uma súbita tempestade de raios apareceu durante o nosso *set*. Isso significava que o The Who não poderia nos seguir e eclipsar nossa performance. Ganhamos pontos por tocar, assim como ser a atração principal por W.O. e então seguimos com Keith Moon e vários cortesões para fazer uma aparição ao vivo em uma rádio.

Esses eram os dias em que a Rádio FM era levada à mão livre, mas naquela noite as coisas ficaram mais livres que nunca. Nós todos estávamos cheios de adrenalina ainda fluindo nos nossos sistemas corpóreos, e o DJ e a maior parte de seus convidados estavam quimicamente relaxados. Rick, normalmente um sujeito tranquilo, pegou a agulha do toca-discos enquanto um álbum estava tocando e disse em pleno ar que não gostava daquele som e exigiu que se colocasse outra coisa. Keith Moon fez uma enxurrada de comentários durante a transmissão para animar a ocasião ainda mais. Mais de vinte e cinco anos depois, quando voltamos para a Filadélfia, as pessoas ainda falam sobre aquela noite do programa de rádio em sussurros.

Em um bar ali perto, mais tarde naquela noite, Pete Townshend me impressionou com a maneira firme com que lidou com um bêbado que se aproximou de nós para discutir música alta e roupas afeminadas. Quando ele começou a ficar agressivo, Pete, ao invés de continuar a discussão, calmamente pediu ao *barman* para colocá-lo porta afora. Isso, argumentou

Pete, provava duas coisas. Primeiramente o poder do dinheiro (nós estávamos gastando mais e consequentemente controlávamos o bar) e em segundo lugar que bêbados, especialmente nos Estados Unidos, tentam discutir um pouco, mas assim que percebem que estão perdendo os argumentos, têm a tendência de recorrer à violência física ou puxar uma arma – mais uma útil regra para o livro de dicas e sugestões para as turnês.

Assim como na primeira turnê, não possuíamos quase nenhum equipamento, mais uma vez vítimas de promessas vazias de agentes das gravadoras. Foi Jimi Hendrix que nos salvou. Sabendo dos nossos problemas (seus empresários também cuidavam do Soft Machine), ele nos mandou para o Electric Lady, seu próprio estúdio de gravação e instalação de depósito em West 8th Street, e nos disse para nos servirmos do que precisássemos. Há alguns verdadeiros heróis na história do rock.

O contato com a gravadora local era errático, e às vezes quase impossível. Steve O'Rourke, desesperado para se encontrar com algum executivo de marketing que não havia retornado suas ligações, localizou a favorita tenda de engraxate do indivíduo e sentou pacientemente – seus sapatos eram tão bem lustrados que mesmo um sargento ficaria impressionado – até o esquivo cavalheiro aparecer.

Por volta dessa época a Alfândega Britânica e Impostos tinham um tratamento especial com bandas que estavam em viagem para a América e voltavam com grandes quantidades de instrumentos musicais muito baratos. Eram especialmente preocupados com kits de bateria e guitarras elétricas clássicas que podiam ser compradas novas na loja Manny's em Nova Iorque por menos da metade do preço da Inglaterra ou adquiridas em uma loja de penhores por uma pequena quantia. Eventualmente, uma operação padrão foi realizada e aparentemente todas as bandas profissionais foram visitadas. Houve algumas multas e advertências gerais, ao invés de execuções judiciais, mas por meses depois um certo Senhor Snuggs do Imposto ligaria para os guitarristas a fim de dizer que ele os havia visto no *Top Of The Pops* e se ele poderia explicar exatamente como conseguiram aquela bela Gibson Les Paul de 1953.

No nosso retorno para o Reino Unido, voltamos à rotina de viagens, trabalho extenso no circuito universitário e na Europa, incluindo um show a céu aberto na Alemanha no qual alguns estudantes, inspirados por um ano cheio de ativismo radical em Paris que se espalhou por toda a Europa e EUA, decidiram que a entrada deveria ser gratuita para todos e que seria apropriado arrebentar os portões do evento. Usando vans da Volkswagen, eles substituíram a ética do surfe da Califórnia por um aríete amarrado ao teto.

Pouco antes do Natal de 1968, fizemos uma última tentativa para entrar no mercado de *singles*: "Point Me At The Sky" foi nossa terceira tentativa desde "Emily" e nossa terceira falha consecutiva. A luz apagou e decidimos tratar o público que comprava *singles* com desdém e nos instituímos devidamente como uma banda "apenas de álbuns" pelos próximos onze anos.

Nosso próximo álbum foi uma trilha sonora para o filme *More*, dirigido por Barbet Schroeder. Havíamos aparecido no documentário de Peter Whitehead lançado em 1967 chamado *Tonite! Let's All Make Love In London*, e em 1968 havíamos fornecido a trilha sonora de um filme chamado *The Commitee* de Peter Sykes com Paul Jones no papel principal, embora nossa contribuição tenha se tratado de fornecer uma coleção de efeitos sonoros mais do que música propriamente dita.

Esse filme, entretanto, prometia ser um projeto mais sério. Barbet, um pupilo de Jean-Luc Godard, chegou até nós com o filme praticamente completo e editado. Apesar dessas restrições e um prazo muito curto, Barbet era um homem fácil para trabalhar em conjunto – fomos pagos com 600 libras cada um, uma quantia substancial em 1968, para oito dias de trabalho perto do Natal – e havia pouca pressão para fornecer canções ganhadoras de Oscar ou uma trilha sonora no estilo hollywoodiano. Na verdade, complementando as várias sequências climáticas, Roger trouxe uma série de canções para o filme que se tornaram parte dos nossos shows ao vivo por algum tempo depois.

Os vários climas do filme – uma vagarosa e bastante franca história moralística de uma estudante alemã que viaja para Ibiza e acaba se envolvendo em uma viagem fatal para as drogas pesadas – foram idealmente adequados para alguns estrondos, gritos e texturas de som que produzíamos regularmente noite após noite. Não havia verba para um estúdio de dublagem com uma instalação de contagem de quadros, logo, fomos para um teatro com um projetor e cronometramos as sequências cuidadosamente (é impressionante o quão preciso um cronômetro pode ser). Depois disso, fomos ao Pye Studios em Marble Arch, onde trabalhamos com o experiente engenheiro residente chamado Brian Humphries.

Uma grande turnê no Reino Unido na primavera de 1969 encerrou-se no Royal Festival Hall em julho com um evento que chamamos "More Furious Madness From The Massed Gadgets of Auximenes". Esse foi mais um show marcante – e um dos meus favoritos do mesmo modo que "Games For May" permanece. Possivelmente nem tanto para David que, devido a algum aterramento ruim, recebeu uma descarga elétrica suficiente para jogá-lo para trás do palco e o deixou um pouco trêmulo durante o resto do show. Decidimos engrandecer esse show com algumas performances artísticas de um antigo amigo da Faculdade de Arte de Hornsey e uma vez morador de Stanhope Gardens chamado Peter Dockley. Ele criou um traje de monstro usando uma máscara de gás e uma enorme genitália montada com um reservatório que permitia a ele urinar na primeira fileira do público. A fantasia se mostrou muito efetiva; durante "The Labyrinth", uma obscura e lúgubre peça de música, Peter rastejou em volta da plateia enquanto usávamos efeitos sonoros gotejantes no sistema quádruplo. Uma infeliz garota, possivelmente sob a influência de químicos, acabou por encontrar aquela horrível criatura sentada próxima a ela. Ela gritou e saiu correndo do auditório para nunca mais ser ouvida novamente, nem mesmo através de seu advogado.

Parte do show também envolvia uma peça chamada "Work" que usava ruídos percussivos enquanto construíamos uma mesa. Fabricamos essa peça de mobília no palco, usando madeira, uma serra, um martelo e pregos, cronometradamente para seguir com a próxima seção com o som de uma chaleira assobiante acima do fogão portátil (fumar era estritamente proibido no palco, mas um fogareiro parecia ser perfeitamente aceitável). Muito disso foi reusado no estúdio, um pouco em "Alan's Psychedelic Breakfast" ou no abandonado álbum *Household Objects*. Havia um plano de inserção ao vivo do programa de rádio de John Peel enquanto relaxávamos com chá, embora eu não possa lembrar o quão bem-sucedida foi essa ideia. Ela mais tarde ressurgiu em *Wish You Were Here*, onde o som de um rádio tocando uma música é inserido na música gravada. Talvez isso destaque que a tenacidade sempre foi uma qualidade do grupo – se gostávamos de uma ideia, raramente desistíamos, a ideia apenas era abandonada quando declarada clinicamente morta.

Durante o verão, trabalhamos em *Ummagumma*, um álbum duplo. Os primeiros dois lados capturavam nosso som ao vivo à época com as faixas – "Astronomy", "Careful With That Axe", "Set The Controls" e "Saucer" – gravados em junho na Mother's em Birmingham (uma espécie de versão inglesa do Middle Earth, um clube de que gostávamos muito) e na Faculdade de Comércio de Manchester. Nos nossos álbuns ao vivo que lançamos depois, gravaríamos cerca de quarenta noites. Para *Ummagumma* a escolha foi limitada à melhor de duas versões, e houve muito pouco reparo ou trabalho de *overdubs*. O segundo disco de *Ummagumma* foi dividido em cotas iguais de composição entre os membros da banda. No seu lançamento em outubro de 1969, o álbum conseguiu críticas entusiasmadas, embora eu não ache que estávamos tão satisfeitos com ele. Foi divertido fazê-lo e revelou-se um útil exercício, com as seções individuais provando em minha mente de que as partes não eram tão grandes como a soma.

Para criar a minha seção "The Grand Vizier's Garden Party", utilizei os recursos disponíveis, recrutei minha esposa, uma competente flautista, para adicionar um pouco de instrumentos de sopro de madeira. Para a minha própria parte, tentei fazer uma variação do obrigatório solo de bateria – nunca fui fã de exercícios de ginástica na bateria, meus ou de outros. Norman Smith foi especialmente útil nos arranjos de flauta, o diretor do estúdio nem tanto, pois ele me repreendeu quando eu editava as minhas próprias fitas.

Rick era talvez o mais entusiasmado de todos pelo formato do álbum, abraçando o conceito de uma abordagem mais clássica para a sua parte, enquanto ambas as seções de David e Roger incluíram canções que terminaram como repertório da banda. Acho que ambas "The Narrow Way" e "Grandchester Meadows" foram tocadas no "Massed Gadgets" show enquanto a canção de Roger "Several Species..." indicava a influência da sua nascente amizade com Ron Gessin, de quem as habilidades para arranjo foram mais tarde convocadas para nos ajudar a completar "Atom Heart Mother".

Roger e David também estavam trabalhando com Syd, o ajudando a montar seu primeiro álbum solo, *The Madcap Laughs*. Robert Wyatt e outros membros do Soft Machine também deram sua contribuição. Ainda havia a esperança de que a força criativa de Syd pudesse ser estimulada novamente, mas provou-se extremamente difícil de ordenar as suas canções em qualquer lógica, ou de entender o seu potencial. Syd lançou um segundo álbum solo, *Barrett*, mais tarde no mesmo ano. Acabou sendo sua última gravação, a despeito de tentativas posteriores em encorajá-lo a voltar para o estúdio. A partir de então, Syd se tornaria cada vez mais recluso, eventualmente retornando à Cambridge e raramente se aventurando para fora. Há algo especialmente triste sobre o fato de um compositor talentoso produzir trabalho de tão boa qualidade e então se tornar incapaz ou perder a vontade de continuar.

Encerramos 1969 com uma bizarra experiência em dezembro trabalhando para o diretor italiano Michelangelo Antonioni no seu filme *Zabriskie Point*. Depois do nosso feliz encontro com Barbet Schroeder, gostamos da ideia de trabalhar com filmes – isso preenchia nosso desejo de trabalhar fora da rotina normal de gravações e shows. O projeto de Antonioni – um filme que misturava estudantes radicais, a psicodelia da Costa Oeste dos EUA e a destruição da sociedade como nós a conhecemos – era parte dos espasmos de morte dos estúdios MGM que numa tentativa final para sobreviver, ofereceu a Antonioni um orçamento robusto, esperando que o sucesso do seu filme *Blow Up* anunciasse uma nova era do cinema europeu.

De repente, estávamos em Roma, hospedados no suntuoso Hotel Massimo D'Azeglio. O que demoramos pouco tempo para perceber era que o estúdio estava pagando uma taxa diária fixa para acomodação e alimentação. Se não a usasse, você a perdia. Devido ao curto prazo do projeto e a agenda de Michelangelo, apenas podíamos entrar no estúdio entre a meia-noite e as nove horas da manhã. Isso significava uma rotina de tentar dormir durante o dia, coquetéis das sete às nove e janta até às onze – contando com a ajuda do *sommelier* para usar todos os U$40 permitidos para cada membro – antes de rolarmos abaixo da Via Cavour, trocando gracejos com as prostitutas nas esquinas, rumo ao estúdio em que faríamos a batalha com o diretor e o seu filme.

O problema era que Michelangelo queria controle total, e uma vez que ele não conseguia fazer a música por si mesmo, ele exercia o controle por seleção. Consequentemente, cada peça tinha que ser finalizada ao invés de ser apresentada como um esboço e então tinha que ser refeita, rejeitada e reapreciada – Roger ia ao Cinecittà para lhe tocar as fitas durante a tarde. Antonioni nunca usava a primeira tentativa e argumentava que a música estava muito forte e sobrecarregava a imagem visual. Um recurso que tentamos foi a fita clima. Submixamos várias versões e *overdubs* de uma maneira que ele poderia se sentar e literalmente adicionar mais lirismo, romantismo ou sentimento de desespero ao manipular os controles de volume. Ainda assim não funcionou. Antonioni acabou usando uma seleção de peças de outros músicos como Jerry Garcia e John Fahey, e a despeito da dramática explosão final, o filme foi bombardeado criticamente e comercialmente.

Continuando nossa política de reciclar qualquer coisa remotamente usável, silenciosamente reunimos todo o nosso material descartado. Havia a certeza de alguma oportunidade de usá-lo no futuro.

Do lado de fora da Palm House em Kew, 1968. Storm, que tirou a fotografia, me assegurou que a joia oferecida era na verdade o “Anel de Agamotto”. A sorte dele foi extraordinária, pois ele conseguiu encontrar uma joia tão rara à venda em uma tenda no Portobello Market.

A turnê de Hendrix, dezembro de 1967. Jimi Hendrix com o Pink Floyd, Mitch Mitchell e Noel Redding do Hendrix Experience, e os qualificados membros do Amen Corner, o Move, Eire Apparent e o Outer Limits.

David Gilmour com os Jokers Wild – a partir da esquerda: "Sunshine" Geoff Whittaker, David, Johnny Gordon, Clive Welham e Tony Sainty.

Uma das poucas fotografias mostrando o Pink Floyd como um grupo de cinco integrantes, em janeiro de 1968. A posição de Syd flutuando ao fundo pode ter sido casual ou intencional.

David gravando *Saucerful Of Secrets* na EMI, 1968.

Capitão Mason, R. N. durante uma pausa em Norfolk Broads com Lindy, Roger e Judy (à esquerda, acima).

No Scene Club em Nova Iorque, julho de 1968.

Roger ataca com suas habilidades percussivas, mostrando sua costumeira determinação. Fico feliz por não ser um desses pratos.

Ao lado do Tiger Moth usado no filme promocional de "Point Me At The Sky". Foto no aeroporto Biggin Hill.

Todo nosso equipamento disposto para fazer a contracapa de *Ummagumma*.

Syd em seu *flat*. Londres, 1970. Foto de Mick Rock.

Ron Geesin, e (abaixo) Rick e David, durante as sessões de gravação de "Atom Heart Mother".

Na praia em St. Tropez, verão de 1970. Atrás, da esquerda para a direita: Miv Watts segurando Naomi Watts, Peter Watts, Linda O'Rourke, Lindy Mason, Steve O'Rourke, Judy Waters segurando Gala Wright, Alan Styles, Juliette Wright. À frente, da esquerda para a direita: Ben Watts, David, eu, Roger, Rick segurando Jamie Wright.

Alan Styles, Peter Watts e Roger na estrada.

David e Roger durante a filmagem para *Live At Pompeii,* em 1971, recriando o clima do anfiteatro para simular continuidade.

Tive um breve flerte com um kit transparente feito pela empresa norte-americana Fibes. Fiquei empolgado com a ideia de "uma bateria invisível", mas era muito difícil gravá-la com sucesso.

O imenso polvo inflável de Peter Dockley faz uma espetacular entrada quando invade a Crystal Palace Garden Party em maio de 1971.

Reunião nos bastidores do Brighton Dome, janeiro de 1972.

O imponente time principal do Pink Floyd Football Club – e suas chefes de torcida – se prepara para enfrentar um desafio contra o time da banda Family em janeiro de 1972.

Tony Howard e Rick no Japão, brincando com as câmeras recém-adquiridas.

Steve O'Rourke,
no Hakone Festival,
Kanagawa, Japão,
em agosto de 1971.

Retratos do grupo na fase *Dark Side*.

Magnetophonband
BASF
5
MUDANÇA
DE RITMO

THE BATH & WEST Showground em Shepton Mallet, uma pequena cidade em Somerset, foi o lugar do Bath Festival of Blues & Progressive Music em junho de 1970. Havíamos escolhido esse evento, nos longínquos rincões dos campos da Inglaterra, como a oportunidade de apresentar "Atom Heart Mother", uma ambiciosa peça que fazia pouco havíamos gravado, que conta com trompas, tubas, trompetes, trombones, um celo e um coral de vinte integrantes – a pia da cozinha não estava disponível para uso no estúdio.

Esse festival, com a duração de dois dias, era uma tentativa de igualar a escala do Woodstock que havia ocorrido no ano anterior. Trouxe uma composição de grupos de ambos os lados do Atlântico. Havia uma expressiva quota de artistas renomados dos Estados Unidos, incluindo Jeferson Airplaine, Santana, Byrds e Steppenwolf, juntamente com bandas britânicas: além de nós, a lista de atrações continha Fairport Convention e o Led Zeppelin. Em uma tentativa de não ficar para trás de John Paul Jones e seus colegas, parecia totalmente apropriado fazer uma grandiosa, mas logisticamente desafiadora, gestão de pastorear todos os músicos de apoio auxiliares até os campos de West Country.

Os festivais de rock, por sua natureza, tendem a começar com boas intenções e então acabam deslizando gentilmente para o caos na medida em que o público aumenta e os problemas técnicos se multiplicam, especialmente se a Mãe Natureza decide participar – embora nessa ocasião o tempo estivesse idílico. Essa volatilidade desde então se tornou uma das coisas que mais atraem as pessoas – muitas pessoas que compareceram à Glastonbury pareciam ter grande expectativa de continuar a tradição dos bons banhos de lama de Woodstock.

A polícia foi comunicada a se preparar para um público de aproximadamente metade do número realmente esperado, uma vez que se as forças da lei soubessem antecipadamente o verdadeiro total, o evento haveria sido embargado por exigir muito além do que era possível das condições de segurança e fornecimento de suprimentos. Especialmente nesse festival, acho que Freddy Bannister, o *promoter*, finalmente teve a devida crise nervosa quando o horror do que ele tinha feito se revelou.

Com o objetivo de passar o tráfego que entupia cada grande estrada principal ou auxiliar, empreendemos uma desesperada manobra pela contramão da estrada. O ônibus que levava nossos músicos de apoio tinha um motorista com um estilo bem mais tradicional de dirigir. Ele pegou a opção mais segura, porém, levou oito horas para chegar. Até mesmo os trompetistas, trompistas e tubistas, sabidamente raçudos pela sua resiliência, já demonstravam sinais de cansaço quando finalmente desembarcaram do ônibus. Após todas essas tribulações, eles ficaram sabendo que na verdade haviam chegado muito cedo uma vez que o festival estava correndo com os horários muito atrasados em relação à programação: a nota no programa "todos os horários sujeitos à alteração" era um eufemismo frequente para "tudo vai acontecer com cerca de meio dia de atraso".

Sentindo o jeito com que as coisas estavam indo, tentamos negociar um horário mais cedo para entrarmos no palco, fazendo uma troca com um herói da guitarra de olhos arregalados. Prestativo, mas sem condições de ajudar, ele se desculpou explicando que fazia pouco havia tomado seus comprimidos que o ajudariam a extrair sua melhor performance e que todas as suas provisões farmacêuticas já haviam sido usadas, logo, seríamos obrigados a permanecer com a ordem programada.

Nosso horário marcado para apresentação era às 22h15min. Quando finalmente estávamos prontos para levar o nosso feliz bando de músicos para o palco – muitos dos quais nunca haviam enfrentado nada tão caoticamente grandioso em suas variadas carreiras – a madrugada estava começando. Como resultado os eventos conspiraram para nos dar um cenário grandioso que aumentou o impacto da nossa subida ao palco. O regente do coral, John Aldiss, fez um magnífico trabalho regendo o coral e a orquestra, e conseguimos manter uma boa performance, mesmo quando o tubista percebeu que algum folião campestre havia derramado um pouco de cerveja dentro da corneta do seu instrumento.

Seria razoável pensar que, após uma maratona dessas, um pequeno descanso estaria em curso. Entretanto, estávamos na era dos festivais, então deixamos o palco e embarcamos em outra maldita viagem por entre a neblina da manhã indo direto para Londres a fim de pegar um voo para tocar em outro festival, menos extravagante, na noite seguinte. Sem tempo para nos recuperarmos, mergulhamos de volta no mesmíssimo cenário, apesar de que desta vez estávamos sem a orquestra, uma libertação misericordiosa para ambas as partes.

"Atom Heart Mother" foi construída durante uma série de ensaios depois que retornamos da nossa estada em Roma, a convite de Michelangelo Antonioni. Uma vez que estabelecemos o núcleo da peça (um tema fornecido por David, acho eu), todos contribuíram, não apenas musicalmente, mas também na elaboração da dinâmica geral. Não consigo me lembrar hoje se deliberadamente decidimos criar uma longa peça ou se ela simplesmente cresceu, mas era uma forma de trabalhar a que começávamos a nos acostumar e com a qual nos sentíamos confortáveis.

Após algumas longas sessões no começo de 1970, havíamos criado uma peça bastante longa, majestosa, mas ainda desfocada e também não polida. Uma forma de desenvolver uma peça desse tipo era de tocá-la ao vivo, então tocávamos versões encurtadas, às vezes sob o título "The Amazing Pudding", em uma série de shows. Gradualmente, adicionamos, subtraímos e multiplicamos os elementos, mas ainda sentíamos que faltava algo essencial. Acho que sempre tivemos a intenção de gravar a faixa, mas os compositores devem ter sentido que atingiram um certo bloqueio, então no começo do verão decidimos levar a música como ela estava para Ron Gessin e perguntamos a ele se poderia adicionar partes orquestradas e partes de coral.

Fui apresentado a Ron através de Sam Jonas Cutler. Sam havia deixado uma carreira de professor de educação especial para se tornar gerente de turnê. Suas habilidades anteriores com certeza o ajudaram muito no seu envolvimento no mundo do rock' n' roll: ele trabalhou com os Rolling Stones na turnê de 1969 nos EUA, incluindo o amaldiçoado concerto gratuito em Altamont, e mais tarde com o Grateful Dead.

Ron Gessin é um talentoso músico e arranjador, assim como um instrumentista virtuoso no banjo e na gaita, nos quais o seu estilo pode ser muito bem descrito como poesia jazzística acelerada. Além disso, ele construiu para si um dos primeiros estúdios eletrônicos caseiros. Ron, que não era muito mais velho que nós, mas aparentava ser significantemente mais experiente com seu comportamento de um professor barbudo, possuía um porão em Elgin Crescent em Notting Hill, onde ele exercia seu ofício, envolto por uma coleção de máquinas de gravação, bobinas, quilômetros de fita, uma série de roupas feitas sob medida e aparelhos musicais patenteados.

Embora tudo isso pareça caótico, um dos pontos fortes de Ron era a sua ótima organização. O trabalho com música gravada em fita tem um inerente e grande problema: todas as fitas são iguais às outras, o que é um pesadelo logístico. A menos que se mantenha registros muito apurados sobre qual pedaço de fita foi transferido de uma bobina para a outra e imediatamente anotar a passagem, pode demorar dias para se achar o pedaço de fita de que se precisa novamente. Devido aos seus meticulosos métodos de organização, Ron parecia nunca ter problemas em achar o pedaço correto.

Ron estava trabalhando por conta própria já havia algum tempo, logo suas idiossincráticas técnicas e *modus operandi* estavam totalmente dominadas. Ele despertou em Roger e em mim o interesse em produção caseira e a sua influência pode ser claramente detectada em um elemento da contribuição de Roger em *Ummagumma*, a canção intitulada "Several Species". Roger e Ron também trabalharam juntos na música de um incomum documentário médico chamado *The Body* – basedo no livro de Anthony Smith – que foi lançado em 1970 e em uma faixa dele chamada "Give Birth To A Smile", Rick, David e eu também participamos dessa gravação.

Ron nos mostrou uma série de truques com gravadores de fita da marca Revox montados um depois do outro que iam muito além do uso recomendado no manual. Ele fez toda a fiação do equipamento e me ensinou os rudimentos da solda. Com a típica parcimônia escocesa, ele coletava fitas descartadas em estúdios profissionais. Depois de apagar o conteúdo delas para reusá-las posteriormente, ele então emendava dois diferentes rolos pela metade para fazer um completo, ou meticulosamente refazia as edições do estúdio que porventura não atingissem os seus próprios elevados padrões. Além de tudo, Ron me ensinou a emendar fitas perfeitamente.

Um prazeroso desmembramento dessa amizade foi que Ron compôs a música para a trilha sonora de um dos documentários de meu pai – *The History of Motoring* – e gosto de pensar que ambos gostaram da experiência. Meu pai em particular ficava contente com o fato de Ron sempre aparecer com algum novo equipamento feito em casa ou um cabo construído especialmente para facilitar a transferência de música da máquina de Ron para o filme.

Ron parecia a escolha ideal para criar os arranjos de "Atom Heart Mother". Ele entendia as técnicas de composição e arranjo, e as suas ideias eram radicais o suficiente para nos afastar dos cada vez mais na moda, mas extremamente tediosos trabalhos de rock orquestrado da época. Naquele tempo, os arranjos de tais épicos tendiam a envolver um pensamento bem conservador; diplomados em música clássica foram doutrinados com uma falta de simpatia pelo rock e a "mistura de estilos" ainda era vista como uma traição aos seus anos de disciplina e treinamento. As boas notícias eram de que, com Ron no leme, seria improvável que acabássemos como "The London Symphonic Philharmonia Plays Pink Floyd".

Ron começou a trabalhar na nossa peça, e com uma pequena ajuda nossa, ele chegou a Abbey Road armado com uma pilha de partituras e pronto para gravar. Ele imediatamente deparou com um grande problema. Os músicos de estúdio contratados se recusavam a ser dirigidos por Ron, a quem eles percebiam como pertencente ao mundo musical do rock. A vingança somente poderia ser executada nos confins do estúdio, e meu Deus, como o sangue esquentou! No caso de Ron, um verdadeiro sacrifício humano no estúdio estava sendo oferecido.

Enquanto Ron movia sua batuta esperançosamente, eles arranjavam tantos problemas quanto podiam. Ron havia escrito algumas partes exigentes e, além disso, o fraseado que ele queria era incomum. Os músicos odiavam isso ainda mais. Com os microfones abertos, eles sabiam que qualquer comentário seria notado assim como seu riso discreto e o olhar constante para o relógio. As constantes interrupções de "Por gentileza senhor, o que isso significa?" indicavam que a gravação estava parada enquanto as chances de Ron ser acusado de homicídio cresciam exponencialmente a cada segundo.

Esse não era o único problema. Na época em que a peça foi gravada a EMI recentemente havia entregado a última tecnologia de gravação, o novo gravador Studer de oito pistas. Esse equipamento utilizava fitas de uma polegada, e com uma precaução admirável a EMI emitiu uma norma que desautorizava a edição nessas fitas, pois estava preocupada com a qualidade de qualquer emenda.

Infelizmente, "Atom Heart Mother" tem vinte e oito minutos de duração. Roger e eu embarcamos no que pode ser descrito apenas como uma odisseia para gravar a trilha de apoio. Para manter as trilhas sem *overdubs*, tínhamos o baixo e a bateria em duas faixas e toda a gravação tinha que ser feita em uma passagem. Tocar a peça sem os outros instrumentos e executá-la sem erros exigia a gama completa da nossa limitada musicalidade; questões como o andamento tinham que ser deixadas em suspenso. As maravilhas do *quantizing* – o uso de computadores para ajustar digitalmente o andamento sem alterar a afinação – ainda estavam vinte anos no futuro.

Com certeza à peça acabada faltava o cuidado metronômico que facilitaria a vida de todos. Ao invés disso, a trilha de ritmo acelerava e então voltava ao andamento correto várias vezes de forma que Ron agora tinha que levar isso em conta. O dia foi salvo por John Aldiss, o regente de coros, cujo coral clássico e disciplinado tinha (isso deve ser apontado) uma atitude muito mais positiva e bastante experiência no trato com orquestras. Com a sua serena ajuda, a gravação foi completada. Entretanto, houve outro problema que não nos demos conta à época. Fomos forçados a fornecer níveis de volume relativamente altos com a trilha de apoio para a orquestra nos monitores do estúdio, e um pouco foi captado pelos microfones. Esse vazamento inapagável fez com que "Atom Heart Mother" não tenha a nitidez sonora que sempre lutamos para conseguir.

Meus comentários de relatório para a faixa "Atom Heart Mother" seriam: boa ideia, poderíamos ter feito melhor. "Alan's Psychedelic Breakfast" no lado B é um exemplo similar. Essa era uma fotografia sonora de um desjejum britânico, começando com o ruído de um fósforo acendendo uma boca de gás, seguido pelo som de um bacon sendo frito, junto com uma torneira pingando e outros favoritos da biblioteca de sons. Por qual motivo usamos Alan Styles, membro da nossa equipe como protagonista, não tenho ideia. Roger, Rick e David produziram cada qual uma canção para completar o lado B – incluindo uma favorita de David chamada "Fat Old Sun". Parecia que a ameaça de ser encarcerado em Abbey Road pelo resto da vida, sem chance de condicional, era suficiente para estimular o mais reticente dos compositores a agir.

O título de *Atom Heart Mother* foi um arranjo de última hora. Sob a pressão de arranjar um nome, folheamos os jornais para obter alguma ideia e vimos um artigo sobre uma mulher que havia dado a luz após ter recebido um marcapasso. A manchete providenciou o título.

A capa com a foto de uma vaca foi uma inspirada peça de trabalho, concebida por Storm e John Blake, que ligamos ao álbum por dar às seções individuais de "Atom Heart Mother" trilhas de nome como "Funky Dung" e "Breast Milky". Storm lembra-se de que, quando mostrou a capa para a EMI, um dos executivos gritou com ele: "Você está louco? Você quer destruir essa gravadora?..".

Tendo passado "Atom Heart" para o vinil, e após as aventuras pastoris em Shepton Mallet, a próxima aparição orquestrada da peça foi no segundo concerto gratuito da Blackhill em Londres. "Lose Your Head at Hyde Park", em 18 de julho de 1970, que apresentava nossa banda, Edgar Broughton, Kevin Ayers and the Whole Word e a Third Ear Band e "milhares de pessoas bonitas". Esse evento teve uma atmosfera muito menos espontânea do que o primeiro concerto gratuito: mais restrições, um fundo de palco maior e uma área VIP tão hierárquica quanto qualquer coisa organizada pela corte de Sun King. A experiência perdeu um pouco do charme, ou talvez nos tornáramos mais mornos.

Também levamos nosso show para a Europa naquele mês. Por agora estávamos mais acostumados a trabalhar com a orquestra. Ainda havia muitas oportunidades para crises – houve um show em Aachen quando chegamos. Arrumamos tudo e então descobrimos que todas as partituras haviam sido esquecidas. Tony Howard foi atender o telefone em Londres e recebeu a missão de colocá-las no primeiro voo. Determinados a não ter que passar pela humilhação de admitir nosso erro, ganhamos tempo fazendo uma passagem de som sem fim. Pelo menos devemos ter deixado os músicos do naipe de metais impressionados com o nosso perfeccionismo.

Interrompemos o demorado processo de gravação de *Atom Heart Mother* para fazer uma pequena viagem à França, e usamos a oportunidade para conhecer Roland Petit, o diretor do Ballet de Marseille. Algum tempo depois, Roland entrou em contato com Steve sobre a possibilidade de compormos uma nova peça musical para sua companhia – e agendamos uma breve reunião com ele em Paris durante o verão de 1970, no caminho para um feriado e uma miniturnê no sul da França. Ainda não havíamos aprendido que trabalho e prazer é uma combinação que deve ser evitada se possível.

Em quatro vans usadas e um Lotus Elan - mais uma vez outro vendedor de carro ganhou o dia - descemos as longas e estreitas estradas francesas, deixando sinistros rastros de fumaça de óleo no nosso caminho. Passamos um prazeroso tempo com Roland, não apenas porque durante um feriado público na França ele conseguiu rapidamente providenciar para Roger, eu e nossas respectivas esposas um ótimo hotel, e um restaurante sensacional para jantarmos à noite.

Então nos dirigimos para a Côte d' Azur para nos encontrarmos com Rick e David, que não haviam se hospedado em Paris. Inicialmente, ficamos em um hotel em Cannes. Essa estada foi de puro descanso: aprendemos esqui aquático sob a tutela de um francês extraordinariamente forte, que conseguia segurar completamente os seus pupilos enquanto eles aprendiam a esquiar. Sua grande experiência no esqui era apenas sombreada pelo seu inglês intermediário. Foi apenas mais tarde que descobrimos que seu insistente comando de "Não empurre" significava na verdade "Não puxe".

Estávamos na Riviera para algumas aparições em festivais, tocando em belos lugares circundados por pinheiros e com uma vista para o Mediterrâneo. Após tocar no Antibes Jazz Festival, alugamos uma grande casa perto de St. Tropez onde a equipe base, banda e empresário, mais familiares, poderiam ficar enquanto faríamos outros shows em Fréjuse e outros locais ao longo da Côte d' Azur. Esses eram dias de orçamento restrito, e a casa que alugamos não era perto do oceano, mas no interior, no meio da terra coberta.

A atmosfera não era sempre de cenas domésticas a despeito da presença de nossas esposas e de algumas crianças. Em uma ocasião, encontrei um casal de estranhas mulheres agindo de forma suspeita na casa. Exigindo que elas se explicassem, subitamente as reconheci como sendo Steve O'Rourke e Peter Watts se aprontando para uma noite em um clube de St. Tropez, ambos travestidos. Foi sorte o fato de eu estar sofrendo de uma combinação de intoxicação alimentar e insolação e não tinha condições de me juntar a eles. Como uma experiência de vida em comunidade não foi um grande sucesso. Quando havia apenas nós quatro viajando em turnê, as relações ocasionalmente ficavam muito tensas, contudo, com muito mais pessoas em volta, havia muito mais possibilidades para atrito.

Minha relação com Roger estava de qualquer forma indo para um *froideur* temporário. O problema surgiu de um incidente anterior quando Roger, eu e nossas respectivas esposas de alguma maneira chegamos ao assunto da infidelidade de Roger na estrada. Ele encontrou certa dificuldade para tolerar minha participação naquele gesto de desaprovação das garotas sobre o comportamento dele, principalmente porque eu não fazia melhor. Simplesmente não fiz a confissão. Na ocasião eu teria que concordar que o ponteiro estava bem no lado da dissimulação ao invés da zona diplomática, e levou algum tempo até Roger me perdoar por esse episódio.

Judy Waters se lembra da pontada de inveja que ela sentiu quando Lindy e eu demos uma desculpa para deixar St. Tropez antecipadamente. Acenando alegremente, colocamos mais alguns litros de óleo no cada vez mais fumacento Lotus e seguimos para a Iugoslávia...

A chance para descanso e recuperação foi curta. A turnê americana que se seguiu quase imediatamente coincidiu com o lançamento de *Atom Heart Mother*, então nos sentimos obrigados a repetir a experiência com a orquestra. David e Steve voaram a Nova Iorque para recrutar os músicos, colocar junto diferentes naipes de metais e corais das passagens pela Costa Leste e da Costa Oeste da turnê – anunciada em Los Angeles por um *outdoor* de 10 metros de altura com a vaca de Storm acima da Sunset Strip. Os músicos contratados nos EUA, sob a batuta de Peter Phillips, foram muito relaxados sobre tocar diferentes tipos de música – e eu fico feliz em contar a total ausência de qualquer teimosia, corporativismo ou tubas encharcadas de cerveja.

Por agora, viajar para a América estava se tornando uma rotina, pois a novidade havia acabado: essa era a nossa segunda viagem em 1970 - já havíamos estado lá em maio por algumas semanas. Além disso, um compartilhado medo de voar frequentemente nos fazia subestimar jornadas de oito horas em carros na errada crença de que acharíamos menos estressante. Na verdade, é claro, essas enormes jornadas simplesmente induziam um tédio mortal. No hotel Hilton em Scottsdale, entrávamos em qualquer aposta. Recordo de David dirigindo uma motocicleta pelo restaurante do hotel para cumprir uma aposta. Os clientes entretanto pensaram que aquilo era normal, ou de que ele estava portando uma arma, porque todos o ignoraram completamente.

Na primeira turnê de 1970, o show mais significante foi no Filmore East em Nova Iorque. Bill Graham não tinha certeza se conseguiria encher um auditório de 3.000 lugares, principalmente porque a nossa última data na cidade havia ocorrido em um clube de 200 lugares, então ao invés de promover o show por ele mesmo, ele alugou o teatro para nós por US$ 3.000,00. Lotamos a casa. Era a maior quantia de dinheiro que já havíamos conseguido, e contribuiu para uma insatisfação em curso com o selo Tower que era o braço americano da EMI. Estávamos conseguindo bons públicos, mas isso não estava se refletindo na venda dos nossos álbuns. Algo ou alguém estava falhando e, confiantes como sempre de que a culpa não era nossa, fizemos uma anotação na agenda para tomar providências a respeito disso o mais cedo possível.

Esse show em Filmore East também foi notável por duas outras razões. Tivemos um punhado de caras ejetados para fora do nosso camarim e em seguida descobrimos que eles eram membros do Band, o grupo de apoio de Bob Dylan - que incluía Robert Robertson e Levon Helm - e, é claro, artistas profissionais renomados. Isso foi particularmente embaraçoso para nós dado que *Music From Big Pink* era um dos álbuns favoritos nas nossas coleções de discos. Também conhecemos Arthur Max, o projetista de iluminação que trabalhava para Bill no teatro. Arthur adicionou suas luzes às nossas naquela noite, e suas técnicas inovadoras foram registradas e arquivadas para uso posterior.

Aquela turnê em maio de 1970 na América teve um fim abrupto quando todo o nosso equipamento, guardado em um caminhão alugado estacionado fora do Royal Orleans Hotel no centro de Nova Orleans, foi roubado durante a noite. Aquele era de longe o mais luxuoso hotel da turnê, então se estávamos à deriva, melhor que estivéssemos lá do que em qualquer outro lugar. A outra vantagem era de que a luxuriosa piscina no pátio do primeiro andar era composta por atraentes garotas que diluíram nossa tristeza com o cortês atendimento no bar.

Em termos práticos, uma delas tinha um namorado no FBI e ele veio até nós para ver se poderia ajudar. Ele mencionou da forma mais dedicada que não seria impossível a polícia local nos ajudar com mais disposição se oferecêssemos uma recompensa. Escalamos Steve para resolver o problema. Para o nosso espanto, o equipamento reapareceu um dia depois (exceto um par de guitarras). Era claro que estava em andamento um golpe que envolvia uma interconexão entre a polícia e os arredores, no qual a polícia ofereceria bons serviços de remoção e recuperação... A única dúvida concreta agora era o valor da recompensa que deveria ser dada para a polícia que achou nossos equipamentos. A sugestão de "Faça o que sua consciência mandar" não ajudava muito porque em nossa consciência sabíamos que não devíamos dar nada. Entretanto, pragmaticamente percebemos que poderíamos voltar a Nova Orleans um dia. Embora estivéssemos com o nosso equipamento novamente, decidimos não remarcar os shows cancelados e retornar para casa sem mais delongas.

Depois da turnê de *Atom Heart* nos EUA naquele outono, fizemos uma turnê inglesa até o final do ano. Embora quiséssemos aquela carga de trabalho, provavelmente não sabíamos o quão cansativo aquilo tudo poderia se tornar. Mas no começo de 1971, direcionamos nossa atenção e toda a energia de que dispúnhamos para o nosso próximo álbum, que começaria na EMI em janeiro.

Sem novas canções, planejamos inúmeros exercícios para tentar acelerar o processo de criação das ideias musicais. Isso incluía tocar em trilhas separadas sem referência do que o resto de nós estava fazendo – até formulávamos uma estrutura básica de acordes, mas o ritmo era aleatório. Simplesmente sugeríamos climas na seguinte maneira "dois primeiros minutos romântico, próximos dois minutos com andamento acelerado". Essas notas sonoras foram chamadas "Nothings 1-24" e a escolha do nome foi adequada. Depois de algumas semanas, nada de muito valor emergiu, e com certeza nada de canções completas. Havia poucas ideias que valiam a pena trabalhar. Depois de "Nothings", fomos produzir "Son of Nothings", seguido por "Return Of The Son Of Nothings", que acabou se tornando o título provisório para o novo álbum.

A peça mais útil era simplesmente um som, um único ataque de uma nota no piano e tocada através de uma caixa Leslie. Esse curioso equipamento, normalmente usado com um órgão Hammond, emprega um cone rotatório que amplifica o som dado. O cone, girando a uma velocidade variável, cria um efeito Doppler, assim como um carro passando pelo ouvinte a uma velocidade constante aparentando mudar a nota enquanto ele se afasta. O som do piano foi mandado para a Leslie e essa maravilhosa nota de Rick tinha a mesma característica do som produzido pelo Asdic, o sonar rastreador de submarinos. Nunca conseguimos recriar essa nota com precisão no estúdio, especialmente a particular ressonância entre o piano e a Leslie, então a versão demo foi usada no álbum e mixada na trilha final.

Combinada com uma reflexiva frase de guitarra de David, possuíamos inspiração o suficiente para idealizar uma peça completa, que evoluiu para "Echoes"; a sua forma final, levemente sinuosa, dá uma sensação bastante agradável de um andamento lento e de uma longa construção. Isso nos pareceu um real desenvolvimento das técnicas que havíamos entendido em *A Saucerful of Secrets* e *Atom Heart Mother*. E certamente a sensação ao fazê-la foi muito mais agradável, pois pudemos montar a música usando o pleno potencial da mesa de mixagem ao invés de termos que fazer a maldita coisa em uma passagem como fomos obrigados ao gravar "Atom Heart Mother".

O som da guitarra da seção intermediária de "Echoes" foi criado inadvertidamente por David quando ele ligou ao contrário o pedal de wah-wah. Às vezes, grandes efeitos são o resultado desse tipo de puro acaso, e estávamos sempre preparados para ver se alguma coisa funcionaria em uma faixa. A base que recebemos de Ron Geesin sobre ir além do manual de instruções deixou a sua marca.

Essa experimentação poderia ser vista como um corajoso radicalismo ou como um enorme desperdício de tempo no estúdio. De qualquer forma ela nos permitiu o aprendizado de algumas técnicas que claramente poderiam nos levar a absurdos, mas eventualmente levavam a alguma coisa que podia ser usada. Um experimento daquela época ainda não usado era a exploração dos vocais invertidos. Uma frase escrita ao contrário, letra por letra, e então lida, não vai soar correta quando tocada invertida, mas uma frase falada gravada e tocada ao contrário pode ser aprendida e recitada. Isso fornece um efeito muito estranho quando é, por sua vez, tocada de trás para frente. "Neeagadelouff" era uma que eu me lembro: ela saía como "fooled again".

A versão final de "Echoes", com a duração de vinte e dois minutos, ocupou um lado inteiro do disco. Diferentemente da tecnologia do CD, o vinil impunha certas restrições, uma vez que passagens altas ocupavam maior superfície, mas de qualquer forma, mesmo se tocando *pianissimo* durante todo o tempo seria difícil gravar mais de meia hora em um lado do disco. Agora precisávamos encontrar o resto do disco. Parece um pouco estranho em retrospectiva o fato de que colocamos "Echoes" no lado B. Talvez seja porque ainda pensávamos, sob a influência da gravadora, deveríamos ter algo adequado para se tocar nas rádios abrindo um álbum.

"One Of These Days" foi construída em torno de um som do baixo que Roger criou alimentando a saída do sinal com uma unidade do Binson Echorec. O Binson foi uma constante presença no nosso som por vários anos, começando na era de Syd Barrett - notadamente em "Interestellar Overdrive", "Astronomy Domine" e "Pow R. Toc H." - e somente tecnologia digital conseguiu superá-lo. O Binson usava um tambor de aço rotativo circundado por cabeçotes de fita. Selecionando diferentes cabeçotes, ele dava uma gama de padrões de repetição para qualquer sinal com o qual fosse alimentado. A qualidade do som era horrivelmente degradada, mas se alguém entendesse chiado como ruído branco, o efeito era mais palatável.

Havia várias outras unidades de eco alternativas à disposição que usavam tecnologia semelhante, mas não possuíam a mesma qualidade sonora. O italiano Binson, entretanto, era muito frágil e não servia para os rigores da vida na estrada. Como um altamente treinado fuzileiro, Peter Watts podia muitas vezes desmontar e montar uma unidade do Binson rapidamente durante um show para conseguir que pelo menos uma estivesse na linha de frente.

A linha de baixo em "One Of These Days" era tocada em uníssono por Roger e David. Um dos baixos precisava de cordas novas e despachamos um membro da equipe para West End para reabastecer nossos estoques. Ele não voltou por três horas, durante as quais a gravação foi completada usando-se as cordas velhas. Quando ele finalmente retornou, suspeitamos que ele estivesse visitando sua namorada que gerenciava uma butique. Seus protestos de inocência foram bastante prejudicados pelo belo novo par de calças com as quais ele reapareceu. A canção incluía, incomumente, um solo de baixo assim como uma das minhas raras performances de vocal, e um exemplo de experimento que conseguiu fugir do laboratório. A frase foi gravada com a fita com a velocidade dobrada usando uma voz em *falseto*; a fita foi então retocada em baixa velocidade. Há vezes em que parece realmente ser necessário fazer as coisas do modo mais complicado possível.

Os títulos das outras canções no lado A se relacionavam muito com as nossas vidas naquele período. "San Tropez", uma canção que Roger trouxe completa e pronta para gravar, foi inspirada na excursão do Floyd ao sul da França no verão anterior e na casa que alugamos lá. Roger, Judy, Lindy e eu costumávamos jogar um jogo de peças chinês regularmente e essa mania providenciou a inspiração para o título "Pillow Of Winds", o nome de uma das combinações de pontuação.

"Fearless" era uma expressão muito usada – um equivalente inspirado no futebol para "fantástico" – que veio de Tony Gorvitch, o empresário do Family e um bom amigo de Steve e Tony Howard. O tema do futebol prosseguiu com a inserção do canto "You'll Never Walk Alone" da torcida do Liverpool no final da canção– inusitadamente Roger foi um entusiasta dessa ideia, mesmo sendo um torcedor fanático do Arsenal. Tony Gorvitch também forneceu a nós a expressão "cotovelo" – como em "receber uma cotovelada..." – e "Quem é Norman?". A última era um código da banda que usávamos para indicar alguém que não conhecíamos, o qual queríamos que fosse removido – talvez tenha sido a técnica que usamos com o Band no Filmore.

Finalmente havia "Seamus". De uma forma bastante embaraçosa posso descrever essa peça apenas como inovadora. Dave estava cuidando de um cachorro, o Seamus em questão, para Steve Marriot do Small Faces. Steve havia treinado Seamus para uivar sempre quando a música era tocada. Era extraordinário, então ligamos algumas guitarras e gravamos a peça em uma tarde. Curiosamente, fizemos tudo isso novamente quando realizamos o filme *Live At Pompeii*, desta vez usando outro cachorro, chamado Mademoiselle Nobs. No lado positivo, mesmo quando pressionados, pelo menos resistimos à tentação de construir um álbum contendo somente latidos de cachorros, e de realizar uma audição de uma ninhada de cachorros músicos desesperados para entrar na indústria musical.

Acima de tudo, o álbum como um todo foi imensamente gratificante de fazer. Como "Atom Heart Mother" havia sofrido um certo desvio, e *Ummagumma* era um álbum ao vivo combinado com peças solo, *Meddle* era o primeiro álbum em que trabalhamos juntos em estúdio como uma banda desde *Saucerful Of Secrets* três anos antes. Ele é relaxado, bem amplo, e "Echoes", eu acho, durou bastante. Com certeza, comparado com o seu predecessor, *Atom Heart Mother*, *Meddle* é revigorante e mais avançado. David certamente possui grande afeição por este álbum, que para ele contém uma clara indicação do caminho que estávamos seguindo.

A maior parte das gravações de *Meddle* foram divididas entre a EMI e o AIR London com uma pequena parcela do trabalho realizada nos Morgan Studios em West Hampstead. Isso porque a EMI, em outra demonstração do seu conservadorismo inato, não confiava nos gravadores de dezesseis trilhas. Em um surto de indignação zangada, insistimos que deveríamos ter acesso a um gravador daquele tipo e marchamos até o AIR onde fizemos a parte principal do trabalho.

O AIR era o estúdio que George Martin montou no início da Oxford Street no bairro de West End em Londres. Após vários anos, George saiu da EMI e montou o seu próprio estúdio dos sonhos, levando com ele Ken Townsend, o diretor do estúdio em Abbey Road, para garantir os mais altos padrões. Os estúdios dele, que eram o absoluto estado da arte, tinham uma atmosfera diferente de Abbey Road, que agora na verdade precisava de uma manutenção geral e atualização. Os estúdios comerciais estavam sendo projetados para bandas de rock ao invés de grandes e abrangentes instalações, uma vez que o rock era de onde os novos clientes chegavam.

A gravação de *Meddle* se distribuiu por um considerável período de tempo, não porque estávamos trancados nos estúdios, mas porque novamente estivemos por muitas horas na estrada durante 1971: quando olho de volta para o calendário, percebo que estávamos na Alemanha em fevereiro, vários países europeus em março, Reino Unido em maio,

Europa em junho e julho, Leste Europeu e Austrália em agosto, Europa em setembro e nos EUA mais uma vez em outubro e novembro.

Para preencher a lacuna enquanto a produção de *Meddle* estava em andamento, caímos na antiga solução da indústria musical: um álbum de compilação de *singles* e outros materiais alternativos. *Relics* – "uma bizarra coleção de antiguidades & curiosidades" – continha apenas uma canção inédita, de Roger, "Biding My Time", na qual Rick finalmente nos castigou com o seu trombone. *Relics* foi lançado em maio, logo antes de tocarmos no evento Crystal Palace Garden Party. Esse era o nosso primeiro grande concerto em Londres em algum tempo e um dos eventos ao ar livre que os britânicos sabem fazer muito bem – eventos de um dia de duração não têm a característica de maratona dos festivais de três dias, e combinam mais com o sentimento e a preferência pela correção da nação. Uma curiosa mistura de bandas se apresentou, incluindo Leslie West and Mountain, nós, Faces e o Quiver, o último incluindo Willie Wilson.

O concerto foi realizado durante a tarde e o nosso show de luzes era não existente, mas com a ajuda de nosso colega da faculdade de arte Peter Dockley e seus amigos, submergimos um grande polvo inflável no lago em frente ao palco. No clímax do show, o polvo seria inflado e emergiria do fundo do lago. O momento teria sido mais grandioso se um número de fãs mais entusiasmados e com a mente alterada não tivessem se despido e entrado na água; em uma cena que lembrava o filme "Vinte Mil Léguas Submarinas", aqueles lunáticos se penduraram nos tubos de ar e ameaçaram estragar a performance ao tentarem bravamente afogar o polvo. O evento foi promovido por Tony Smith, futuro empresário do Genesis. Tony lembra que após o show a sua equipe passou um bom tempo limpando não os usuais detritos, mas um cardume de peixes do lago que morreu devido ao choque ou ao medo.

De todas as turnês de além-mar, nossa primeira visita ao Japão, em agosto de 1971, foi um sucesso em particular. A gravadora organizou uma conferência de imprensa (algo que geralmente odiamos) e nos presenteou com os nossos primeiros discos de ouro. Embora aqueles fossem completamente falsos, pois não foram ganhos através das vendas, de qualquer forma apreciamos o gesto.

A verdadeira razão para o sucesso dessa viagem foi um concerto ao ar livre em Hakone. Não apenas era um bonito lugar construído na zona rural a algumas horas de Tóquio, mas uma plateia de festival no Japão é muito menos inibida do que uma em um show realizado em local coberto. Durante muitos anos, as plateias em lugares cobertos se mostravam muito contidas em relação aos padrões da indústria do rock. Notáveis pela moderação nos aplausos, gritos, cantos, e ovações em pé, os concertos japoneses geralmente começavam às seis horas da tarde. A razão para isso, nos disseram, é de que o transporte público finalizava as operações cedo e como as pessoas viviam fora da cidade, ficaria muito difícil para elas fazerem duas jornadas. Apesar das boas razões, isso dava aos shows uma atmosfera de *thé dansant* e uma insinuação de que o rock não deveria ocupar a mente das pessoas acima de treze anos de idade. No Japão, fizemos uma viagem no trem-bala, visitamos templos e jardins de pedra e apreciamos o sushi. Para nós, e muitas outras bandas, o sushi se tornou a versão sofisticada de ovos, salsicha e batatas quando estávamos em turnê. Uma boa maneira de manter o moral elevado nesse contexto é ter por perto o sushiman local com suas facas para reanimar os espíritos cansados (preparando peixe cru, não ameaçando os homens deprimidos, é lógico).

Depois do Japão, continuamos na Austrália com uma pequena turnê, também a nossa primeira visita, que começou de forma desafiadora com um show ao ar livre no Randwick Stadium, o hipódromo de Sydney.

Ainda não cientes sobre a inversão das estações no hemisfério sul, fomos surpreendidos ao chegarmos em agosto e nos encontrarmos nas profundezas do inverno australiano, tão frio que eu precisava usar luvas para fazer as baquetas pararem de cair dos meus dedos sem força. A plateia, em uma prova da bravura, parecia não se importar com o frio. Ficamos contentes que o resto da turnê ocorreu em locais cobertos.

Um ponto alto dessa viagem foi o fato de termos conhecido o diretor de filmes George Greenough. Ele nos mostrou algumas cenas de um filme que ele estava fazendo chamado *Crystal Voyager*, um documentário celebrando o surfe. Usando uma câmera amarrada ao corpo de um surfista, ele pôde filmar dentro dos tubos formados pelas ondas quebrando, reforçado por cenas do nascer e do pôr do sol. Era esplêndido. Demos a George a permissão de usar a nossa música no seu filme e em troca nos aproveitamos de um acordo mútuo no qual usaríamos o seu filme – atualizado de tempos em tempos – em praticamente todos os nossos subsequentes shows. Para a turnê *Division Bell* em 1994, ele forneceu algumas novas filmagens de qualidade ainda melhor para serem projetadas durante "Great Gig In The Sky".

Em uma conexão no aeroporto de Hong Kong no caminho para a casa, telefonamos para o escritório da Hipgnosis para informar Storm sobre o projeto da capa de *Meddle*. O título foi apressadamente inventado, e talvez inspirado por alguma imagem zen de jardins aquáticos, dissemos a Storm que queríamos uma "orelha embaixo da água". A diferença de fuso horário fez com que nenhuma das partes estivesse em plenas condições para uma discussão telefônica, mas mesmo através das milhas interventoras, pudemos ouvir o som dos olhos de Storm virando.

No voo de volta para o Reino Unido, uma realmente alarmante trovoada acima do Himalaia assustou até mesmo os comissários de bordo. Enquanto o avião mergulhou em uma profunda bolsa de ar, Roger ou David foi acordado pela mão de uma assustada aeromoça que tentava se manter em pé. Isso danificou seriamente qualquer chance de superarmos nosso medo de voar. Todos sofremos desse medo, graças a vários incidentes ao longo dos anos. Em um episódio, Steve O'Rourke fretou um antigo DC-3 para levar a nós e outras bandas para um festival na Europa. Quando chegamos à pista um carrinho de bagagem arrancou um pedaço da asa. "Não se preocupem", disseram para nós, "vamos reparar isso em um instante". Pulando as fileiras de assento, deixamos o avião imediatamente e pegamos o próximo BEA Trident, deixando as menos afortunadas bandas de apoio a enfrentar o terror do voo de volta para casa. Algum tempo depois, nos envolvemos em uma quase colisão com outro avião durante a aproximação do aeroporto de Bordeaux. Em ocasiões como essa, o fato de que nós quatro agarrávamos os encostos de braço simultaneamente, com gotas de suor escorrendo pelo rosto, provavelmente ajudou a contribuir para o entrosamento do grupo.

Jantares em conjunto são o ponto principal para todas as discussões de banda, decisões políticas e brincadeiras em geral. Agora sinto muito por alguns dos infelizes *promoters* e empregados das gravadoras que nos levavam para jantar. Frequentemente nos comportávamos de forma terrível. Nossos modos à mesa geralmente não eram um problema, mas a nossa conversa corriqueira era desapontante. Ocupávamos os lugares da mesa de forma a deixar falando sozinhos aqueles que não conhecíamos ou não nos importavam. Abastecidos com o vinho mais caro disponível, nossa discussão se tornava aquecida, frequentemente explodindo para uma disputa em larga escala. Para as pessoas de fora, devia parecer que estávamos à beira da separação. O executivo da gravadora recepcionando a janta não apenas via sua verba ser consumida, mas também vislumbrava a possibilidade de ser culpado solitariamente pelo fim da banda.

Os membros da banda inevitavelmente conheciam uns aos outros melhor do que ninguém e portanto sabiam como provocar, magoar ou até mesmo alegrar uns aos outros. Ainda guardamos no folclore do grupo a noite em que Steve O'Rourke sentou para jantar e disse que ele estava tão bem humorado que nada poderia chateá-lo. Dentro de sete minutos, ele furiosamente deixou a mesa para ir jantar no seu próprio quarto. Roger, ajudado e incentivado pelo resto de nós, com muito pouca dificuldade encontrou o gatilho que enfureceria e finalmente dirigiria Steve para a cólera, simplesmente por sugerir que deveríamos discutir uma redução na comissão dele.

Em outra ocasião, durante um café da manhã em City Square em Nova Iorque, Roger anunciou que era possível distinguir as pessoas realmente criativas porque suas cabeças estariam sempre inclinadas para a direita. Reciprocamente, os não criativos inclinariam a cabeça para a esquerda. Peter Barnes, que cuidava da nossa publicidade, lembra-se de olhar em volta da mesa. A cabeça de todos, ele notou, estava virada para a direita, exceto a de Steve.

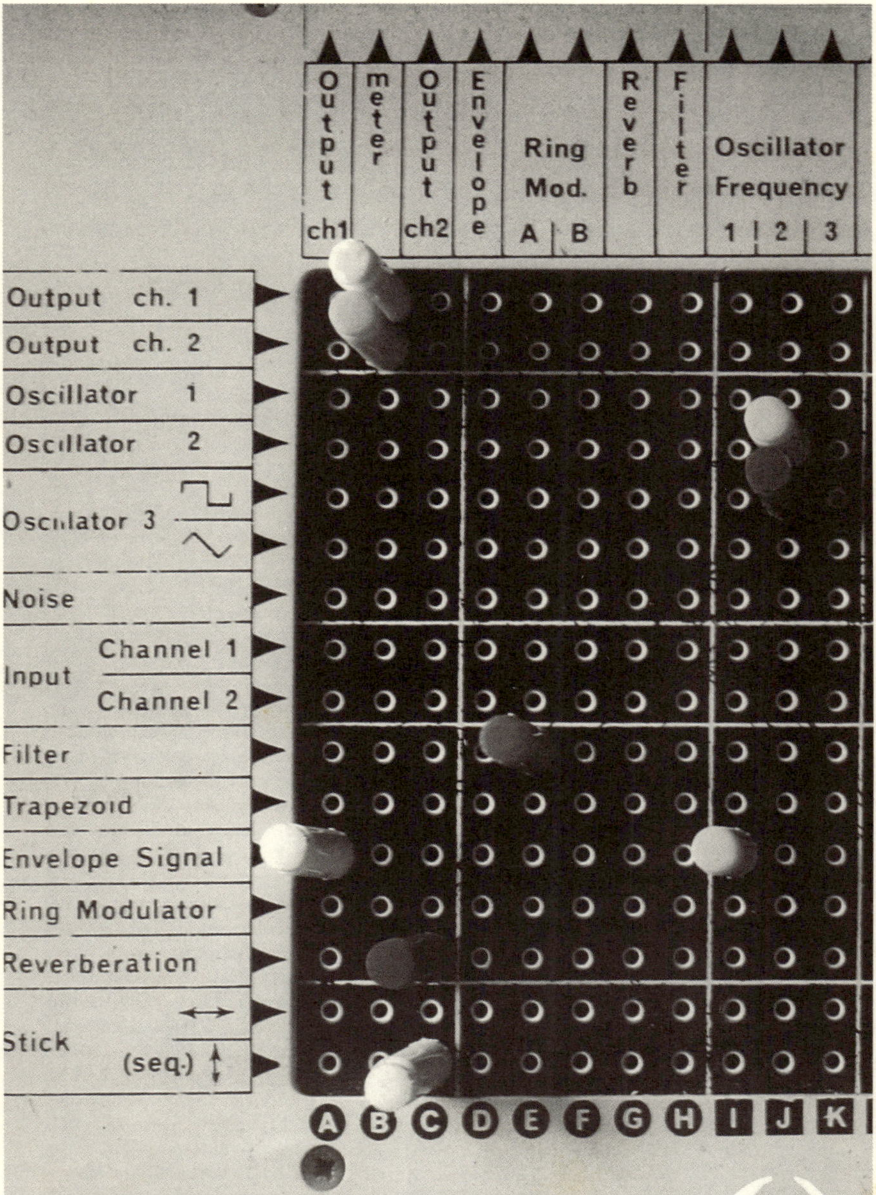

6

NÃO HÁ LADO ESCURO

AO FINAL do ano de 1971, um pouco da letargia que eu estava sentindo foi sacudida. Roger, falando ao *Melody Maker*, estava em consonância, "há uma sensação no grupo, e com certeza uma grande sensação na minha cabeça, de que deixamos as coisas se desviarem horrivelmente e isso está começando a me deixar louco". Ele olhava em frente para a nossa próxima turnê no Reino Unido como "mais um pouco de pressão, porque não há tempo suficiente entre hoje e 19 de janeiro para trabalhar em qualquer coisa. Conseguir criar uma hora de algo realmente bom é muito difícil". Deve ter sido difícil mesmo, mas pelo menos ele se dedicou com grande vontade. Roger havia trabalhado em um esboço para um novo álbum. Ele tinha algumas ideias e algumas canções em desenvolvimento – "Time" tinha uma estrofe e um refrão, porém ainda não tinha a letra – e ele havia criado um notável *riff* de baixo no tempo 7/8 que soava bastante radical.

As discussões que desenvolveram *The Dark Side Of The Moon* aconteceram em uma reunião da banda na mesa da cozinha da minha casa em St. Augustine's Road, em Camden. Foi uma ocasião incomum, uma vez que convivíamos todos os dias nos estúdios ou na estrada, mas talvez tenhamos sentido a necessidade de uma mudança de ambiente para nos concentrarmos em encaminhar o nosso novo projeto.

Juntamente com as canções de Roger, possuíamos vários fragmentos de ensaios anteriores e alguns outros itens mais trabalhados. Mas ainda não havia um tema coerente para ajudar Roger em seu trabalho inicial. Enquanto conversávamos, o assunto do *stress* emergiu como uma preocupação comum, embora à época não estivéssemos passando por nenhuma angústia em particular: na verdade, foi um dos períodos mais estáveis nas nossas vidas domésticas.

Roger estava morando agora em Islington, em New North Road. No fundo do seu quintal, ele montou um ambiente de trabalho que dividia o espaço com um ateliê de cerâmica. Na verdade, se fabricava cerâmica naquele lugar, mas ao invés do tipo comum de jardim, Judy estava criando sua própria cerâmica em uma das metades do ateliê. Na outra metade, Roger construiu um estúdio caseiro inspirado na abordagem de Ron Geesin: três gravadores de fita Revox montados em uma bancada para facilitar a rápida transferência de sons de uma máquina para as outras. Rick estava instalado em Leinster Gardens em Bayswater com Juliette e seus filhos. Eu estava em St. Augustine's Road com Lindy. Apenas David havia se mudado para Royden em Essex, tendo deixado seu apartamento de solteiro em Chelsea.

A despeito de todas as viagens, eu definitivamente me sentia envolvido com a vida em Camden. Lindy e eu nos tornamos amigos de vários de nossos vizinhos e de vez em quando havia festas de rua para grandes eventos nacionais. Eu conhecia bem a comunidade, assim como Roger conhecia a dele: ele se tornou um fanático torcedor do Arsenal. Com Judy e Lindy, nos reuníamos para nos socializarmos algumas vezes durante a semana e passávamos boas horas nas nossas casas; tenho fortes lembranças de estar na casa de Roger com Lindy quando ela estava nos últimos meses da gestação de Chloe, nossa primeira filha.

Entretanto, a despeito dessa estabilidade, fizemos uma lista das dificuldades e pressões da vida moderna que particularmente conseguimos identificar. Prazos, viagens, o medo de voar, a sedução do dinheiro, o medo da morte e os problemas da instabilidade mental que levavam à loucura... De posse dessa lista, Roger continuou a trabalhar nas letras.

Comparado com a abordagem um tanto fragmentada dos nossos álbuns anteriores, que haviam sido concebidos com um ar de desespero ao invés de inspiração, essa forma de trabalho parecia consideravelmente mais construtiva. Outras discussões no âmbito da banda sobre os objetivos e aspirações do disco ajudaram a abastecer o processo de criação. Usando as específicas letras que Roger criou, a música se desenvolveu nos ensaios em estúdio – e subsequentemente nas sessões de gravação. Isso deu a Roger a oportunidade de verificar quaisquer lacunas nas letras e de criar peças para preenchê-las.

Uma vez que Syd deixou a banda em 1968, o ônus de escrever a maioria das letras caiu sobre Roger. David e Rick ainda eram letristas ocasionais – Rick uma vez disse que "se as palavras surgissem como acontece com a música, e não tivéssemos mais nada para fazer, algumas poucas seriam escritas". Em *The Dark Side Of The Moon* Roger abraçou a tarefa em grande estilo: seus versos deram ao álbum as nossas mais amplas e específicas letras até então – embora mais tarde ele as tenha depreciado, classificando-as como "frutos da juvenília". Pela primeira vez, consideramos apropriado imprimi-las integralmente no encarte do disco.

Uma versão inicial de *Dark Side* que podia ser tocada ao vivo foi produzida no espaço de algumas semanas. A primeira vez que tocamos a peça do começo ao fim – já intitulada "Dark Side Of The Moon, A Piece For Assorted Lunatics" (embora ainda fosse oscilar entre esse nome e "Eclipse" por várias vezes) – foi no Rainbow Theatre no norte de Londres, durante uma série de quatro noites nos meados de fevereiro de 1972. O Rainbow, inicialmente um cinema, era a versão inglesa dos salões Avalon ou Filmore de São Francisco, e o seu escuro auditório, que ocultava uma decoração bem ornamentada, porém desgastada, criava uma atmosfera distinta e vibrante que nos lembrava os nossos dias no Roundhouse. Foi aliviante para Peter Watts e a equipe técnica o fato de precisarem montar o palco apenas uma vez para os quatro shows: por agora, possuíamos cerca de nove toneladas de equipamento e três caminhões, sete grandes colunas de alto-falantes, um novo PA e uma mesa de mixagem com 28 entradas para saída em modo quadrifônico. De forma gratificante, o público lotou a casa para ouvir os resultados: alguns anúncios na contracapa do *Melody Maker* foram suficientes para que os quatro shows tivessem os ingressos esgotados.

Entretanto, embora a versão ao vivo de *Dark Side* estivesse bem avançada, a gravação da peça se estendeu durante 1972 e foi constantemente interrompida não apenas pelos nossos compromissos de viagens, mas também por alguns outros projetos: a trilha sonora do filme *Obscured By Clouds*, o lançamento do nosso próprio filme intitulado *Live At Pompeii*, e uma série de concertos com o Balé de Marselha dirigido por Roland Petit. Para a nossa sorte, *Dark Side* provou ser resiliente o bastante para sobreviver a todas essas distrações. Não nos sentimos oprimidos por essa montanha de trabalho – pelo contrário, era uma prova de que éramos músicos profissionais em plena atividade. Depois da estagnação que atravessamos nos tempos de *Atom Heart Mother*, revitalizamos nossa noção de propósito.

Obscured By Clouds foi a primeira das interrupções. Depois do sucesso de *More*, concordamos em fazer mais uma trilha sonora para Barbet Schroeder. Seu novo filme chamava-se *La Vallée* e viajamos para a França a fim de gravar a música na última semana de fevereiro. O filme era diretamente influenciado pelo "Verão do Amor"; ele misturava a história sobre um bando de *hippies* da Europa viajando para Papua Nova Guiné com alguma reportagem etnográfica sobre a tribo local chamada Mapuga (um crítico fez uma conexão entre o espírito desse documentário e o filme de Robert Flaherty sobre o povo de Aran em que estrelava o pai de Steve O'Rourke).

Fizemos a gravação com o mesmo método que havíamos empregado em *More*, seguindo uma pré-edição do filme, usando cronômetros para as determinadas deixas e criando climas musicais interligados que poderiam ser mixados para serem inseridos na versão final. A construção tradicional de uma canção de rock era opcional: uma ideia poderia se estender por uma seção inteira sem a preocupação com miudezas como refrães e pontes, e qualquer ideia, na sua versão mais curta e crua poderia se estabelecer sem a necessidade de solos ou adornos adicionais. Tive a chance de experimentar um dos primeiros pares de bateria eletrônica - não tão avançados quanto os sintetizadores de bateria que vieram depois, eles eram como bongôs eletrônicos - na sequência de abertura.

Esse método de desenvolver e modificar temas jogava a nosso favor, mas não tínhamos espaço para autoindulgência, pois o tempo disponível para a gravação era extremamente curto. Tivemos apenas duas semanas para gravar a trilha sonora com um pequeno período de tempo depois para transformá-la em um álbum. O que me impressiona hoje é o fato de que o material que finalizamos ficou muito bem estruturado. Uma série de canções foi produzida, mas a minha percepção é de que os títulos das canções foram apressadamente alocados sob a pressão de cumprir o cronograma do filme.

A gravação aconteceu nos Strawberry Studios, localizados no Château d' Hérouville na zona norte de Paris, conhecido pelos fãs de Elton John como Honky Chateau. Era um aprazível e espaçoso estúdio de gravação no campo, mas lembro-me de poder aproveitar o local apenas no último dia. Trancamo-nos dentro do estúdio, abaixamos as cabeças e tocamos, entregamos a gravação da trilha sonora e fomos para casa. Mais tarde, tivemos uma discussão com a companhia do filme, e então, ao invés de lançar a trilha sonora como *La Vallée,* usamos o título *Obscured By Clouds.* Acabamos por ter uma grata surpresa depois quando descobrimos que o filme havia mudado o seu título para *La Vallée (Obscured By Clouds)* para que ficasse atrelado ao nosso álbum.

Ainda precisávamos remixar o material para o lançamento do álbum, mas antes de podermos fazer isso, fomos para mais uma turnê no Japão. Dessa vez, fretamos um DC8 e mesmo após carregarmos todo o nosso equipamento ainda havia vários assentos vazios no avião. Esposas e namoradas eram óbvias parceiras de viagem, mas os assentos restantes foram ocupados por passageiros que tinham conexões cada vez mais tênues com a banda e o tipo de profissão que os permitia largar tudo e se juntar a nós em curtíssimo prazo – normalmente um mal sinal.

Até esse ponto, geralmente havíamos viajado desacompanhados, e ter as famílias e demais adeptos viajando junto visivelmente mudou a atmosfera. Minha memória é de que os shows sofreram um impacto negativo, e de que o clima no camarim da banda ficou menos concentrado. Isso foi exacerbado pela diferença no passo da turnê, que não tinha a intensa rotina de cidade a cidade dos EUA, mas talvez cinco datas em três semanas. Tudo isso fazia com que a turnê parecesse mais com uma excursão escolar de luxo ou uma visita de feriado do que uma viagem a trabalho. Estávamos no Japão logo após o início das Olimpíadas de Inverno de Saporo e fomos até lá para passar algum tempo nas pistas. Em Saporo, havia música dos Alpes sendo tocada através de um sistema Tanoy ao longo do teleférico para nos colocar no clima, e ao invés de vinho quente, havia arroz e saquê. Tivemos dificuldade para encontrar botas de esqui grandes o suficiente, particularmente para Arthur Max, que calçava tamanho 44. Havíamos trazido Arthur conosco para cuidar da iluminação após lembrarmos o quão criativo ele havia sido com as luzes no Filmore East, em 1970.

Mais uma – relativamente curta – turnê americana se seguiu. Era parte da vida de qualquer banda a tentativa de construir um público nos EUA. Agora nós já estávamos fazia alguns anos nesse processo, e embora ainda não possuíssemos um álbum de grande sucesso, já conseguíamos encher auditórios maiores. Uma vez formalmente engajados no processo de "fazer sucesso na América" isso iria continuar para sempre com qualquer banda.

Depois dos EUA e algumas datas na Europa, finalmente tivemos a oportunidade de começar seriamente a gravação de *Dark Side* – e durante todo o mês de junho, pudemos gastar o nosso tempo em Abbey Road. Abordamos a tarefa assiduamente, agendando sessões de três dias, às vezes semanas inteiras, e todos compareciam a cada sessão, ansiosos para se envolver em qualquer coisa que estivesse acontecendo. Havia um ar de confiança no estúdio. Desde *Meddle*, havíamos sido nossos próprios produtores e então podíamos decidir nosso próprio cronograma: nesse ponto estávamos tendendo a trabalhar no álbum faixa por faixa até estarmos satisfeitos com cada peça.

A atmosfera parecia mais jovial em comparação com as nossas visitas anteriores à EMI. Havia uma nova geração de engenheiros e operadores de fita – os aprendizes de engenheiro – que haviam crescido com o rock. Da mesma forma que a nova casta de estúdios comerciais, a EMI percebeu a importância de se ter um bom relacionamento com os músicos. Já se tinham ido os dias em que os supervisores de estúdio faziam rondas para garantir que não se usassem as tesouras de edição ou operassem seus truques no painel de controle.

No começo das gravações de *Dark Side* contratamos Alan Parsons como engenheiro residente. Alan havia sido assistente de operação de fita em *Atom Heart Mother*, que ele mixara em estéreo e quadrifônico, e agora havia sido promovido a engenheiro. Depois de ter passado pelo sistema de aprendizado da EMI, Alan havia adquirido – como todos os aprendizes da EMI – um notável rol de conhecimentos sobre todos os aspectos do trabalho em um estúdio de gravação. Ele era um excelente engenheiro. Mas ele também possuía um ouvido muito bom e era um competente músico à sua própria maneira. Isso, combinado com suas habilidades natas em diplomacia, ajudaram enormemente e significava que ele poderia trazer uma contribuição positiva para o álbum.

Gostei muito do som da minha bateria que ele conseguiu captar e passar para a fita. Dentro do mundo do rock, conseguir captar adequadamente o som da bateria continua sendo um dos grandes testes para qualquer engenheiro. Uma vez que o uso original da bateria era para incentivar as tropas para a guerra, ao invés de ganhar o coração puro de uma donzela, é muito surpreendente constatar que muitas batalhas foram travadas ao som de uma bateria.

O kit – praticamente o único remanescente instrumento acústico dentro da formação padrão do rock – consiste de uma série de diferentes peças constituintes as quais insistem em vibrar e rufar através de uma notável gama de sons e superfícies. Para complicar mais, o fato de bater em uma das peças dispara uma cadeia de vibração nas outras. Nos dias da gravação de quatro pistas, o engenheiro precisava capturar, mas manter separado, o firme impacto do bumbo e do chimbau para a marcação do tempo, todo o som gordo da caixa, os timbres afinados dos tom-tons e a condução ou o ataque nos pratos. Posicionar os microfones para capturar tudo isso é uma das magias negras do negócio, e é uma ótima maneira de detectar os bons engenheiros. Toda a gama de habilidades na engenharia de estúdio de Alan eram autoevidentes quando começamos a fazer o disco.

"Speak To Me" foi concebida como um prelúdio e era o que entendíamos como um prelúdio deveria ser – um cálice de prova das coisas por vir. Essa faixa foi construída a partir de trechos de todas as outras peças do álbum, as quais coloquei juntas rudemente em casa e finalmente as montei no estúdio. Inicialmente, tentamos criar as batidas de coração que abrem a faixa com gravações do som de pulsos reais feitas em um hospital, mas todas elas soavam muito estressantes. Retornamos às possibilidades oferecidas pelos instrumentos musicais, e usamos um leve ataque em um bumbo acolchoado, que estranhamente parecia muito mais natural, embora o ritmo cardíaco médio de 72 bpm fosse muito lento, diminuímos a velocidade para um nível que causaria preocupação em qualquer cardiologista. Um enorme acorde de piano mantido por mais de um minuto com o pedal de sustentação firmemente pressionado, em seguida o som tocado ao contrário no fundo da peça para providenciar a ligação com a próxima seção.

"Breathe" representava a primeira metade de um experimento que usava a mesma melodia para duas canções, ou mais precisamente, a inserção de duas completamente diferentes seções no meio de duas estrofes para que a canção tivesse uma reprise após "On The Run" e "Time".

"On The Run" foi um grande retrabalho de uma construção instrumental da versão ao vivo, e foi na verdade uma das últimas faixas a ser adicionada, pois apenas nesse ponto tivemos acesso a um EMS SythiA, o sucessor do VCS3. O VSC (o Voltage Controlled Studio) era um sintetizador de fabricação inglesa e foi projetado por Peter Zinovieff e uma equipe da BBC Radiophonics Workshop, de quem o tema de *Doctor Who* ajudou a trazer pura música eletrônica para o grande público, e o usamos em algumas das outras faixas de *Dark Side*. Entretanto, faltava a ele um teclado. O SynthiA vinha com um teclado na borda do seu estojo. Na faixa "On The Run", isso significava que o som borbulhante pudesse ser tocado bem vagarosamente e então eletronicamente acelerado. Para essa faixa, também vasculhamos a biblioteca de efeitos sonoros da EMI, e possuíamos mais uma desculpa para voltar à câmara de eco atrás do Estúdio 3 para gravar os passos.

Aquela biblioteca de sons certamente ganhou seu sustento enquanto estávamos abrigados nos estúdios: havia sempre um elemento de procrastinação em seguir para explorar todo o potencial da biblioteca, e havia uma série de sons de que gostávamos, mas nunca podíamos usar. "O Armário Abarrotado" era um dos nossos favoritos: o som de uma pessoa abrindo um armário do qual o som de todos os tipos de parafernália caindo podia ser ouvido. E todos gostamos do "Gunga Din", no qual um irritante trompetista era atacado por um arsenal cada vez maior de armas tentando acabar com ele. Após cada tiro de rifle, rajada de metralhadora ou bombardeio aéreo, ele continuava tocando, cada vez mais debilitado, porém persistente.

Entretanto, para os relógios da introdução de "Time", usamos elementos de um disco de demonstração do sistema quadrifônico que Alan havia feito fazia um mês ou dois antes das gravações de *Dark Side*. Ele foi a uma antiga relojoaria e gravou um deleite para relojoeiros; sinos, tique-taques e despertadores. A introdução principal dessa canção foi criada porque um conjunto de roto-tons aconteceu de estar no estúdio e a completamos em apenas algumas tomadas. Os roto-tons consistiam de peles de bateria esticadas sobre uma armação fixada em uma rosca de eixo. Ao girar a rosca, a pele podia ser afinada assim como um tímpano, para que séries de tons afinados pudessem ser usados.

"Great Gig" era uma peça de Rick, com a parte vocal elevando-se sobre o topo. Houve uma série de sugestões sobre quem usar: a minha foi a *avant-garde mezzo-soprano* Cathy Berberian (quem eu estava ouvindo bastante à época), mas ela talvez fosse um pouco radical, mesmo para nós. Clare Torry, que acabou fazendo a faixa, estava começando uma carreira solo – Alan havia trabalhado com ela no passado e fez a recomendação. Estávamos buscando um som mais europeu do que as cantoras de soul que usamos nas outras faixas. Dirigida principalmente por David e Rick, ela nos deu performances fantásticas. Clare ficou envergonhada por se doar demais em uma das tomadas e veio até a cabine de controle para se desculpar, apenas para descobrir que todos estavam maravilhados. Depois de nossa experiência em *Atom Heart Mother*, é surpreendente que nos aventurássemos novamente no reino dos músicos adicionais, mas estávamos bem servidos por todos eles: Clare, as outras cantoras – Doris Troy, Leslie Duncan, Liza Strike e Barry St. John – e Dick Parry, que adicionou o mais forte timbre do seu saxofone tenor em "Us And Them" e "Money".

Roger e eu construímos o *loop* de fita para "Money" nos nossos estúdios em casa e então o levamos para Abbey Road. Furei velhas moedas e as passei por um cordão; isso dava o primeiro dos sete sons do *loop*. Roger havia gravado moedas girando dentro de uma tigela que Judy usava para sua cerâmica; o efeito do papel sendo rasgado foi criado de forma muito simples na frente de um microfone e a fiel biblioteca de sons forneceu as caixas registradoras. Cada som era primeiramente medido na fita com uma régua antes de ser cortado na mesma extensão e então cuidadosamente emendado.

"Us And Them" era uma peça lírica que havia sido criada por Rick. Há um ditado que diz que a música é "o silêncio entre as notas" e a música de Rick nessa faixa em particular prova a premissa em grande estilo. "Any Colour" realmente providencia um toque de alívio em um álbum tão hermeticamente arranjado, contribuindo para a dinâmica geral como uma pausa que antecede "Brain Damage". Embora a tarefa do vocal principal tenha sido feita por David no resto do álbum, o vocal nos versos de "Brain Damage" são de Roger, assim como em "Eclipse", e mostra como a voz de Roger soa bem nas canções que ele escreveu.

A última faixa, "Eclipse", foi uma peça que se beneficiou enormemente das performances ao vivo antes da gravação. Às versões originais dessa faixa faltava um pouco de dinâmica, mas com o gradual desenvolvimento no palco - onde precisávamos finalizar a peça de forma grandiosa - ela adquiriu força o suficiente para se tornar um adequado encerramento.

Os fragmentos de fala que pontilham o álbum foram uma adição tardia, gravada em uma noite logo antes da montagem final do álbum. Roger sugeriu a ideia de incorporar palavras faladas e em meia hora criamos um modo de gerar isso. Roger esboçou uma série de questões sobre loucura, violência e mortalidade - acho que as escrevi em um conjunto de cartas. Essas foram colocadas, viradas para baixo, em uma estante de partitura no Estúdio 3. Então convidamos ao estúdio qualquer pessoa que encontrávamos dentro do complexo de Abbey Road: pessoas da nossa equipe, os engenheiros, outros músicos que estavam gravando lá - qualquer um além de nós mesmos. Eles eram solicitados a sentar em uma banqueta, ler cada cartão para si mesmos e então simplesmente dar as respostas a um microfone.

Isso naturalmente induziu a um certo nível de paranoia, uma vez que o estúdio é um lugar solitário, quando todos os outros estão reunidos na sala de controle espreitando através do vidro à prova de som. Na medida em que as entrevistas foram sendo realizadas, alguns dos artistas profissionais foram muito mais artificiais do que os amadores, que pareciam muito felizes em participar. Paul e Linda McCartney, por exemplo, estavam gravando *Red Rose Speedway* com os Wings, e aceitaram o nosso convite. Foi muita elegância da parte deles, e em retrospectiva, injusta nossa expectativa de que eles revelassem a sua psiquê íntima para um grupo de quase estranhos com um gravador ligado. Eles estavam cautelosos, muito reservados, e não usamos qualquer material da sessão deles. Realmente devíamos ter uma ideia muito clara do que queríamos, pois de outro modo seria impensável descartar duas vozes tão famosas. Em contraste, o guitarrista de Paul, Henry McCullough ("I don't know, I was really drunk at the time") e sua esposa foram assustadoramente abertos: eles foram direto para a história de uma recente e, um pouco física, discussão violenta que tiveram, como em uma particularmente agressiva edição do programa *Jerry Springer*.

Entre as outras vozes, estavam a esposa de Peter Watts, chamada Pudie e o nosso gerente de estrada Chris Adamson, que é reconhecível pelo seu leve sotaque do norte da Inglaterra. Roger "do chapéu", um *roadie* itinerante da velha guarda que havia trabalhado conosco em uma série de ocasiões forneceu uma sessão memorável. Suas falas em particular fariam um álbum completo por si só. Uma história, que ele contou na maior cara de pau com a precisão de um investigado na sala de interrogatório, era sobre uma ocasião em que outro motorista o fechou no trânsito. "Eu discuti com ele", disse Roger "do chapéu". "Ele era grosso. Ele era muito grosso. Mas devolvi na mesma moeda...".

Alguns dos participantes foram rejeitados por razões de áudio: Robbie Williams, na sua segunda semana de trabalho como membro da equipe técnica, não pôde ser usado porque sua melíflua voz grave era muito profunda e teatral. Outros infelizmente não puderam ser encaixados, embora as falas fossem boas. Mas Gerry O'Driscoll, o porteiro irlandês de Abbey Road, foi indubitavelmente uma estrela. Ele contou uma vasta coleção de piadas e filosofia de boteco, coloridas com um toque de melancolia. A sua voz fecha o álbum ao final de "Eclipse", e a sua frase, "Não existe o lado escuro da lua. Na verdade, ela é toda escura", ajudou a assentar o título final para o álbum.

Depois da gravação era hora de lidar com as inserções, e havia muitas delas. Em uma era pré-digital, essas sequências, nas quais uma peça subia de volume e a outra abaixava, era ainda uma manobra difícil. Enormes máquinas de fita era carregadas para todas as partes do edifício e posicionadas próximo a mesa de mixagem. Uma vez que as inserções usualmente envolviam *loops* de fita com o comprimento variando de 2 a 2,5 metros, uma floresta de pedestais de microfone era necessária para providenciar eixos temporários a fim de assegurar que os *loops* não travassem. Depois de um tempo, uma sala toda começava a parecer uma gambiarra de Heath Robinson.

Mesmo com a *expertise* em engenharia de Alan, ele não possuía mãos suficientes para dar conta de todas as tarefas necessárias, então pontos iniciais eram cuidadosamente marcados na fita, e os membros da banda se posicionavam com os dedos colocados em vários botões. As máquinas eram paradas e reiniciadas enquanto mãos trêmulas trabalhavam nos controles de volume. Um único erro fazia com o que processo recomeçasse a partir do deslize. A importância desse sincronizado trabalho em equipe se dava a partir da necessidade de conseguir os níveis corretos para se finalizar o trabalho no final de uma faixa, o começo de outra com todos os efeitos e diálogos subindo e aumentando de volume, indo para frente e para o fundo. Quando se conseguia fazer a transição com sucesso, ela era então emendada na fita *master*.

Infelizmente, perdemos o benefício das habilidades de Alan quando o convidamos para fazer a engenharia do próximo álbum, oferecendo-lhe uma pequena quantia de dinheiro argumentando o quão privilegiado ele era por trabalhar conosco. Para o nosso espanto, ele recusou a oferta. Compassivamente, chacoalhamos nossas cabeças e então o vimos conseguir um enorme sucesso com uma de suas canções com o Alan Parsons Project e lançar sua própria carreira artística.

Tínhamos a intenção de supervisionar a produção final por conta própria, mas decidimos trazer um produtor externo para a mixagem ao final do processo em fevereiro. Chris Thomas tinha uma origem musical precedente à da engenharia, e escreveu para George Martin solicitando uma vaga de trabalho como seu assistente - eventualmente George deu a ele uma oportunidade na sua companhia de produção. Chris estava trabalhando no *White Album* dos Beatles em um ponto, quando George teve que ir a algum lugar, deixando Chris como encarregado por um curto, assustador, mas excitante período. Chris tinha várias ligações com o Pink Floyd. Ele havia comparecido nos nossos shows em várias ocasiões - incluindo a violenta noite no Feathers em Ealing, no UFO e na apresentação de *Dark Side* no Rainbow, em 1972. Ele conhecia Steve O'Rourke socialmente, e havia produzido o segundo álbum do Quiver, seguindo os passos de David.

Existe, é claro, mais de uma maneira de mixar uma determinada faixa. Não há uma definição de certo ou errado. Alguns preferem uma mixagem que tenha o aspecto de uma orquestra clássica que pode produzir um som balanceado sem que qualquer dos instrumentos se destaque mais que outro. Em outras vezes, pode ser interessante ter um solo vocal, instrumento, ou efeito sonoro aparecendo acima dos outros sons. Em *Dark Side,* houve esse tipo de discussão furiosa a respeito dos vocais, efeitos sonoros, guitarras e seção rítmica. Houve vezes em que três mixagens independentes foram feitas por diferentes indivíduos, um sistema que no passado tendia a resolver as contendas, uma vez que normalmente se desenvolvia um consenso em direção a uma determinada mixagem. Mas mesmo isso não estava funcionando.

Esses eram os primeiros sinais de discordâncias fundamentais dentro da banda. Frases estavam sendo enterradas na areia, indistinta e involuntariamente, mas estavam sendo afogadas apesar disso. Em frente ao risco de simplificar demais as coisas, David e Rick se sentiam confortáveis com uma pura solução musical. Roger e eu estávamos inclinados a experimentar com balanços, e extrair mais dos elementos não musicais. David sempre preferiu uma certa quantidade de eco, Roger preferia que o som fosse mais seco.

Chris, tendo poucas preconcepções, simplesmente fez as coisas do jeito que achava certo. Entretanto, ele disse, queria contribuições de nós todos. O que ele se lembra é de que, em uma época em que os prazos de lançamento estavam assombrando e as coisas começavam a ficar preocupantes, a atmosfera era boa, eficiente e – para os padrões da indústria musical – extremamente disciplinada, permitindo a ele bater o cartão às onze horas da noite antes de seguir para trabalhar em um álbum do Procol Harum pelo resto da madrugada.

O trabalho envolvido era imenso, considerando a quantidade de *overdubs*, camadas e inserções requeridas. E como a fita estava constantemente sendo tocada, ela sofria um desgaste inevitável e tinha que ser meticulosamente tratada para retornar à saúde. O fato de que Alan e Chris forneceram um acabamento sonoro que ainda oferece uma impressionante boa qualidade mais de trinta anos depois é um testamento de sua arte na engenharia.

Quando a gravação foi completada, ficou imediatamente aparente, a despeito dos diferentes elementos como frases e palavras faladas, efeitos sonoros e canções, que o álbum emergiu como um todo homogêneo. Foi também revigorante poder ouvir novamente a peça concluída com os ouvidos descansados depois de deixar Chris completar o trabalho de mixagem final.

O lançamento do álbum foi marcado para o terceiro dia de março de 1973. Nesse ínterim, fizemos o lançamento de *Pink Floyd Live At Pompeii*, outras viagens para a Europa e para a América do Norte – incluindo uma aparição no Hollywood Bowl e uma data no Canadá onde descobrimos que uma das nossas cantoras de apoio havia desaparecido e a razão era de que ela havia sido presa na companhia de seu namorado por roubar uma mercearia. E também vimos os frutos finais da nossa primeira conversação com o coreógrafo Roland Petit.

Live At Pompeii resultou em um ótimo trabalho de filmagem do equipamento que usávamos no show cerca de um ano antes. Aproximamo-nos do diretor Adrian Maben, que tinha a ideia de nos filmar tocando em um anfiteatro vazio nos pés do vulcão Vesúvio. Abrindo e finalizando o filme com "Echoes", tocamos como em uma apresentação ao vivo, com inserções de filmagens de lava borbulhando, escorrendo e emergindo, ou da banda caminhando junto à paisagem vulcânica. Em uma época em que os filmes de rock eram filmagens convencionais de shows ou tentativas de copiar *A Hard Day's Night*, a ideia tinha bastante apelo.

Os elementos que parecem ter feito o filme funcionar - sobre os quais não pensamos a respeito durante as filmagens em outubro de 1971 - foram a decisão de nos apresentarmos ao vivo ao invés de dublar e o ambiente desértico criado pelo calor e pelo vento. Apenas algumas sequências foram adicionadas mais tarde em um estúdio - as versões de "Careful With That Axe" e "Set The Controls" juntamente com o abençoadamente curto retrabalho de "Seamus" com Mademoiselle Nobs.

Foi uma viagem muito barata e animada. Peter Watts e Alan Styles tiveram o árduo trabalho de levar todo o equipamento até a Europa. Não estávamos acompanhados das famílias a reboque para fazer turismo uma vez que dispúnhamos de apenas um número limitado de dias para concluir o trabalho. Mesmo assim, como geralmente acontece com filmes, estouramos o cronograma inicial e tivemos que cancelar um concerto em uma universidade; entretanto, como a data de remarcação desse show ocorreu após o lançamento de *Dark Side*, acho que no final das contas os organizadores ficaram na verdade muito felizes com o atraso, dado que quando aparecemos para o show, eles puderam quadruplicar o preço dos ingressos, enquanto nos pagaram os valores originais do contrato.

Em Pompeia, as filmagens ocorreram no começo do outono, mas ainda estava muito quente, tempo bom para ficar sem camisa. Foi um trabalho duro, sem noites de lazer ou degustação da cozinha e da carta de vinhos da região, mas a atmosfera era agradável, com cada um fazendo seu trabalho. Ao final das sessões no anfiteatro, fomos para as montanhas a fim de filmar algumas inserções em meio às nascentes de lava e tivemos uma breve oportunidade para explorar a cidade de Pompeia.

No entanto, fomos atrapalhados por alguns problemas técnicos. Um dos rolos de filme foi perdido e o diretor teve que inserir uma longa sequência estrelando nada mais do que a bateria em "One Of These Days", uma vez que a paleta disponível de filmagens e ângulos de câmera foi severamente diminuída.

Depois de uma apresentação no Edinburgh Festival, uma estreia foi planejada no Rainbow Theatre em outubro de 1972, mas no último minuto, Rank, o proprietário do edifício, invocou uma cláusula que evitava qualquer evento que pudesse "competir" com suas próprias atividades. Roger responsabilizou Rank pelo fiasco, e gostei do comentário do *promoter* Peter Bowyer de que ele esperaria pelas feridas nas suas costas curarem antes de considerar a realização de quaisquer eventos similares.

Live At Pompeii acabou sendo muito decepcionante em termos financeiros, especialmente porque ele se perdeu no rastro de *Dark Side*, e então por muito tempo recebemos pouca recompensa pelos nossos esforços. Tanto é assim que muito mais tarde, um magnata de Nova Iorque se aproximou de Roger para dizer a ele que havia conseguido milhões com as vendas do filme. Ele se surpreendeu porque ao invés de Roger parabenizá-lo, ele mandou que a segurança o retirasse do recinto... Mais tarde, descobrimos que toda a papelada relacionada ao filme havia sido perdida em um incêndio, e aprendi ao longo dos anos, que escritórios que cuidavam de tais assuntos são muito suscetíveis à autoimolação, enchentes e invasões de gafanhotos que até mesmo os profetas do Velho Testamento achariam inacreditáveis.

Na nossa busca rumo ao *mainstream* artístico, tivemos mais sorte com Roland Petit. Nossas primeiras discussões em 1970 trataram sobre uma ideia de criar um balé baseado em *Em busca do tempo perdido,* de Marcel Proust. O trabalho consiste de múltiplos volumes de detalhamentos sobre as grandes experiências vividas por Proust. Sei disso apenas porque juntamente com o resto da banda, tentei ler as obras; mas em um tempo no qual a ficção científica era a nossa principal literatura, digerir isso não era uma tarefa fácil. Ainda me orgulho de ter lido mais do que qualquer outro, mas com certeza nenhum de nós passou do volume três. Esse projeto foi finalmente cancelado por motivos diversos. A própria leitura por si só teria consumido muitíssimo tempo e o assunto em si era desafiador demais para a maior parcela do nosso público.

Roland, entretanto, não desistiu de nós e finalmente conseguiu nos envolver com o Balé de Marselha, embora tenhamos pegado a fácil opção de não escrever nenhuma música inédita para os shows, e reusássemos versões de "Careful With That Axe, Eugene" e "Echoes", a última com o roteiro vagamente baseado em *Frankenstein*. Trabalhar com o Balé foi uma tranquila expedição. Gostamos de estar em Marselha e a fluência de David na linguagem foi útil recurso para a comunicação com o corpo do balé e os garçons locais, e a atmosfera de civilizada sofisticação, em contraste com a rotina de viagens e estúdios, deve ter atraído uma certa esnobe intelectual em nós. No programa do evento, o vice-prefeito de Marselha gentilmente nos descreveu como algo correspondente em francês "esses milionários da música, ídolos da juventude popular como da juventude dourada".

Nesses shows, tocamos em um palco elevado, visualizando de uma perspectiva superior a performance dos bailarinos à nossa frente. O maior obstáculo que enfrentamos foi de que eles trabalharam passos coreografados com base nas nossas gravações existentes. Embora, no caso de "Axe" a performance variasse em duração, uma vez que a atratividade da peça era a oportunidade de improvisar. Rapidamente tivemos que fazer uma versão com a duração constante, uma tarefa exacerbada pela nossa lendária inabilidade em contar compassos confiavelmente.

Entretanto, por acaso contávamos com Leslie Spitz conosco na França. Leslie era um vendedor de camas de dossel vindo dos confins de Kings Road em Chelsea e um experto pescador. Seu grande triunfo foi ter conseguido um assento a bordo do nosso avião fretado para a turnê no Japão mais cedo naquele ano. Ninguém parecia ter certeza do motivo da presença dele, ou quem o havia convidado, mas éramos muito polidos para perguntar. Como pagamento por aquele brinde, Leslie foi colocado na tarefa da contagem de compassos. Ele foi equipado com uma série de cartões que tinham a numeração dos compassos escrita neles e – agachado embaixo do piano – ele deveria trocar o cartão a cada quatro batidas. O resultado foi menos do que metronômico, pois Leslie era facilmente distraído pela música alta e as esbeltas bailarinas, mas com certeza ajudou, e de qualquer forma sabíamos quando finalizar porque os bailarinos paravam de se mover.

Na verdade acabou sendo um sucesso. Os dançarinos, acho eu, gostaram de fazer uma peça diferente com um apelo mais popular e eles também montaram um belo time de futebol para jogar contra nós após os ensaios. O diretor de dança assistindo a todas aquelas caras pernas e pés calçados em chuteiras teve um ataque. Depois de Marselha, levamos o show até Paris para algumas performances em janeiro e fevereiro de 1973.

A consequência de tudo isso foi um extraordinário almoço na casa de Rudolf Nureyev em Richmond. Marcel Proust era uma ideia fixa em sua cabeça novamente, mas, dessa vez, em formato de filme. Nureyev, Roland Petit e Roman Polanski estavam lá, juntamente com Roger, Steve e eu. Sentindo-nos um pouco constrangidos em uma verdadeira atmosfera exótica de belas-artes e decoração luxuosa, ficamos atônitos com a bela jovem que nos cumprimentou e nos deixou à vontade até que os outros chegassem. Nureyev fez sua aparição, que, é claro, ele fez com estilo – envolto em roupas do Oriente.

Durante o almoço, foi servido muito vinho e pouco se falou sobre Proust. Acho que houve uma pequena conversa sobre ressuscitar o projeto *Frankenstein* como um filme erótico, mas minhas lembranças sobre isso são um pouco difusas. Depois da refeição, em estilo tabloide, demos nossas desculpas e saímos antes de sermos afogados demais naquele *demi-monde*. Nunca chegamos a fazer o projeto sobre Proust ou a trabalhar com Frankenstein, Nureyev ou Polanski novamente, embora Polanski tenha mantido os números no repertório da companhia de balé por algum tempo, performando com fitas ao invés de música ao vivo.

Durante nossa breve estada em Marselha, houve sérias manobras na frente dos negócios, porque o nosso contrato com o selo americano da gravadora havia expirado. Nossos primeiros álbuns foram lançados pelo selo Capitol's Tower, que era principalmente um selo de jazz e folk e não era muito adequado às nossas pretensões. A Capitol, o braço americano da EMI, havia começado um novo selo chamado Harvest sob a liderança de Malcom Jones, e estava em nossos planos sermos os líderes do selo juntamente com outras bandas do *underground* britânico. Isso acabou não funcionando também. Embora a equipe estivesse entusiasmada, sentimos um pouco de descrença no nosso potencial comercial entre os altos escalões e as nossas vendas nos EUA tinham sido particularmente pobres.

Steve O'Rourke deixou claro para a EMI que não estávamos preparados pra continuar com a Capitol. Nossa proposta era de adiar o lançamento de *Dark Side* nos EUA, pois o nosso contrato estava expirando após cinco anos e não queríamos desperdiçar o que pensávamos ser o nosso melhor álbum até então com uma gravadora que não nos daria a estrutura necessária.

Após Steve ter insistido fortemente dizendo que os resultados não eram bons o suficiente, até mesmo a EMI viu que havia um problema nos EUA. Bhaskar Menon, que havia sido recentemente indicado para a presidência da Capitol Records, soube de nossa insatisfação, e se importou em viajar para Marselha para se encontrar conosco. O fato de ele ter voado até nós fez toda a diferença. Bhaskar estava ainda nos seus trinta anos, graduado em Oxford e na Doon School, na Índia. Ele havia conhecido e impressionou Sir Joseph Lockwood, que o havia trazido para a EMI. Bhaskar estava agora liderando a Capitol Records nos Estados Unidos – mais tarde, ele se tornaria o presidente da EMI.

Bhaskar convenceu Steve de que ele poderia fornecer o que era preciso na América e concordamos que deixaríamos o álbum aos seus cuidados. Foi uma pena ele não ter se aproximado de nós antes. Sem informar à Capitol – e à Bhaskar – já havíamos desistido da companhia mais cedo naquele ano e assinado um novo contrato com Clive Davis na Columbia para a distribuição nos EUA dos nossos lançamentos que seguissem *Dark Side*. Na nossa usual maneira de nos desviarmos dos confrontos, apenas nos esquecemos de mencionar esse fato.

A nossa turnê nos Estados Unidos no início de 1973 nos deu a chance de trazer à tona as habilidades em iluminação de Arthur Max. Ele havia passado por um bom treinamento. Depois de receber uma qualificação como arquiteto – sempre uma boa credencial para trabalhar com o Pink Floyd – ele acabou em Woodstock operando os projetores de luz continuamente por três dias (ele disse) para Chip Monck, um dos pioneiros da iluminação do rock e projetos de palco. A chegada de Arthur coincidiu com o momento em que estávamos passando para uma nova etapa em relação aos nossos shows anteriores. Há um limite do que pode ser conseguido com mais um *slide* de óleo, e com maiores lugares e iluminação proveniente de projetores maiores, o final do show era frequentemente um momento de brilho intenso quando mais um espelho se quebrava e mais um projetor explodia.

Arthur estava interessado no poder da iluminação de palco e holofotes em detrimento de *slides* de óleo; ele era especialmente talentoso em encontrar maneiras de explorar as luzes teatrais. Nossos shows imediatamente ganharam mais inovação visual e ele era um especialista em tirar o máximo proveito das instalações de um auditório e em explorar a existente tecnologia de outras fontes. Para a nossa versão de "Echoes" com o Balé de Marselha, Arthur incorporou o clima Frankenstein que queríamos e instalou um kit de solda, e a cada noite ele era visto usando máscaras e luvas para providenciar o efeito adicional de genuínas faíscas de argônio.

Acho que Arthur também foi o responsável por introduzir as torres Genie nos nossos shows. Essas torres foram uma das mais importantes inovações na engenharia de palco do rock. Arthur havia visto essas torres hidráulicas sendo usadas para trocar lâmpadas em uma fábrica, e adaptou o princípio para permitir a elas a carregarem armações de holofotes. Em shows nos quais o tempo para a montagem de iluminação de palco convencional era insuficiente, ou quando estávamos em algum palco no campo montado em carretas, essas torres eram uma dádiva divina. O fato de que elas também podiam ser elevadas para a abertura do show era a cereja do bolo. Esse também foi o período em que trouxemos a tela circular no fundo do palco, acessório que se tornou uma peça crucial nos nossos shows ao vivo.

Um dos melhores shows de Arthur foi no Radio City Music Hall, em março de 1973. O auditório era uma maravilha tecnológica quando foi construído inicialmente e por muitos anos os detalhes técnicos do elevador de palco foram informações sigilosas, já que a tecnologia utilizada havia sido extraída diretamente dos elevadores de caças dos porta-aviões americanos.

O palco continha seis seções, cada qual podia ser elevada em até seis metros e então roladas para a frente. Havia também uma cortina de fumaça na parte frontal; se tratava de um tubo com vários furos dos quais emergia a névoa para escurecer o palco. Isso nos deu a possibilidade de iniciar o show com o público já lotando o auditório encarando um palco completamente vazio. Quando o show começou, a fumaça subiu, e atrás disso o nosso equipamento foi lentamente elevado conosco até as respectivas posições com luzes de sirene de polícia acopladas às torres de iluminação Genie. Diferentemente dos antigos dias ruins dos palcos rotatórios do circuito de bailes, essa era a maneira com a qual as coisas deveriam ser feitas.

Infelizmente, Arthur tinha uma grande falha: o seu temperamento. Roger e eu (seus dois principais contatos na banda) não falamos com Arthur por mais de vinte anos após sua demissão final. Eu raramente havia me deparado com qualquer pessoa que conseguisse ser demitida tão rapidamente. Além de regularmente saquear os operadores de canhão de luz em cada lugar que tocávamos, ele os insultava tanto durante a performance que seria perigoso para ele ficar após o show para um intervalo *post-mortem,* pois ele mesmo poderia se tornar o defunto. Arthur também possuía uma tendência a abandonar o seu posto durante o show. Steve frequentemente chegava ao camarim durante o intervalo para dizer que Arthur havia deixado o seu fone de ouvido e o intercomunicador no chão e saído do edifício em um acesso de raiva. Não pudemos mais lidar com esse nível de imprevisibilidade e Graeme Fleming, o primeiro na linha de sucessão de Arthur, uma pessoa muito mais calma, assumiu a iluminação. Arthur se tornou um diretor de arte em filmes enormemente bem-sucedidos, trabalhando com Ridley Scott e conquistando um prêmio da BAFTA e uma indicação ao Oscar pelo seu trabalho no filme *Gladiador*.

O lançamento de *Dark Side* foi agendado para março de 1973 e ficamos muitos satisfeitos com o encarte. Além de outros cartazes e adesivos, a imagem principal era perfeita. Storm nos mostrou uma série de ideias e na primeira vez em que vimos o desenho do prisma, todos soubemos que era a escolha certa. Entretanto, não comparecemos ao lançamento para a imprensa no Planetário de Londres. Não estávamos contentes com o fato de a gravadora usar um sistema de som que não considerávamos bom o suficiente. Depois de todo o trabalho que pusemos em *Dark Side,* não queríamos que ele fosse tocado para a imprensa em um PA de qualidade inferior. A controvérsia toda provavelmente girava em torno de questões de dinheiro e nos recusamos a ceder e perdemos a diversão. Não éramos os prediletos dos jornalistas musicais, uma vez que nenhum de nós trabalhou duro o suficiente para cultivar qualquer tipo de relação com eles.

Então tenho que confiar na matéria de Roy Hollingworth sobre o lançamento para o *Melody Maker*. Depois do coquetel às oito horas da noite, os jornalistas foram conduzidos ao Planetário: "... foi como ficar dentro de um ovo de concreto. O ovo cheio, as luzes apagaram. Gargalhadas de um lado. Uma explosão era a deixa do início. E então começou... Uma pancada grave e a contínua batida do coração preencheu a escuridão, ganhando em volume e intensidade até atingir totalmente o seu corpo".

Até então muito bem. Mas após quinze minutos a plateia parecia estar perdendo o interesse. "Algumas pessoas começaram a tagarelar e a acender cigarros. E então, as pessoas acharam mais divertido em fazer graça, a silhueta de um pequeno coelho apareceu em uma parede. Isso foi feito segurando-se um isqueiro e fazendo truques com os dedos. Logo depois, vi um cisne em um errático voo e um par de pombos. Então algum companheiro de viagem resolveu participar do inesperado show de lanterna mágica fazendo enorme retrato de uma cena infame". Nossa decisão de não comparecer pode ter sido mais sábia do que pensávamos.

O álbum vendeu rápido. Ganhamos um disco de ouro em abril no Reino Unido e nos EUA. Tudo aconteceu de forma veloz. Em maio daquele ano, apresentamos um show completo de *Dark Side* em Earls Court. Todos os elementos estavam presentes, pois apresentamos o show em sua versão mais desenvolvida. A música havia sido ensaiada o suficiente, mas era nova o bastante e soava revigorante. A iluminação, graças a Arthur, era espetacular. Havia efeitos adicionais incluindo um avião iluminador de quatro metros e meio de comprimento que voava pendurado em um cabo acima da plateia e se chocava contra o palco em uma bola de fogo sincronizada com a explosão de "On The Run". Filmes acompanharam a música incluindo a animação para "Time" de Ian Eames e a filmagem de surfe *Crystal Voyager* que havíamos visto pela primeira vez na Austrália em 1970. Infelizmente, nenhum desses shows foi filmado ou gravado.

Cada um tem sua própria opinião sobre o porquê *The Dark Side Of The Moon* vendeu – e ainda vende – tão espetacularmente bem. Mesmo para alguém tão intimamente envolvido com o álbum, as estatísticas surpreendem ao serem lidas. Por exemplo, as vendas totais passaram os 35 milhões de cópias e foi calculado que uma em cada quatro residências na Inglaterra possui o álbum em pelo menos um tipo de mídia. Desde o tempo da composição de *Dark Side,* ele esteve na lista de álbuns mais vendidos nos EUA desde 1973.

Minha visão é de que não há uma razão única, mas uma série de fatores trabalhando juntos em um efeito multiplicador. A razão principal - que é verdadeira em qualquer grande álbum - é a força das composições. *Dark Side* contém força e canções poderosas. A ideia geral que conecta as canções - as pressões da vida moderna - encontraram uma resposta universal e continuam a capturar a imaginação das pessoas. As letras possuem profundidade e um fácil apelo, como também são claras e simples o suficiente, facilitando o entendimento daqueles que não têm o inglês como idioma nato, o que deve ter sido um fator para o seu sucesso internacional. A qualidade musical encabeçada pela voz e guitarra de David e os teclados de Rick estabeleceram a sonoridade fundamental do Pink Floyd. Estávamos confortáveis com as canções, que tiveram tempo para amadurecer e crescer, e evoluíram através das performances ao vivo - mais tarde tivemos que parar de mostrar o trabalho não lançado ao vivo na medida em que a qualidade do equipamento de gravação que estava sendo levado aos shows chegou ao nível de qualidade de estúdio.

As cantoras adicionais e o sax de Dick Parry deram ao álbum um brilho comercial extra. Além disso, a qualidade sonora do álbum estava no estado da arte - cortesia das habilidades de Alan Parsons e Chris Thomas. Isso é especialmente importante, porque à época em que o álbum foi lançado, o equipamento estéreo de alta qualidade havia recentemente se tornado um item de consumo de luxo, um essencial acessório da moda para o lar dos anos 1970. Por isso, os compradores da gravação sabiam especialmente dos efeitos do estéreo e podiam apreciar qualquer álbum que explorasse a gama de possibilidades. *Dark Side* teve a sorte de se tornar a gravação-teste definitiva que as pessoas poderiam usar para mostrar a qualidade do seus sistemas de alta fidelidade.

O encarte do álbum projetado por Storm e Po na Hipgnosis era limpo, simples e imediatamente impactante, com a memorável e icônica forma do prisma. As Pirâmides de Gizé fotografadas para o encarte de *Dark Side*, segundo Storm, são uma versão cósmica do prisma da capa. Ele acreditava que as fotos deveriam ser verdadeiras ao invés de montagens, então seguiu para a cidade do Cairo com sua esposa Liby, seu bebê Bill e Po, seu sócio na Hipgnosis. Chegou a noite e todos os outros, com a exceção de Storm, foram derrubados pela comida egípcia. Storm teve que seguir sozinho no silêncio da noite, pois captar uma lua cheia na foto era exigência. Ele estava em uma área restrita quando um pelotão de soldados armados com metralhadoras veio em sua direção o que o assustou com a possibilidade de um encarceramento no estilo *Expresso da Meia-Noite*. Um pequeno repasse de valores possibilitou calma a Storm e lhe permitiu finalizar as fotos sem danos corporais. As gravadoras que trabalharam o álbum (especialmente a Capitol nos EUA sob as instruções de Bhaskar Menon) jogaram cada grama da musculatura de peso pesado que dispunham para promover o disco. Uma gravadora completamente comprometida é uma assustadora e poderosa máquina e sem dúvida os seus esforços contribuíram para o sucesso do álbum.

E finalmente, mas possivelmente não menos importante, um crítico musical comentou que era um ótimo álbum para fazer amor; e alguns *sex clubs* na Holanda e na Suécia, assim me contaram, usaram-no para acompanhar suas próprias performances.

Acho que todos sabíamos que *The Dark Side Of The Moon* era um ótimo disco quando o finalizamos – definitivamente muito melhor como uma peça completa do que qualquer coisa que havíamos feito antes, mas eu com certeza não possuía qualquer suspeita do seu potencial comercial, e foi uma surpresa para todos quando ele simplesmente decolou.

Quando Liny e eu decidimos nos mudar de casa de Camdem para Highgate, visitei o meu gerente de banco para requisitar um empréstimo. Ele me perguntou o que eu poderia oferecer como garantia. Eu disse, “Bem, tenho o disco mais vendido nos Estados Unidos”. Ele não se impressionou, e disse que estava procurando por algo um pouco mais concreto...

TRABALHO DURO 7

DEPOIS DO sucesso de *The Dark Side Of The Moon*, fomos trazidos de volta à Terra quando tivemos que começar a batalhar mais uma vez num novo álbum. Nessa ocasião, *Dark Side* na verdade adicionou um fardo, porque estávamos preocupados em evitar qualquer acusação de fazer dinheiro em cima do álbum por simplesmente replicá-lo. Claramente pensávamos que, como um álbum havia sido lançado, deveríamos voltar para o estúdio e começar o próximo, mesmo que naquele ponto não estivéssemos obrigados por alguma exigência contratual para produzir um ou dois álbuns em um ano. Na verdade, estávamos desobrigados de entregar qualquer coisa dentro de qualquer período específico. Não me lembro de qualquer grande pressão da EMI para que fizéssemos o *Dark Side II: The Lunatic Returns*, mas talvez devêssemos isso à capacidade gerencial de Steve O'Rourke em desviar de qualquer pedrada ou míssil mandados pela gravadora.

Voltamos ao Abbey Road no outono de 1973 na sequência de uma turnê nos Estados Unidos em junho e uma bem-vinda pausa durante o verão. Lindy e eu havíamos nos hospedado em uma casa perto de Vence nos Alpes Marítimos, não longe de L'Ousteroun onde Roger mais tarde se hospedaria durante a gravação de *The Wall*, e perto de onde Bill Wyman possuía uma casa. Era um lugar muito tranquilo que nos deu chance de relaxar completamente com a família.

Em Abbey Road, começamos a trabalhar encarando uma folha em branco: não havia fragmentos de canções ou material não usado das sobras de *Dark Side*. As sessões começaram bem. Nossas suspeitas iriam ser confirmadas imediatamente.

Debates preliminares lançaram a ideia de um disco criado inteiramente de sons não produzidos por instrumentos musicais. Isso parecia adequadamente radical, então começamos um projeto chamado "Household Objects". A noção geral parece absurdamente laboriosa hoje em dia, quando qualquer som pode ser reproduzido e então colocado em qualquer teclado, permitindo ao músico tocar qualquer coisa: de latidos de cachorro a explosões nucleares. Em 1973, levamos dois meses para montar – devagar e laboriosamente – o que hoje provavelmente pode ser feito em uma tarde. Entretanto, a extensão do tempo envolvido não era um problema para nós. Na verdade era uma bênção. Descobrimos que esse projeto era uma forma brilhante de postergar a obrigação de criar qualquer coisa concreta no futuro próximo, uma vez que poderíamos nos ocupar com a mecânica dos sons ao invés da criação da música.

Quase todas as coisas que já gravamos em um estúdio foram pirateadas por alguém e consequentemente lançadas extraoficialmente. Entretanto, não existem tais gravações de "Household Objects" pela simples razão de que nunca conseguimos produzir qualquer tipo de música. Todo o tempo dedicado ao projeto foi gasto na exploração de sons não musicais e o máximo que alcançamos foi um pequeno número de tentativas de faixas rítmicas.

Exploramos os sons domésticos em vários modos: criamos sons percussivos com serras de madeira, a batida de martelos de tamanhos diferentes ou com machados atacando troncos de árvores. Para as notas graves, fixamos e tocamos tiras de borracha, e então tocamos os sons resultantes em fitas rodando a baixa velocidade.

Como em uma área de recreação adulta, começamos a quebrar lâmpadas e arremessar taças de vinho, também lidamos com várias formas de manipulação da água incluindo o ato de chacoalhar bacias do líquido antes de despejá-lo em baldes. Desenrolamos rolos de fita adesiva, pulverizamos aerossóis, tocamos cortadores de ovos e tampamos garrafas de vinho. Chris Adamson se lembra de ter sido mandado a uma loja de ferramentas para encontrar vassouras de diversos tipos de cerdas e solicitado a trazer um determinado tipo de elástico usado para dar a ignição na hélice de um aeromodelo. Após algumas semanas, o progresso musical foi insignificante. Não poderíamos manter a farsa por mais tempo e todo o projeto foi gentilmente engavetado.

O *momentum* do grupo era quase inexistente. Os passados dias de envolvimento total começaram a se dissipar. Alguns de nós haviam formado família e estávamos experimentando as responsabilidades e distrações que os filhos trazem consigo. No meu caso, minha filha Chloe estava com dois anos de idade, enquanto Rick tinha duas crianças, Gala e Jamie. Na família estendida do Pink Floyd, Steve O'Rourke tinha duas filhas, Katy e Shena. Peter Watts tinha duas crianças, Naomi e Ben. Roger ainda não tinha filhos, mas de maneira interessante, foi um dos primeiros a se preocupar com o fato de não passarmos muito tempo longe de casa. Três semanas nos Estados Unidos pareciam o suficiente. O cronograma e o estilo da turnê eram fatores complicadores para a vida em família na estrada. Um carro alugado no aeroporto ainda era suficiente para a banda e os empresários se deslocarem do hotel ao concerto; uma pessoa a mais já seria suficiente para quebrar essa apertada unidade, e era necessário um segundo carro alugado, dobrando os custos de transporte.

Fora da estrada, estávamos cada vez mais conscientes de que a vida existia fora da banda. Todos estávamos trabalhando com outros músicos tanto como intérpretes quanto produtores. Dentre a montanha de fitas demo mandadas até nós, David havia recebido uma, proveniente de uma estudante, de quem as composições e a voz se destacaram acima do resto. Ele encorajou a carreira dela durante um período de tempo e foi recompensado quando a viu alcançar grande sucesso com o seu primeiro *single* chamado "Wuthering Heights" e primeiro álbum *The Kick Inside*: ela era Kate Bush.

Colaborei em um álbum de Robert Wyatt do Soft Machine. Nossa longa amizade com o Soft Machine datava dos antigos dias do *underground* em Roundhouse e no UFO, bem como da turnê nos EUA no final da década de 1960, de quando me lembro do vocalista deles, Kevin Ayers, em um quarto de hotel no bairro Chelsea, em Nova Iorque, pendurado de cabeça para baixo na borda da cama como parte do processo de digestão de uma certa dieta macrobiótica que ele estava seguindo.

Em maio de 1973, recebi um cartão-postal de Robert sugerindo que eu gostaria de produzir o seu álbum solo. No dia em que o cartão chegou, ouvi que ele havia caído de uma janela e estava paralisado abaixo da cintura. Um concerto beneficente para Robert foi organizado em novembro daquele ano no Rainbow Theatre: o Soft Machine abriu o evento e na sequência tocamos uma versão encurtada dos shows em Earls Court, incluindo o avião descendo sobre o público... mas isso não era o testemunho de uma carreira aos pedaços.

Após seis meses do seu acidente, Robert estava pronto para trabalhar novamente – embora não estivesse apto a usar todas as peças da bateria, ele ainda podia fazer os vocais, teclados e a percussão. A gravação do seu álbum solo, *Rock Bottom*, aconteceu durante o inverno de 1973 no The Manor, uma casa estúdio da gravadora Virgin perto de Oxford, projetada especificamente para o rock, que fornecia acomodação, uma atmosfera relaxada e total liberdade para gravar longe das restrições das sessões agendadas. Bootleg, um grande e imóvel dogue alemão, também estava presente. A exposição ao fluxo fértil de ideias de Robert foi a experiência musical mais gratificante que aproveitei fora da banda.

Essa experiência também me permitiu voltar ao *Top Of The Pops* – para uma lavagem, corte e secagem de cabelo – pois produzimos um *single* assim como o álbum e, ligeiramente para a nossa surpresa, eles entraram nas paradas. A canção em questão é uma versão inconvencional de "I'm A Believer" do The Monkees, que tinham um fabuloso e vanguardista solo de violino de Fred Frith do conjunto Henry Cow. Nossa aparição no programa foi um pouco azedada pela relutância da BBC em mostrar Robert na sua cadeira de rodas, mas o diretor finalmente foi convencido a ceder e todos tivemos um *good time*. Dado que nem todos os músicos originais puderam comparecer, e é claro, fizemos uma dublagem, tivemos que trazer alguma ajuda extra. O apoio incluía Andy Summers na guitarra, que ainda era um desconhecido, pois o The Police ainda não havia sido inventado.

O Pink Floyd continuou a gastar a maior parte do resto de 1974 atrasando o maldito momento de gravar um disco. Do mesmo modo que lançamos *Relics* quando *Meddle* ainda estava por emergir, mais uma vez sucumbimos aos agrados da gravadora e lançamos um álbum de compilações. *Piper At The Gates Of Dawn* e *Saucerful Of Secrets* foram unidos em um álbum duplo intitulado *A Nice Pair*, com uma capa que continha uma seleção de piadas visuais e trocadilhos (a ideia de Storm de fotografar um óculos desfocado permanece uma favorita pessoal).

Também embarcamos em uma curta viagem à França no verão de 1974, uma turnê que conteve um elemento de penitência por um antigo episódio de ganância. Dois anos antes, havíamos feito uma campanha de publicidade para a companhia francesa de refrigerantes Gini. A foto da campanha foi tirada no Marrocos para uso exclusivo na França e pensamos que a experiência havia sido convenientemente esquecida – fora a ocasional ponta de culpa por nos deixar levar por um dinheiro fácil. Nessa época, fazer turnês, para a maioria das bandas, ainda era o principal modo de promover o aumento nas vendas dos álbuns, com a possibilidade de conseguir alguma renda de lugares maiores. A promoção usualmente limitava-se ao orçamento do *promoter* para colar cartazes nas ruas e fazer algumas chamadas de rádio sobre a banda.

Entretanto, havíamos esquecido da inserção de uma cláusula contratual com a Gini que garantia que, ao invés de sermos deixados com os nossos discretos materiais de promoção, nessa ocasião teríamos que ser acompanhados por um circo de ações de publicidade adicional da Gini, consistindo principalmente numa visão publicitária da agência de "lançadores de tendência"; para isso leia-se modelos femininas e motociclistas no estilo do filme *Sem Destino*. Como um azarado gato com uma lata amarrada à sua cauda, fomos seguidos em todos os lugares que estivemos na França por um assustador grasnado de pessoas descoladas usando óculos escuros e jaquetas de couro que ostentavam gigantes emblemas do refrigerante sabor limão da Gini. Steve gastou um longo tempo negociando a exata distância que poderíamos mantê-los afastados de nós, mas mesmo assim a nossa duramente conquistada credibilidade com os nossos fãs da França foi deixada em farrapos quando porventura vínhamos até a cidade.

O sentimento geral foi de que a nossa equipe levou a maior parte da diversão. Não tiveram escrúpulos em aproveitar a presença dos nossos acompanhantes da viagem, e na verdade ficou profundamente agradecida por lhe ter dado acesso ao grupo de modelos que nos acompanhou durante a turnê com quem foi possível se aliviar da maçante rotina da vida de um *roadie*.

Roger e eu tentamos apagar essa memória durante setembro e outubro quando trabalhamos em um conjunto de filmes de uma turnê na Inglaterra que estávamos prestes a começar no outono. Nos shows anteriores de *Dark Side*, havíamos usado clipes do documentário de surfe *Crystal Voyager* e a animação de Ian Eames para "Time", mas agora queríamos uma sequência completa de filmes para ser projetada durante todo o show. Esses filmes eram uma mistura de imagens de acervo e sequências especialmente filmadas para acompanhar as canções e ficaram prontos para o início de uma grande turnê na Inglaterra – a primeira em dois anos – que começou no Usher Hall e, Edimburgh no início de novembro.

Phil Taylor, que havia trabalhado com várias outras bandas, veio conosco para trabalhar na turnê de 1974, e agora ele a descreve como "caótica". Ele chegou durante os ensaios para a turnê que estavam sendo realizados nos Unit Studios em King Cross – próximo ao bar Wimpey – onde estávamos trabalhando em algumas canções novas incluindo "Shine On" e "Raving And Drooling". A definição de "estúdio para ensaios" trata-se de uma grande sala com nada dentro, no qual era possível fazer muito barulho.

Esse foi um período sombrio para a banda – embora as plateias esperançosamente não soubessem disso. As condições climáticas não ajudaram: chuvas de inverno e nuvens carregadas nos acompanharam de Edimburgo a Cardiff. Embora, pela primeira vez, tivéssemos o orçamento suficiente para desenvolver o nosso show no palco da maneira que queríamos, havia uma grande parcela de insatisfação com o que estávamos fazendo, ou talvez como estávamos indo com aquilo. Agora havíamos percebido que o que pensamos ser uma boa ideia – nunca fazer turnês com mais de um mês de duração – tinha uma desvantagem. Em uma turnê de três semanas, a primeira semana era na verdade um ensaio móvel; durante a segunda semana as performances começavam a ganhar um pouco de coesão; e na semana final estávamos pensando menos na música e mais em ir para a casa.

Nossa insatisfação foi exacerbada por problemas pessoais. Peter Watts havia nos deixado após sete anos como chefe da equipe técnica. Ele havia se tornado cada vez mais – e então totalmente – instável. Entretanto, uma vez que os quatro membros da banda não estavam completamente sintonizados uns com os outros, e não possuíamos uma cadeia de comando definida, a nossa capacidade de lidar com a situação foi inepta. Peter foi demitido – pelo menos uma vez – por um membro da banda pela manhã, apenas para outro de nós reintegrá-lo na tarde do mesmo dia. O que não percebi por algum tempo foi que Peter havia desenvolvido um intenso hábito de se drogar. Eu com certeza tinha uma visão ingênua dos apetites da equipe técnica. Muitos anos mais tarde, descobri que um dos membros da equipe havia inicialmente se juntado a nós não pela sua devoção à música, mas para pagar uma dívida de drogas que ele tinha com outro membro da equipe.

Quando a situação com Peter se tornou insustentável, tentamos ser mais compreensivos do que havíamos sido com Syd e arranjamos para que Peter passasse por um tratamento em uma clínica, a qual, embora tivesse alguma qualidade, fez pouco para resolver o problema principal – tristemente, Peter morreu de overdose em 1976.

Quando Peter saiu, o diretor de iluminação Arthur Max foi promovido a chefe da equipe técnica, mas o seu temperamento altamente nervoso e seu ego que fizeram de Arthur um talentoso projetista de iluminação faziam com que fosse impossível para ele ser um líder de equipe. Entretanto, não havia um candidato alternativo óbvio no restante da equipe que era formada por um disforme grupo de técnicos e carregadores de equipamento. A personalidade de Arthur trazia uma quota extra à impressão geral de tensão e caos. Phil Taylor enfrentou Arthur Max na sua melhor forma. Arthur era o responsável por todos os aspectos técnicos incluindo o som, do qual ele sabia pouco a respeito. Phil perguntou a Arthur: "O que eu devo fazer?", de modo que Arthur respondeu aos gritos: "Não me pergunte o que fazer, apenas faça!". Em uma ocasião, Arthur queria filmar o show e para tanto ele inundou o palco com luz branca brilhante, o que erradicou duramente qualquer efeito de iluminação do show.

Também contratamos por um breve período um engenheiro de estúdio que não tinha qualquer experiência no ambiente de um show ao vivo, e que o emprego acabou sendo mais difícil devido a uma série de fatores, alguns técnicos, outros de sua responsabilidade. Os salões em que estávamos tocando agora, após o sucesso de *Dark Side*, estavam um passo à frente do circuito universitário e frequentemente eram grandes salões cívicos com uma acústica difícil e não havia lugares convenientes para posicionar a mesa de mixagem. A complexa mesa de mixagem Bereza que havíamos encomendado (construída com as especificações necessárias para as nossas performances) chegou atrasada, tinha sérios problemas de adaptação, e era um tipo de mesa com o qual aquele determinado engenheiro nunca havia trabalhado antes.

Ele também cometeu o erro de estabelecer um brando relacionamento com o resto da equipe: uma noite, levantaram uma armação de fogos de artifício sob a nova e milagrosa mesa de mixagem. Quando o azarado engenheiro ligou a mesa, os explosivos tiveram uma ignição, deixando-o fortemente atordoado. Com a explosão, o equipamento novo em folha ficou aos pedaços... Agora marcado como a vítima natural, seus dias na estrada estavam contados. Após três shows, fomos obrigados a substituir aquele azarado engenheiro por Brian Humphries, o engenheiro que havíamos encontrado pela primeira vez nos Pye Studios quando estávamos gravando a trilha para o filme *More*, de Barbet Schroeder. Brian estava gravando o show para uma transmissão no rádio e quando ele finalizou seu trabalho, o arrancamos da van da BBC e o colocamos atrás da mesa. Ele já conhecia a banda e a equipe. Com a sua experiência em estúdio, e na estrada com a banda Traffic, finalmente nos deu a confiança de que a qualidade sonora seria aceitável. Entretanto, em uma demonstração inovadora de precaução, solicitamos a Chris Thomas para acompanhar Brian e avaliá-lo. Brian mostrou que poderia suportar a pressão, ou não notou que Chris estava ao seu lado.

No trabalho de banda, também estávamos demonstrando uma falta de comprometimento com o esforço necessário a ser empregado. Parecíamos estar mais interessados em procurar quadras de *squash*, por exemplo, do que melhorar as músicas apresentadas. Em decorrência disso, nossos shows ficaram uma altamente errática mistura de boas e ruins (e às vezes feias) performances técnicas e musicais. A exceção nesse estado das coisas foi providenciada pelas duas cantoras de apoio, Carlena Williams e Venetta Fields, que todas as vezes se apresentaram de forma maravilhosa, com visual lindo e iam dormir sempre que a banda começava a discutir ou a se indispor.

Depois da forma cristalina e perfeita com que as performances no Earls Court aconteceram em maio de 1973, os problemas por que passamos na turnê apenas aumentaram nossa frustração e ficou a sensação de que estávamos todos indo em direções diferentes. Inevitavelmente, fomos castigados por segmentos da imprensa musical, e mais notadamente esmagados por Nick Kent do jornal *New Musical Express*, que, sendo também um devoto fervoroso de Syd Barrett, não se conteve nos seus ataques. O problema era que reconhecíamos que algumas críticas eram válidas, e na verdade os comentários podem ter influenciado para nos reagruparmos novamente.

Acho que pode ser verdade o fato de naquela época estarmos prestes ao fim da banda. Steve O'Rourke sempre afirmou que cada membro da banda veio a ele separadamente em algum ponto para falar sobre a irritação contida, chegando mesmo a ameaçar sair da grupo. Roger certamente podia ver meios de alcançar seus objetivos e David estava considerando alternativas. Mesmo Rick, que era mais conhecido por sua grande parcimônia, parecia não ter mais forças... Acho que esperaria, tomaria várias xícaras de chá e libertaria a máquina de escrever na minha saída.

Finalmente, conseguimos restabelecer um senso de ordem. Briam Humphries foi efetivado como o operador de som ao vivo durante os shows no Empire Pool em Wembley nos meados de novembro. Andy Bereza trouxe para trabalhar a nova maravilha de mesa que ele havia inventado. Arthur Max foi realocado em seu *habitat* natural atrás da mesa de iluminação e a equipe de PA com Robbie Williams e Mick Kluczynski foi promovida a gerente de turnê. Enquanto isso, a banda discutiu o suficiente para tomar algumas decisões positivas e começamos a enfrentar o problema das nossas performances abaixo da média. Entretanto, todos agradecemos quando o Natal chegou e a turnê se encerrou em Bristol. Como um coda, muito imperiosamente cheguei ao hotel em mais uma barganha de segunda mão – desta vez uma Ferrari 265 GTB4. Passei a maior parte da manhã seguinte trocando as velas de ignição para conseguir dar a partida na Ferrari, seguindo para outra jornada infernal, com lembranças da Bentley, pois os freios não faziam mais do que oferecer uma suave retardação mesmo quando pressionados forte o bastante para causar cãibras nas pernas.

Voltamos ao trabalho de estúdio em janeiro de 1975. Foi muito longe de ser fácil. O maior isolamento de uma gravação multipistas criou uma mudança acentuada na atmosfera na medida em que todo o processo ficava mais solitário e exigente. Do meu ponto de vista, as partes da bateria se tornaram mais estruturadas e tinham que ser aprendidas mais cuidadosamente. Nos dias anteriores, eu podia ficar mais perto dos arranjos que foram desenvolvidos para os shows. A separação de cada peça da bateria em uma trilha diferente significava que demoraria ainda mais para se conseguir um bom resultado. Isso era parte de uma parcela de melhoramentos gerais na tecnologia de estúdio, mas não ajudava nem um pouco para contribuir na sensação de que éramos uma banda tocando junto.

Após o seu trabalho na turnê, trouxemos Brian Humphries como engenheiro. Era ainda muito incomum para qualquer um trazer um engenheiro fora da EMI para Abbey Road e Brian encarou alguns problemas de adaptação enquanto ele se ambientava com os equipamentos disponíveis; em um episódio, ele acidental e irreversivelmente preencheu uma trilha com eco, uma determinada parte que Roger e eu passamos muitas horas aperfeiçoando.

Havia algumas pequenas diferenças entre nós, nenhuma das quais eram importantes por si só, mas suficientes para fazer a vida no estúdio muito menos construtiva do que havia sido até então. A pontualidade se tornou um problema. Se dois de nós chegávamos na hora e os outros dois atrasados, éramos capazes de explodir em um ataque de fúria. No dia seguinte, os papéis podiam ser facilmente trocados. Nenhum de nós estava livre da culpa.

O sucesso do álbum anterior também havia trazido o seu lado escuro. Todos estávamos mais conscientes da contribuição individual de cada membro da banda, e sobre o crédito (e a divisão das rendas) distribuído. Havia mais dinheiro envolvido agora. Nossos licenciamentos haviam sido reorganizados sob a liderança de Peter Barnes com a abertura da empresa Pink Floyd Music Publishing em 1973. À época, era muito incomum uma banda ter a propriedade de sua própria empresa de licenciamento – mesmo os Beatles apenas eram donos de parte da Northern Songs. Também era raro uma banda recolher sem intermediários os repasses de representantes de fora da Inglaterra. Essa decisão se justificou depois que descobrimos que a EMI havia se esquecido de receber uma soma de seis dígitos em rendas de além-mar nos últimos três anos.

Os *royalties* pelas vendas de *The Dark Side Of The Moon* estavam começando a fluir, embora fosse um processo gradual. Lindy e eu melhoramos nossa casa, nos mudando de Camdem para Highgate, mas o fato de termos ainda poucos bens materiais foi provado pelo fato de que conseguimos nos mudar com a ajuda de uma van de transporte da equipe técnica – não foi preciso uma frota de camionetes. Na medida em que nós quatro adquirimos propriedades maiores, pudemos ter contato com as habilidades de um grupo de projetistas, carpinteiros e artesãos que não apenas trabalharam nos melhoramentos das nossas casas, mas também acabaram envolvidos com o trabalho dos nossos shows. E finalmente também pude me dedicar à minha paixão por carros esportivos e comecei um negócio de restauração de veículos com o especialista Derrick Edwards, da Aston Martin.

A despeito dos problemas, agora já possuíamos as partes iniciais de uma peça, "Shine On You Crazy Diamond", concebida em um ensaio em 1974 e desenvolvida nos ensaios e nos shows daquele ano. Roger adicionou letras ao comovente e melancólico tema de David e a canção teve um papel principal no turnê de outono no Reino Unido, abrindo a primeira metade do show junto com duas outras canções de Roger, "Raving And Drooling" e "Gotta Be Crazy", as quais ele decidiu não trabalhar, mas guardar para que amadurecessem – Roger já tinha vindo com a ideia geral do álbum que seria "absência" e era claro que aquelas duas canções não tinham lugar no conceito.

A introdução de "Shine On You Crazy Diamond", a faixa de abertura do novo álbum, continha a única sobra remanescente das sessões de "Household Objects"; usamos um antigo truque de festa que consiste em preencher taças de vinho com vários níveis de água e então passar os dedos nas bordas para criar uma nota musical. Essas notas foram então gravadas em uma fita de dezesseis trilhas e mixadas em grupos de acordes de uma maneira que cada controle de volume fornecia um determinado acorde. Na verdade, embora não tenhamos usado, a harmônica de vidro, um instrumento que usa um teclado para controlar discos rotativos de vidro, havia sido inventada para alcançar o mesmo efeito.

Demos uma pausa no trabalho de estúdio dessas novas peças para empreender uma turnê nos Estados Unidos em abril de 1975. Algumas lições haviam sido aprendidas – nosso espetáculo no palco se beneficiou de uma abordagem muito mais profissional. Anteriormente, os nossos efeitos especiais haviam sido uma perigosa mistura de imaginação e rude manipulação das artes pirotécnicas. Durante um show anterior no Cobo Hall em Detroit, uma aplicação exagerada de *flash* em pó quase acabou com as nossas carreiras em uma explosão. Num determinado ponto de "Careful With That Axe", ao invés do estouro e da luz que esperávamos, houve uma explosão de proporções monumentais que estourou os cones de praticamente todos os alto-falantes que possuíamos, deixando o resto do show com o som muito fino. Perigosamente, alguns estilhaços voaram para a frente atingindo pelo menos um membro da plateia que por sorte se recusou a ser hospitalizado e ganhou uma camiseta em troca dos danos. Nosso gerente da equipe técnina Chris Adamson lembra-se de que a explosão mandou os alto-falantes de baixo de Roger para além de dez fileiras de assentos vazios atrás do palco e a nossa equipe técnica passou o dia seguinte refazendo a fiação de todos os gabinetes antes do próximo show.

Em outra ocasião, durante um show em Boston Gardens, fileiras de agentes da divisão contra incêndio foram posicionados em volta do lugar para evitar que usássemos fogos de artifício não autorizados. A hora do show havia chegado sem nenhum dos fogos estar em posição. Na verdade, tudo havia sido escondido em caixas prontas de forma que certos indivíduos membros da equipe, ao abandonar o comportamento fingido, pudessem fazer uma aparição surpresa e acionar uma carga. Os fiscais começaram a perceber essa tática, mas o nosso pessoal estava um passo à frente. Enquanto um *roadie* em plena fuga foi derrubado por um forte fiscal, outra explosão revelou a estratégia de diversão. Graças apenas ao nome irlandês de nosso empresário e algumas conexões em Boston que conseguimos evitar que todos fôssemos presos.

Entretanto, para a turnê americana de 1975, felizmente contratamos os serviços de Derek Meddings, o decano dos efeitos especiais, que foi o responsável por algumas das melhores explosões nos filmes de James Bond. Foi de valor inestimável ter acesso ao conhecimento de Derek. A sua conexão com Bond nos deu muito mais proteção com os agentes da divisão contra incêndio: eles perceberam que sabíamos o que estávamos fazendo. O envolvimento de Derek também demarcou o crescente profissionalismo e a sofisticação da equipe técnica.

Em maio e junho, retornamos aos estúdios para continuar com *Wish You Were Here*. Soubemos que o veterano violinista de jazz Stephane Grappeli e o violinista clássico Yehudi Menuhin estavam gravando no andar de baixo de Abbey Road e alguém se ofereceu para nos apresentá-los. Pareceu uma ideia óbvia de convidá-los para tocar. Pensamos que eles poderiam adicionar algo no faixa título, a qual – sendo essencialmente acústica – parecia o veículo mais adequado. Ambos ficaram lisonjeados com o convite e Stephane aceitou o desafio. Yehudi preferiu ficar escutando o sinuoso violino de jazz de Stephane. Foi apenas um experimento, e ao invés de passarmos qualquer coisa para o gravador de duas pistas para posterior uso, simplesmente gravamos em cima das multipistas para quando nós precisássemos de algo mais, pois decidimos que a adição de um violino não havia funcionado.

Uma aparição mais duradoura foi a de Roy Harper. Roy era uma mistura de poeta e trovador dentro da tradição dos grandes excêntricos ingleses. Ele era parte do rol da Blackhill, de Peter Jenner e Andrew King e um companheiro artista da EMI, e estava gravando seu álbum, *HQ*, em Abbey Road. Estávamos tendo problemas para decidir sobre os vocais de "Have A Cigar". Roger não estava feliz com a sua performance. Rick e eu pensávamos que David deveria cantar a faixa, mas ele também não estava certo de que poderia fazer bem o trabalho. Roy chegou na sala de controle – ocasionalmente, aparecíamos nas sessões uns dos outros – e se voluntariou para cantar a parte. Na época, pareceu uma boa solução, embora eu ache que Roger em particular tenha mais tarde se arrependido em não fazer o vocal, especialmente porque ele cada vez mais achava que deveria cantar as canções de sua autoria.

Foi durante essas sessões em Abbey Road, ao quinto dia do mês de junho, que tivemos uma visita totalmente inesperada. Eu passeava dentro da sala de controle do estúdio e notei um rapaz alto e gordo com a cabeça raspada usando uma decrépita e velha camisa. Ele estava carregando sacolas plásticas de mercado e tinha uma expressão benigna, porém vaga, em seu rosto. Sua aparência normalmente não lhe teria dado acesso além da recepção do estúdio, então pensei que ele deveria ser um amigo de alguns dos engenheiros. Finalmente, David perguntou-me se eu sabia quem ele era. Mesmo assim, não consegui reconhecê-lo, e eles precisaram me contar. Ele era Syd. Mais de vinte anos depois, ainda me lembro daquele turbilhão de confusão na minha mente.

Fiquei horrorizado com a mudança corpórea. Eu ainda tinha a visão da pessoa que havia visto pela última vez havia sete anos, muito mais magro, com cabelo escuro e cacheado, e uma personalidade efervescente. Minha memória guardava menos do Syd perdido que havia deixado a banda em 1968, mas muito mais da personagem que conhecemos quando ele chegou a Londres vindo de Cambridge, o qual tocava a sua distinta Fender Esquire com os seus discos espelhados e tinha um armário cheio de camisas Thea Porter, bem como uma linda namorada loira.

Agora ele parecia um homem que não tinha quaisquer amigos. Sua conversa era desconexa, embora honestamente, não acho que nenhum de nós seja particularmente articulado. Por que ele estava lá, não tenho ideia. Ele não foi convidado e eu não o via desde que ele deixara a banda em 1968, embora em 1970, Roger, Rick e David tenham trabalhado nos seus dois álbuns solo; Roger e David em *The Madcap Laughs* e David e Rick em *Barrett*. Syd ainda estava morando em Londres – ele alugou uma suíte no Hotel Hilton à certa altura – e obviamente ouviu sobre o nosso trabalho em Abbey Road. A sua chegada repentina e inesperada trouxe de volta uma parte da vida da banda. Culpa foi o principal sentimento. Todos tivemos um papel em levar Syd àquele estado, seja através da negação, falta de responsabilidade, insensibilidade ou egoísmo extremo.

Ter encontrado Syd na rua já teria sido desconcertante, mas cruzar com ele sem aviso em um ambiente de estúdio foi particularmente alarmante. O fato de que não era qualquer estúdio, mas o Estúdio 3 em Abbey Road, o lugar do seu melhor trabalho, que uma vez havia sido território tanto quanto de qualquer outro, somou-se ao impacto sofrido. É muito fácil de traçar paralelos sobre Peter Pan voltando para descobrir que a casa ainda estava lá e as pessoas mudaram. Será que Syd esperava nos encontrar como éramos sete anos antes, prontos para começar a trabalhar com ele novamente?

Tentamos continuar a sessão de gravação, reproduzindo nos monitores a peça em que estávamos trabalhando (a lenda diz que era "Shine On You Crazy Diamond" – a faixa mais influenciada pela presença ou ausência de Syd – embora eu não tenha certeza de que realmente era), mas todos ficamos um pouco perturbados com a chegada dele. Syd escutou a faixa e lhe foi solicitado a comentar. Não me lembro dele manifestando qualquer opinião em particular, mas quando foi sugerido que tocássemos a faixa mais uma vez, Syd perguntou qual seria o motivo, pois havíamos acabado de escutá-la...

Phil Taylor estava lá no dia em que Syd nos visitou. Ele se viu na cantina de Abbey Road, sentando em uma mesa com David e Syd.

David perguntou a Syd como ele estava e o que vinha fazendo. "Bem", disse Syd, "tenho uma televisão em cores e uma geladeira. Tenho algumas costelas de porco dentro da geladeira, mas as costelas continuam sumindo, então eu tenho que continuar comprando mais". Logo depois, dirigindo seu carro para longe dos estúdios, Phil enxergou Syd procurando por uma carona, mas ele não tinha certeza de que poderia manter uma conversação e se abaixou enquanto passava por Syd.

Além da estranheza da sua visita naquele estado e naquele ambiente, devemos creditar a sua presença como um catalisador para a peça. As letras já estavam escritas, mas a visita de Syd ressaltou a melancolia delas e talvez tenha influenciado a versão final da canção. Ainda acho que o momento mais comovente de todo o álbum é quando as últimas vão sendo tocadas enquanto o volume abaixa e Rick apresenta uma triste frase em *rubato*, em notas altas, extraídas de "See Emily Play".

Depois do sucesso de *Dark Side*, estávamos aptos a perseguir ideias mais elaboradas com Storm e a Hipgnosis. Storm apresentou quatro ou cinco ideias amarradas aos temas contidos no álbum – incluindo um homem nadando na areia, o mergulho congelado, o homem de negócios em chamas e o véu voando – e ao invés de escolhermos apenas um, decidimos ficar com todos.

Quando a gravação estava completa, direcionamos a atenção para os shows ao vivo. Decidimos trazer um diretor para fazer filmagens mais específicas para as projeções de fundo; contratamos o diretor húngaro Peter Medak, de quem os filmes anteriores incluíam *A Day In The Death Of Joe Egg* e *The Rulling Class*, e ele refilmou "Money" e "On The Run". Usar um diretor profissional de filmes refletia nosso desejo de engatar mais uma marcha acima e usamos a mesma lógica em solicitar a Gerald Scarfe para criar as animações.

Conhecemos Gerry através de seu cunhado Peter Asher, quem conhecíamos desde os anos 1960 quando ele fez parte da dupla Peter and Gordon, a qual teve duas músicas de sucesso nos EUA: "Lady Godiva" e "World Without Love". Peter era sempre útil quando seus conselhos eram pedidos por nós, mesmo quando não os seguíamos; depois de sua carreira artística terminar, ele se tornou um empresário de grande sucesso cuidando de James Taylor e Linda Ronstadt.

Eu havia visto uma peça colorida à mão que Gerald Scarfe havia feito, chamada "Long Drawn-Out Trip", para um programa da BBC e quando estávamos procurando por novas ideias para os filmes, ele imediatamente apareceu em minha cabeça. Como Gerry era um homem civilizado, com claras opiniões sobre política e sobre a vida, com o tipo de humor obscuro que era compatível com o nosso, logo estabelecemos uma frutífera amizade. Ele criou imagens e sequências de filmes dentre as quais uma figura humana era erodida pelo vento e um surreal monstro parecido com um tatu surgia, ambas acompanhando "Welcome To The Machine". Tanto quanto com Derek Meddings, o envolvimento de Gerry provou que o sucesso comercial havia nos dado a oportunidade de trabalhar com as melhores pessoas em suas respectivas áreas.

Durante junho de 1975, voltamos para a América em turnê. Estávamos tentando incorporar mais, e mais complexos, efeitos. Desses, a pirâmide inflável foi talvez o nosso desastre mais espetacular. Roger, desenhando com base na formação arquitetônica que o contribuinte britânico havia financiado, concebeu um palco em forma de pirâmide com um teto inflável que poderia resolver todos os problemas relacionados ao tamanho do palco de que nós precisávamos assim como providenciava proteção de todas as intempéries ao mesmo tempo. Aplaudimos sua visão e achamos que pareceria maravilhoso. A cereja no bolo era que, no clímax do show, a pirâmide ascenderia aos céus graciosamente içada por um forte cabo, deleitando a multidão reunida abaixo. O projeto exigia sustentação nos quatro cantos com mais de 12 metros de altura. A área da base era de cerca de 56 metros quadrados (o tamanho de uma boa casa), a altura total era de 24 metros e demandando um volume de hélio suficiente para um Zeppelin. A menor brisa bastava para toda a estrutura ficar extremamente instável.

O primeiro show foi em Atlanta, onde a força do vento superava nossos parâmetros de segurança, foi suficiente para fazer a coisa toda falhar. Tentamos duramente remediar o problema mandando todo o equipamento para ser consertado e redesenhado durante uma sequência de shows em local fechado, mas aborrecidos por condições climáticas desfavoráveis e as dificuldades de transporte do hélio, e posteriores ventos mais fortes, quando chegamos a Pittsburgh duas semanas mais tarde – como o Capitão Hornblower diante de uma vela-mestre fora de controle – instruímos alguém para cortar as amarras e libertar a pirâmide.

O dispositivo subiu algumas centenas de pés antes de se inverter, deixando o balão no seu ápice emergir como uma lágrima pela base. "Meu Deus, está dando a luz", um norte-americano quimicamente afetado gritou enquanto o balão emergia. Agora, logicamente, a peça tinha sustentação insuficiente – então enquanto a lágrima subia para a estratosfera, o maior cobertor molhado do mundo caiu desgraciosamente no estacionamento para ser cortado aos pedações por alguns arqueólogos escavadores de suvenir. Ao final desse show, pudemos sair da frente do palco, descer ao chão e passear sem qualquer aborrecimento nas proximidades do nosso hotel. Isso trouxe à tona o fato de que a nossa pirâmide era mais reconhecível que nós – justamente da maneira como sempre gostamos.

Uma pequena, mas reveladora, dica de que essas turnês estava ficando cada vez maiores, era o tamanho do desjejum da equipe técnica. Apareci em um dos quartos da equipe enquanto o café da manhã estava sendo servido. O fato de que isso aconteceu depois de um show e às duas horas da manhã foi uma esquisitice, mas foi a escala da refeição que me impressionou. O desjejum era claramente projetado para se evitar comer novamente nas próximas vinte e quatro horas. Bife, ovos, bacon, salsicha, batata assada, *waffles*, *muffins* e panquecas eram acompanhados por uma bandeja de frutas frescas, cereais, rabanada e xaropes. Suco, café e uma seleção de licores finalizavam o banquete.

E o nosso próprio apetite por efeitos de palco era igualmente excessivo e continuou até o Canadá, onde, seguindo o nosso último show na América do Norte, algum superzeloso membro da equipe, encorajado por Alan Frey, nosso agente americano de longa data, decidiu que a maneira mais fácil de se livrar de todo o explosivo excedente era amarrá-lo ao painel luminoso do estádio e dispará-lo. A explosão foi devastadora. O painel ardeu em fumaça e chamas, mostrando uma centena de gols marcados. Não apenas tivemos que pagar por um painel de reposição, mas também uma grande leva de vidros para as casas da vizinhança. Felizmente, nos desculpamos e fomos embora antes dos moradores locais nos acharem.

Então voltamos à Inglaterra, seguindo um cronograma completamente louco, para um show em Knebworth. O tempo era muito curto ou estávamos muito esgotados. Parte do problema foi que os geradores não estavam estabilizados. Durante a tarde, ficou claro que todos os teclados eletrônicos de Rick precisavam ser afinados. Entretanto, acabamos por não considerar a importância disso e assim que a escuridão caiu e as nossas luzes de palco começaram a operar, os teclados de Rick mudavam de afinação em uníssono com o som do PA. Soava terrível. Parecia que toda a vez que o volume *master* era elevado, os teclados de Rick ficavam desafinados. Abaixo do palco, Phil Taylor, Robbie Williams e um técnico do fabricante do gerador, em uma cena que lembrava *Das Boot*, lutavam para girar a manivela do gerador em uma tentativa de controlar o dano. Phil se lembra de que os esforços empregados por eles foram "bravos, mas sem efeito", pois os teclados continuavam com a afinação variando para baixo e para cima.

Rick se desesperou em algum ponto e de uma maneira ou outra cambaleamos pelo show usando apenas um piano, um teclado menos sensível e uma iluminação mais modesta. Ainda que dolorosamente soubéssemos dos problemas técnicos abaixo do palco, conseguimos distrair a plateia com grande impacto, quando – ao invés de usar aeromodelos como havíamos feito nos outros shows – conseguimos coordenar um voo rasante de dois verdadeiros Spitfires acima da plateia ao começar o show.

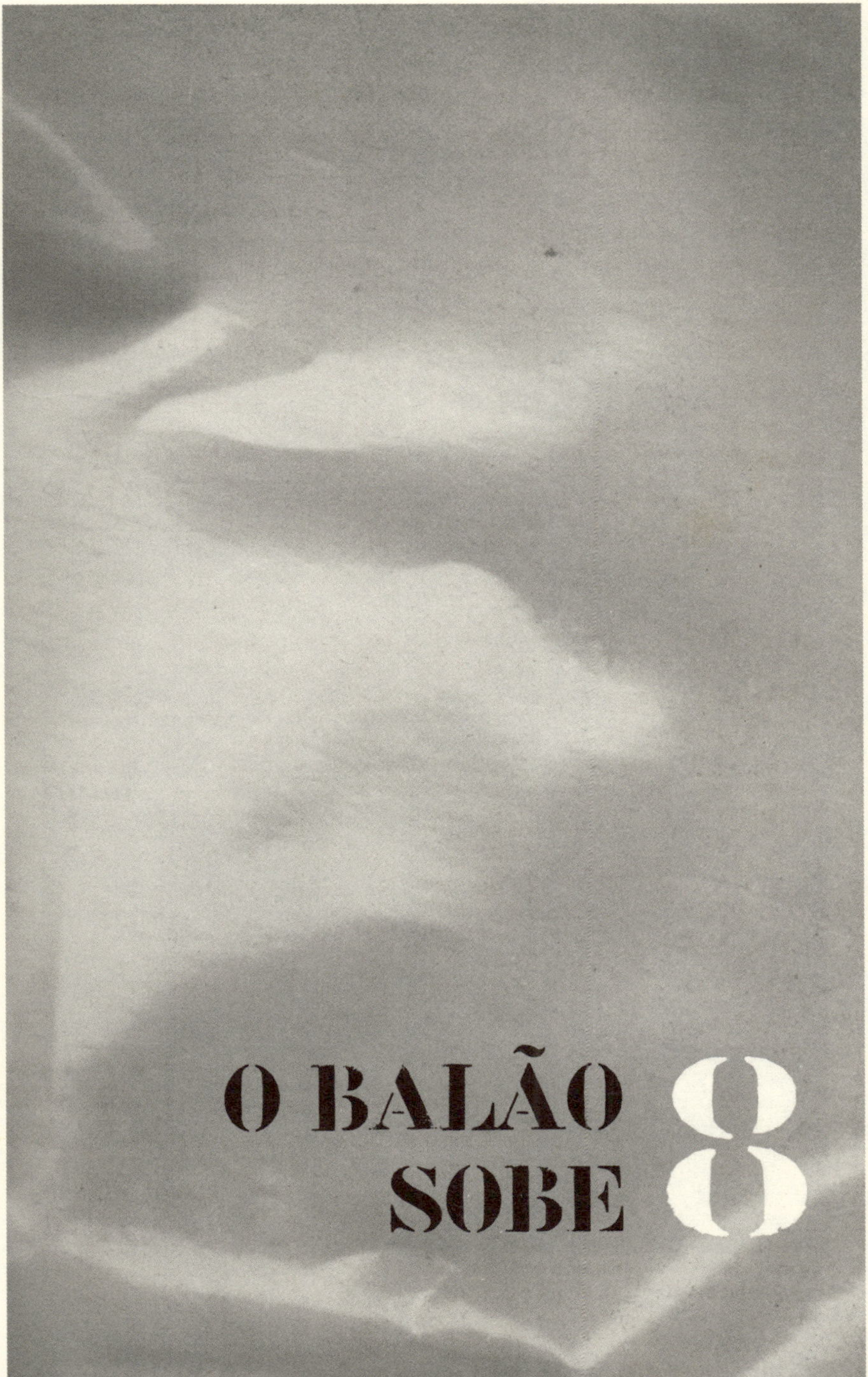
O BALÃO
SOBE
8

TALVEZ INFLUENCIADOS pela imponência grandiosa de Knebworth, nesse período embarcamos na construção de um pequeno império. Compramos um edifício, o número 35 em Britannia Row, perto da Essex Road, em Islington. Britannia Row era um salão de igreja de três andares que convertemos em um estúdio de gravação e depósito para o nosso equipamento de palco que cada vez mais aumentava em quantidade. Não estávamos insatisfeitos com Abbey Road, mas estávamos gastando tanto tempo nos estúdios que parecia que valeria a pena criarmos um ambiente que pudéssemos adequar às nossas necessidades. Além disso, essa foi a época em que as bandas começaram a construir seus próprios estúdios de gravação: Pete Townshend possuía o Eel Pie Studios e os Kinks possuíam os Konk Studios.

Nosso acordo inicial que possuíamos com a EMI – no qual reduzimos nossa porcentagem em troca de ilimitadas horas em estúdio em Abbey Road – havia expirado e sabíamos que começaríamos a ter custos crescentes com estúdio. De alguma forma, nos convencemos que Britannia Row seria um passo na direção de economizar dinheiro. Além disso, talvez sonhássemos com um estúdio comercial de sucesso, a despeito da considerável quantidade de capital investida.

Nessa época, apenas Roger e eu éramos os membros da banda morando em Londres – David ainda estava vivendo ao norte de Londres perto de Royden em Essex, e Rick agora estava em Royston no sul de Cambridge. Logo, a localização de Britannia Row na zona N1 de Londres era razoavelmente conveniente para David e Rick, muito conveniente para mim (eu estava morando em Highgate, a alguns quilômetros à nordeste) e irritantemente conveniente para Roger, de quem a morada em Islington estava ficava apenas a algumas centenas de metros. No entanto, com o fim do seu casamento com Judy, ele logo teve que se mudar para o sudeste de Londres.

Dos três andares do edifício que havíamos comprado, o andar térreo seria destinado para o estúdio. Isso implicava que a principal instalação de depósito teria que ser acima, fato que exigiu a instalação de um sistema de guinchos e esteiras para carregar toneladas de equipamento para cima e para baixo. Havia também uma empilhadeira que se movia perigosamente entre a rua e um alçapão desprotegido. O terceiro andar se tornou um escritório e o lar de uma mesa de bilhar, a qual foi uma das primeiras peças de equipamento carregadas, pois Roger insistiu que precisávamos dela. A mesa de bilhar ajudava Roger durante os momentos maçantes da gravação; e a partir de então mesas assim sempre apareceram em qualquer lugar em que ele fosse gravar. Quando se cansava da atração do feltro verde, Roger então buscava sustentação na bem servida alimentação oferecida pelo caseiro do estúdio – Albert Caulder, o pai de um dos nossos primeiros *roadies*, Bernie – que preparava um magnífico hambúrguer generosamente temperado com alho.

Nosso plano principal para Britannia Row era de nos tornamos reis no mercado de aluguel de equipamentos, assumindo que as outras bandas estariam desesperadas para arrendar nossas coisas. Lamentavelmente, a maioria delas não precisava dos elaboradíssimos *kits* que insistimos em construir para os nossos shows. Logo, a maior parte das torres de iluminação e *mixers* quadrifônicos ficaram à espreita no fundo da despensa até serem, como leais, mas idosos animais de estimação, gentilmente despachados para um mundo melhor. Enquanto o tempo passou, cada um dos outros se retirou da parte comercial do empreendimento tanto no lado do arrendamento quanto no da propriedade do negócio até eu me encontrar como o único acionista remanescente. Felizmente, em 1986, a equipe de gerenciamento de Brian Grant e Robbie Williams assumiu as operações. As últimas notícias que recebi foram de que o negócio estava prosperando e contava com o Pink Floyd entre os seus clientes.

Se a companhia de arrendamento acabou se tornando uma pedra de moinho que amarramos em nosso pescoço, as instalações do estúdio foram muito mais interessantes. Buscamos Jon Corpe, nosso velho amigo da Regent Street Poly, para projetar o estúdio. Os planos de Jon incorporavam um bloco de concreto chamado "lignacite" para a estrutura. O lignacite – um composto de serragem, areia e cimento – é acusticamente muito menos reflexivo que o tijolo comum, e ainda podíamos usá-lo como acabamento para o estúdio em vez da bizarra combinação de pinho, piso esdrúxulo e carpete que era a decoração da moda naqueles tempos.

Nossa intenção era de construir uma concha aplicando todos os conhecimentos para garantir que qualquer imperfeição acústica pudesse ser ajustada com almofadas e materiais macios. Escavamos o piso de forma a nos permitir fazer uma estrutura de blocos completos dentro do vigamento existente na edificação. A estrutura foi descansada em amortecedores isolantes fixados em uma laje de concreto. Isso era necessário para prevenir as inevitáveis notificações sobre ruído vindas dos vizinhos, assim como para bloquear a trepidação causada pelos caminhões e ônibus que passavam pela estrada New North Road que fica próxima ao local. Como a maioria dos estúdios, recebíamos mais reclamações sobre as pessoas cansadas e nervosas deixando as instalações tarde da noite, do que sobre ruído escapando do calabouço cuidadosamente construído.

Também desejávamos projetar um estúdio que poderia ser usado por qualquer um de nós sem a ajuda de um engenheiro especialista ou operador de fita. Isso implicava projetar um sistema simples o suficiente para que os músicos visitantes pudessem localizar os soquetes dos fones de ouvido sem ter que pedir a um assistente para indicar o lugar certo. Isso funcionou surpreendentemente bem. Tudo era claramente classificado em termos leigos: o soquete do fone de ouvido era chamado de "fones de ouvido" ao invés dos indecifráveis códigos que eram a regra nos estúdios comerciais.

Nossa decisão de evitar uma decoração excessiva deu ao lugar um aspecto elegante e austero. Também era a nossa preferência natural – a casa do diretor Pestalozzi que Roger, Jon e eu havíamos projetado quando estudantes de arquitetura era tão medonha que nenhuma pessoa na plenitude de suas faculdades mentais gostaria de morar nela. Roger foi visto dizendo "parece uma maldita prisão" quando ele viu pela primeira vez o resultado final de Britannia Row. "É adequado, eu espero...". Não havia luz natural e após algumas horas o lugar começava a aparentar as sombrias e claustrofóbicas qualidades de um esconderijo nuclear – embora, obviamente, muito mais estressante – particularmente dentro da pequena sala de controle que era extremamente estreita e possuía uma desconfortável disposição dos assentos na parede dos fundos, talvez para desencorajar quaisquer visitantes. Naquela época, o estúdio era a área mais importante da atividade do processo de gravação; mais recentemente, com a possibilidade de plugar instrumentos digitais e *samplers* diretamente na mesa de mixagem, as bandas tendem a passar a maior parte do tempo na sala de controle, deixando os grandes estúdios obsoletos e enormes salas de controle obrigatórias.

O trabalho de construção ocupou a maior parte de 1975 e ao final daquele ano, já pudemos testar nosso equipamento em alguns projetos, por exemplo, trabalhamos com Robert Wyatt em algumas canções de Mike Mantler. Possuíamos uma mesa de mixagem e um gravador de 24 pistas de uma companhia estadunidense chamada MCI a qual, embora não fosse a mais cara disponível no mercado, era de qualidade profissional. Foi nela que gravamos o álbum *Animals* em 1976. Apesar de os estúdios de propriedade de bandas providenciarem uma ótima oportunidade para autoindulgência, Britannia Row representou uma abordagem mais minimalista, ou talvez, mais parcimoniosa.

Brian Humphries era o responsável pela engenharia. Embora Brian houvesse trabalhado em nossos filmes musicais, em nossos shows ao vivo e em *Wish You Were Here*, a opressiva falta de espaço de Britannia Row, combinada com os efeitos da vida em turnê, exerceram um grave impacto nele, na medida em que ele começou a demonstrar sinais de desgaste enquanto o álbum progredia. Isso foi exacerbado pelo fato de que Brian nunca conseguiu perceber plenamente de que, no meio de uma banda notória por suas sensibilidades à esquerda, seria melhor guardar para si algumas opiniões direitistas, principalmente quando Roger estava presente. Por alguma razão, Brian usava um horrível pedaço de espanador para limpar as marcas na mesa de mixagem; o espanador se tornou sua colcha de ninar. Roger mais tarde o emoldurou e o presenteou a Brian após o término das gravações.

Muito do material de *Animals* já existia na forma de canções que Roger havia anteriormente escrito. "Dogs" havia sido tocada ao vivo mesmo antes do álbum *Wish You Were Here* na turnê do outono de 1974 no Reino Unido sob o título de "Gotta Be Crazy", e elementos de "Sheep" haviam aparecido na mesma turnê como "Raving And Drooling". Portanto, a música teve tempo para gestar por mais de um ano e se beneficiou de algum amadurecimento em frente das plateias durante a turnê.

Próximo ao fim das gravações, Roger criou duas peças chamadas "Pigs On The Wing" para abrir e fechar o álbum com a intenção de fornecer uma melhor dinâmica ao aspecto geral do disco e complementar o seu tema animalesco. Um indesejado efeito colateral ocorreu quando se abriu a discussão sobre a partilha dos direitos autorais (que são baseados no número de faixas e não na duração delas) uma vez que Roger ficou com duas faixas adicionais e que a faixa com maior duração "Dogs", escrita por David e Roger, não foi dividida, mas deixada como uma faixa única. Esse era o tipo de assunto que mais tarde se demonstraria contencioso.

Com uma turnê à vista, estávamos discutindo sobre a necessidade de aumentar a banda na estrada através da convocação de um guitarrista de apoio para tocar algumas partes que David havia dobrado no estúdio. Steve convidou um guitarrista chamado Snowy White para se encontrar conosco. Snowy havia tocado com Peter Green, o ex-guitarrista do Fleetwood Mac e também com Cockney Rebel e havia acabado de fazer uma turnê nos EUA com Al Stewart quando recebeu a mensagem de Steve através de Hillary Walker, que havia trabalhado com Kate Bush. Snowy lembra-se de chegar à sala de controle em um momento desafortunado. Enquanto Brian estava dando uma pausa no trabalho, Roger e eu assumimos as tarefas de engenharia, e com sucesso, apagamos um solo de David que fazia pouco havia sido completado. Esse foi um momento perfeito para eu reconhecer a "autoridade" de Roger... Snowy passou por uma rápida entrevista com David ("Você não estaria aqui se não soubesse tocar, certo?" e mais tarde esteve com Roger ("Uma vez que você está aqui, poderia tocar alguma coisa") que deu a ele uma tentativa para solar em "Pigs On The Wing", uma parte que acabou descartada quando a faixa foi dividida em duas na finalização do álbum. Entretanto, Snowy teve a consolação de que a faixa completa – contendo o seu solo – apareceu na edição em cartucho, e portanto pôde ser apreciada por uma seleta minoria que a comprou. Snowy mais tarde apareceu na turnê de *Animals*, abrindo o show todas as noites com a introdução de baixo em "Sheep" e confundindo as primeiras fileiras da plateia enquanto elas tentavam identificar qual dos Fab Floyds era aquele cara, uma vez que não havia informativos ou anúncios para explicar a sua aparição.

Minha memória desse período é de que gostei de fazer esse álbum mais que *Wish You Were Here*. Houve algum retorno ao comprometimento do grupo, possivelmente porque pensávamos que Britannia Row era nossa responsabilidade e então nos dedicamos a fazer do estúdio e do álbum um sucesso. Dado que ele nos pertencia, realmente pudemos passar quanto tempo quiséssemos no estúdio e não havia custos extras relativos a ilimitadas partidas de bilhar.

Comparado com nossos esforços anteriores, *Animals* foi verdadeiramente um álbum conciso. Minha visão é de que ele não foi tão complexo na sua construção quanto *Dark Side*, ou *Wish You Were Here*. Depois de gravar os números, a montagem pareceu relativamente tranquila, mas talvez apenas tivéssemos adquirido mais experiência nisso. Preciso dizer que não tenho fortes memórias das sessões de gravação; por outro lado tenho várias a respeito das instalações e do ambiente de Britannia Row.

Alguns críticos acharam que a música em *Animals* era a mais dura e inacessível que já havíamos feito. Há várias razões para que de fato ela fosse assim. Havia uma atmosfera operária no estúdio. Nunca havíamos convidado um bando de visitantes nas nossas gravações anteriores, mas a falta de espaço em Britannia Row fazia com que só houvesse lugar para os membros da equipe no interior da cabine de pilotagem.

Quaisquer arestas afiadas podem também ter sido fruto de uma inconsciente reação às acusações de "dinossauros do rock" que estavam sendo atiradas em bandas como Led Zeppelin, Emerson, Lake & Palmer e nós mesmos. Todos estávamos cientes da chegada do *punk* – até mesmo alguém que não escutasse música não poderia deixar de notar a explosão dos Sex Pistols nos holofotes da mídia. Mas apenas para garantir que não passássemos despercebidos disso, quando trancados no nosso *bunker* em Britannia Row, Johnny Rotten gentilmente ostentava uma emblemática camiseta com a inscrição "Eu odeio Pink Floyd".

O *punk* é talvez também uma reação à decisão das gravadoras em se concentrar no que achavam ser lucro garantido ao invés de se arriscarem com novos artistas – considerando que em 1960 teriam contratado qualquer coisa de cabelos compridos, até mesmo um pastor alemão. Quase trinta anos mais tarde, o mesmo vale para hoje. Se uma gravadora destina uma enorme quantia de dinheiro para um artista consagrado, é certo que ela irá recuperar o investimento; a gravadora poderia gastar o mesmo montante com uma dúzia de novas bandas e perder o lote todo. Financeiramente é bem aceitável, mas isso não fomenta novos talentos. Uma das mensagens do *punk* era de que era possível gravar discos com um orçamento de trinta libras e algum trocado. Embora pudéssemos simpatizar com os sentimentos, estávamos, entretanto, no lado errado da divisão, segundo o que pensava a geração *punk*. "É claro que você não quer o mundo povoado apenas por dinossauros", eu disse à época, "mas certamente é uma coisa muito boa que alguns deles se mantenham vivos".

Britannia Row acabou se tornando um Palácio de Inverno, mas o movimento *punk* foi o momento em que nos achamos no lado errado da revolução cultural, da mesma forma como estivemos exatamente no lado certo durante os dias do *underground* em 1966 e 1967. O ciclo de dez anos havia acabado. Os descolados e extasiados *hippies* dos anos passados agora eram pais preocupados e estressados que resmungavam sobre a banalidade do programa *Pop Idol* e sobre as letras incompreensíveis do *Top Of The Pops*. Eles talvez, inevitavelmente, haviam se transformado na figura dos seus pais – embora agora, pelo menos, eles dolorosamente soubessem da ironia...

Pouco mais de um ano após o lançamento de *Animals*, recebi uma ligação de Peter Barnes, nosso editor. Ele queria saber se eu gostaria de produzir um álbum para a banda Dammed, em Britannia Row. Não acredito que tenha sido a primeira escolha. Na verdade ele queria Syd, o que teria sido extraordinário, porém era inviável. Gostei da experiência, provavelmente muito mais do que a própria banda. Infelizmente, ela estava passando por doses brutais de diferenças musicais à época, então havia muito ruído nas comunicações sobre o que queria alcançar.

Havia uma curiosa mistura de perspectivas. Rat Scabies e Captain Sensible partilhavam a crença *punk*, mas entre os dois achei Captain mais alarmante. Enquanto Rat colocaria fogo em alguma coisa para se divertir em uma decisão no calor do momento, Captain passaria mais tempo cuidadosamente juntando materiais altamente inflamáveis. Dave Vanian era um vândalo fervoroso, enquanto Brian James parecia ser o mais interessado em levar a banda para novas direções musicais. O Captain não era simpático a essa mudança filosófica. Uma determinada sugestão para uma parte do baixo ser tocada em glissando foi prontamente rejeitada e a ideia de mais de duas tomadas era vista como uma heresia. Terminamos o álbum e o mixamos no mesmo tempo em que o Pink Floyd demoraria para ajustar os microfones.

Nick Griffiths, um ex-engenheiro da BBC, que se juntou a nós nos últimas dias da gravação de *Animals* fez a engenharia dessas sessões. Nick se lembra de que um dos membros da equipe do Dammed decidiu começar a pichar todas as caras paredes de Lignacite. A única solução foi meticulosamente limpar toda a pichação. Até mesmo a banda ficou envergonhada, e embora a cena de Rat Scabies e Captain Sensible usando luvas de borracha fosse improvável, eles certamente deram ordens para que os rabiscos fossem lavados.

Em dezembro de 1976, a gravação e a mixagem de *Animals* foi concluída e começou o trabalho na capa do álbum. A Hipgnosis apresentou três ideias, e apenas nesta vez, nenhuma delas pareceu impactante. Logo a capa emergiu de uma concepção de Roger executada por Storm, baseada sobre a Usina de Força de Battersea, uma singular visão do futuro nas margens do Tâmisa, que estava quase no final de sua vida útil. Inicialmente terminada no começo dos anos 1930, projetada por Sir Giles Gilbert Scott – o projetista da icônica cabine telefônica vermelha da Inglaterra, agora também substituída – a edificação consistia de duas usinas de força conectadas; era a segunda dessas, construída em 1953, que deu ao céu de Londres a visão de suas quatro altas chaminés. Naquela época, Roger estava morando em Broxash Road perto de Clapham Common, e então esteve cruzando Londres com seu carro para chegar aos estúdios em Islington praticamente todos os dias, uma rota que o fez passar em frente das imponentes chaminés da usina de força e deu a ele semente da ideia usada na capa.

Um modelo de um porco inflável foi feito por Andrew Saunders – com o envolvimento de Jeffrey Shaw – e o objeto real foi construído para nós por uma empresa alemã. A Ballon Fabrik aprendeu o seu ofício construindo os primeiros Zepelins, mas em uma boa demonstração de uso pacífico das tecnologias militares, foi construída uma série de infláveis para nós. No início de dezembro, estávamos na usina de força desativada com um gigante balão suíno (o qual era conhecido como "Algie" por alguma razão) – com cerca de 9 metros de comprimento, preenchido com gás hélio e muito truculento – lutando contra suas amarras. Como precaução extra, tínhamos um atirador treinado em prontidão no caso de Algie decidir dar um passeio.

A sessão de fotos foi agendada para o segundo dia de dezembro, mas o tempo foi inclemente; também tivemos problemas com as amarras e então decidimos nos reunir novamente no dia seguinte. Infelizmente, embora o tempo tenha sido melhor naquela manhã, o atirador não chegou e não estava em posição na hora do lançamento. Houve uma súbita rajada de vento, a amarra de aço se partiu e Algie se soltou, subindo aos céus a uma velocidade de seiscentos metros por minuto, muito mais rápido do que o helicóptero da polícia que não conseguiu interceptá-lo. Isso não foi uma acrobacia deliberada e estávamos bem cientes de que, além de perder um equipamento caro, poderíamos causar um grande desastre aéreo. Os advogados foram convocados, planos de emergência foram traçados e bodes expiatórios foram nominados.

Uma das minhas memórias favoritas do incidente foi a reunião envolvendo nosso advogado Bernard Sheridan, na qual Linda Stanbury, nossa assistente pessoal à época, doutrinada pela mentalidade da burocracia e entreouvindo as notícias de que o porco estava indo em direção à Alemanha, resmungou: "Mas ele não tem o visto de entrada..." (A burocracia das turnês era assustadora. Listas sem fim de equipamento, formulários em três vias todas as vezes em que os caminhões eram carregados. A equipe não podia deixar de preencher nenhum campo. Em qualquer passagem por fronteira os agentes da alfândega poderiam decidir, por simples capricho, conferir todo o lote. A coisa mais irritante era que mesmo os agentes das alfândegas pareciam não saber ao certo como os formulários deveriam ser preenchidos. Em uma ocasião, tivemos uma discussão com as autoridades quando agentes da alfândega da Bélgica destacaram a parte errada do formulário, ou carimbaram a seção errada da licença de entrada, e demorou três anos para convencer as autoridades belgas de que não havíamos vendido três carretas no valor do equipamento. O incentivo ao livre trânsito dentro da comunidade europeia levou pelos menos a uma vantagem).

Para a nossa gratidão o porco desceu por sua própria vontade e foi recuperado por um fazendeiro em Kent sem ter causado qualquer dano. Houve uma história de um piloto da aviação comercial que, quando seu avião estava prestes a aterrizar em Heathrow, ao ver o porco errante, ficou com medo de comunicar o controle de tráfego aéreo, pois os controladores de voo poderiam pensar que ele estava bêbado. Infelizmente, acho que esse caso é apócrifo. A triste verdade é que a imagem do porco foi colada na arte final da capa do álbum porque a melhor imagem da usina de força, coberta por uma melancólica formação de nuvens, foi tirada em um dia anterior, enquanto Storm fazia o reconhecimento fotográfico, quando Algie não estava lá.

Uma série de porcos infláveis se tornariam presença garantida nas nossas turnês. Em alguns shows a céu aberto um deles flutuava sobre a plateia antes de ser levado para trás do palco e desaparecer. Mais tarde um idêntico, mas mais barato, primo dele, aparecia no seu lugar e, preenchido com gás hélio e um estômago de propano, explodia em chamas; na escala dos efeitos especiais de Hollywood, ele poderia ficar em posição para a explosão final do filme *Duro de Matar*. Em algum ponto, o propano foi substituído por uma mistura experimental de oxigênio e acetileno, produzindo uma tamanha explosão que os ouvidos de Mark Fisher ainda estão zunindo, não devido à explosão, mas pela bronca que ele recebeu de Steve O'Rourke.

Também tínhamos alguns fogos de artifício que, quando explodiam, lançavam paraquedas em forma de ovelha que flutuavam vagarosamente para baixo. A empresa que fazia esses fogos havia desenvolvido a técnica para um xeque da Arábia Saudita cuja foto era similarmente lançada no dia das celebrações de seu aniversário – essa empresa em particular nos contou que havia herdado o trabalho quando os seus predecessores, durante a cerimônia de entronamento do xeque, inadvertidamente usaram a foto do primo do xeque que havia acabado de ser deposto...

A turnê de *Animals* foi a nossa primeira turnê em que tocamos todo o repertório do disco de trabalho. Anteriormente, o material do novo álbum era naturalmente incluído em qualquer show da turnê, mas esta foi a primeira vez em que estávamos conscientes de estarmos indo para a estrada com o intuito específico de promover um determinado disco. A turnê teve a abertura no Westfalenhalle em Dortmund em 23 de janeiro de 1977 e após a Europa em fevereiro e Reino Unido em março, seguimos para os Estados Unidos para três semanas em abril e maio, e mais três semanas em junho e julho.

Subestimamos o entusiasmo dos nossos produtores sobre o tema do porco. Em São Franscisco, Bill Graham organizou um cercado repleto de animais no camarim e nenhum deles parecia estar feliz por estar lá. A esposa de David, Ginger, que o havia conhecido em uma das turnês nos EUA alguns anos antes, uma vegetariana convicta e defensora dos animais, ficou aterrada. Ela pulou para dentro do cercado, exigindo a libertação dos animais e se recusou a sair até que juramentos fossem feitos sobre o futuro bem-estar dos bichos.

Marcel Avram, nosso *promoter* de longa data na Alemanha, nos presenteou com um leitão em Munique. Mais uma vez, foi preciso achar uma casa para o novo membro, e tendo em vista os vários aparentemente esfomeados alemães espichando o olho gananciosamente para cima do leitão, nosso gerente de turnê, Warwick McCredie, foi mandado na tarefa de levá-lo ao hotel para que pudesse passar a noite. Estávamos hospedados em um particularmente elegante hotel Hilton perto do lugar do show, mas Warwick conseguiu contrabandear o animal sem detecção. O problema real foi que o quarto de Warwick tinha paredes espelhadas, e o porco ficou vendo uma miríade de outros porcos encarando-o. Warwick não se deu conta disso. Durante a noite, o leitão quebrou quase todos os vidros perto do chão e também deixou uma camada de excremento em cada superfície. Na manhã seguinte, vi Steve debruçado na mesa de recepção enquanto saímos apressadamente após recebermos o levantamento de todo o horror. Nunca tive coragem para perguntar-lhe sobre a conversação que se seguiu naquele dia.

Os grandes estádios em que agora estávamos tocando trouxeram uma gama de novos problemas. Em menores lugares, como teatros, por exemplo, a entrada do público era permitida apenas logo antes do início do show, mas em um estádio de basebol o tamanho da multidão e o estacionamento requerido exigiam que fosse aberto três ou quatro horas antes do começo do show. Nick, juntamente com Bernie Caulder, eram parte da equipe responsável por levar os nossos alto-falantes quadrifônicos para os mais distantes e altos cantos de estádios e auditórios.

Raramente havíamos usado uma banda de abertura. Há uma série de razões para isso. Nos dias anteriores, havia um certo elemento de combate entre as bandas e os primeiros artistas aspiravam a superar a atração principal para "acabar com eles no palco". No nosso caso, a nossa companhia adicional, como os Daleks, também exigia o longo processo de remontar o palco após a apresentação da banda. Em tempos passados, era mais uma questão de que qualquer banda de abertura iria simplesmente destruir o clima que estávamos tentando criar, superexcitando, chateando ou alienando a nossa plateia. Dentro da concepção de um show em estádio, não ter uma banda de abertura significava que o público conseguiria assistir à atração principal no início da noite, às oito horas em vez de passar pelo repertório de duas ou três outras bandas. Mesmo assim, sem nada mais para entreter os fãs, presos sob o sol escaldante ou sobre a chuva torrencial, a multidão ficava agitada. Sempre havia aqueles com uma tendência a exagerar no álcool e/ou nas drogas – e então prontamente desmaiarem quando a banda entrava no palco. Às vezes, era até uma distração nossa, enquanto tentávamos localizar membros da plateia cochilando ou em completo coma alcoólico.

Ficamos cada vez melhores no controle da multidão, revistas e segurança. Com mais de 80.000 pessoas dentro de um estádio é como ser eleito prefeito de uma pequena cidade por uma noite, com todas as respectivas responsabilidades incluindo batidas de carro, pequenos furtos, mulheres dando à luz etc... Com sorte, era possível até tocar no palco. Estávamos aprendendo os fatos da vida em turnê, incluindo a percepção de que, embora seja possível se relacionar com as primeiras trinta fileiras de pessoas, é extremamente difícil capturar e manter a atenção das fileiras invisíveis no fundo.

Os shows nessa turnê variaram em qualidade, embora ainda estivéssemos improvisando um pouco, o tempo para isso era limitado – mas isso por si só não era um problema. A falta de uma qualidade consistente se devia a outras razões. Essas eram turnês curtas e não havíamos gastado tempo suficiente nos ensaios de aspectos-chave do show como emendar um número com o próximo ou a sincronia com os filmes projetados. E a minha lembrança é de que os efeitos do palco estavam tão erráticos quanto a música, uma vez que nunca separamos tempo suficiente para os ensaios de palco. Também sempre subestimamos o fator do clima. O vento e a chuva eram constantes ameaças e ambos podiam afetar o volume do som e sua qualidade e, consequentemente a nossa concentração e a atmosfera do público.

Entretanto, na turnê de *Animals*, um equipamento para o palco foi desenvolvido para enfrentar as inevitáveis investidas do mal tempo em estádios a céu aberto: um conjunto de guarda-chuvas mecânicos. Esses podiam ser elevados de baixo do palco e então abertos, e embora os motores que os acionavam tenham se demonstrado inconfiáveis, eles pareciam muito bem emergindo no palco e então se abrindo. Na medida em que avançamos usando cada vez mais equipamentos suspensos em treliças, tais dispositivos se tornaram obsoletos, mas nessa turnê pudemos aproveitar a plateia sendo surpreendida pela transformação súbita do palco em uma cafeteria Continental. Também tentamos guarda-chuvas individuais novamente na turnê de *Division Bell*, mas David jogou o seu no chão em um acesso de raiva, tendo dito depois que se sentiu um tolo embaixo de uma palmeira plástica gotejante e Rick quase teve uma asfixia quando a fumaça ficou presa no aquário invertido que criamos para ele.

Uma consistente e efetiva adição ao show foi o uso de *cherry-pickers* em cada lado do palco – uma ideia instigada por Arthur Max.

Esses equipamentos são um tipo de elevadores hidráulicos usados para trocar lâmpadas de postes, mas ao invés de um simples gancho, cada unidade tinha uma lâmpada direcional acoplada, que era manobrada por um operador vestido de preto agachado atrás dela. Com a adição de faróis rotatórios, os *cherry-pickers* faziam uma grande abertura para qualquer show, enquanto rolavam lentamente debaixo do palco. As luzes também podiam ser abaixadas perigosamente perto da banda, perto o suficiente para chamuscar o cabelo do guitarrista solo em pelo menos uma ocasião.

A despeito dos maiores lugares, e da crescente parafernália no palco, a equipe que estávamos usando era quase do mesmo tamanho que nas turnês em anos anteriores. Ainda estávamos pedindo lanches (provisões para turnê não era ainda uma ciência exata) ou banqueteando qualquer coisa que o *promoter* decidisse providenciar – geralmente hambúrgueres ou uma grande tábua de frios.

Não havia uma instalação de escritório nas locações em 1977. A maior parte da sempre crescente burocracia e assuntos técnicos e financeiros estava sendo realizada dentro dos quartos de hotel de Steve, Robbie e Graeme Fleming, e a maior parte da papelada tinha que caber em boas pastas de alumínio que se tornaram a distinção estilística dos altos escalões da equipe da turnê.

Para os músicos, houve a percepção de que grandes turnês podem ser também muito solitárias – eles apenas descobriam o seu corpo jogado da cama do hotel para dentro do ônibus dois dias mais tarde. E é mais fácil de se isolar do resto da banda. Nos dias em que todos estávamos dirigindo uma única van, simplesmente tínhamos que evitar desentendimentos entre nós todos os dias, pois de outra maneira teria sido impossível continuar. Mas nas grandes turnês há uma tendência de as pessoas se dividirem em grupos menores.

Com a passagem de *status* de clubes para estádios, os *promoters* locais – em um espírito de boa vontade e esperançosos para que a banda continuasse trabalhando com a empresa deles – estavam sempre sugerindo atividades que iam desde navegação à vela, *buggies* de dunas e lanchas para uma viagem à Disneylândia ou uma visita ao mercado de peixes local às cinco horas da próxima manhã. Frequentemente, tarde da noite, uma dessas saídas era sugerida como uma excursão no próximo dia. Todos concordavam, entusiasmados pelo champanhe e canapés, e o trato era feito – mas durante as primeiras horas do próximo dia o passeio, a saída já parecia perder o apelo. Então uma frota de limusines chegava à entrada do hotel apenas para achar três cansados e envergonhados militantes do partido prontos para ser pegos, ao invés dos quarenta prometidos.

Se você decidir sair com uma turma sem um *promoter* ou um executivo para pagar a conta, uma saída envolvendo bebidas pode facilmente se tornar uma horrível experiência, pois os participantes mais experimentados fazem suas despedidas e escapam mais cedo, deixando a desafortunada vítima responsável pela mesa, e duramente determinada a nunca mais socializar novamente, com certeza não em um inflacionado bar de hotel.

O final da turnê de *Animals* marcou outro ponto baixo. David diz agora que esse foi um período em que ele realmente pensava que tudo havia acabado para o Pink Floyd. Sua visão era de que havíamos alcançado, e mantido, o sucesso que inicialmente queríamos como uma banda, e consequentemente estávamos achando difícil de ver o que mais poderíamos fazer.

Voltamos ao Reino Unido para saber que o terceiro andar do edifício de Britannia Row estava começando a ser tomado por contadores, na medida em que as questões de negócio começaram a ficar cada vez mais obstrutivas em nossas vidas. À época, todos estávamos comparecendo em reuniões de negócios com pastas quase certamente feitas com pele de animais próximos da extinção. Talvez isso tenha feito nos sentir como homens de negócio e certamente tínhamos a impressão de que poderíamos adiar a feitura de um novo álbum eternamente por causa dos rendimentos que estávamos ganhando. Parecia fácil: você conversava um pouco, almoçava e dobrava o seu dinheiro.

Um dos grandes atributos dos homens em ternos de risca de giz, como os médicos, é a boa forma na cama ou na mesa de negócios. Noel Redding, o baixista do Jimi Hendrix Experience sempre pensou que havia sido passado para trás por causa de determinados meandros contratuais da indústria da música, e tinha uma fala útil para qualquer um que quisesse entrar no mundo da música e lhe pedisse um conselho: "Estude Direito. Compre uma arma...".

Deveríamos ter prestado atenção. Fomos seduzidos durante a explosão de *Dark Side* para nos envolvermos com uma empresa de assessoria financeira chamada Norton Warburg. Durante 1977-78, as rendas de *Dark Side* e *Wish You Were Here* estavam fluindo e o imposto na Inglaterra para altas rendas era de 83 por cento, e 98 por cento em cima de dinheiro investido. Norton Warburg nos convenceu a entrar em um esquema que economizaria impostos; capital de risco era a palavra de ordem e a proposta era de nos tornarmos uma companhia investindo o dinheiro do Pink Floyd em uma variedade de empreendimentos. A desvantagem incômoda era de que mesmo que elas se tornassem sucesso, teríamos que nos livrar delas para evitar chamar a atenção dos fiscais da receita por enriquecimento ilícito, pois era a forma com que o acordo fora construído.

Da maneira que estava, dificilmente seria uma preocupação, uma vez que as ideias de negócios eram tão falhas que nenhum bancário na plenitude de suas faculdades mentais as consideraria. Durante esse período, nos envolvemos com barcos a remo de fibra de carbono, pizzas e um restaurante em um barco flutuante. Havia um hotel falido, uma empresa de calçados infantis, o Memoquiz (um precursor do Game Boy), uma companhia de aluguel de carros e uma firma de *skateboarding* chamada Benji Boards. Em um caso, ficamos intrigados quando uma empresa, que nos informaram ter sido extraoficialmente licenciada pela Rolls-Royce para lidar com carros de segunda mão, parecia ter uma série de problemas com a entrega: os carros não chegavam ou se chegavam eram piores do que a nossa antiga Bentley na qual escapamos da morte na turnê com Jimi Hendrix, em 1967. Finalmente, dois dos diretores dessa determinada empresa foram presos por algum tempo para o deleite de Sua Majestade.

Entretanto, tivemos pouco tempo para investigar, já que os nossos pensamentos e energias foram direcionados para a produção de um álbum na sequência de *Animals* – e precisávamos de material novo. Tivemos que encarar um certo problema. Dois dos potenciais compositores dentro da banda, David e Rick, estavam trabalhando em projetos solo e então tinham pouco ou nenhum material para apresentar para a banda.

O álbum solo de David, chamado simplesmente *David Gilmour*, foi lançado em maio de 1978 – no disco, ele trabalhou novamente com Willie Wilson que havia sido parte dos Jokers Wild antes de David se juntar a nós em 1968. Rick também estava trabalhando no seu álbum solo, *Wet Dream*, com uma banda que incluía Snowy White na guitarra. Brevemente trabalhei com Steve Hillage na produção do álbum dele, *Green*, que teve a coordenação de produção a cargo de Jon Wood, o engenheiro da nossa primeira sessão de gravação de "Arnold Layne" nos Sound Techniques Studios, em janeiro de 1967.

Todas as vezes em que qualquer membro da banda partiu para fazer qualquer tipo de trabalho solo nunca houve problemas, como tão facilmente poderia acontecer e de fato aconteceu com outras bandas – os dias difíceis da relação Mick Jagger & Keith Richards em 1980 foram resultado exatamente desse assunto. Todos fizemos nossos próprios álbuns e produzimos outros artistas, mas ao invés disso se tornar uma fonte de tensão ou ciúme aparentemente de fato nos proporcionou uma útil válvula de escape.

Felizmente, Roger resolveu o problema da escassez de material. Enquanto todos estávamos envolvidos com outras coisas, ele esteve trabalhando sozinho no estúdio de sua casa. As fitas demo de Roger variavam grandemente em qualidade. Algumas delas eram tão boas que nunca conseguimos melhorá-las no estúdio e mantivemos o material original. Outras eram apenas esboços, supermodulados e distorcidos. Roger na verdade contesta essa afirmação, clamando que todas elas eram de excelente qualidade e ameaçou tocá-las integralmente para mim mais uma vez para provar seu argumento – consequentemente, afavelmente admiti sua visão.

Rick com o seu sintetizador MiniMoog
no topo do seu fiel órgão Hammond.

Trabalhando com Roland Petit e o seu Balé de Marselha, novembro de 1972.

Perto de uma cratera vulcânica do Etna, durante a filmagem de *Live At Pompeii.*

O diretor de iluminação Arthur Max se prepara para instruir, ou talvez decapitar, mais uma equipe de operadores de canhões de luz.

Uma das paródias em quadrinhos da nossa turnê de inverno em 1974, em que Steve O'Rourke é sempre descrito como o vilão.

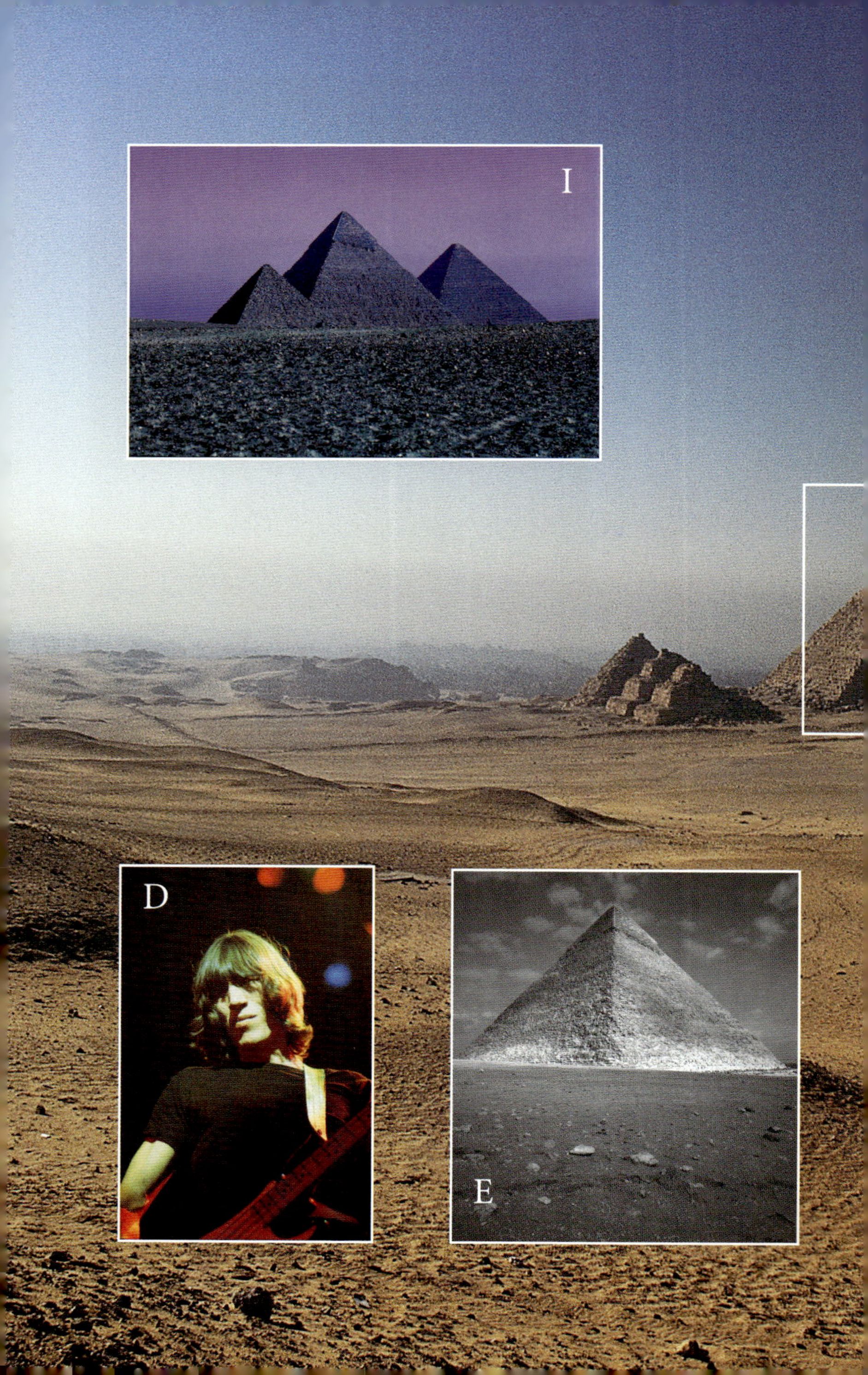
I
D
E

N
S
I
U
O
T

Integrantes da turnê de *Dark Side* e palco preparado.

Storm Thorgerson com David.

David e Roger na turnê de inverno em Londres, 1974.

Com David e Roger está Aubrey Powell, conhecido como Po, parceiro de Storm Thorgerson no Hipgnosis.

Robert Wyatt, baterista do Soft Machine, compositor, contador de casos, resposta do rock'n'roll a Lênin.

David e Rick na escada de entrada dos estúdios Abbey Road durante as sessões de *Wish You Were Here.*

Roy Harper com David em Abbey Road, durante a fase em que Roy se propôs a contribuir nos vocais de "Have A Cigar".

Syd Barrett nos estúdios Abbey Road, em 5 de junho de 1975.

O técnico de som Bill Kelsey no interior dos estúdios Britannia Row. Abaixo, a fachada do prédio.

O palco em forma de pirâmide em várias fases de sua montagem, 1975.

O porco Algie flutua ao redor da Usina de Força de Battersea, em dezembro de 1976. Na página ao lado, o atirador tenta abatê-lo.

Nesta ocasião em especial, Roger estava, estranhamente, no fim da fila por camisetas.

No palco durante a turnê *Animals*, 1977.

Retrato tirado por Bob Jenkins.

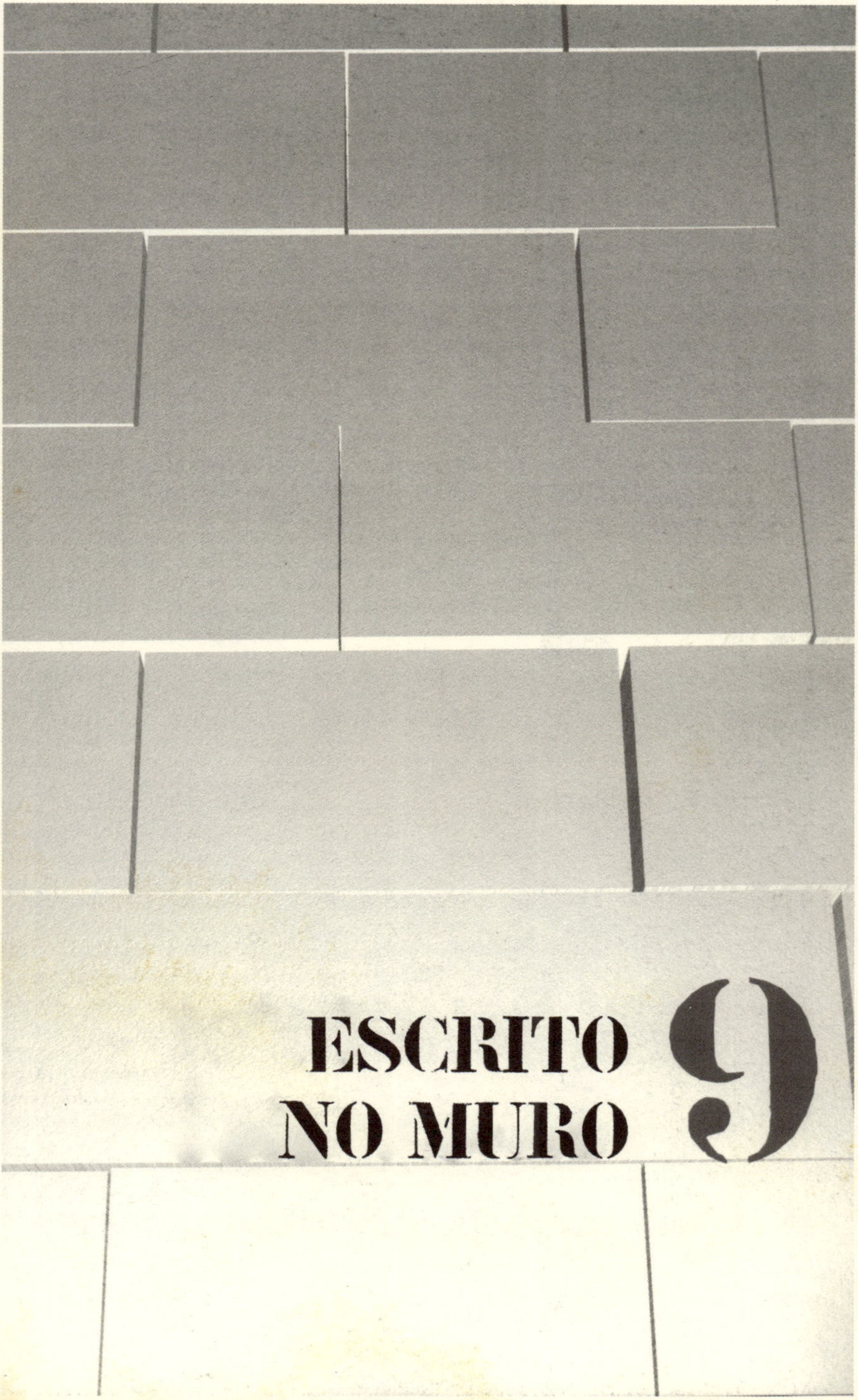
ESCRITO
NO MURO
9

O MOMENTO que criou a fagulha para a criação de *The Wall* aconteceu em um show no Estádio Olímpico de Montreal durante a turnê de *Animals* em 1977. Um estádio gigantesco que tem em seu conjunto uma torre futurística que havia sido construída para os Jogos Olímpicos do ano anterior. A torre sobe a uma altura enorme e a sua própria escala desencorajava uma relação quente e difusa com os fãs.

Havia um relativamente pequeno, mas superentusiasmado grupo na plateia, próximo ao palco, cujos membros estavam altos na química e baixos na atenção. Estando bem na frente, eles eram audíveis e definiram nossa impressão da atmosfera do público. Durante uma pausa entre dois números, esse grupo começou a gritar sugestões de canções. Quando Roger viu um determinado membro do grupo gritando: "Roger, toque 'Careful With That Axe'", ele finalmente perdeu a paciência e cuspiu no ofensor.

Esse fato foi mais do que inesperado, foi estranho. Roger sempre havia sido o porta-voz no palco desde a partida de Syd, ele fazia as apresentações, cuidava das falhas nos procedimentos quando os projetores apagavam ou dos desordeiros, com uma boa dose de calma, e frequentemente fazia algumas observações divertidas. Aquele incidente era um indicador de que estava ficando cada vez mais difícil estabelecer qualquer tipo de ligação com o público.

Roger não estava sozinho nos seus sentimentos deprimidos sobre aquele show. Ao longo dos anos, desenvolvemos um bis final no qual tocávamos um lento blues de doze compassos, enquanto a equipe gradualmente removia todos os equipamentos e instrumentos, deixando um solitário músico sair por último do palco. Nessa ocasião,

David estava tão irritado com a atmosfera do concerto que se recusou a participar do bis.

Embora o acidente da cusparada tenha sido enervante à época, serviu para disparar as armas criativas de Roger e ele desenvolveu um esboço de um show baseado na volta do conceito de uma plateia física e mentalmente separada dos seus ídolos. Se a confrontação em Montreal teve algum impacto na vida do infeliz e cuspido fã, o efeito permanece desconhecido; basta dizer que ele nunca contratou um advogado e sequer reivindicou participação nos direitos autorais por ter fornecido a inspiração criativa.

The Wall como uma peça representa uma grande quantidade de material distribuído em uma gama de meios midiáticos: o álbum, os concertos – reforçados com animações, efeitos especiais e demais acessórios – e um filme. Essa foi a intenção de Roger desde o início. Ele já havia demonstrado certa predileção em explorar as possibilidades da multimídia, mas *The Wall* levou as coisas a um patamar superior. O projeto como um todo também demandou uma grande quantidade de tempo, um período de trabalho que durou dos meados de 1978, quando Roger estava criando a versão inicial, até 1982, com o lançamento do filme.

Roger havia aprendido com a experiência a identificar o momento certo no trabalho para se extrair o máximo de uma ideia. Em algum ponto durante 1978, ele fortemente sentiu que o momento era adequado e tratou de começar a trabalhar no estúdio de sua casa. À época em que ele nos apresentou os resultados – me lembro de ir até a casa dele em pelo menos uma ocasião para escutá-lo, e ele também levou as fitas para Britannia Row – ele possuía material bruto para dois discos, um deles era *The Wall* e o outro *The Pros And Cons Of Hitch-hiking* (o último nos pareceu mais adequado para que Roger trabalhasse à sua maneira, e ele assim o fez em 1984). Era óbvio já à época que *The Wall* era um grande novo trabalho – e acho que todos conseguíamos nos imaginar tocando a peça ao vivo. Também foi um grande alívio sermos presenteados com um conceito já completo tão cedo no processo criativo.

Em uma das faixas, era possível ouvir a minha voz xingando no telefone. Roger precisava do som de um telefone chamando para usar como ritmo e pressupondo que eu não estava em casa, ligou para o meu número e não verificou se eu estava ou não. Atendi ao telefone e primeiramente pensei que se tratava de um trote, uma vez que eu tinha a impressão que havia um velho cantarolando no outro lado da linha – por isso os meus palavrões. Alguns segundos depois, reconheci que era Roger cantando. Enquanto isso, nós dois ficamos confusos por algum tempo.

Steve O'Rourke também escutou as fitas: ele foi o único capaz (ou honesto o bastante) de lembrar que escolheu *Pros And Cons* como sua peça favorita. Esse fato deu prosseguimento à nossa honrosa tradição de zombar do gosto musical de nossos empresários, mas em defesa de Steve deve ser lembrado que as demos de *The Wall* ainda não continham nenhuma das canções mais conhecidas, como "Run Like Hell" ou "Comfortably Numb".

O nível de contribuição dos outros membros da banda se tornaria um pomo de discórdia. Talvez a própria plenitude das fitas de Roger fora um obstáculo para maiores contribuições de David e Rick. Porém, mais tarde David começou a pensar que sua contribuição musical, particularmente para "Run Like Hell" e "Comfortably Numb", não estava sendo justamente reconhecida. Entretanto, esse potencial vulcão de futuras discórdias estava ainda dormente quando começamos a fazer as primeiras versões de algumas faixas de *The Wall* em Britannia Row durante o outono de 1978.

Quando o trabalho começou, nos faltava um engenheiro. Acho que pensávamos que Brian Humphries estava agora completamente exausto e sofrendo um extremo caso de exposição demasiada à radiação Floydiana. Alan Parsons era agora o Alan Parsons Project e Nick Griffiths foi considerado um pouco inexperiente para dar cabo de toda a tarefa, então começamos a procurar informações sobre um jovem, porém talentoso engenheiro, com um histórico que pudesse trazer uma abordagem diferente para o nosso som. Finalmente, Alan recomendou James Guthrie, que havia feito a produção musical e a engenharia para uma série de bandas, incluindo Heatwave, The Movies, Judas Priest e uma banda chamada Runner. O histórico de James, particularmente com uma qualidade sonora brilhante e instantaneamente identificável que ele havia apresentado no seu trabalho com o Runner, apontou a possibilidade de que ele poderia adicionar uma nova luz e brilho ao aspecto geral do nosso trabalho.

Steve O'Rourke pediu a James que viesse até o seu escritório. James não sabia ao certo quem Steve empresariava ou sobre o que ele queria falar a respeito. Ele diz que Steve tinha dois projetos a discutir. Um era Tom Robinson, o outro, o Pink Floyd. "Eu calmamente peguei o meu queixo do chão, tomei um tempo para me recompor e assenti em uma maneira muito profissional, mas o meu coração estava disparado. Steve disse que a banda havia ouvido um pouco do meu trabalho e estava interessada em me conhecer. Ele sublinhou que seria um trabalho de coprodução. Eu pensei: 'Esses caras fazem a sua própria produção desde que eu estava na escola. Eu não tenho problema com isso'". James encontrou Roger de quem ele se lembra como "cortês e sério, cuidadosamente analisando cada um dos meus gestos e palavras". Eles discutiram sobre o conceito de Roger para *The Wall* e James recebeu uma cópia da fita demo.

O infinitamente paciente James era um contrapeso complementar para o extremadamente enérgico e muitas vezes irascível Bob Ezrin. Embora tivéssemos produzido *Dark Side* e *Wish You Were Here* por conta própria, Roger decidiu trazer Bob na condição de coprodutor e colaborador. Bob era um renomado produtor e havia trabalhado em uma série de gravações de Alice Cooper e no álbum *Berlin*, de Lou Reed. Ele foi apresentado a nós através de Carolyne, a segunda esposa de Roger, que havia trabalhado para Bob e o trouxe para um show em Hamilton, no estado de Ontário, no qual explodimos o placar eletrônico.

Na mesma ocasião, Bob estava acompanhado de um amigo que era psicanalista e também um fã da banda. Depois de ver Roger cortar o seu pé em uma briga simulada com Steve após o show, o psicanalista sugeriu que seria uma boa ideia ele se juntar a nós na turnê como um membro permanente da equipe... James Guthrie astutamente observou que sendo ele considerado digno de confiança, foi como ser aceito em uma família, "não obstante uma família bastante perturbada", assim ele se lembra de uma fala atribuída a mim.

Bob se lembra claramente da sua primeira visita para nos conhecer em Britannia Row. Ele chegou atrasado, porque não tínhamos pensado em disponibilizar a ele um carro para buscá-lo no aeroporto e simplesmente o instruímos a alugar um carro para que ele achasse um caminho por entre a zona central de Londres. Quando ele finalmente conseguiu localizar os estúdios, a primeira pessoa que encontrou foi o abatido Brian Humphries descendo as escadas. A aparência de Brian era terrível; ele viu Bob e disse: "*Eles* fizeram isso comigo...". Quando Bob entrou na sala em que estávamos, ele foi cumprimentado pela visão de Roger apontando os dedos para o relógio de pulso. Bob afirma que mais tarde levou Roger para um canto e disse: "Eu já tenho um pai; nunca mais faça isso para mim em público novamente". Steve O'Rourke chegou e encontrou uma atmosfera um pouco tensa, uma grande conferência de produtores e Bob ameaçando sair. Os ânimos se apaziguaram e Bob consentiu.

Enquanto organizávamos a gravação, começamos a procurar por novos ambientes. Tentamos conseguir algo parecido com o som de um auditório na gravação de algumas partes da bateria e usamos um grande espaço aberto no terceiro andar de Britannia Row, o lugar com telhado de vidro e piso de madeira que abrigava a preciosa mesa de bilhar de Roger. Uma vez que o salão não tinha qualquer isolamento sonoro ou amortecimento de ruído, os outros ocupantes do prédio talvez não tenham apreciado a experiência. Não somente conseguiam escutar nada além da bateria, privada de qualquer faixa de apoio e fora de um contexto musical; uma vez que a bateria começava, eles não tinham ideia de quanto tempo aquela diabólica algazarra duraria.

Entretanto, diferentemente dos ensaios anteriores, éramos os donos do prédio e então não estávamos receptivos a queixas no mesmo espírito de um cara no Continental Hyatt House em Los Angeles (conhecido como "Continental Riot House") que após um pedido de seu vizinho para abaixar o nível de ruído encontrou três homens tentando arrombar a sua porta para tentar matá-lo. Uma eventual ligação reclamatória recebida na recepção ganhava uma resposta abrupta, "Este hotel atende à indústria musical. Não aceitamos reclamações".

Em *The Wall*, pela primeira vez, o som da bateria foi mantido intacto através do processo de gravação. A bateria e o baixo foram inicialmente gravados em modo analógico em 16 pistas e mixados em duas trilhas da mesa de 24 canais para os *overdubs*, mantendo a gravação original para a mixagem final. Isso preveniu a inevitável degradação que ocorre com as fitas sendo constantemente tocadas para a adição de outros instrumentos e vocais.

Embora Britannia Row tivesse sido adequada para a gravação de *Animals*, tinha se tornado claro agora que os recursos disponíveis não seriam suficientes para *The Wall*. Já havíamos instalado uma grande quantidade de equipamento de reposição. Isso se deveu principalmente a Bob e a James que queriam adequar o estúdio para seus próprios padrões e parecia que cada um que chegava para trabalhar na produção trazia junto alguma peça preferida do seu *kit*. Logo passamos a contar uma nova mesa Stephens de 24 pistas e os antigos monitores foram rapidamente substituídos.

Depois de todo esse trabalho de readequação, levantamos acampamento e trocamos nosso local de gravação na medida em que eventos externos nos surpreenderam. Esse foi o período em que nossos negócios fora da banda explodiram. Havíamos trazido o assessor financeiro Norman Lawrence para administrar os estúdios de Britannia Row por sugestão de Norton Warburg, a empresa que cuidava dos nossos investimentos. Norman, embora ostensivamente um empregado de Norton Warbug, começou a notar que havia algo muito errado em todo o conjunto e começou a investigar.

A verdade que emergiu foi de que Norton Warburg estava desviando fundos da sua empresa de investimentos, aparentemente uma armação das boas, para mascarar o desastre no lado do capital de risco. Todas aquelas *skateboards*, pizzas e carros duvidosos. Finalmente, o fundador da empresa, Andrew Warburg, fugiu para a Espanha, retornando à Inglaterra em 1982, quando acabou preso, julgado e cumpriu pena de três anos. Muitas pessoas perderam dinheiro. Devido ao fato de Norton Warburg ter o aval de organizações de grande reputação, tais como a American Express e o Banco da Inglaterra, muitas pessoas investiram todas as suas economias ou pensões. As viúvas e pensionistas não teriam a oportunidade de voltar a trabalhar. Tivemos sorte de ainda possuirmos a chance de trabalhar novamente.

Todos esses problemas de negócios exerceram pouca influência em nossa música. Mas as ramificações tiveram um grande impacto nas decisões que tivemos que tomar sobre o nosso próximo álbum. Descobrimos que havíamos perdido cerca de um milhão de libras entre nós quatro. As perdas na empresa de capital de risco eram assustadoramente grandes e uma vez que estávamos investindo antes dos impostos – o ponto-chave da história – agora estávamos completamente deficitários; de acordo com nossos assessores financeiros, o rombo poderia estar entre 5 e 12 milhões de libras.

O problema foi exacerbado pelo fato de que, ao invés de termos uma única empresa de investimento de capital, decidimos que cada um de nós teria a sua própria. As ramificações de tal decisão no mínimo quadruplicaram as implicações tributárias. A sugestão colocada foi de que deveríamos nos tornar não residentes no Reino Unido por cerca de um ano para que pudéssemos ganhar dinheiro extra e reabastecer a diminuição dos cofres dando algum tempo para que os contabilistas e especialistas em tributação pudessem salvar alguma coisa do naufrágio. A experiência como um todo jogou uma enorme nuvem sobre nós. Sempre nos havíamos orgulhado de sermos espertos o suficiente para não cair em uma cilada dessas. Víamo-nos como pessoas bens instruídas oriundas da classe média, no controle de tudo. Estávamos completamente errados.

A solução foi o exílio. Demonstrando uma espontaneidade que deixaria admirados os assaltantes do trem pagador, no espaço de duas ou três semanas estávamos de malas prontas e a caminho. Parecia-nos de longe ser a melhor opção. Para lograrmos proveitos das regras de taxação para residentes, teríamos que deixar o Reino Unido antes de 6 de abril de 1979 e não voltar até o dia 5 de abril do ano seguinte, nem mesmo para a mais breve visita. A opção pelo exílio foi na verdade aproveitada com alegria por diversas bandas de rock que agradecidamente se beneficiaram de uma aparente liberalidade do governo. No nosso caso, era simplesmente essencial. Nas turnês seguintes, pudemos tirar vantagem de uma norma que implicava ficar fora do país por pelo menos 365 dias, mas com algumas visitas permitidas (uma piada primeiramente introduzida pelo governo do partido Labour dos anos 1970 para encorajar as exportações e beneficiar executivos que estavam trabalhando no Oriente Médio).

A perspectiva de um ano recebendo rendas livres de impostos e também a oportunidade de dar um novo começo para a nossa música sem as distrações de advogados e contadores era irresistível. Ainda assim, Bob achava que a confortável vida familiar que todos estávamos experimentando no Reino Unido era mais um fator que contribuía para desacelerar o processo de fabricação de uma grande ópera-rock. Quase comemoramos a chance de cruzar os mares para escapar. Como crianças arteiras abandonando uma brinquedoteca desorganizada, pudemos deixar a bagunça financeira para trás enquanto os profissionais faziam o seu trabalho para arrumá-la.

Enquanto trabalhamos fora da Inglaterra, nossos conselheiros desmontaram a sociedade que possuíamos para as turnês – um passo atrás em relação aos ideais da Blackhill – e reestruturaram tudo em negociações com as senhoras e cavalheiros da Inland Revenue. Em um determinado ponto, Nigel Eastway se lembra de que possuíamos 200 conjuntos de contas bloqueadas, esperando o acordo com a Revenue, uma indicação do tamanho do problema. Mal conseguiríamos entrar em Britannia Row por causa das fileiras de contabilistas - mas o acordo que eles construíram conseguiu superar por pouco os custos. Steve O'Rourke e Peter Barnes também negociaram um grande acordo de publicação com a Chappell's para ajudar no fornecimento de receita extra.

O estúdio na França no qual começamos a trabalhar, lugar onde a maior parte dos alicerces de *The Wall* foi feita, era chamado Super Bear. Rick e David haviam trabalhado lá nos seus projetos solos no ano anterior e gostaram do ambiente. O estúdio era localizado nos Alpes Marítimos a cerca de meia hora de carro partindo de Nice. Contava ainda com uma pequena casa com quadra de tênis e piscina com bastante espaço para lazer. Intercalamos a gravação com partidas de tênis e viagens esporádicas para o luxo de Nice - a extensão da viagem desencorajava idas muito frequentes.

Enquanto Rick e eu ficamos no próprio Super Bear, Roger e David alugaram casas nas proximidades. Enquanto isso, Bob Ezrin se instalou no suntuoso Negresco Hotel em Nice. Um convite para jantar vindo de Bob era como ter um jantar com a realeza. No restaurante do hotel, Bob chamava o *maître* pelo primeiro nome, que estava em cima de Bob, como diz a expressão, como um terno barato na chuva. Depois de saborear a magnífica cozinha Michelin de três estrelas, agradecíamos Bob efusivamente enquanto ele generosamente assinava a conta. Subjugados provavelmente pelo efeito de antigos vinhos oferecidos pelo *sommelier*, era apenas na metade do caminho de volta para as colinas que percebíamos que na verdade éramos os financiadores do banquete.

A pontualidade de Bob era, para se dizer o mínimo, errática, mas de uma maneira estranha, os seus constantes atrasos - cada dia com desculpas cada vez mais elaboradas e cada vez menos críveis - serviram como um ponto de foco das nossas energias, enquanto ele se tornou o alvo do nosso ressentimento em tom de gozação. Era muito bom, como estar na estrada novamente.

Passei as partes de bateria no início dos trabalhos no Super Bear, e assim passei a maior parte do tempo como um observador interessado. Roger havia alugado uma grande casa no alto de Vence – e me mudei para lá uma vez que as acomodações do estúdio eram uma mistura curiosa entre uma escola de internato e o Espresso Bongo. Todos os dias, costumávamos atravessar os sessenta quilômetros do trajeto entre a casa e o estúdio. Que fique entre nós, Roger e eu usamos dois jogos de pneus na minha Ferrari Daytona em onze semanas.

Com as partes da bateria já completas, eu tinha permissão para ir a Le Mans. Dei a Roger o meu Rolex de ouro – um presente da EMI após dez anos de trabalho não tão duro – para que ele o guardasse em segurança (ele me devolveu), e Steve e eu partimos em uma missão tipicamente masculina para o fim de semana. Na verdade, foi realmente uma grande aventura. Essa foi a minha primeira grande experiência no automobilismo, e até onde ia o fundo do poço era o território do Capitão Nemo. Anteriormente naquele ano, consegui uma breve sessão de testes no Lola dois litros, o carro com que eu estava para correr com a equipe Dorset Racing Team, mas nunca havia conseguido alcançar as velocidades de corrida atingíveis na reta de oito quilômetros de Mulsanne, ou experimentado uma corrida noturna. É muito emocionante, para dizer o mínimo, dirigir perto das 200 milhas por hora e então ser ultrapassado por um Porsche correndo a cerca de 40 mph.

O fato de que vários competidores eram campeões de automobilismo em nível mundial deixou a experiência ainda melhor, e o *paddock* era um equivalente automobilístico do camarim em Woodstock. Le Mans é uma corrida extraordinária, uma das últimas oportunidades para que os amadores pudessem competir com os cachorros grandes e ainda ter chance de conseguir alguma colocação. O Lola correu impecavelmente e o meu único susto foi durante os treinos de qualificação quando coloquei minha cabeça muito acima do para-brisa. A corrente de ar entrou pela borda do meu capacete e pensei que a minha cabeça ia ser arrancada. Felizmente, a única consequência foi uma dor de pescoço durante a semana seguinte. Não apenas conseguimos completar a prova – uma conquista por si só – mas também chegamos na segunda posição da classe e ganhamos o índice de desempenho. A Ferrari de Steve terminou algumas posições na frente. Essa foi sem dúvida a melhor forma de rejuvenescimento antes do retorno a Berre-les-Alpes.

Enquanto estive fora e longe das preocupações, Rick teve um tempo muito mais difícil. Em algum momento durante o verão, logo após a corrida de Le Mans, Dick Asher da Sony/CBS propôs um trato oferecendo um aumento da nossa percentagem se conseguíssemos entregar o álbum a tempo para ser lançado no final do ano. Roger consultou Bob, fez um breve cálculo, identificou alguns pontos críticos e concluiu que era possível. A decisão implicava o uso das instalações de outro estúdio, distante cerca de oitenta quilômetros, chamado Miraval. O dono desse estúdio, localizado em um castelo falso, era o pianista de jazz Jacques Loussier. Além de outras coisas, era possível mergulhar de cima das paredes e nadar no fosso. Embora todos os estúdios façam propaganda de suas únicas atrações, as instalações desse estavam à frente de qualquer outro que possuísse *jacuzzis*. A gravação foi dividida entre ambos os estúdios com Bob frequentando as duas locações. Além de lidar com uma divisão física, Bob estava tendo o trabalho de manejar uma rixa crescente entre David e Roger. De alguma forma, ele deu cabo dessa tarefa e também conseguiu extrair o melhor trabalho de ambos.

As partes do teclado, entretanto, ainda não haviam sido gravadas. A única maneira de conseguir o lançamento na data proposta seria se Rick encurtasse suas férias de verão; havíamos anteriormente acordado em gravar durante a primavera e o início do verão e então teríamos uma pausa. Como as partes de bateria já estavam finalizadas anteriormente, isso não foi um problema para mim. Mas quando Rick soube, através de Steve, que ele teria que fazer as suas partes de teclado durante as férias de verão, ele se recusou terminantemente. Quando isso chegou aos ouvidos de Roger, ele ficou atordoado e furioso. Ele achava que estava fazendo uma enorme quantidade de trabalho e que Rick não estava propenso a fazer qualquer esforço para ajudar.

A situação ficou pior pelo fato de que Rick queria ser um dos produtores de *The Wall* – como se já não tivéssemos produtores o suficiente – e Roger disse a ele que tudo bem, mas desde que ele desse uma contribuição significativa. Lamentavelmente, a contribuição de Rick era de apenas comparecer e sentar-se durante as sessões sem fazer nada além de "ser um produtor". Isso não foi bem acertado com Bob, que achava que aquele caldo de carne já tinha muitos cozinheiros de modo que Rick foi liberado das suas funções de produtor. Todavia, Bob se ofereceu para ajudar Rick com as sessões de teclado, entretanto, por qualquer razão imaginável, Roger nunca ficava satisfeito com as performances de Rick.

Qualquer ligação que Rick e Roger tivessem cimentado nos últimos quinze anos estava terminalmente quebrada e a queda de Rick foi rápida. Steve estava feliz rumando para os Estados Unidos no QE2 quando atendeu a um telefonema de Roger o instruindo para que dispensasse Rick até sua chegada em Los Angeles onde o álbum seria mixado. Segundo Roger, Rick poderia permanecer como um músico contratado para os shows de *The Wall*, mas depois disso ele não mais seria um membro da banda. Roger ameaçou acabar com toda a jornada se isso não fosse feito. Essa atitude lembrava a de um louco apontando a arma para a sua própria cabeça.

Entretanto, ao invés de lutar, Rick aquiesceu, talvez aliviado. Acho que uma série de fatores contribuíram para a sua decisão. O rebaixamento das responsabilidades da produção juntamente com suas dificuldades, mesmo com a ajuda de Bob, em entregar partes de teclado que satisfizessem Roger, foram exacerbadas pela derrocada de seu casamento com Juliette, e como todos nós, ele estava preocupado com as implicações financeiras se não finalizássemos o álbum. A decisão de Rick revelou-se muito benéfica para ele: como um músico contratado para os shows de *The Wall*, ele foi o único de nós a ganhar dinheiro com os shows. Os outros três remanescentes amargaram as perdas...

Ainda acho muito difícil contar adequadamente os eventos desse período. Roger ainda era provavelmente meu amigo mais íntimo e conseguíamos aproveitar a companhia um do outro. Entretanto, a nossa amizade estava sendo colocada sob tensão, enquanto Roger lutava para modificar o que havia sido uma ostensivamente democrática banda em uma com um único líder.

Depois que a fase inicial envolvendo a gravação foi completada, as operações foram transferidas para Los Angeles, onde seria feita a mixagem. As inserções de orquestra foram arranjadas e conduzidas pelo compositor e arranjador Michael Kamen. Trazido por Bob Ezrin, Michael gravou os arranjos nos estúdios da CBS em Nova Iorque, apenas se encontrando com a banda ao final das sessões. No estacionamento no lado de fora do Producer's Workshop em LA onde a mixagem estava sendo levada a cabo, vários efeitos foram gravados, incluindo as derrapadas de pneu para "Run Like Hell". Isso envolveu Phil Taylor derrapando um Ford LTD em volta do estacionamento com Roger dentro do carro gritando a plenos pulmões.

Enquanto isso, de volta em Britannia Row, Nick Griffiths estava recebendo uma longa lista de outros efeitos sonoros que a ele foi solicitado reunir, desde a equipe em Brit Row cantando "Tear down the wall!" ao som de carrinhos de mão cheios de louça sendo esmagados. Para um determinado efeito sonoro, Nick viajou o país por uma semana para gravar o som de edifícios sendo demolidos. Ele ficou bastante desapontado por descobrir que as empresas de demolição eram tão profissionais que conseguiam derrubar grandes edifícios com pequenas quantidades de explosivos posicionados nos pontos fracos da estrutura e não havia muito som a ser gravado. Em meio a isso, ele recebeu uma chamada dos EUA às duas horas da manhã no horário de Londres. Roger e Bob estavam na linha e Nick se lembra de ter ficado nervoso, pois achou que pudesse ter estragado os efeitos sonoros do álbum. Entretanto, Bob e Roger apenas pediram a ele que gravasse duas ou três crianças cantando alguns versos de "Another Brick In

The Wall" com uma voz um pouco patética. Nick respondeu: "É claro", mas também se lembrou de um dos seus álbuns favoritos feito por Todd Rundgren, o qual tinha um público em cada um dos canais do estéreo. Ele sugeriu a gravação de um coral de crianças. Sim, foi a resposta que recebeu, "mas faça com apenas três crianças também".

Nick foi até uma escola próxima de Britannia Row onde contatou o professor de música Alun Renshaw que se demonstrou muito receptivo. Nick fez um vago acordo no qual em troca da gravação de alguns estudantes, gravaríamos a orquestra da escola. A fita *master* contendo a trilha de apoio veio de Los Angeles pelo correio junto com uma cópia da letra. "É um pouco forte", Nick pensou enquanto lia a letra já pela manhã após uma longa noite no estúdio.

Ele posicionou alguns microfones, gravou as três crianças sozinhas conforme o planejado e então convidou o resto das crianças para entrarem no estúdio. Enquanto Nick demonstrava entusiasmo cantando junto e pulando pelo estúdio, a gravação foi completada dentro de quarenta minutos – a duração da aula dos alunos em sua escola. A fita foi mixada rapidamente e mandada de volta para LA. Alguns dias mais tarde, Roger ligou para Nick dizendo que ele havia gostado – e a próxima vez que Nick ouviu a faixa, ela estava tocando no rádio.

Seguindo o sucesso do *single*, Nick Griffiths lembra-se de que "os portões do inferno se abriram". A imprensa acampou na porta da frente do estúdio, ansiosa para informar a aparente exploração de angelicais crianças estudantes por inescrupulosos astros do rock, apenas para descobrir que estávamos a 7.000 milhas dali. Seguindo as instruções de não falar, Nick teve que se espremer através da janela dos fundos para escapar em algumas ocasiões. Finalmente, um acordo foi firmado e se dediciu que toda a escola deveria beneficiar-se, porque a gravação havia ocorrido durante as horas de aula.

O fato de "Another Brick" ter aparecido como um *single* foi devido à influência de Bob Ezrin, que curiosamente sempre quis produzir um *single* de discoteca. Por outro lado, havíamos abandonado a ideia de lançar *singles*, em um acesso de raiva, desde 1968 quando "Point Me At The Sky" não conseguiu entrar nas paradas. Bob afirma que a nossa falta de entusiasmo em fazer um *single* era tanta que foi apenas no último minuto que a peça foi editada a fim de ter a duração necessária para um *hit*. O andamento foi metronomicamente ajustado para 100 batidas por minuto, o qual era considerado o andamento ideal para uma música *disco*, então o conceito de um *single* com características *disco* foi de certa forma forçado para nosso espanto, um espanto que se tornou ainda maior quando acabamos como a música mais executada no Reino Unido no Natal de 1979.

O álbum – duplo – passou por uma série de traumas durante a mixagem final. Cheguei a Los Angeles um mês após David e Roger (Rick estava retirado em sua casa na Grécia). Uma vez que a mixagem estava a cargo de Roger, David, Bob e James, usei o tempo para trabalhar em um disco com Carla Bley e Mike Mantler no norte do estado de Nova Iorque. Quando cheguei, a mixagem estava qualquer coisa menos pronta – sob grande pressão de tempo, com as partes sendo incomumente mandadas diretamente para a fita *master* – logo a mais forte impressão de paranoia permeava o estúdio. A relação com a CBS/Sony não estava boa. Roger, em uma negociação envolvendo direitos de execução, ficou indignado quando, por ser *The Wall* um álbum duplo, tentaram reduzir a quantia destinada por cada faixa. Quando Dick Asher apareceu para apresentar a decisão, Roger respondeu perguntando por que ele deveria negociar algo que era seu por direito. A gravadora se rendeu. Steve também estava mergulhado em uma negociação com a CBS, que travava sua própria batalha a fim de tentar evitar de pagar publicitários independentes para lançar o álbum. Essa batalha se estendeu por um período curto e foi perdida pela gravadora quando as estações de rádio nos EUA simplesmente se recusaram a tocar até mesmo o álbum mais vendido, se ele não fosse promovido por um publicitário independente.

Ameaçamos retirar *The Wall* da CBS e contra-atacaram ameaçando nos tirar todo o álbum à força. O estúdio foi invadido à época. Eram provavelmente peixes pequenos, mas naquele clima paranoico, todos achavam que se tratava da SWAT de executivos loucos da gravadora. Na verdade, ninguém conseguiria reunir as montanhas de fitas em qualquer álbum semelhante sem a colaboração de toda a equipe de produção. Entretanto, estávamos admitindo a presença apenas de pessoas que soubessem a senha secreta. Agora posso revelar a frase que abria sésamo. Era: "Eu sou da gravadora CBS...".

A relação entre a banda e a gravadora não foi melhorada pela direção de promoção da CBS, que havia sido apresentada às primeiras faixas com fervor durante uma pré-audição em Palm Springs, e quando ouviram a versão final alegaram ultrajados que se tratava de um travestimento do álbum que eles haviam conhecido.

Como sempre acontece, houve algumas repercussões políticas e financeiras na medida em que o álbum subiu nas paradas. Tínhamos advogados representando contra tudo e todos que tentavam subir a bordo do trem da alegria. Uma voz ouvida no álbum oriunda da gravação de uma passagem aleatória pelo sintonizador da TV pertencia a um ator que alegava que o sucesso do álbum se devia à sua contribuição. Oferecemos-lhe um acordo com a opção de dobrarmos o valor da ação se ele desse o dinheiro todo para a caridade. Ele pegou a metade para si.

Logo que chegamos aos EUA, o trabalho no show ao vivo se sobrepôs com a mixagem. A evolução final do conceito do show foi de que a plateia deveria entrar no auditório para se encontrar com um muro parcialmente construído nos lados do palco. Enquanto o show começava, haveria a apresentação de uma figura, um misto de mestre de cerimônias e DJ de rádio, projetado para aumentar a fantasia da performance e perturbar a expectativa do público.

Com todo o estilo bombástico de um show de rock – fogos de artifício e efeitos especiais – o show seria aberto com uma banda que parecia conosco e era elevada para cima do palco. Na verdade, esse era nosso grupo sósia, conhecido como a banda "substituta" – Pete

Woods nos teclados, Willie Wilson na bateria, Andy Bown no baixo e Snowy White na guitarra – cada um equipado com máscaras (um dos benefícios de estarmos instalados em Hollywood foi de que conseguimos fazê-las facilmente). Enquanto a pirotecnia e os efeitos direcionavam o show para um clímax, o primeiro grupo de músicos congelava e as luzes revelavam a banda verdadeira atrás deles. Os substitutos iriam mais tarde aparecer no palco como músicos de apoio, sem as máscaras – e nessa encarnação, eles eram chamados de "a banda sombra". Todos os seus instrumentos e uniformes eram de cor cinza em contraste com o preto que usávamos.

Enquanto o show progredia, o muro era gradativamente construído, para que ao final da primeira parte o último tijolo estivesse prestes a ser posto em seu lugar. A segunda parte então começava com o muro intacto em frente à banda. O muro era então usado como tela para a projeção de trechos de animação feitos por Gerald Scarfe. Em um momento, uma seção móvel do muro se abria para revelar uma cena em um quarto de hotel. Em outro, durante "Comfortably Numb", Roger aparecia na frente do muro, enquanto David aparecia no topo para tocar o solo.

Os tijolos eram feitos de papelão a fim de que pudessem ser desmontados para o transporte até o próximo show e montados no local. Os tijolos falsos eram então ligados por uma equipe de construtores de muros usando as torres hidráulicas Genie, que se elevavam à medida que o muro crescia, levando os construtores à posição desejada. Uma vez construído, o muro era escorado por uma série de basculantes que podiam ser posicionados para frente ou para trás (evitando esmagar as primeiras fileiras da plateia), enquanto o muro era desmontado.

O clímax do show acontecia quando os tijolos começavam a cair – isso exigia uma mecânica elaborada para evitar demandas judiciais, hospitalizações e a possibilidade de apenas um show, dado que os tijolos, mesmo que fossem feitos de papelão, eram muito pesados. Após o colapso, tocávamos o número final acusticamente como um grupo de músicos de rua.

Fisher e Park começaram a trabalhar para tornar as ideias de Roger em realidade no Natal anterior, mas mesmo com todo esse espaço de tempo ocorreram inúmeros problemas mecânicos para serem resolvidos. Os ensaios técnicos aconteceram nos Estados Unidos. Essa era a solução mais prática. Havia um bom apoio logístico e uma adequada locação nos Culver City Studios em LA que estava disponível por um período completo de duas semanas por um preço justo. Os problemas de adaptação apareceram. As torres Genie utilizadas pelos construtores do muro eram muito ruidosas e os primeiros experimentos com a demolição do muro quase destruíram todo o equipamento no palco. Grandes gaiolas de aço foram rapidamente projetadas e construídas para proteger o equipamento e algum lubrificante mágico da era espacial foi encontrado. Os ensaios continuaram e no início de fevereiro estávamos na Los Angeles Sports Arena para duas semanas de ensaios finais antes do primeiro show no dia 17.

Na noite anterior da nossa estreia, tivemos o retrato de um show. Mas durante o ensaio final tivemos que admitir que, embora a maior parte da montagem em palco estivesse funcionando bem, a iluminação era simplesmente de qualidade não satisfatória. Uma busca frenética iniciou-se, primeiro por um bode expiatório, seguido de perto por um salvador. Steve contatou Marck Brickman que havia sido observado por Roger durante o seu trabalho nos shows de Bruce Springsteen.

Marc atendeu ao telefonema de Steve e – uma vez que ele conhecia alguém dentro da organização do Floyd – pensou que se tratava de seu amigo fingindo ser Steve e ligando para dizer que ele conseguira para Marc ingressos para o show da próxima noite. Sim, disse Marc, ele adoraria ir. Não, disse Steve, você não entendeu. Marc, que era da Filadélfia, estava envolvido com iluminação desde a segunda metade da sua adolescência, trabalhando no mundo da música com artistas como Johnny Mathis, assim como Bruce Springsteen e mais recentemente em Los Angeles, para programas de TV. Ele se lembra de receber a primeira chamada de Steve a uma hora da tarde e de comparecer ao show às três horas da tarde.

Gerry Scarfe e Roger apresentaram o show para ele e explicaram que haveria um ensaio às sete horas da noite no mesmo dia. Quando Marc voltou naquela noite, Roger disse: "Nós não achávamos que veríamos você novamente...". Houve uma reunião um pouco estranha após a qual Graeme Fleming foi dispensado (leia-se demitido) e Marc dispensado (para continuar com suas novas atribuições). Dada a pressão do tempo, ele ficou agradecido quando Robbie Williams e Mark Fisher ofereceram bastante ajuda.

Nossa noite de estreia teve uma complicação adicional quando uma cortina pegou fogo após a explosão na abertura do show. A cortina continuou a arder em chamas até que Roger chamou uma pausa e esperou até que membros da equipe armados com extintores de incêndio escalassem até o teto para acabar com as chamas. Como a ordem unida "Pare!" era uma parte integrante do show, demorou um pouco para Roger convencer a tão bem treinada equipe técnica de que se tratava de uma emergência.

Em algum ponto, alguém sugeriu que deveríamos fazer uma turnê desse show ao invés de ser um evento estático em algumas poucas cidades. O conceito de uma gigante lesma inflável para todo o conjunto do show foi promovido rapidamente e para o bem dos projetistas, equipe técnica, artistas e especialistas em segurança e saúde, nunca viu a luz do dia... Voltamos à ideia mais simples de uma das mais curtas "turnês mundiais" da história do rock: sete noites em Los Angeles, cinco em Nova Iorque no Nassau Coliseum, seis apresentações em Earls Court em agosto de 1980, seis em Dortmund em fevereiro de 1981 – e mais cinco noites em Earls Court a fim de serem realizadas as filmagens para a versão em filme.

Quase todos os shows foram relativamente calmos. Um único problema aconteceu quando Willie Wilson, o baterista da banda substituta, teve um colapso algumas horas antes de um dos shows que estava para começar. Felizmente, Clive Brooks, meu técnico de bateria de longa data, é um ótimo baterista com seu próprio estilo.

Como veterano de uma banda de blues inglesa, o Groundhogs, Clive subiu ao palco e tocou todas as partes necessárias nas duas noites seguintes. Desde então, posso perceber o ar de ansiedade na sua voz sempre que demonstro qualquer sinal de má saúde durante a turnê.

O show foi muito mais ensaiado que qualquer coisa que já havíamos feito anteriormente e foi tecnicamente bem desenvolvido. Nesse sentido, o show de *The Wall* foi um precursor para as turnês que David e eu mais tarde organizaríamos, assim como no trabalho solo de Roger. Também descobrimos que a estrutura definida do show nos ajudava a prosseguir nas noites "ruins". O sucesso do show dava um grande prazer de tocá-lo, mas a falta de oportunidade para improvisar ou trocar as músicas começou a nos cansar um pouco. Dado isso, a exigência de construir o muro fazia com que um tijolo emperrado ou um construtor precipitado pudesse influenciar a duração de cada metade do show de tal forma que tínhamos que ter várias deixas e saídas para os momentos-chave.

Já nas cinco noites em Earls Court em junho de 1981, o show estava bem afiado. Entretanto, também foi a última vez em que Roger, David, Rick e eu tocaríamos juntos. No âmbito das relações do grupo, as coisas haviam se deteriorado ainda mais do que no período da gravação. A indicação mais clara disso podia ser vista na área de camarins de Earls Court, onde cada membro da banda tinha um Portakabin individual. O de Roger e o de Rick bem afastados um do outro. Acho também que tínhamos festas individuais depois dos shows, cuidadosamente evitando de nos convidar uns aos outros.

Alguns meses mais tarde, as gravações para o filme começaram com Gerald Scarfe e Michael Seresin na condição de codiretores, e Alan Parker como produtor supervisor, mas após uma semana ficou claro que esse sistema não iria funcionar. Alan foi elevado a diretor, Michael saiu, Gerry foi destinado a outras tarefas e começamos novamente. O fato de mudarmos a cadeia de comando tão cedo foi quase como um presságio. A história registra uma legião de contendas que ocorreram durante a gravação do filme. Alan Parker possuía uma visão forte, mas Roger e Gerry também. Gerry certamente se sentiu um pouco isolado na medida em que Alan Parker e o novo produtor Alan Marshall começaram a representar uma facção autossuficiente, e Roger e Steve outra. A despeito dessa receita de desastre, acredito que os resultados foram uma vitória da capacidade de organização. As animações de Gerry conseguiram fazer a transição do palco para a tela grande, assim como Bob Geldof o fez com o papel principal de Pink.

Bob e Roger contam a história de uma corrida de táxi que Bob e seu empresário pegaram para ir ao aeroporto. Durante a ida, o empresário de Bob contava a ele sobre a proposta que havia surgido para que ele fizesse o papel de Pink no filme e de que ele realmente deveria considerar isso como um grande passo na carreira. Bob respondeu com as frases: "Foda-se. Eu odeio o Pink Floyd". Segundo Roger: "Essa conversação se seguiu até o aeroporto. O que Bob não sabia era que o taxista era meu irmão. Ele me telefonou e disse, 'Você nunca vai adivinhar quem esteve no meu táxi...'". Felizmente, Bob mudou de ideia e aceitou o papel.

Ele havia convencido todos no teste de cinema com uma cena de *O Expresso da Meia-Noite* e a cena da cabine de telefone de *The Wall*. Dirigido por Alan Parker, Bob foi submetido à mudança de um novato contido a um ator melodramático em algumas horas. O problema ocorreu quando Bob descobriu que havia poucos diálogos no filme para ele.

O processo de filmagem não foi ajudado quando os detalhes do contrato de Bob ficaram atolados junto com os seus empresários. Quando a pessoa responsável finalmente apareceu no aeroporto de Londres, foi apenas para ser presa e mandada para a sala de interrogatório. Bob cavalheirescamente começou a trabalhar a despeito das várias questões contratuais pendentes.

A despeito de suas reservas, Bob, diz Alan Parker, deu à personagem a sua melhor performance, estando pronto até mesmo para raspar suas sobrancelhas para uma cena. Como Bob não sabia nadar, de acordo com Alan, "as cenas de afogamento na piscina da cobertura foram fáceis para ele, pois eram quase autênticas". Bob reclamou apenas uma vez durante uma noite fria em uma antiga fábrica de biscoitos em Hammersmith, quando ele teve que se desnudar antes de ser coberto por uma gosma cor-de-rosa e instruído para se metamorfosear em um fascista.

Na sua autobiografia, *Is That It?*, Bob conta a história de uma cena do filme na qual uma atriz norte-americana, entusiasta de técnicas de atuação, tinha que mostrar que estava com medo de Pink. Ela perguntou a Alan Parker qual seria a sua motivação para fazer a cena. Alan disse a ela: "O dinheiro". Aparentemente, a cena foi finalizada na tomada seguinte.

Enquanto essas questões ressoavam, a filmagem continuava. As sequências de campo de batalha foram filmadas em Saunton Sands em Devon, essa particularmente útil praia, a qual nos supriu com vários cenários incluindo as camas na capa de *A Momentary Lapse Of Reason*. Um dos Stukas em escala reduzida atuou admiravelmente com um piloto licenciado para controlá-lo. O outro foi reivindicado pelo mar quando ele caiu. Lembro-me de estar de manhã cedo na praia, quando, apesar da fumaça e da névoa da batalha, fomos animados pela visão de um carrinho de chá sendo corajosamente manobrado por entre as dunas por um dos fornecedores locais para garantir que estivéssemos seguramente armados com chá e sanduíches de bacon.

A outra notável peça de locação de trabalho foi na Royal Horticultural Hall em Londres, onde duas centenas de jovens de cabeças raspadas foram recrutados para formar a multidão presente em uma cruza de um show de rock e um comício político. Uma tendência por beberem os seus salários na redondeza e alguns *pubs* exclusivos, juntamente com uma aversão a uniformes garantiu uma ativa, quase perigosa, atmosfera. Gillian Gregory, a coreógrafa, ficou a cargo da impossível tarefa de tentar ensinar aos *skinheads* movimentos de dança muito avançados. Depois de duas horas simplificando as demandas e baixando o nível de dificuldade, ela finalmente desistiu. A precisão militar que ela desejava não foi possível de ser alcançada: ao assistir à versão final você percebe que todos deveriam fazer a mesma coisa em uníssono; mas não se consegue entender o quê.

Alan Parker tem uma específica lembrança de Steve O'Rourke. Durante a pós-produção, Steve estava em um bangalô nos jardins de Pinowood, o escritório de Alan, e foi atender um telefonema urgente de Roger falando da sede da gravadora. Steve virou-se rapidamente para pegar o telefone, mas "devido à sua visão ruim, ele não percebeu as portas de vidro fechadas, as quais ele estilhaçou ao atravessá-las. Steve sofreu cortes sérios, uma concussão e caiu no chão. Ele abriu os olhos para ver a minha secretária Angie, gentilmente retirando os cacos de vidro de seu rosto. Ele imediatamente se apaixonou e futuramente casou-se com ela".

Minha crença é de que Alan era o melhor homem para o trabalho. Em uma ocasião, ele escutou o que foi dito e sugerido pelos outros. Ainda tenho comigo um pequeno rolo de filme que ele me enviou. Havíamos discutido por algum tempo sobre uma determinada cena do menino na praia, a qual pensava ser um pouco lunática demais. O rolo contém essa sequência do filme e uma nota dizendo: "OK, você venceu". Alan se lembra de alguns desentendimentos criativos com Roger sobre o material - ele continua muito orgulhoso do resultado acabado - mas diz que os problemas que surgiram de um embate entre dois egos fortes frequentemente os deixavam em frangalhos. A plaqueta na porta do escritório de Alan em Pinewood dizia: "Just Another Prick On The Wall".

Steve no posto de produtor executivo foi responsável por garantir que nós sobreviveríamos ao desastre financeiro após o término do filme. "Sobre as finanças", diz Alan: "alguém disse que Steve O'Rourke havia anotado os custos do filme em tantos livros que eles poderiam encher uma prateleira da Foyle's". Investimos recursos próprios no valor de $2 milhões inicialmente para os custos de pré-produção do filme (todos os nossos ganhos com o disco *The Wall)*, mas eventualmente David Begelman da MGM apareceu com a garantia dos $10 milhões de que precisávamos. Bernd Eichniger, da Neu Constantin, providenciou $2 milhões adicionais e Goldcrest, através de Lazards, financiou a produção real. Lamentavelmente para Goldcrest, ele foi à falência à época em que deveríamos dar a ele a devida participação nos lucros, apesar disso demos a Jake Ebberts, que era o presidente da Goldcrest, dois ingressos de graça para o show no Canadá quando ele nos pediu em 1994.

Alan Parker lembra-se de que, quando ele e Steve ofereceram o filme para a MGM pela primeira vez (Parker havia recentemente finalizado *Fame* para a empresa), David Begelman "disse-me que confiaria todos os seus vários milhões de dólares de investimento, mesmo não tendo a menor ideia sobre o conteúdo do filme. Além do mais, o seu filho de dezoito anos era fã do Pink Floyd. Steve O'Rourke e eu apertamos a mão de Begelman para fechar o trato e dissemos: 'Não se preocupe David, você pode confiar em nós porque tratamos o dinheiro dos outros *como se fosse o nosso*'". Steve disse a Alan no elevador que aquele comentário provavelmente foi inapropriado, pois David Begelman havia sido deposto da posição de presidente de um emprego anterior na Columbia Pictures depois de ter sido acusado de desviar um cheque de $60.000.

Nunca houve uma trilha sonora para o filme, parcialmente porque ela seria inevitavelmente tão fiel ao disco original, mas havia algumas versões interessantes nas quais Bob Geldof pôde trazer sua própria interpretação.

Várias estreias aconteceram em 1982, incluindo uma mostra no final da noite no Festival de Cinema de Cannes que foi divertida, principalmente porque coincidiu com o Grande Prêmio de Mônaco e pude trazer James Hunt como convidado. O sistema de som no velho Palais du Festival foi melhorado com uma pequena ajuda dos depósitos de Britannia Row. Quando a música começou, gesso começou a despencar do teto criando uma cortina de poeira e tinta. Alan Parker lembra-se de que Steven Spielberg compareceu à exibição em Cannes e "quando as luzes se acenderam ao final do filme, ele olhou para mim com enorme pena e balançou os ombros, como se quisesse dizer: 'Que porra foi aquilo tudo?'".

Houve várias mostras também em Los Angeles e Nova Iorque, incluindo uma conferência de imprensa na qual o produtor Alan Marshall, quando perguntado sobre o significado do filme, disse muito sucintamente: "É sobre um maluco desgraçado e o seu muro, então...".

FALHA NAS COMUNICAÇÕES

10

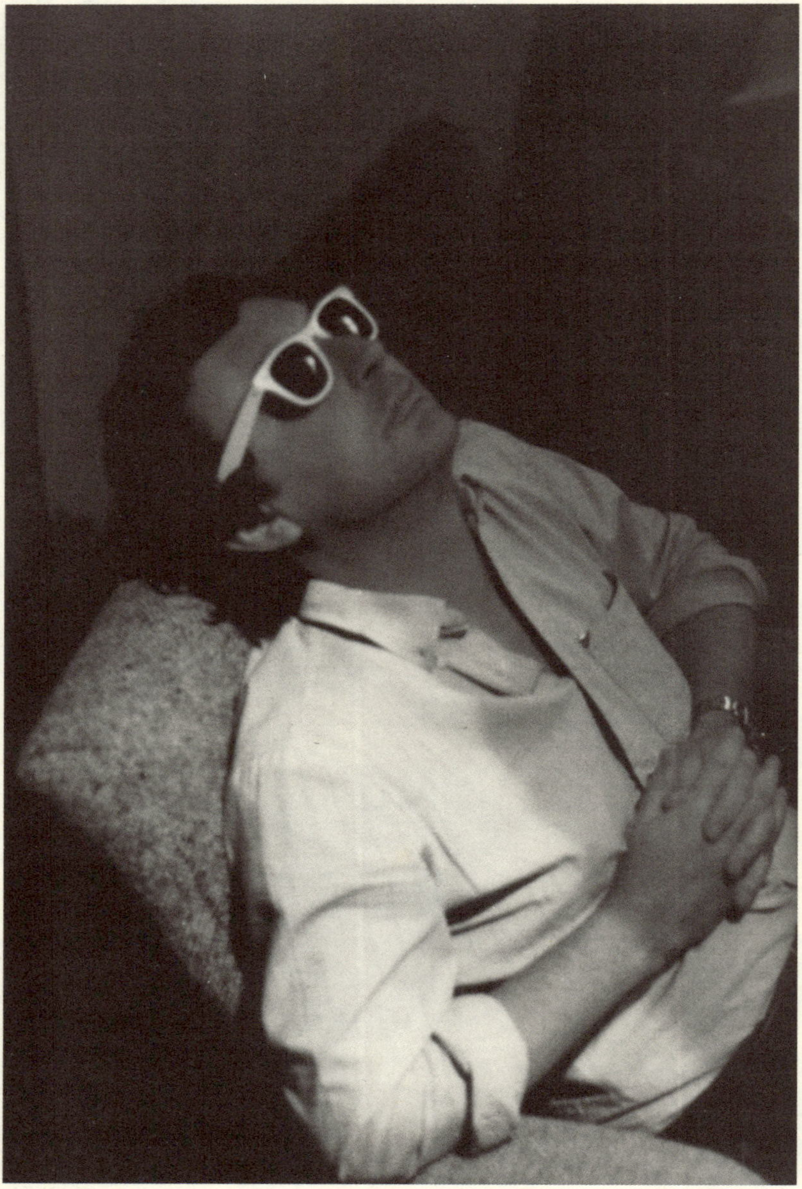

DEPOIS DE TODO o trabalho de *The Wall* ter sido finalizado, o meu sentimento predominante – e talvez já um padrão reconhecível – era menos de júbilo e mais de exaustão. Dado que apresentamos o show apenas trinta vezes em dois anos, seria difícil culpar o esforço físico. Havia um certo sentimento de que todo o projeto havia durado uma eternidade. Entretanto, talvez outra razão para a minha letargia e falta de entusiasmo tenha sido causada pelo pensamento no eventual confronto entre os membros da banda novamente.

Seguindo-se o fim da turnê e do filme, os quatro homens do Pink Floyd que existiam desde 1968 não havia mais. Rick estava aproveitando um exílio autoimposto: ele estava morando na Grécia, o lar de sua segunda esposa Franka, e saboreando o gosto da flor de lótus. A ausência de Rick serviu apenas para destacar o fato de que estávamos presos em um labirinto de comunicações falhas.

Em julho de 1982, *The Wall* já havia sido lançado em todas as mídias. Todos estivemos envolvidos na promoção em maior ou menor grau. Lembro-me de ter sido mandado à Espanha como único embaixador para a estreia local – uma vez que, acho eu, todos os outros estavam nos EUA para as estreias em Nova Iorque e na Califórnia – e dando sorrisos amarelos para as câmeras. Enquanto isso, eu acenava no que pensava ser um caminho régio para o camarote real em Madri e modestamente admiti que não havia sido tudo o meu trabalho...

De volta a Londres, Roger havia começado a trabalhar em um álbum que foi submetido a uma série de mudanças em uma sucessão de eventos muito rápida. Minha lembrança é de que o esquema original seria de incorporar uma série de faixas que foram deixadas de lado durante a produção de *The Wall*. Havia algumas canções que haviam sido incluídas na trilha sonora do filme, mas que nunca foram incluídas no álbum e essas seriam complementadas com material novo.

Isso vem do fato de que o título de trabalho original para *The Final Cut* era "Spare Bricks", uma ideia que apareceu enquanto o disco começou a se tornar algo diferente. Acho que vários fatores contribuíram para essa mudança de rumo. Roger não estava satisfeito com a fragmentada abordagem inicial e agora tinha uma ideia muito mais clara do que ele queria combater. *The Final Cut – A Requiem For The Postwar Dream* era uma peça muito mais focada. Embora ainda ligada a elementos contidos em *The Wall*, ela trata sobre os sentimentos de Roger sobre a morte de seu pai em Anzio na Segunda Guerra Mundial. O fato de que nos primeiros anos da guerra o pai de Roger havia sido um ferrenho opositor trazia mais relevância. Para sublinhar isso, havia ainda a falha da Inglaterra do pós-guerra em providenciar o mundo melhor pelo qual muitos haviam morrido.

A outra candidata para musa inspiradora era Margaret Thatcher. Em 1982, com Thatcher no cargo de primeira-ministra, a Inglaterra declarou guerra contra a Argentina numa luta sobre a soberania das Ilhas Malvinas, um conflito que foi descrito de forma sagaz por Jorge Luis Borges como "dois carecas brigando por um pente"; a atmosfera na Inglaterra à época era preocupantemente ultranacionalista e acho que isso em particular perturbou Roger. *The Final Cut* se tornou uma ferramenta real a ele para expressar o seu horror frente a esses eventos.

Dificilmente eu poderia não simpatizar com esses sentimentos sobre política, mas acho que a visão de David era de que o trabalho estava se tornando incompatível como um álbum da banda. David queria mais tempo para produzir um pouco de material próprio. Roger, agora totalmente motivado, não estava interessado em esperar. Ele queria seguir com o trabalho, e uma vez que ele havia arregaçado as mangas, deixaria pouco tempo para evasivas de quem quer que fosse. Além disso, ele parecia duvidar da capacidade de David de produzir qualquer coisa num futuro próximo.

Certamente, a imposição de um prazo final por Roger para completar o álbum pareceu estancar a criatividade de David. Não tenho certeza se isso era um jogo de poder consciente por parte de Roger. Suspeito que ele talvez estivesse irritado ou simplesmente impaciente com a aparente falta de velocidade de David em produzir material, ou pode ser que a cabeça de Roger já estivesse se movendo na direção de sua carreira solo e queria David e eu como meros assistentes em suas aspirações. Durante as gravações de *The Wall*, ele conseguiu manter uma certa aparência de democracia, mas mesmo essa aparência estava sob ameaça. A questão logo se tornou "um problema", e como um ameaçador U-boat, levantou o periscópio sobre as sombrias águas do nosso relacionamento.

A grande questão era de que o álbum consistia totalmente de composições de Roger. A contribuição de David foi minimizada – fora os seus solos de guitarra, os quais nem mesmo Roger era audacioso o suficiente para tentar influenciar – e mais significativamente o fato de Roger decidir assumir a tarefa dos vocais, deixando David com apenas uma canção para cantar, "Not Now John". No passado, a modulação dos vocais de David sempre trazia mudanças sutis na estrutura melódica das canções de Roger. Então essa mudança, e a perda dos característicos sons de teclado de Rick, fazia com que os elementos-chaves desaparecessem do que se havia estabelecido como o "som do Pink Floyd".

Outra conexão perdida foi Bob Ezrin. No jargão das bandas, a sua partida pode ser descrita como devido a "diferenças musicais", mas na realidade talvez tenha sido por uma série de incidentes: Roger ainda estava de cabeça quente sobre uma infeliz entrevista que Bob havia concedido a uma revista dos EUA logo antes dos primeiros shows de *The Wall*. Um jornalista amigo (não mais amigo) havia quebrado o pacto com Bob – e publicou – uma descrição completa do show, incluindo a revelação exclusiva do muro sendo derrubado como o *grand finale*. Bob, assim como todos, ficou mortificado com a traição, mas para dar mais combustível ao fogo, o jornalista também deu crédito incandescente para Bob por muito mais do que ele merecia, ou pelo menos, que achávamos que ele merecia.

Bob recebeu uma ligação de Steve ameaçando iniciar uma ação judicial e sugerindo que, tendo ele quebrado o contrato por ter falado à imprensa, ele poderia não ver nada das suas participações nos lucros tão batalhados. Por ser um dos membros do círculo de confiança, ele foi subitamente colocado no gancho. Foi deixado claro que ele tampouco seria bem-vindo aos shows. Hoje acho que não tínhamos noção do quão aterradora a nossa desaprovação poderia ser. Com o disco pouco a pouco dando sinal de ser um grande sucesso, Bob não poderia sequer aproveitar esse momento de glória.

Finalmente, toda a questão foi superada, mas alguns anos depois a poeira ainda estava permeando a atmosfera ao invés de assentar e Roger com certeza não estava pronto para levar Bob de volta a bordo – mesmo entendendo que Bob gostaria. Na minha opinião, isso foi uma pena. A mente de Bob pode ser confusa, mas ele é sempre franco...

A lacuna deixada por Bob foi em parte preenchida por Michael Kamen, que não era apenas um gabaritadíssimo compositor – e mais tarde indicado ao Oscar – mas também um ótimo tecladista. Michael originalmente estudara oboé na Juliard School em Nova Iorque, e começou a compor músicas para filmes nos anos 1970. Depois do *The Wall*, continuou a compor para outros filmes como *Brazil*, *Mona Lisa*, *Die Hard*, *License To Kill*, *Robin Hood: Prince Of Thieves* (que foi indicado ao Oscar), *Mr. Holland's Opus*, e também criou a trilha da série de TV *Edge Of Darkness*.

Isso resolveu os problemas práticos deixados pela saída de Rick. Entretanto, Michael não tinha interesse em uma abordagem contenciosa no processo de gravação. Além do mais, ele não precisava disso. Ele simplesmente prosseguia produzindo material maravilhoso em qualquer situação em que ele se encontrava. Seu trabalho em *The Wall* foi feito sem qualquer contato face a face e a política de banda simplesmente não era a sua alçada.

Muito do trabalho em *The Final Cut* foi feito nos Mayfair Studios, em Primrose Hill, na zona norte de Londres. Além dessa conveniente locação próxima a um restaurante de que todos gostávamos, James Guthrie estava ansioso para trabalhar lá. Na ausência de Bob, James teve uma chance óbvia como engenheiro e coprodutor, especialmente por sua habilidade de suavizar por meio de truques de negócios o trabalho de nós todos. Em 1981, ele nos ajudou a regravar "Money" para a coletânea A *Collection Of Great Dance Songs*. Dave havia programado a batida na recentemente lançada bateria eletrônica Linn e então fui para o estúdio. Infelizmente, havia algumas discrepâncias entre o andamento da máquina e o meu. James explicou que havia problemas de consistência no timbre e no andamento. Ele se lembra de que escutei atentamente seus comentários, ouvindo cada palavra com cuidado e então respondi: "Ummm, andamento e consistência nunca foram os meus pontos fortes. Sempre fui muito melhor nas festas após os shows".

Uma série de outros estúdios foram usados para determinados *overdubs*, incluindo o Olympic, RAK, Eel Pie, e os próprios estúdios caseiros de David e Roger, ambos agora equipados com equipamento de nível profissional. O nome do estúdio de Roger, o Billiard Room, indicava os conteúdos acrescentados no gravador de 24 canais...

Parte disso surgiu de um desejo de evitar retornar a Britannia Row. Apesar de agora estar mais bem equipado tecnicamente, ainda não possuía uma série de qualidades que James achava essenciais. Foi também talvez uma sábia decisão em usar estúdios neutros ao invés de Britannia Row: nos confins do nosso *bunker* nuclear as coisas poderiam se tornar terminantemente explosivas no lado de dentro ao invés do lado de fora. A única dificuldade técnica que enfrentamos em Mayfair foi de que o assistente cochilou e nos deixou trancados no final de semana anterior ao Natal, quando todos fizemos um particular esforço para aparecer – para a sua própria segurança, ele foi advertido a não retornar no Ano Novo.

Em uma ocasião durante a gravação de *The Final Cut*, James se lembra de uma sessão bastante tensa no Billiard Room, na qual Roger estava tentando aperfeiçoar uma determinada linha vocal: "Roger estava em sua posição costumeira, encostado na borda da mesa de bilhar, fones ligados, e cantando. Na maioria dos dias, Roger estava afiado e capaz de entregar uma boa performance vocal muito rapidamente. Mas neste dia não. A afinação não estava vindo facilmente e a tensão começou a crescer. Michael não estava no clima. Ele estava sem falar já havia algum tempo e sua atenção claramente estava em outro lugar. Ele concentradamente rabiscava um bloco de notas".

Finalmente Roger, desconcentrado pela aparente falta de interesse de Michael, invadiu a sala de controle e exigiu saber o que Michael estava escrevendo. "Michael havia decidido que ele deveria ter feito algo impensável em uma vida passada, algo pelo qual ele estava agora pagando o carma, pois tinha que aguentar mais uma tomada da mesma parte vocal. Então ele escreveu várias vezes no seu bloco de notas, página por página, linha por linha, a seguinte frase: 'Eu não devo foder ovelhas'. Ele não tinha certeza do que poderia ter feito nas suas vidas passadas, mas 'Eu não devo foder ovelhas parecia uma suposição bastante razoável".

Alguns anos mais tarde, quando Michael estava em turnê como integrante da banda de Roger, houve a festa com camisetas temáticas. Todas elas tinham a inscrição "Estou sendo rentável?" escrita ao contrário (como primeira coisa a lembrar para todos a cada manhã quando se olhassem no espelho), enquanto a banda tinha mensagens individualizadas nas suas camisetas. A camiseta de Michael trazia "SAHLEVO REDOF OVED OÃN UE"... Ambos Michael e James, talvez surpreendentemente, pertencem ao exclusivíssimo grupo de colaboradores que conseguiram sobreviver para trabalhar novamente com nós todos.

Minha própria parte nos processos foi bem diminuta. Eu estava passando cada vez mais tempo no automobilismo: em 1981, não consegui participar de Le Mans, os shows de *The Wall* tinham a precedência. Steve, entretanto, conseguiu fazer uma notável peça de *jet-setting* quando iniciou a corrida, antes de voltar a Earls Court para o show da noite de sábado, e então retornou ao autódromo para pilotar a última etapa da corrida na manhã de domingo. Para viabilizar isso, eu havia organizado uma boa peça de promoção encorajando Wilfred Jung, o presidente da EMI na Alemanha, para patrocinar o Dorset Racing Lola 298 a fim de disputar a corrida de 1.000 km de Nürburgring em 1981, com toda a pintura do carro sugerindo temas de *The Wall*. Isso não foi muito difícil, uma vez que Wilfred era o mais ávido fã de automobilismo. Acho que nós dois sabíamos que essa era a exata forma para cimentar a relação gravadora-artista. No ano seguinte, retornei a Le Mans dividindo o volante com Steve. Entre a busca por patrocínio, sessões de treino e uma desastrosa sociedade em uma equipe de corrida, é realmente um grande feito eu ter conseguido achar tempo para ir aos estúdios...

Ainda assim, passei alguns dias trabalhando em algumas trilhas de bateria e também gastei um pouco de tempo comparecendo para mostrar comprometimento e lembrar a todos que eu ainda existia. Essas tarefas pouco exigentes foram apenas aumentadas quando ficou claro que outro ingrediente estava falhando em preencher as expectativas: os efeitos sonoros holofônicos não estavam funcionando. No começo da gravação, fomos apresentados a um italiano especialista em áudio chamado Hugo Zuccarelli. Ele afirmava que havia projetado um novo sistema holofônico que podia ser gravado facilmente em uma fita estéreo. Estávamos céticos, pois as incursões anteriores no maravilhoso mundo da quadrifonia durante os anos 1970 acabaram por se mostrar complexas demais. O processo de gravação em quadrifonia exigia grandes quantidades de espaço em trilhas e infindáveis ajustes nos botões de controle para posicionar os sons dentro do espectro quadrifônico. O processo não era apenas complicado em quase todos os seus aspectos, mas também era insuficiente o número de lunáticos dispostos a posicionar suas poltronas precisamente no centro da sala de estar para tirar proveito máximo da experiência.

Entretanto, o sistema holofônico – ou "som total" – de Hugo Zuccarelli era diferente. Ele realmente funcionava. Ainda não sei exatamente por que o sistema usava somente um par de microfones estéreo dentro de um *dummy head*. Isso fornecia uma certa qualidade de som espacial que quando se escutava através de fones de ouvido replicava a forma com que o aparelho auditivo humano trabalha no dia a dia. A primeira fita cassete de demonstração de Hugo era realmente surpreendente: me lembro de um efeito em que uma caixa de fósforos era chacoalhada e movida em volta da sua cabeça de forma que ora parecia estar em cima, ora embaixo. Se você fechasse os olhos enquanto ouvia pelos fones de ouvido, era muito desorientador e completamente convincente.

Imediatamente, decidimos usar o sistema em todos os efeitos sonoros do álbum, e me voluntariei para acompanhar a cabeça holofônica (que respondia pelo nome de Ringo) a várias locações para capturar o som de sinos de igrejas ou de passos. Roger gostava bastante do efeito Dopler do tráfego de veículos se distanciando do ouvinte, e o efeito musical era criado quando o tom do som do veículo transeunte se alterava. Finalmente, a minha experiência com automobilismo valeu a pena: passei várias felizes horas capturando os sons da Queen's Highway e tentando gravar derrapadas de pneus na pista de derrapagem na Hendon Police Driving School (uma falha total já que, com os freios acionados até o fim, os carros deslizavam sobre manchas de óleo em misterioso silêncio).

Roger também queria sons de aviões bélicos. Através de um contato no alto escalão da força aérea, consegui permissão para gravar uma série de Tornadoes na base da Força Aérea Real Honington em Warwickshire. Foi uma experiência extraordinária ficar posicionado no final da pista tentando ajustar um nível para um som tão intenso que enquanto as turbinas eram acionadas o próprio ar começava a estalar devido a sobrecarga sônica. Também busquei antigos contatos para convencer um amigo que estava pilotando Shackletons para gravar um dos aviões em voo. A ideia de passar a metade de um dia circulando pelo oceano procurando por submarinos que não existiam não me deixou à vontade, mas Ringo bravamente aceitou a missão e retornou para saborear o café da manhã e ser condecorado com medalhas, juntamente com doze horas de ruído da aeronave na fita. Ainda sinto uma ponta de culpa por ter tido tanta ajuda de amigos de dentro das forças armadas sendo que todo o material colhido integrou um álbum de protesto. Espero que hoje todos eles já me tenham perdoado.

Foi uma pena que antes mesmo de eu começar a trabalhar em *The Final Cut*, Roger achou necessário anunciar agressivamente de que como eu havia apenas "tocado bateria", não poderia reivindicar participação extra nos lucros ou crédito por qualquer trabalho. Esse tipo de comportamento pareceu realmente se aproximar da megalomania, particularmente porque não me opus aos seus planos. Decidi olhar pelo lado bom: pelo menos eu não precisaria passar mais tempo na temerária atmosfera dentro do estúdio.

Se eu não estava me divertindo muito, David com certeza não estava passando por um bom momento também. Roger estava sistematicamente ignorando quaisquer sugestões de David, motivo pelo qual (provavelmente) ele queria Michael na tarefa de aumentar a contribuição musical. De várias formas Michael era provavelmente quase um substituto para David, assim como para Rick ou Bob, dado os seus conhecimentos melódicos e sua experiência em composição e arranjo. Pode até ser paranoia, mas parecia mesmo que David estava levando um gancho. A época em que *The Final Cut* foi terminado, Roger estava efetivamente tocando as coisas sozinho. Acho que sempre havíamos trabalhado com a premissa de que os compositores teriam a palavra final sobre como o trabalho deveria ser produzido. Sem qualquer contribuição de David, seu papel foi inevitavelmente erodido.

Entretanto, não me lembro de qualquer discussão no sentido de que o álbum deveria ser lançado como um disco solo de Roger

Waters. De qualquer forma, tal plano teria chegado tarde demais. A gravadora estava esperando um álbum do Pink Floyd e não seria tão amável ao ser presenteada com um trabalho solo de Roger. Eu haveria resistido, acho eu, pois isso sinalizaria o fim da banda, e tenho uma infeliz tendência em acreditar que "se não fizermos nada, talvez, o problema vai passar". E a opção de todos começarmos tudo de novo em um álbum da banda em algum ponto do futuro próximo parecia impensável. É claro que deveríamos ter resolvido essas questões em tempo, mas de alguma forma nos esquivamos delas por completo.

Embora possuíssemos uma destacável habilidade de enfurecer e chatear uns aos outros enquanto mantínhamos uma cara dura, nunca adquirimos a habilidade de falar uns com os outros sobre assuntos importantes. Depois de *The Dark Side Of The Moon*, houve uma pronunciada tendência por parte de todos a realizar críticas de maneira destrutiva – e de recebê-las de forma ainda pior. Roger algumas vezes é lembrado por gostar da confrontação, mas não acho que seja o caso. Realmente penso que Roger não sabe o quão temerário ele pode ser, e uma vez que ele vê o confronto como necessário, ele se torna tão severamente comprometido com a vitória que se utiliza de todos os recursos para vencer – e os seus recursos às vezes são muito assustadores. No lado positivo, acho que isso deve ser uma grande vantagem para ele nas suas partidas de golfe, tênis e pôquer... David, por outro lado, pode não ser inicialmente tão temerário, mas uma vez que ele decide um plano de ação é difícil de desviá-lo. Quando o seu objeto imóvel encontra a irresistível força de Roger, é garantido que dificuldades se seguirão.

O que se seguiu foi uma grande discussão sobre créditos; finalmente o nome de David desapareceu, embora se tenha acordado que ele mesmo assim seria pago. Michael Kamen permaneceu como coprodutor – juntamente com James Guthrie.

Por que decidimos continuar com o que parecia com a tomada de controle de Roger? Aceitamos tantas coisas como inevitáveis que, olhando para trás, pareciam desnecessárias. Tal complacência covarde pode ter sido o resultado de mudanças graduais forjadas na estrutura da banda durante a década anterior. Talvez por falta de confiança nas suas habilidades em composição, David pode ter achado que se confrontássemos essas questões arriscaríamos perder Roger e ficaríamos impossibilitados de continuar. Ou na trilha da saída de Rick talvez temêssemos ser marginalizados e então negociados individualmente. É difícil admitir isso, mas qualquer que fossem as razões, a tendência de apontar Roger como o grande vilão, embora tentadora, é provavelmente equivocada.

Lembro-me desse período como particularmente tenso, com uma sensação de lutar para manter as coisas juntas. Minha própria vida pessoal não estava exatamente às mil maravilhas. Após um ano fora, eu estava lidando com meus próprios dramas. Estava terminando meu casamento com Lindy e prestes a iniciar um novo relacionamento com a minha esposa atual Annette. Dada a minha propensão em evitar o conflito em questões emocionais, seria um eufemismo dizer que não foi uma época fácil. Eu estava me mostrando de difícil convivência para Lindy e minhas duas filhas Chloe e Holly, embora eu tenha um pressentimento de que provavelmente eu era o que mais sofria.

À época do lançamento do álbum em maio de 1983, mais uma conexão do Floyd foi decepada. Devido a um severo estouro de orçamento em uma filmagem, Storm e Po dissolveram a Hipgnosis (citando "diferenças visuais" talvez) e a despeito do envolvimento de Gerald Scarfe em *The Wall*, Storm com certa razão pode ter tido a expectativa de pegar o serviço. Entretanto, ambos Gerry e Storm foram deixados de lado e Roger escolheu fazer a arte da capa por si mesmo. Ele usou Willie Christie para tirar fotos – acho que isso causou um certo embaraço para Willie, uma vez que ele era o cunhado de Roger e também um excelente fotógrafo – mas a ausência da Hipgnosis adicionou mais alguns decibéis à impressão de "Última Mensagem" sendo ouvida do Pink Floyd que uma vez existiu.

Não acho que Roger se sinta inteiramente satisfeito com *The Final Cut* – "muito imperfeito" é um dos comentários que ele fez, acredito – mas deve haver muitas coisas com as quais ele ficou feliz. O fato de que o disco é dedicado ao seu pai mostra como o álbum é querido para ele, e de certa forma marginalizado do resto de nós. Para mim, o disco representa uma época de dificuldades em minha vida e isso vai além de qualquer julgamento do álbum. Assim como todos os nossos álbuns, o disco finalizado é muito mais um diário de alguns meses da minha vida, mais do que uma peça musical que eu possa perceber objetivamente.

A música é capaz de fazer alguém se lembrar diretamente de uma determinada fase da sua vida, e se pode manter afeição por formidáveis canções durante anos. ("É extraordinária a força das músicas simples", como Noel Coward afirma). Para os músicos que gravam, a parte estranha é de que essa janela temporal é fora do escopo, pois a realidade de um álbum na verdade existe em um período de cerca de um ano *antes* do seu lançamento. Para mim, *The Final Cut* pertence ao final de 1982 ao invés de 1983...

Depois de *The Final Cut* ter sido finalizado, não havia planos para o futuro. Não tenho lembranças de qualquer promoção e não houve a sugestão de shows ao vivo para promover o disco. Seria difícil de imaginar um show que pudesse seguir *The Wall*, de qualquer forma. Isso era mais um fator por que David e eu olhávamos para o futuro. Ambos David e eu gostávamos de tocar ao vivo e fazer turnês como parte integral de uma banda. Se ser parte Floyd liderado por Roger significasse que não haveria mais shows ("devido à indisciplina, todas as turnês foram canceladas") e apenas irritação no estúdio de gravação, as expectativas futuras pareciam desinteressantes.

Consequentemente, ambos David e Roger começaram a trabalhar em projetos solo. O álbum de David, *About Face*, e a sua turnê focaram-se mais no ato de tocar do que no espetáculo. Muito do material tocado era do seu trabalho solo, mas a turnê e o álbum nos ajudaram mais tarde em várias maneiras: mostraram David no seu melhor como músico e a boa relação que ele construiu com a imprensa e a gravadora nos deixou em uma boa posição quando mais precisamos quatro anos mais tarde. Também foi quando ele percebeu a necessidade de montar o show completo se alguém queria encher as grandes arenas.

Logo antes da turnê de David chegar a Hammersmith Odeon, ele se aproximou de mim e sugeriu que seria legal que Rick e eu nos juntássemos a ele ao final do seu último show em Londres para tocarmos "Comfortably Numb". Pareceu divertido e apareci durante a tarde para uma passagem e me adaptar em tocar a bateria de outra pessoa. Foi um pouco estranho, especialmente porque eu não havia tocado a canção durante os últimos quatro anos, mas Chris Slade, o baterista na turnê de David não poderia ter sido mais agradável. Após anos ouvindo bateristas rabugentos emprestando os seus *kits* e dizendo: "Não use a caixa", ficou provada a tese de que quanto melhor o baterista, mais relaxada é a atitude... A canção soou maravilhosa e amamos tocá-la. Não gosto de levar a coisa para a linguagem metafísica, mas acho que realmente sentimos uma certa mágica ao tocar juntos novamente, e acho que esse foi o momento que contribuiu para os eventos subsequentes de 1986.

Roger, enquanto isso, estava ressuscitando o projeto *Pros And Cons Of Hitch-hiking* para o qual ele havia preparado fitas demos anos antes como uma alternativa para *The Wall*. O álbum foi lançado logo após os shows de David em Hammersmith, seguindo-se então com Roger procedendo com a sua versão de uma turnê do Pink Floyd, utilizando novas animações de Gerry Scarfe, assim como elementos de Fisher Park. Fui ver um dos seus shows em Earls Court e percebi que a experiência teve um espantoso efeito depressivo em mim. A primeira parte do show era composta por números do Floyd e me deu a impressão de ser (um muito velho) Peter Pan na janela do berçário – que era a minha parte sendo tocada por outra pessoa. Em retrospectiva, esse evento muito me afetou tanto quanto as outras coisas. Percebi que não poderia tão facilmente deixar o trem seguir o rumo sem mim.

Rick estava trabalhando com Dave Harris em um projeto chamado *Zee* (eles lançaram um álbum quase simultaneamente com Roger) e me envolvi em um pequeno documentário que puramente combinava música com automobilismo. Na verdade, o filme se encaixava perfeitamente com uma colaboração que eu havia formado com um amigo meu, Rick Fenn, com o qual montei uma pequena empresa a fim de fazer música para comerciais e filmes.

O projeto de *Life Could Be A Dream* envolvia um contrato com a marca de cigarros Rothmans e a sua equipe no World Sports Car Championship Porsche 956. Eu pilotaria o carro da equipe em algumas das corridas de 1.000 quilômetros com uma câmera a bordo. Como um bônus extra, eu pilotaria em Le Mans com René Metdge e Richard Lloyd (por pura coincidência, Richard havia sido em uma época passada um produtor da Decca e foi o responsável por gravar a primeira canção de Rick com Adam, Mike & Tim). Com uma trilha sonora, pensamos que o documentário poderia ter um certo potencial comercial. Devo admitir, tristemente, que tive poucos escrúpulos sobre vestir todas as logomarcas da companhia de cigarros – e prestei cuidadosa atenção sobre como enfrentar difíceis perguntas sobre tabagismo. Então fomos fazer um álbum, o qual incluía um *single* chamado "Lie For A Lie" para o qual David generosamente providenciou os vocais. Mesmo com essa ajuda, não conseguimos sequer chegar perto das paradas.

Havia pouca chance de o Pink Floyd tocar junto nesse período, embora em 1985 houvesse uma vaga possibilidade de aparecermos no Live Aid. No final das contas, David foi o único de nós que participou, tocando guitarra com Bryan Ferry, e teve o bônus extra de ser apresentado ao tecladista Jon Carin.

Usei o maior tempo livre para aprender a voar, finalmente superando os medos que foram engendrados por tantos voos assustadores durante as turnês. Isso obviamente lançou uma tendência e ao longo do tempo David também conseguiu sua licença para pilotar - assim como Steve O'Rourke conseguiu a sua. Acabamos dividindo voos por vários anos e nos assustando uns aos outros muito mais do que em todos aqueles voos comerciais.

Essa fase de projetos solo - a qual pode ter proporcionado a nós quatro uma útil pausa para respirar - na verdade serviu para criar outra fonte de insatisfação. Roger havia decidido, por essa época, que ele renegociaria seu contrato individual com Steve e queria manter essas negociações em termos confidenciais. Steve achou que - por razões morais e também financeiras - ele estaria obrigado a informar os outros membros da banda. Essa traição - como Roger encarou os fatos - unida com a sua crença de que Steve tendia a representar David mais fortemente através das irritantes negociações de *Final Cut*, levaram a Roger a querer substituir Steve como seu empresário.

Nós nos reunimos e conversamos; até mesmo tivemos uma calma reunião em 1984 em um restaurante japonês, regada a *sushi* e saquê, para discutir sobre todas as coisas que não iríamos fazer - e então Steve chegou até nós para ouvir sobre isso. Roger foi sem dúvida confundido pela nossa cordialidade geral e aquiesceu na crença de que aceitávamos o fato de que o Pink Floyd estava quase acabado. Enquanto isso, David e eu pensamos que Roger havia finalizado *Pros And Cons* e a vida continuaria. Tivemos, no final das contas, uma série de hiatos anteriores. Roger enxerga esse encontro como dissimulação ao invés de diplomacia - eu discordo. Claramente, nossas habilidades em comunicação ainda eram problematicamente inexistentes. Deixamos o restaurante com visões diametralmente opostas sobre o que havia sido decidido.

11

RECOMEÇO... E RESTABELECIMENTO

EM 1986, DAVID e eu decidimos tentar fazer mais um álbum, sem Roger. Não houve qualquer momento específico de revelação quando decidimos continuar. Na verdade, David já estava pronto para isso já havia bastante tempo e estava trabalhando em uma série de demos. Seguiram-se várias meias conversas quando Steve O'Rourke deve ter dito: "Você quer ...?", ou David talvez tenha me perguntado: "Bem, vamos ou não vamos?". Finalmente, essas discussões se juntaram em um *momentum* e afinal concordamos: "Vamos fazer então". Uma vez que a decisão foi tomada, ela era irreversível. Um pouco como perder Syd em 1968: as alternativas eram alarmantes em retrospectiva. Não sabíamos exatamente como o álbum seria feito, mas sentíamos que certamente era possível. A despeito do meu histórico como residente do rock' n' roll no vicariato de Bray, eu estava totalmente comprometido com a decisão. Ainda fico surpreso com essa mostra de vontade. Muito do nosso trabalho anterior consistiu das composições e da direção de Roger e mesmo assim tive grande fé na habilidade de David em acordar quaisquer habilidades dormentes de forma relativamente rápida, assim como uma confiança no seu trabalho de vocalista e guitarrista que tanto havia contribuído para o som da banda.

Não acho que levamos em consideração as possíveis consequências legais, mas certamente sabíamos dos riscos. Em uma época em que toda a imprensa ainda estava interessada na batalha com Roger, havia uma preocupante possibilidade de darmos a ela um dia de glória ao lançar um álbum que daria razão aos opositores nos revelando não mais do que falsários em busca de dinheiro. Outros horrores em potencial eram a possibilidade de sermos derrotados pelo nosso outrora colega em um tiroteio entre as prateleiras das grandes lojas e uma triste acusação formal das nossas reais motivações comparado com o sonho de trazer música de qualidade para pessoas amáveis. O dano aos nossos egos era potencialmente mais prejudicial do que qualquer desastre financeiro.

Durante o processo de gravação, a luta em curso com Roger continuou sem trégua e mostrou-se uma montanha-russa de sensações. Infinitas horas ao telefone com advogados foram substituídas por longas reuniões, frequentemente realizadas nas imediações dickensianas do tribunal de Inns. Na esperança de se achar uma peça de prova definitiva, horas de discussão sobre os mais maçantes aspectos da nossa história, ou seja, as sutilezas legais do que pensávamos ter acertado verbalmente havia dezoito anos. Litigação é uma experiência notável, na medida em que se convoca os seus gladiadores e suas habilidades de combate e se senta atrás deles para vê-los lutar. É provavelmente a forma mais cara de entretenimento que já encontrei e é também a que dá mais cabo aos nervos.

Longe do *front* legal, houve algumas discussões e tentativas de reconciliação. Tive um jantar uma noite com Roger que disse que aceitaria desde que fosse liberado do seu contrato com Steve. Infelizmente, Steve era uma importante parte da nossa jornada e acho que sentíamos que estávamos no mesmo barco, talvez mais do que o necessário. Parte do problema era de que nada estava escrito no papel. Havia um acordo verbal – tão válido quanto um formal, nos diziam os advogados – entre Steve e a banda, o que significava que qualquer ação tomada por um membro teria de ser ratificada por todos os outros. As discussões foram lameadas por falta de entendimento, certamente por mim, sobre quais seriam as reais implicações – e devido a isso as questões permaneceram difusas e qualquer confiança incerta. Em retrospecto, deveríamos ter acordado com Roger naquele exato momento.

Entretanto, eu realmente entendia a lógica de Roger. Por um lado, ele achava que era parte fundamental do Pink Floyd e havia carregado

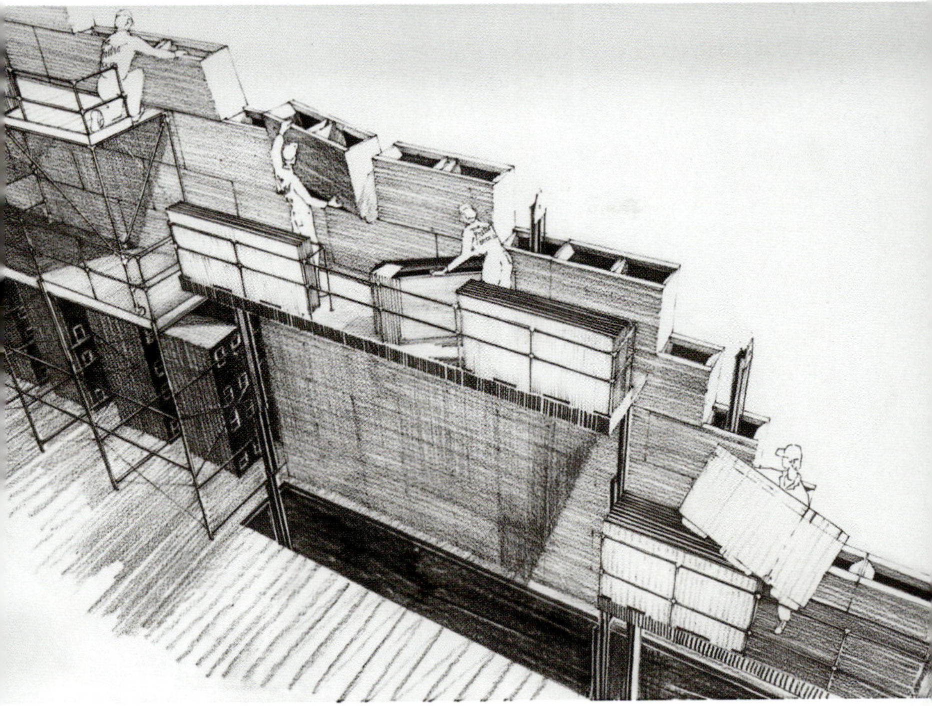

Os primeiros esboços de Mark Fisher para o show de *The Wall.*

Gerald Scarfe (esquerda) e Mark Fisher erguendo a Mãe, uma das personagens infláveis do show de *The Wall.*

Durante o intervalo do show no Sports Arena em Los Angeles, fevereiro de 1980, com o muro totalmente construído.

The Wall: a cena do hotel (à esquerda) e os menestréis fechando o show com "Outside The Wall".

O filme *The Wall* e as tropas em Saunton Sands (acima), e Bob Geldof como Pink.

Em Le Mans,1984, pilotando um Porsche 956 e (à esquerda) com um pequeno remorso quanto aos logos dos patrocinadores de cigarros.

Steve O'Rourke em Le Mans na Ferrari 512 BB, em sua forma original Ecurie Nationale Belge.

Retrato tirado por David Bailey para o lançamento de *A Momentary Lapse Of Reason*.

Gravação a bordo do barco de David, com Bob Ezrin no baixo.

Anúncio da turnê *Momentary Lapse* em Londres (a cama inflável era uma referência à capa do álbum).

Um grupo de fãs bem à vontade. De certo modo, resisti em acrescentar este veículo peculiar à minha coleção de carros.

Rick entretém as tropas durante a turnê *Momentary Lapse.*

David Gilmour e Polly Samson – eles se casaram durante a turnê *Division Bell,* em julho de 1994.

Apresentação em Veneza, 15 de julho de 1989, ancorados à costa da Piazza San Marco.

Moscou, junho de 1989 – as irmãs McBroom e Rachel Fury fazem sua parte para a *glasnost*.

Com minha filha Chloe antes do show em Versalhes, junho de 1988.

Meus filhos Cary e Guy demonstram suas habilidades musicais.

Minha filha Holly na turnê *Division Bell*.

Nettie e eu prestes a embarcar no balão de *Division Bell* (abaixo).

A turnê *Division Bell,* 1994 – um dos porcos emerge do seu chiqueiro e o globo espelhado se ergue e se abre no meio do auditório.

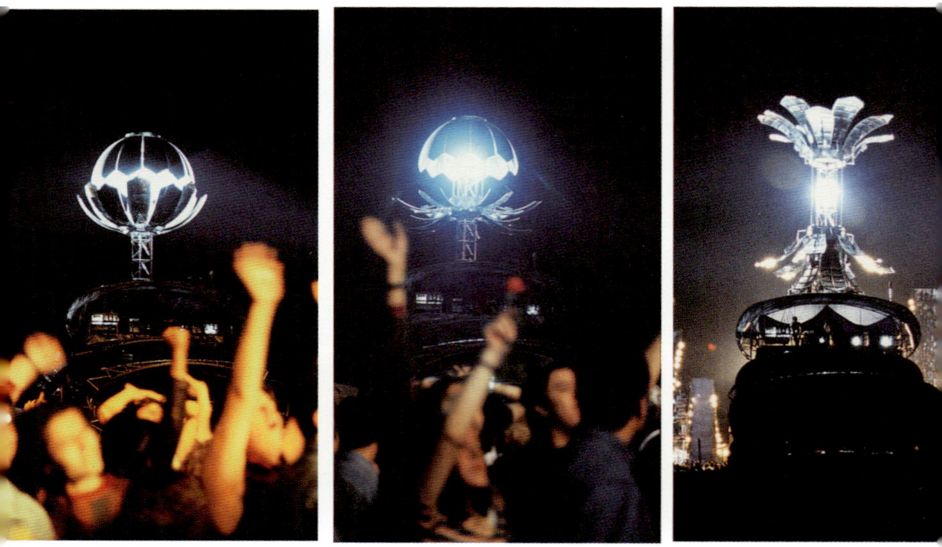

Membros da banda na turnê – em sentido horário do topo da esquerda: Scott Page, Gary Wallis, Guy Pratt, cantoras de apoio Lorelei e Durga McBroom e Rachel Fury, Jon Carin, Tim Renwick.

A turnê *Division Bell* com força total.

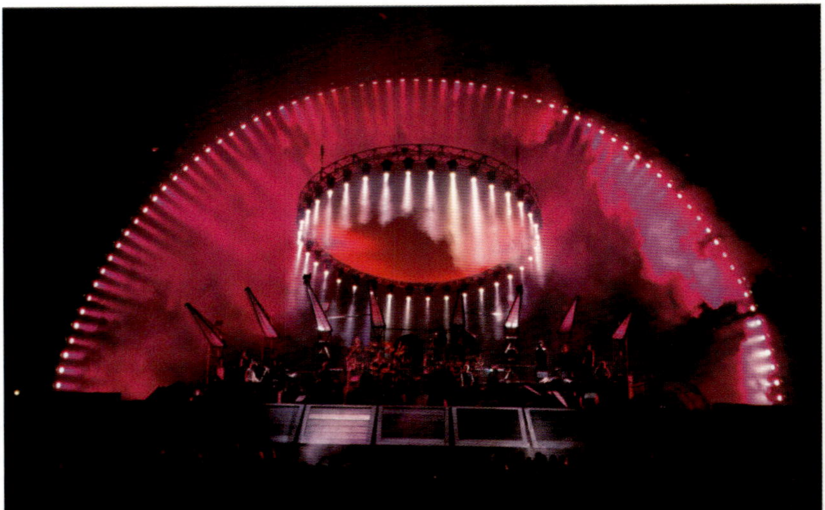

Com Roger no ensaio para o nosso reencontro no Live 8.

A banda se apresenta no Live 8.

Live 8, Hyde Park, Londres, 2 de julho de 2005.

a banda nos ombros por dez anos ou mais na condição de compositor e diretor de operações. Mas enquanto a banda existisse sob qualquer forma de entidade, ela representava um obstáculo à sua carreira solo, uma vez que a gravadora sempre estaria esperando por um lançamento do Pink Floyd. Qualquer coisa do seu trabalho solo seria vista como um material intermediário e seria difícil de receber o mesmo suporte promocional que um álbum da banda demandaria.

Roger realmente precisava de que a banda fosse formalmente dissolvida para limpar o caminho para a sua carreira solo e ele provavelmente pensava que isso aconteceria se ele retirasse os seus serviços, uma vez que Rick tecnicamente não era mais membro, eu havia feito pouco além de corridas de carro e me tornado proprietário de uma garagem, e mesmo David havia se tornado mais um produtor e guitarrista convidado de outros músicos do que um membro da banda. O que ninguém previu foi a resposta de David sobre o que, acho eu, ele sentia quanto à falta de crédito e exposição por suas contribuições e ideias. A divisão dos espólios – e mais especificamente de créditos – é frequentemente injusta, mas ele talvez tenha sido o mais injustiçado. Mesmo eu, não propenso a conflitos, senti-me ofendido após vinte anos de trabalho e pensei que me estava sendo recomendado a silenciosamente me retirar.

Embora no passado eu frequentemente tivesse estado ao lado de Roger, que afinal de contas era um dos meus mais antigos amigos, fiquei mortificado pela sugestão de que eu não havia contribuído com nada e não conseguiria emprego sem ele. A frase atribuída a mim, da qual particularmente gosto, é… "Roger gostava de dizer que ninguém é indispensável e... ele estava certo".

Em retrospectiva, Roger talvez tenha cometido um erro tático em ir aos tribunais – em um ponto todos fomos convocados a ir ao tribunal. Entretanto, uma vez que "paciência" é uma palavra que não aparece no dicionário de Roger, seu desejo nato de agir ao invés de esperar fez com que ele trouxesse tudo ao ponto de ebulição – e atingiu o resultado oposto do que ele esperava. Para David em particular, um dos grandes incentivos foi o fato de que Roger, quando soube dos planos de um novo álbum, disse a ele: "Você nunca vai conseguir".

Roger já havia expressado que ele pensava que o Pink Floyd havia acabado e a sua separação de Steve estava encaminhada. Com todos sentindo raiva, cavamos trincheiras para manter nossas respectivas posições e recusávamos a ceder. Roger quebrou a guerra silenciosa ao anunciar mundialmente que a banda "havia acabado". Isso surpreendeu o resto de nós. Acabou sendo mais um incentivo para fazer o álbum.

A motivação estava presente em grande quantidade. Agora focamos nossa atenção para como, com quem e aonde deveríamos ir. Quando não era verdadeiramente um problema. Não havia obrigações a cumprir com a gravadora e não havíamos assumido quaisquer compromissos com datas de turnê. A própria gravação do álbum poderia inicialmente determinar o passo do trabalho.

O como fazer se centrava principalmente sobre a escolha de David acerca dos padrões de composição e trabalho. Uma decisão prévia foi a de trazer de volta Bobradio kaosor. Por acaso, Bob Ezrin havia recebido um convite para ser o produtor de *Radio KAOS*, o álbum solo de Roger que estava sendo gravado na mesma época. Bob afirma que ele decidiu não trabalhar no disco de Roger porque eles não conseguiram acordar um cronograma que serviria a ambos. Bob, especificamente, queria evitar longas jornadas longe de casa; Roger queria mergulhar fundo e terminar o trabalho. O fato é que Roger se sentiu traído quando Bob assinou com "a oposição" – e de acordo com Bob, Roger nessa época se referia a nós como "os Muffins".

No evento, Pat Leonard, que havia trabalhado com David anteriormente, foi escalado para trabalhar no nosso disco. Ele havia trabalhado ocasionalmente com Roger e se sentiu talvez até honrado com nosso convite. Andy Jackson foi trazido para ser o nosso engenheiro – Andy havia trabalhado com James Guthrie na trilha sonora do filme *The Wall*. Conhecendo James, apenas poderíamos esperar que ele escolhesse sabiamente e ele não nos desapontou.

Depois da experiência da gravação de *The Wall* na França, Bob se mostrou completamente simpático ao espírito do projeto. Uma das suas grandes qualidades é a habilidade de aplicar uma específica mistura de técnicas a uma dada situação. Agora, ele rapidamente percebeu que neste álbum sua principal função seria no apoio a David atuando duplamente como catalisador e uma espécie de treinador musical pessoal: Bob era especialmente bom ao exortar David para continuar tentando e prosseguindo.

No âmbito da composição das canções, David decidiu experimentar trabalhar com uma série de potenciais colaboradores para ver qual seria o possível resultado. Durante a jornada, ele passou algum tempo com Phil Manzanera, o guitarrista do Roxy Music, Eric Stewart do 10cc, um poeta de Liverpool chamado Roger McGough e o músico canadense Carole Pope. O que se materializou dessas tentativas foi que David estava na verdade procurando por um letrista e essa pessoa acabou por ser Anthony Moore, que havia sido integrante da banda Slapp Happy, a qual, muitas luas antes, esteve no rol da Blackhill Enterprises.

O local que decidimos que seria a base para os primeiros estágios da gravação foi o *Astoria*, o barco-estúdio de David ancorado perto de Hamton Court no rio Tâmisa. Essa curiosa embarcação foi construída no começo da década de 1910 (a um custo de 20.000 libras – à época, uma enorme quantia) para um antigo empresário de shows musicais e de variedades chamado Fred Karno – o Harvey Goldsmith dos seus dias – que fazia o entretenimento de Charlie Chaplin e seus pares a bordo. O *Astoria* media trinta metros de comprimento e possuía uma instalação para uma orquestra de setenta integrantes que quisesse tocar no terraço se alguém assim o desejasse (preferimos que não). David estava morando a alguns quilômetros dali quando o comprou, quase como um capricho, para usá-lo como um estúdio caseiro aquático.

Para um músico do século vinte, David, ajudado e incentivado por Phil Taylor, construiu um estúdio na convertida sala de jantar – uma redoma de pequeno tamanho, mas com espaço suficiente para um *kit* de bateria, baixo e teclados eletrônicos. A sala de controle, construída na sala de estar principal possuía janelas com vista para o rio em ambos os lados e para além das margens no terceiro andar. O barco também dispunha de espaço suficiente para todo o equipamento auxiliar necessário.

Começamos a gravação usando um gravador analógico de 24 pistas com os *overdubs* mandados para um gravador digital de 32 pistas da Mitsubishi. Isso marcou a nossa primeira incursão na gravação digital em fita. Essa nova tecnologia tinha uma série de benefícios – incluindo a qualidade sonora melhorada e nenhuma degradação – assim como podia ser embarcada no *Astoria*. Phil Taylor se lembra de que durante a gravação de *A Momentary Lapse Of Reason*, David navegou o barco rio a cima e ficou a bordo durante uma semana e gravou a totalidade de “Sorrow” incluindo todas as partes de guitarra, vocais e a bateria eletrônica, então quando nos reunimos novamente na segunda-feira, era só fazer alguns ajustes e polimento.

The Trout, uma típica *slipper launch* do Tâmisa fabricada nos anos 1930, foi ancorada ao lado e estava disponível para quem quisesse dar uma volta ou até mesmo àqueles que quisessem ir para a casa, mas estavam com sua licença para dirigir suspensa. Ainda parece bem radical ter uma vista do mundo exterior – e ainda mais uma bela vista (dentro de alguns anos, entretanto, tornou-se norma realizar a gravação em locações igualmente belas). A fórmula mostrou-se vitoriosa e tal locação tão aprazível fazia com que, mesmo durante uma pausa nos trabalhos, ninguém quisesse sair apressadamente.

Havia o ocasional balanço enervante quando grandes barcos passavam em velocidades acima do limite, mas o único outro tráfego, além dos inusitados remadores, eram as centenas de cisnes que viviam no refúgio local. Tivemos uma vez a visita inesperada de uma equipe jornalística de televisão a qual, não tendo conseguido uma audiência conosco, afirmou que, usando trajes de mergulho e, em uma cena que faz lembrar *Above Us The Waves*, havia gravado o nosso trabalho em estúdio embaixo da água. Eles teriam que permanecer submersos por tanto tempo e encarar tanto frio para conseguir pelo menos um trecho de som encharcado. Penso que essa história pode ser colocada ao lado daquela que afirma que buscamos nossa inspiração de seres alienígenas em outros planetas...

Uma ameaça mais séria aconteceu quando o rio começou a subir tão rápido que o barco começou a inclinar quando começou a se chocar contra os cais que o mantinha no lugar. A possibilidade do *Astoria* desaparecendo nas águas espumantes no melhor estilo *Titanic* enquanto a banda continuava a tocar era muito sinistra de se contemplar, embora eu goste de pensar que Leonardo Di Caprio poderia perfeitamente capturar meu charme pueril no épico feito para a TV que sem dúvida se seguiria. Nosso fiel barqueiro e caseiro Langley estava a postos para soltar a maldita amarra. Em um gesto de gratidão, mais tarde o convidamos para ser o protagonista (o remador) nos nossos filmes da turnê. Como Langley morava no barco e remava todos os dias, ele era o mais próximo equivalente a Ratty em *The Wind In The Willows* que já conheci.

A rotina de trabalho a bordo foi grandemente melhorada pelas novas tecnologias disponíveis desde *The Wall* e *The Final Cut*. Nesse ínterim, programas e equipamentos computadorizados se tornaram padrão nas salas de controle. Como a maior parte dos avanços tecnológicos, a grande vantagem da computadorização era de que todos os tipos de decisão podiam ser adiados enquanto uma infinita variedade de opções para sons e edição era experimentada.

Esse foi o primeiro álbum em que incorporamos grandes quantidades de programação sonora; os programadores eram fáceis de manipular e as canções podiam se desenvolver a partir dos próprios sons gerados da programação. Para a parte de bateria, o andamento, as viradas e mesmo elementos de cada compasso podiam agora ser alterados, com uma proposital variação no andamento pensada para fazer o som um pouco mais humano. Obviamente, um computador ainda não pode jogar uma televisão janela afora de um quarto de hotel ou ficar bêbado e vomitar no tapete, então representa até hoje pouca ameaça ao futuro dos bateristas.

Na verdade, me senti engolido pelos computadores nesse disco. Eu não havia tocado seriamente por quatro anos e tampouco estava gostando do som e do aspecto do meu próprio ato de tocar. Talvez eu estivesse desmoralizado pelo conflito com Roger. Certamente, acabei lutando para tocar algumas partes satisfatoriamente. Com a pressão do tempo em cima, deleguei uma série de partes para alguns dos melhores músicos de estúdio de Los Angeles, incluindo Jim Keltner e Carmine Appice – um sentimento estranho, um pouco como emprestar o seu carro para Michael Schumacher. Essa não foi uma atitude derrotista, mas implicava que eu teria que aprender as malditas partes para tocar ao vivo (uma experiência que "nunca mais se repetirá na minha vida").

Os artistas convidados partilharam o pânico geral quando – com Bob demonstrando sinais de saudades de casa e precisando de um estúdio maior – rumamos, um pouco contrariados, para Los Angeles, cidade natal de Bob. Nos A&M Studios, pudemos admirar o talento de Messrs Keltner and Appice, Tom Scott e o seu saxofone, bem como os teclados de Little Feat's Bill Payne. Bob Dylan estava gravando no A&M também, logo a experiência como um todo pareceu um retorno ao mundo real da música depois dos cisnes e dos sanduíches de pepino do *Astoria*.

Enquanto estávamos na Califórnia, conheci uma nova raça de ser humano: o Doutor Bateria – não o venerável *roadie* que assegurava que o *kit* estivesse montado corretamente, mas um mágico que coaxava sons desconhecidos dos recursos disponíveis. O Doutor Bateria chegou com uma van lotada de equipamentos, farejando certo desdém pelo meu próprio *kit* e procedeu com a montagem de um conjunto de material que soava fabuloso: ele apresentou meia dúzia de caixas, com pequenas nuances no timbre e uma variedade de pratos. Foi um completo revelador, como ter Jeeves permanentemente a postos disponibilizando pratos em vez de gravatas.

Rick se juntou ao processo já na fase final e estava imunizado de quaisquer custos ou repercussões legais vindos de Roger. Isso era principalmente uma questão prática. Houve certa confusão sobre a posição de Rick na banda. Quando David e eu falamos com ele pela primeira vez sobre a sua participação no disco, descobrimos uma cláusula contratual enterrada no acordo de sua saída em 1981 que o proibia de retornar ao grupo. Consequentemente, tivemos que ser cuidadosos sobre o que caracterizava um membro da banda; apenas David e eu aparecemos na capa do álbum.

A maior parte das canções de *Momentary Lapse* foram finalizadas antes de começarmos a gravação e dessa maneira havia muito pouco a acrescentar. Fiquei um pouco preocupado quando fui a Los Angeles para ouvir o trabalho em progresso nas mixagens iniciais. Havíamos gravado muito material e a maior parte parecia estar na composição da mixagem. Geralmente, tendemos a perder material durante a mixagem. Concordamos que não estava soando certo e a versão final tinha muito mais espaço e ar.

Algumas coisas me incomodam sobre o álbum finalizado. Em retrospectiva, eu com certeza deveria ter a autoconfiança para tocar todas as partes de bateria. E nos primeiros dias da vida pós-Roger, acho que David e eu sentimos que éramos obrigados a fazer as coisas direito ou seríamos abatidos. Como resultado disso, *Momentary* é um álbum muito "cuidadoso" com pouquíssimos riscos assumidos. Essas coisas em conjunto fazem eu me sentir um pouco distante de *Momentary Lapse*, ao ponto de que ele não soa em todos os momentos como nós. Entretanto, "Learning To Fly" soa como Pink Floyd por alguma razão – essa canção parece muito como uma canção "nossa".

Passamos as obrigatórias três semanas agonizando sobre o título do álbum: cada escolha era submetida a mais de um teste. Gostamos?

Combinava com a música? Roger e os críticos poderiam usá-lo contra nós? Finalmente nos ocorreu que não haveria palavra ou frase em existência que alguém não pudesse fazer piada, então, tendo acordado para *A Momentary Lapse Of Reason*, uma frase retirada de uma letra criada por David com Phil Manzanera, passamos a nos preocupar com outros elementos.

Para a capa do álbum, recorremos novamente a Storm Thorgerson. Em consonância com a locação do rio onde muito da gravação foi feita e com uma letra descrevendo uma visão de camas vazias, o conceito da capa evoluiu para um rio de camas, fotografado em Sauton Sands em Devon, onde a maior parte das sequências de guerra para o filme de *The Wall* haviam sido filmadas. Todos os problemas aleatórios como marés rápidas e tempo ruim resolveram aparecer. Um bônus foi de que os formatos alternativos à nossa disposição – CD, vinil, fita cassete, *minidisk*, versões de diferentes territórios – possibilitava que extraíssemos o máximo de boas ideias de *design* que de outra forma seríamos obrigados a descartar, nitidamente para evitar longas argumentações e decisões difíceis.

Por agora, estávamos nos preparando para uma turnê. Michael Cohl, o *promoter* canadense, se mostrou uma torre de força, em uma época em que estávamos abraçados nos estágios finais do álbum e nos aspectos legais. Michael promovia shows desde o final dos anos 1960, concentrando inicialmente na sua terra natal, o Canadá, e então expandindo para a América do Norte. Ele se tornou fortemente envolvido com os Rolling Stones, promovendo a turnê *Urban Jungle/Steel* e mais tarde as turnês *Voodoo Lounge*, *Bridges to Babylon* e *Forty Licks*.

Michael estava confiante que uma turnê podia acontecer e assumindo o risco de que Roger notificaria qualquer *promoter* vendendo ingressos, ele começou a anunciar os nossos shows. Em uma época em que não sabíamos o que poderia acontecer, um apoio desse quilate era inestimável e garantiu a Michael um lugar no nosso Rol da Fama particular. As primeiras vendas de ingressos foram muito boas;

agora haveríamos de nos preocupar se seríamos processados, ou se o público se sentiria ultrajado quando Roger não aparecesse no palco, ou como pagar pelos custos de implementação exigidos para o tipo de show que desejávamos produzir...

Desde o início dos anos 1980, o patrocínio havia se tornado um elemento importante no financiamento de turnês, mas embora atrativa, essa não era uma opção disponível para nós. Com todos os elementos desconhecidos encarando nossa recepção – e o potencial tombo dramático – não havia refrigerante de cola ou fabricantes de tênis batendo nas nossas portas. Não poderíamos colocar todos os ingressos à venda e usar o dinheiro antecipadamente. A única maneira viável de realizar a turnê seria comigo e David bancando os custos iniciais.

No meu caso em particular, eu estava um pouco sem liquidez para fornecer os milhões necessários, então finalmente fui ao equivalente da loja de penhores do mercado de luxo e consignei a minha Ferrari GTO 1962. Provavelmente o meu bem mais precioso e um antigo amigo da família (eu o havia comprado em 1973), esse carro fez mais um ato de bravura para constar no seu distinto histórico de competidor. Devido ao fato de o mercado de carros estar recentemente muito aquecido, justamente com aquele modelo no topo da loucura – o carro valia em tese à época $14 milhões – tive poucos problemas em financiar minha metade nos custos de implementação da turnê.

Quando reunimos a equipe para trabalhar, encontramos mais tensão na noção de jogo limpo e lealdade das pessoas. Para o projeto do palco primeiramente nos aproximamos de Fisher Park, mas ele recusou a oportunidade uma vez que já estava comprometido em trabalhar no show *Radio KAOS* de Roger. Seria difícil para qualquer um dos lados aceitar calmamente a dividir os seus talentos. Considerando que também se envolveriam na versão de Roger de *The Wall* em Berlim dois anos mais tarde, estavam provavelmente certos em fechar com o time de Roger.

Não tenho certeza se era o caso, mas eu sentia que Jonathan Park em particular era mais leal a Roger do que a nós, ao passo que

Mark Fisher faria com prazer os dois projetos. Menciono isso porque se tornou um problema sete anos mais tarde, quando, canalhas como somos, solicitamos a Mark que trabalhasse exclusivamente para nós. Podemos nos esquecer de dar crédito quando esse é devido, mas nunca tivemos problemas em nos lembrar de deslizes reais ou imaginados.

Steve então ficou encarregado da tarefa de realizar uma pesquisa sobre projetistas de palco e sugeriu o nome de Paul Staples. Logo quando falamos com ele e vimos um pouco do seu trabalho, pensamos que Paul estava apto para a tarefa. Ele trouxe uma grande dose de novas ideias para o nosso palco: ele possuía larga experiência em teatros, assim como inúmeras exibições e apresentações. Paul apresentou um maço de ideias – como era usual, algumas foram descartadas, enquanto outras sobreviveram. O show foi primeiramente projetado para lugares cobertos, ainda exigia uma estrutura para segurar a tela. Queríamos um palco grande, e embora talvez nunca tenhamos conseguido alcançar isso, sempre desejamos o chão do palco o mais limpo possível.

Também exigimos a máxima quantidade de escuridão para os projetores, o que levou a criação do que era essencialmente uma grande caixa escura. Possuíamos uma vantagem muito específica sobre a maioria das bandas em turnê. A nossa total inabilidade para dançar, atirar fogo nos cabelos ou tocar a guitarra com os dentes fazia com que a plateia não precisasse de um vídeo monitor constante para mostrar o que cada um de nós fazia no palco. As pessoas às vezes me perguntam por que não colocamos computadores para tocar em nosso lugar. Geralmente respondo: "Não, nós não podemos, eles ficam se mexendo muito...".

Filmes são de manejo mais difícil do que o vídeo em várias formas, mas tem uma tal qualidade e luminescência que ainda é mais adequada para ambientes feito grandes estádios. O futuro provavelmente reservaria *laser*, projeção de hologramas em cor total em uma nuvem artificial pairando acima do auditório, mas com certeza tudo isso não estava disponível em 1987.

Marc Brickman, que havia sido chamado às pressas por Steve em Los Angeles para trabalhar nos shows de *The Wall*, recebeu agora mais uma chamada de Steve que pediu a ele que voasse de Los Angeles até Londres. Marc lembra-se de falar com David e ter percebido que ele estava "irado" sobre o fato de Roger pensar que tinha o direito de encerrar o Pink Floyd. Marc foi contratado como o projetista de iluminação e começou a trabalhar com Robbie Williams e Paul Staples. Marc e Robbie foram para Bruxelas a fim de encontrar Paul, que no momento trabalhava com uma companhia de balé. Eles estavam em uma cafeteria próxima e um bonde passou. Marc e Paul se olharam e a lâmpada cerebral de ambos se acendeu com uma ideia. Na turnê, luzes deslizando em trilhos foram usadas, parando diretamente sobre a cabeça de Rick enquanto ele tocava a introdução de "Wish You Were Here". Outro efeito foi criado por acidente. Ao testar o conjunto de luzes da tela circular, o computador travou. Quando Marc reiniciou o sistema, todas as luzes giraram sobre o seu eixo. Ele então percebeu que elas podiam "dançar" e essa técnica se tornou um forte elemento do show. Outros novos brinquedos incluíam os periactoides, os quais eram seções rotatórias construídas na face frontal da base do palco. Eles podiam ser regulados para girar em diferentes velocidades ou para piscar em padrões predeterminados.

Um dos maiores depósitos que se formou com o início da turnê foi constituído por "Aqueles Que Foram Embora". Muito tempo é gasto com efeitos que prometem um grande resultado, mas sempre acabam se mostrando perigosos demais, fabulosamente caros, ou, funcionam apenas uma vez a cada cinco tentativas. Às vezes (como com a pirâmide inflável, por exemplo), a despeito de preencher todas essas características, eles acabam passando pela rede. Nessa vez, decidimos referenciar Ícaro com uma figura voadora que apareceria em "Learning To Fly" e voaria pelo palco. Ele nunca funcionou bem, parecendo com uma peça de roupa em um varal gigante.

Uma ideia – o disco voador – parecia perfeita. Um equipamento preenchido com hélio, que poderia ser controlado por rádio para pairar sobre o auditório, equipado com várias luzes e efeitos. Sem qualquer cabo ou estrutura exigidas. Para ter a carga de energia suficiente para o equipamento de iluminação proposto, o disco voador teria que ter o mesmo tamanho, custo e ser aproximadamente tão seguro quanto o *Graf Zeppelin*...

Um modelo do palco foi construído para se experimentar como toda a coisa poderia ser montada, guardada e carregada nos caminhões. Isso correu muito bem. Mas também precisávamos construir uma banda – e apesar dos vários modelos que construímos, os músicos precisariam ser, pelo menos em parte, humanos. Já havíamos usado músicos de apoio anteriormente. Desde *Dark Side*, cantores adicionais eram parte do show. Snowy White adicionou uma segunda guitarra nos shows de *The Wall* – e por um breve período no começo de 1968, Syd e David apresentaram uma formação com duas guitarras. Tivemos também um baterista adicional em *The Wall*. Obviamente agora precisávamos de um baixista. Talvez a mudança mais significante tenha sido a chegada de um segundo tecladista. Isso foi uma resposta não apenas para as possibilidades oferecidas pela tecnologia digital – precisávamos de alguém mais familiarizado com sequenciadores e programadores – mas também precisávamos de ajuda para reproduzir na íntegra os mais complexos sons que pudéssemos produzir no barco-estúdio.

Nosso tecladista adicional, Jon Carin, havia conhecido David no show do evento Live Aid no estádio Wembley. Jon estava na banda de Bryan Ferry, e uma vez que David estava tocando guitarra no mesmo conjunto, ele teve a oportunidade de observar as habilidades de Jon em primeira mão. Jon também estava atualizado com as técnicas de programação sonora, o que era especialmente útil quando descobrimos que precisaríamos recriar os sons produzidos por teclados havia tempos já defuntos que agora estavam à mostra no Museu de Ciências.

Guy Pratt chegou ao *Astoria* para uma audição quando eu estava presente, pois David queria uma segunda opinião. A atitude menos debochada de Guy para com os Reis Dinossauros do rock quando solicitado a tocar as partes do baixo nos alertou para o fato de que além de poder tocá-las com apenas uma mão – ou ainda com uma monumental ressaca, e às vezes das duas formas – que ele seria uma companhia mais fácil de se ter em turnê do que alguém que começasse com reverência a nós e então se tornasse amargamente deprimido quando nos conhecesse melhor. Por coincidência, o pai de Guy, chamado Mike, era compositor e havia coescrito "Rock With The Caveman" com Lionel Bart e Tommy Steele, o que era uma agradável conexão com a minha juventude quando saí para ver Tommy no final dos anos 1950.

Gary Wallis foi sondado tocando seu *kit* de percussão com Nick Kershaw em um show com fins beneficentes no qual David também se apresentou. Nenhum de nós havia visto qualquer coisa parecida. Ao invés de tocar sentado, Gary estava trabalhando em uma espécie de gaiola repleta de peças de percussão, algumas delas montadas tão alto que era preciso um salto de quase um metro para atacar o objeto desejado. Com sua musicalidade óbvia, essa presença de palco adicional parecia ideal para um show que inicialmente parecia ocupado por mortos-vivos.

O saxofonista Scott Page era mais um show à parte no palco. Nosso único problema era segurá-lo, possivelmente amarrando-o. Com relativamente poucas partes de saxofone no show, Scott se tornou uma figura do *Fantasma da Ópera*. Ao menor descuido, ele estava de volta ao palco com uma guitarra pendurada no pescoço, na esperança de encontrar mais uma parte para tocar, ou fazer base para os solos de guitarra de David. Ele não tinha um transmissor sem fio de modo que usava um cabo de guitarra padrão. Então a equipe, possivelmente inspirada pelo rodeio de Morris Lyda, cortava alguns centímetros do cabo a cada noite para restringir a movimentação. Ele teve sorte de não o terem amarrado pelas pernas.

Na guitarra, Tim Renwick possuía as melhores credenciais possíveis. Nativo de Cambridge, ele passou pela mesma escola que Roger, Syd, David e Bob Klose, mas alguns anos depois. Suas bandas anteriores foram produzidas por David e ele também havia tocado no trabalho solo de Roger. Nas ocasiões em que David não estava presente no ensaio, ele o substituía com excelência na condição de diretor musical.

As cantoras de apoio na turnê foram recrutados de várias fontes. Conhecemos Rachel Fury por intermédio de James Guthrie, e Margaret Taylor era uma cantora estabelecida em Los Angeles que havia trabalhado nas sessões de gravação do álbum. Durga McBroom, a *former member* do Blue Pearl, completava o primeiro trio – sua irmã Lorelei mais tarde substituiu Margaret durante a última parte da turnê.

Chegamos a Toronto para os ensaios no começo de agosto de 1987. Isso foi principalmente devido aos contatos canadenses de Michael Cohl; a turnê também começaria lá. David chegaria mais tarde após completar a mixagem do disco, enquanto fomos para uma sala de ensaios muito calorosa juntamente com uma montanha de equipamento para começar o trabalho. Nós dois desejávamos a sensação de uma banda homogênea ao invés de uma divisão entre principais e coadjuvantes. A natureza da música nova exigia esse estilo, e dificilmente soaria bem sendo tocada por uma banda de quatro integrantes. Após duas semanas de trabalho, a música estava soando mais ou menos bem, embora isso fosse às custas de várias noites em claro passadas por Jon e Gary enquanto eles lutavam com infindáveis discos de *samples* ("Não tem nada funcionando, cara, mais dois dias sem dormir serão suficientes para adequá-los").

A banda então foi realocada para o aeroporto a fim de juntar-se com a equipe técnica, que já estava trabalhando na montagem e na operação do palco. Essa escolha sobre o local revelou-se uma brilhante ideia e nos deu uma inclinação por aeródromos para bases de ensaio: eles provém uma excelente quantidade de equipamentos de engenharia no próprio lugar, assim como a entrega facilitada para a constante torrente de equipamentos pesados e de alta tecnologia que estavam inevitavelmente chegando atrasados.

A segurança era fácil de se manter; perdemos mais ferramentas e objetos pessoais em hotéis muito luxuosos do que quando ficamos nos hangares. E as inseguranças eram fáceis de se evitar. Não precisávamos tocar para um séquito sem fim de pessoas que conseguiam por alguma razão estar presentes em qualquer tipo de ensaio. O fato de que pudemos experimentar o simulador do 747 e voar em volta da torre da CNN, ou para entrar na cabine de pilotagem de um caça F-14 da Força Aérea Americana que estava em visita para um show aéreo, e naturalmente, a sensação de estar em um aeródromo dava mais prazer ainda à experiência como um todo. David e eu estávamos pilotando aviões no período que antecedeu esse álbum, e além de "Learning To Fly", o tema da aviação foi levado através da turnê. A MTV disponibilizou um aeroplano e aulas de pilotagem de avião como prêmio promocional, e a festa da turnê ostentava jaquetas de aviador ao invés das normais jaquetas bordadas no estilo do beisebol.

Por agora, o álbum estava pronto para ser lançado. David e eu aumentamos nossa carga de trabalho passando a maior parte das manhãs fazendo rodadas sem fim de entrevistas por telefone. Essa alternativa era melhor que fazer uma campanha política nos EUA visitando estações de rádio e programas de TV, e com certeza não podíamos fazer nada na Europa, então começamos a responder as mesmas questões que respondemos durante os últimos trinta anos – "Como surgiu o nome da banda?"; "Onde está Syd?"; "Por que a banda tem durado tanto tempo?" – juntamente com algumas novas sobre a disputa com Roger, e tentávamos parecer surpresos com a novidade daquilo tudo.

Enquanto isso, dentro do aeroporto, Paul, Robbie e Marc, juntamente com Morris Lyda, estavam tentando montar cem toneladas de aço em um palco e então descobrir como carregá-las em um caminhão. Morris era uma nova personalidade para nós, embora já fosse uma lenda no círculo dos shows de rock. Ex-peão de rodeio, ele havia mudado para algo mais desafiador como supervisor de turnê de rock. Tendo trabalhado na última turnê do Genesis, junto com 50 por cento do resto da nossa equipe, ele tinha experiência o suficiente. Como sempre, a impressão inicial de um grupo de técnicos responsáveis e profissionais começou a se dissolver quando um francês operador de *telescan* foi repreendido por comer o conteúdo de um cinzeiro em uma boate durante uma certa aposta...

Quando chegamos ao hangar, éramos a última coisa que a equipe gostaria de ver. Não apenas bagunçaríamos o palco primorosamente arrumado e exigiríamos mudanças: havia também a dificuldade de realizar as tarefas com 50.000 watts de PA impedindo qualquer conversação. Finalmente, chegamos a um acordo, com períodos de silêncio quando necessário, mas tudo parecia muito mais devagar do que precisávamos. O tamanho da equipe era vasto quando comparado com qualquer coisa que já havíamos feito antes. Mesmo *The Wall* havia exigido apenas cerca de sessenta pessoas; agora contávamos com mais de uma centena. Não apenas era difícil memorizar todos os nomes, um ano mais tarde ainda era uma luta, particularmente porque alguns chegavam e saíam ou estavam em um show a cada três se eram parte da equipe itinerante.

No meio das dificuldades, ocorreram alguns momentos especiais. Marc frequentemente passava toda a noite programando as luzes e a minha primeira vista do seus esforços foi inesquecível, porque era absolutamente espetacular. Em cima do palco, não é possível ter ideias de como a visão externa é. Por exemplo, a tela circular com as luzes fixadas parecia – do meu posto na bateria – apenas como outra armação de luzes qualquer. Olhando o palco de frente, pude ver o impacto total dos padrões dançantes de luz.

Além da quantidade de pessoal, também possuíamos três vezes mais telefones, sistemas de rádio, fax e uma sala de desenho. A turnê anterior sequer possuiu um escritório para a produção. Morris experimentou reuniões de instrução que tinham mais afinidade com o Dia D do que um show de rock. Depois de as tarefas terem sido avaliadas, alocadas e criticadas, foi necessário um esclarecimento sobre os nomes dos cargos, pois a terminologia de Morris não era muito clara e às vezes engraçada. Precisávamos desse tipo de pessoa.

Uma das primeiras tarefas designadas para a equipe com a chegada da banda foi a de achar um espaço para a máquina de remo de David ser carregada na estrada. David parecia estar pensando em resolver a disputa com Roger no ringue em vez dos tribunais e estava treinando todos os dias, usando aquele maravilhoso equipamento que media o progresso eletronicamente e podia fazer qualquer um competir com um atleta profissional. A desvantagem era de que ela pesava quase duzentos quilos e tinha três metros de comprimento. A última caixa projetada para ela parecia um caixão para o Incrível Hulk e pesava tanto quanto. Ninguém admitia levá-la quando se estavam carregando os caminhões. Finalmente, ela foi usada como punição para o último caminhão, que tinha de levá-la. A produtividade no carregamento cresceu cerca de 30 por cento.

Durante esse período, pedimos a Bob Ezrin para vir nos dar uma ajuda. Precisávamos de alguém que olhasse para o aspecto geral do show. Acho que estávamos tão ocupados com a música que, embora tivéssemos um fabuloso equipamento de iluminação, a banda no palco estava uma bagunça. Isso era um assunto que Bob dominava. Ele se equipou com um megafone e nos divertiu andando pomposamente de um lado para o outro na frente do palco e gritando comandos altos, mas ininteligíveis enquanto conduzia as viradas de bateria com vasta gesticulação ao mesmo tempo. Mais tarde modificamos esse sistema de comunicação com algo um pouco mais *high-tech*.

Também tivemos que cuidar de relativamente simples, porém vitais questões: como e quando aparecer no palco, como os números terminavam, se gostaríamos de ser iluminados entre as canções ou simplesmente seguir para a próxima. E se qualquer músico fosse se movimentar, também buscávamos garantir que ele não fosse perdido para sempre ao despencar de um dos alçapões que escondiam muito dos equipamentos de iluminação mais convencional.

O último ensaio para acertos antes de seguirmos para Ottawa foi realizado durante a noite. Era uma noite quente de verão e, enquanto tocávamos, as grandes portas do hangar foram abertas com grandes jatos vagarosamente passando na área de taxiamento. Quando a música flutuou sobre toda a área, uma plateia não convidada composta pelo pessoal do aeroporto chegou. Gradualmente, o interior e o exterior do hangar foi sendo preenchido por uma maravilhosa coleção de veículos de serviço e emergência, todos com as luzes sinalizadoras giratórias ativadas. Essa cena transformava a visão mais comum dos isqueiros acesos em uma brincadeira de criança.

A atmosfera antes do primeiro show em Ottawa estava eletrificada – bem, com certeza estava nos camarins se não estivesse no campo úmido na nossa frente. O novo álbum sequer estava disponível nas lojas, então iríamos tocar músicas desconhecidas para uma plateia provavelmente cética. Demos a nós mesmos altas condecorações por termos sobrevivido ao show porque todos sabíamos que, embora nosso lado técnico tenha sido bom, a performance musical foi bem abaixo da média. Obrigamo-nos a ter mais tempo de ensaio e ainda mais uma revisão das canções tocadas em show.

Com o cronograma bastante intenso que arranjamos, as coisas começaram a se estabelecer rapidamente, e depois dos primeiros shows, pudemos refinar e mudar o show em vez de aprendê-lo. Ainda possuíamos pouco material bem ensaiado e um bis extra nos pegou com quase nada para tocar: escolhemos "Echoes". Não estávamos à vontade para apresentar a canção e a peça soou um pouco afetada – foi a última vez que a tocamos. David observa que hoje, uma das razões que fez com que não conseguíssemos recapturar o clima do original era de que os músicos mais jovens com que estávamos trabalhando agora eram tecnicamente tão proficientes que eles não desaprenderiam sua técnica e apenas enrolar como havíamos feito no começo dos anos 1970.

Depois de corrigir alguns aspectos técnicos e musicais, o show começou a se cristalizar relativamente rápido a despeito de algumas falhas ocasionais. Como resultado, os shows individuais tenderam, em retrospecto, a se fundir em um fluxo ininterrupto. Na verdade, estávamos tão confortáveis com o show que começamos a fazer filmagens já no começo da turnê, mas infelizmente, tendo filmado em Atlanta no Omni, não gostamos dos resultados. Não havíamos investido muito e pagamos o preço. Então para nos autopunir, juntamente com todos os outros, tentamos tudo novamente em Nova Iorque em agosto do próximo ano. Compramos vinte câmeras e acabamos com duas centenas de horas de filme. Talvez alguém ainda esteja encarcerado em uma ilha de edição em algum lugar assistindo aos resultados.

Simultaneamente, a turnê de *Radio KAOS* de Roger estava cruzando a América do Norte. Cuidadosamente, conseguimos evitar de nos encontrarmos, embora alguns membros da nossa equipe tenham comparecido no show dele. Eu não queria ver – fora do campo de visão, fora da mente – mas de qualquer forma havia um rumor de que teríamos a entrada recusada, e eu não tinha a intenção de ser escoltado vergonhosamente das fileiras. Finalmente, formalizamos um acordo com Roger. Na noite de Natal de 1987, durante uma pausa na turnê, David e Roger se encontraram para uma reunião de cúpula no *Astoria* com Jerome Walton, o representante de David. Torta, cuca e chapeuzinhos de festa foram posicionados enquanto Jerome meticulosamente datilografava os termos do acordo. Essencialmente – apesar de outros detalhes mais complexos – o acordo permitia a Roger se libertar do seu contrato com Steve, e David e eu continuaríamos a trabalhar sob o nome de Pink Floyd. O documento foi então enviado para os nossos respectivos e caros advogados para ser traduzido para o legalês. Nenhum deles conseguiu; por fim, o tribunal aceitou a versão de Jerome como o final e vinculativo documento convalidando-o.

Depois da passagem nos Estados Unidos, seguimos para a Nova Zelândia em nossa primeira visita: era como estar na Inglaterra em um túnel do tempo, mas de forma prazerosa. Vendo os músicos locais, percebi como deveria ser difícil começar lá: mesmo se você crescesse na Nova Zelândia, você não faria qualquer dinheiro para a gravadora, então você teria que vender bastante na Austrália – e ainda haveria muitos degraus para subir. Depois dos shows em Auckland, voltamos para a Austrália depois de uma longa ausência. A última vez em que havíamos tocado lá, em 1971, chegamos durante a parte errada do ano com a temperatura muito fria. Dessa vez, estávamos determinados a fazer direito – e acabou sendo tranquilo e fácil. A banda foi por algumas vezes a um clube para improvisar sob a liderança dos novos recrutas. Eles tocaram algumas vezes na Austrália sob o nome de The Fisherman's (abreviação de Fisherman's Friend). Acho que eles ensaiaram com mais disposição para as releituras de "Unchain My Heart" e "I Shot The Sheriff" do que eles tinham para o nosso show...

Depois da Austrália, o Japão foi um pouco mais difícil. Não houve shows ao ar livre e o vaivém entre grandes auditórios, mas tivemos menos tempo para conhecer o país. Mesmo as câmeras pareciam mais caras nessa época. No caminho de volta para os EUA, Nettie e eu paramos no Havaí para deliciosas duas semanas de férias, embora a chuva torrencial tenha nos remetido para um clássico feriado britânico na costa.

No nível profissional, essa turnê foi a melhor de todas, e foi também muito boa no nível pessoal. Nettie esteve comigo durante todo o tempo, dos ensaios em Toronto em diante, e aumentou incomensuravelmente o prazer da jornada como um todo. Ela havia participado de turnês com companhias de teatro como atriz, mas a escala, o número de pessoas, a quantidade de logística e material envolvidos foram algo revelador para ela. O que realmente percebi era que sair em turnê sem a parceira quase garantia o fim do relacionamento – notei que 90 por cento dos membros da equipe dessa turnê haviam deixado um rastro de separações conjugais e relacionamentos partidos. Parecia ser o caso de você levar sua esposa junto ou então convidava o seu advogado especialista em divórcio.

A segunda passagem nos Estados Unidos reconfirmou a lei de que todos os efeitos de palco são capazes de provocar desastres:

durante um show em Foxboro, Massachusetts, o porco voador esbarrou em algum lugar e foi talhado em pedaços por uma plateia muito entusiasmada ou fanaticamente vegetariana.

Quando chegamos à Europa, a banda havia conseguido realmente a desejada segurança em palco: era um grupo que trabalhava duro e que, regularmente – Jon Carin em particular – revisava as fitas das noites anteriores para avaliar e notar qualquer imperfeição. Seu profissionalismo era impecável: mesmo se Guy Pratt fosse o último a sair do bar na noite – ou manhã – anterior, sua performance no palco não tinha qualquer erro, um tributo para sua constituição de ferro ou ao fato de que nossa música era fácil demais.

Havíamos alcançado uma forma confortável de viver e trabalhar juntos durante a turnê, não nos dividindo em panelinhas e aproveitando um nível razoável de divertimento. Ocasionalmente dávamos uma festa do ridículo após o show, a ideia era aparecer vestido o mais terrivelmente possível. Os brechós locais seriam esvaziados dos casacos de pele – o náilon estava na moda. A turnê estava sendo, de acordo com Phil Taylor – que havia estado em turnês conosco desde o meado dos anos 1970 – muito divertida, com um bom espírito e uma impressão de alívio por estarmos de volta à estrada.

Se o estômago de alguém estivesse reclamando no dia seguinte, o seu dono poderia recorrer a Scott Page, que se tornou o vendedor extraoficial de chás de ervas da turnê. Ele era quase tão bom nisso quanto no saxofone, e logo vários membros da banda acabariam sendo vistos levando horríveis garrafas plásticas com um líquido cor de urina o qual eles insistiam tomar em todas as horas. Felizmente, como todos os nossos caprichos – câmeras japonesas, jaquetas de caubói em camurça e bebidas – as ervas foram uma moda passageira, e posso apenas imaginar se Scott ainda tem vasta quantidade daquelas terríveis ervas guardadas no seu sótão.

Na Europa, os shows foram mais variados e permaneceram na minha memória por mais tempo, principalmente devido aos lugares que escolhemos. Às vezes, adicionávamos um nível extra de atrações: em Roterdã, conseguimos uma exibição de planadores motorizados antes do show, acompanhados por "Echoes" tocando no sistema de PA, pilotados por amigos nossos os quais David e eu conhecemos quando aprendemos a voar. O gracioso balé aéreo que deixava um rastro de fumaça nos pareceu uma boa ideia para outras datas, mas fomos vencidos pelas complicações de conseguir permissão para que eles voassem no controlado espaço aéreo.

Versalhes foi talvez o maior dos shows europeus. Esses eventos tomariam corpo através de uma combinação de Steve fazendo o trabalho de reconhecimento de possíveis locais e aproximação direta entre as partes. À época, o Ministro da Cultura francês era o dinâmico Jack Lang. Ele estava a postos para o projeto de Versalhes – o que ajudou na politicagem e para convencer os indecisos – e pareceu um encontro natural de mentes.

O arranjo foi magnífico e a maioria dos franceses estava feliz por nos receber lá. Certamente ocorreram longos discursos dos dignatários locais, um dos quais parece ter oferecido seu apoio somente se seu nome pudesse aparecer acima do nome da banda na placa de anúncio oficial. Fui chamado às pressas para dar um breve discurso – apressadamente juntei alguns clichês, minha dicção resmungada é conhecida por causar problemas a historiadores do *entente cordiale*. As condições climáticas estavam ótimas e parecia com uma ocasião especial. Esse é o objetivo verdadeiro de se tocar em lugares únicos. Um estádio é muito mais conveniente para um grande show, mas é mais difícil se criar uma atmosfera especial. Sempre que possível, vale a pena fazer o esforço de utilizar locações com um senso de história e lugar.

Em um gesto de boa vontade para com os nossos fãs italianos, aceitamos o convite para tocar no Grand Canal, em Veneza. Entretanto, transpareceu que o convite não havia sido endossado por todos os padrinhos da cidade. Havia duas facções opostas, uma que adorava a ideia, a outra convencida de que acabaríamos por fazer o que em mil anos as águas não conseguiram fazer e afundar a cidade em uma única tarde. Convocamos uma conferência de imprensa para assegurar novamente à cidade, à nação e aos conservadores que não estávamos ancorando para saquear a cidade, nem mesmo levar a cabo uma leve pilhagem; mesmo assim não conseguimos convencer a todos.

Como Veneza tem acesso limitado, o plano era de restringir a entrada de turistas naquele determinado dia. Ficamos fora da cidade, na Laguna, computando que a vida não era tão difícil, sem ter que se acotovelar entre os fãs e as autoridades. No evento, o prefeito em conspiração com a polícia deixou a entrada livre para turistas e convenceu as lojas para fecharem as portas e retirou todos os banheiros químicos e lixeiras previamente disponibilizados. Não é improvável que o apoio pareça ter desaparecido quando os pagamentos necessários não foram feitos a todo mundo.

Um representante do sindicato dos gondoleiros chegou até nós e afirmou que seus colegas todos iriam acionar seus apitos durante o show se não lhes pagássemos $10.000 (eles já tinham clientes pagando o dobro por cada barco). Esse foi um blefe que pudemos enfrentar – ainda estou pronto para ouvir qualquer apito acima do barulho que podemos fazer. Nosso palco-balsa foi declarado como embarcação de longo curso e passível de taxação extra se tentássemos passar pelo Grand Canal, sendo que a polícia estava bloqueando todas as outras rotas possíveis. Felizmente, pudemos içar as velas em alto-mar e empreender uma escapada no melhor estilo Horatio Nelson.

Essas distrações não brecaram o sucesso do show, que correu particularmente bem, como um especial para a televisão. Michael Kamen, que deveria tocar conosco, foi o único rosto angustiado que vi. Ele havia aparecido antes em uma visita ocasional, mas dessa vez o queríamos envolvido de uma forma mais estruturada, particularmente porque o show seria televisionado. Infelizmente, Michael não conseguiu passar pela multidão e frustrado pela falta de transporte aquático em um momento crítico, ele apenas conseguiu chegar à mesa de mixagem, tarde demais para participar, e teve de assistir a tudo da costa a duzentos metros.

Um momento de ouro ocorreu quando uma barca real chegou cheia de dignatários que nos haviam causado tantos problemas. Repletos de luzes e em pleno jantar de gala, eles pararam em frente ao palco, ficando na frente do público e bloqueando a visão. A plateia foi à loucura. Uma saraivada de garrafas e lixo atingiu o barco. Os garçons bravamente defendiam seus mestres, protegendo-os no melhor estilo centurião com suas bandejas prateadas. Logo a barca estava se movendo novamente, dessa vez tentando ancorar ao lado da nossa plataforma. Uma olhada para a nossa equipe, que faria os piratas de Barba Negra parecerem como a *Família Dó-Ré-Mi*, e então eles saíram, para nunca mais serem vistos.

Se tocar em Veneza já foi problemático, uma série de shows algumas semanas mais tarde se tornou um desafio logístico ainda maior. Quando tocamos em Moscou, uma escassez de moeda fazia com que fosse praticamente impossível para um promotor de eventos russo pagar os custos da viagem, mas um acordo foi firmado de forma que essencialmente cobriria todos os aspectos práticos. Primeiramente, ficariam responsáveis por levar todo o nosso equipamento de Atenas para Moscou e de lá para Helsinque na sequência. Para fazer isso, levaram o avião militar modelo Antonov, o maior avião cargueiro do mundo. Ele era fantástico e carregou todo o nosso equipamento facilmente. A acomodação foi em um grande hotel na Praça Vermelha, a qual ainda contava com a vigilância da KGB em cada andar junto com samovares para providenciar chá quente. Com a rigidez da segurança e a dimensão do hotel, foram precisos três dias para descobrirmos onde poderíamos conseguir uma bebida na noite e desjejum pela manhã.

Também levamos nossas próprias provisões, o que era o mais efetivo abridor de portas disponível. Um convite para um jantar para qualquer oficial garantia todos os tipos de benefícios. Através do nosso conselheiro tributário, Nigel Eastway, que por acaso também era o curador do Russian Aviation Research Trust, pudemos visitar o Monino, o museu da força aérea da Rússia – o maior, e à época, o menos visitado dos museus de aviação da Europa. Lá vimos algumas das invenções aeronáuticas de Igor Sikorsky, alguns dos monoplanos bombardeiros russos dos anos 1930 (de um período em que a RAF ainda usava antiquados biplanos) e uma versão politicamente correta da história do voo, juntamente com partes do U2, o avião espião de Gary Power abatido durante os anos 1960 e os bombardeiros que haviam circundado a Praça Vermelha durante as comemorações do Dia Internacional dos Trabalhadores para mostrar aos observadores americanos o poderio da Força Aérea Russa. Ficamos especialmente honrados quando descobrimos que o embaixador britânico não havia recebido o mesmo convite.

A embaixada britânica nos ofereceu um bom almoço e acabamos com centenas de bonecas russas e uma miríade de chapéus de pele. Eu apenas gostaria de não ter perguntado do que eles eram feitos; alguns dos chapéus de pele eram produzidos com filhotes de foca. Também fizemos uma visita à universidade para falar sobre política, arte e a vida, mas a coisa descambou para mais uma sessão "Qual é a origem do nome da banda?". Saímos em limusines diferentes porque alguém do comando solicitou os carros para alguém mais importante. O equipamento foi então levado sem escalas para Helsinque com uma escolta policial – uma extensa viagem. (Phil Taylor se lembra que a experiência de chegar a Helsinque como "ir do preto e branco para o colorido").

Depois de toda a turnê, um álbum ao vivo foi mixado – *Delicate Sound Of Thunder* – em Abbey Road, usando o Estúdio 3, agora completamente reconstruído desde a nossa última estada lá. O que foi particularmente gratificante foi que apenas um pouco de reparo na música foi necessário. Sem dúvida gravar ao final da turnê foi uma boa ideia.

Enquanto isso, Roger estava reencenando *The Wall* em Berlim e é claro que ficamos sabendo disso. Não apenas porque ele nos pregou uma peça ao convidar todas as nossas ex-esposas, embora o meu convite simplesmente tenha se perdido nos correios... Confusão sobre quem tocou em Berlim ainda permanece, apesar de eu não ter ideia do motivo. Foi um show totalmente feito por Roger, mas as pessoas estão sempre me agradecendo e me dizendo como foi fantástico. Ainda não sei se é mais fácil sorrir modestamente e fingir que estive lá ou embarcar em uma explanação completa de que, na verdade, foi um show feito por Roger e seu elenco de centenas de pessoas. Quando os fãs continuam a insistir que eu *estava* lá, respondo com um sorriso amarelo e um olhar vago para evitar mais confusão.

Quase um ano após o último show da turnê (em Marselha) participamos do concerto a céu aberto em Knebworth em junho de 1990, um evento beneficente para o instituto Nordoff-Robins Music Therapy. Com tão pouco acontecendo nesse ano após os excessos dos três anos passados, foi um pouco estranho juntar a banda para apenas um show. Os ensaios foram mínimos dado que a mesma banda havia tocado em mais de duzentos shows, então os membros ainda talvez lembrassem suas partes. Ensaiamos alguns dias nos Bray Studios e trouxemos Jon Carin e Marc Brickman dos EUA para o show. Entretanto, ao invés de usarmos Scott Page, – acho que ele estava indisponível – , recrutamos Candy Dulfer – o saxofonista holandês que havia recentemente feito uma música de sucesso no Reino Unido, "Lily Was Here", com Dave Stewart – para tocar conosco: um belo toque europeu, pensamos. Assim como com Scott, a única desvantagem para o saxofonista era de que, na verdade, ele apenas conseguiria uma participação especial; dada as habilidades de Candy, havia muito pouco tempo e espaço para ele revelar qualquer coisa perto da real extensão de sua musicalidade.

Tivemos Vicki Brown como cantora de apoio, assim como sua filha Sam, que continuaria a dinastia Brown quando ela se tornou uma peça-chave na turnê seguinte. Clare Torry, a artista original de "Great Gig" também foi convocada.

Depois de dois anos meio que isolado em turnê, foi um prazer encontrar com algumas outras pessoas tocando e ter a oportunidade de andar nos camarins em Knebworth no tradicional estilo de deus-do-rock. Foi uma espécie de encontro geriátrico no Monte Olimpo em termos musicais. Mark Knopfler e Eric Clapton estavam tocando juntamente com Elton John e o Genesis. Status Quo, Cliff Richard e Paul McCartney completavam a lista de atrações. Rick nos apresentou à Millie, sua nova namorada, e todos chegamos em gigantes helicópteros Huey como em uma cena de *Apocalypse Now*, trazendo conosco uma grande quantidade de familiares e de membros da equipe técnica.

Havíamos manobrado para assegurar que seríamos a última banda a se apresentar, em retribuição pelo fato de termos sido a primeira banda a se comprometer com o evento. Ser a atração principal não valeu a pena. A tarde foi tipicamente inglesa, com o clima mudando rapidamente de ensolarado para chuvoso, e inevitavelmente quando o nosso horário de entrada se aproximava, o tempo deu uma guinada para pior e a chuva e o frio chegaram de vez.

Fechar a noite era interessante para nós, uma vez que em pleno verão desejávamos a escuridão, mas enquanto o tempo passava e McCartney começou a tocar ainda mais uma canção, o antigo sentimento de amor e paz começou a se desgastar. Finalmente, tocamos sob chuva torrencial para uma plateia que parecia gostar do show, o que na verdade foi sorte uma vez que eles não podiam sair devido a todos os carros estarem atolados na lama.

12

MAIS SÁBIO APÓS O EVENTO

PARA O Pink Floyd, os anos 1990 por pouco quase não aconteceram. No começo da década, houve um incidente extremamente doloroso – e quase fatal – que não chegou a colocar um fim em quaisquer planos que poderíamos ter para o futuro. Isso ocorreu devido a uma decisão tomada por Steve, David e eu em participar da Carrera PanAmericana, que era uma reedição da maravilhosa corrida de carros esportivos dos anos 1950, a qual cruzava o México. A versão moderna ressuscitou a corrida em 1988 e era menos desgastante do que a prova original que tinha 2.178 milhas de ponta a ponta, mas ainda consistia de um percurso de 1.800 milhas, partindo do interior do México até a fronteira com o Texas. As baterias eram intercaladas com longos elementos de regularidade. Rick sabiamente havia evitado a excitação do automobilismo e estava bem velejando no Egeu.

Steve e eu havíamos pilotado alguns anos antes. Entretanto, naquela ocasião, quando Steve chegou ao México na hora marcada, casualmente balançando seu capacete, o carro de corrida que ele havia negociado para dirigir não apareceu, deixando-o seguir o rastro dos outros por alguns dias na esperança de que ele pudesse empreender uma grande recuperação das últimas posições quando finalmente o carro chegasse. Até onde consigo me lembrar o carro chegou, mas sofreu avarias terminais a algumas milhas adiante.

Desta vez, talvez determinados a nos assegurar de que haveria algum retorno financeiro em qualquer caso, Steve pré-vendeu os direitos de um filme que faríamos. O plano era de que o filme iria cobrir a maior parte, senão a totalidade dos custos. Seria uma chance, pensamos, de se divertir muito – e conseguir alguma ajuda para pagar. Também gostei da tênue conexão com a carreira do meu pai. Em 1953, ele havia pilotado outra corrida de resistência e regularidade, a Mille Miglia, através da Itália com uma câmera a bordo, e me vi continuando essa tradição.

Partimos com duas réplicas de Jaguars C-type, quase idênticos aos carros que ganharam a corrida de 24 horas de Le Mans, em 1953. Também levamos conosco duas equipes de câmeras e alguns veículos de apoio contendo os confiáveis mecânicos que haviam restaurado os carros. Eu dirigia um dos carros em dupla com um amigo chamado Valentine Lindsay. O outro carro era pilotado por David e Steve. Depois de dois dias, o evento havia nos permitido aproveitar uma pilotagem excitante, juntamente com inevitáveis queixas estomacais na medida em que os competidores de origem europeia tentavam se adaptar à culinária mexicana. Felizmente, fui ensinado a tratar os sintomas com o uso da acupuntura. Era excepcionalmente efetivo: uma rápida olhada na minha caixa de agulhas e as pessoas instantaneamente pareciam se sentir muito melhor.

No terceiro dia da corrida, Val e eu chegamos a um dos pontos de checagem e fomos informados de que havia acontecido um acidente. Não havia nada a fazer, exceto continuar a correr e tentar saber dos detalhes mais à frente. Quando alcançamos a parada da noite, finalmente conseguimos descobrir que o acidente envolvia o outro carro da nossa equipe, o qual havia despencado de um penhasco a 80 mph. David – que estava dirigindo – estava abalado e seriamente desorientado, mas essencialmente ileso, tendo sofrido apenas alguns cortes e contusões. Steve, na posição de navegador, havia sofrido fraturas múltiplas em uma perna e estava internado em um hospital: um destino terrível para o empresário de qualquer pessoa. Ao ver os destroços do carro no dia seguinte, percebi a milagrosa sorte que os dois tiveram ao escapar relativamente ilesos.

Embora Val e eu tenhamos conseguido finalizar a corrida na sexta posição, havíamos perdido o elenco do nosso filme, e consequentemente fomos forçados a recorrer a algumas trapaças cinematográficas que os grandes magnatas de Hollywood certamente reconheceriam. O embuste incluiu algumas filmagens em um restaurante mexicano em Notting Hill com as câmeras cuidadosamente posicionadas de forma a não gravar a passagem da linha 98 dos *double-deckers* e escondendo passagens da perna engessada de Steve. Também tivemos o luxo de refilmar as discussões antes da corrida com 100 por cento de acerto quando comparados ao original.

Depois do evento, houve um certo embaraço sobre o episódio como um todo, especialmente da parte de David (embora eu não saiba se devido à música ou à sua pilotagem). Mas como experiência visual, o filme estava muito fraco. Para fazer justiça ao evento, precisaríamos de um orçamento hollywoodiano, inúmeros helicópteros e Steve McQueen. Para realmente gostar da versão com as restrições orçamentárias que fizemos, era preciso ser um sério aficionado por carros esportivos dos anos 1950, paisagem mexicana ou estudioso de cactos.

Entretanto, houve um bônus em meio a tudo isso, no qual a música para o projeto forneceu uma trilha para a gravação do próximo álbum: não houve qualquer trabalho prévio em estúdio. Quase da mesma forma com que *Obscured By Clouds* foi criado, toda a peça foi preparada durante as sessões no grande estúdio de Olympic em Barnes durante duas semanas em novembro de 1991. O disco também foi em sua maior parte gravado com todos nós trabalhando no estúdio juntos. Depois de anos gravando os instrumentos em confinamento solitário, foi muito divertido. Gary Wallis estava lá juntamente com Jon Carin e Guy Pratt da turnê de 1987/1988, e por algumas vezes Tim Renwick, que trabalhava na porta ao lado em um álbum de Bryan Ferry, estava disponível para o ímpar momento dos convidados.

Começamos com alguns números de blues e outras peças simplesmente improvisadas. Essas geralmente se originavam de ideias emergindo de David tentando alguma coisa na guitarra – e então eram aprendidas pelo resto de nós no estúdio. Se a ideia soava promissora o suficiente, ela poderia ser desenvolvida de uma forma adequada para uma determinada parte do filme. Acho que conseguimos evitar de escorregar para se tornar a própria banda de Mariachis de Hammersmith a despeito da tentação fornecida por todas aquelas cenas com cactos. Já havíamos experimentado a aproximação com música étnica no nosso primeiro álbum, assim como em uma parte de guitarra na trilha sonora *More*, e acho que sabíamos que esse tipo de textura musical (assim como chapéus engraçados, como o turbante ou o *sombrero*) não era o nosso forte, nem mesmo o nosso pianíssimo.

Cerca de um ano mais tarde, adotamos o mesmo *modus operandi* quando começamos a trabalhar no próximo álbum do Pink Floyd em janeiro de 1993. Mais uma vez, o processo de gravação mostrou-se extremamente positivo: desta vez havia uma tentativa intuitivamente consciente de operar como uma banda. Iríamos determinar uma semana na agenda e partir para Britannia Row – o qual agora guardava pouca semelhança com o *bunker* angustiante dos dias de *Animals*. Todas as salas haviam sido remodeladas para permitir a entrada de luz natural e, é claro, agora havia mais áreas para descanso e recreação a fim de tentar convencer os clientes para usarem ainda mais as caras horas em estúdio.

Além de agendar o nosso tempo em Britannia Row, fizemos outras poucas preparações para um lançamento futuro. Ninguém veio para as sessões com "Aqui está um material que preparei antes" na manga. Sem outros pistoleiros agora; apenas David, Rick e eu, com o engenheiro na mesa, um gravador de duas pistas acionado – e todo o tempo que desejássemos. Embora o amargor de experiências anteriores tenha nos ensinado a estar prontos para a decepção, e embora não houvesse pressão para entregar nada de concreto dessas sessões, o próprio fato de agendar o estúdio era um sinal do nosso comprometimento.

Se nada de bom surgisse do exercício, estávamos dentro de um tranquilo processo para procurar por ajuda externa ou esperar para que os indivíduos trouxessem as canções em seu próprio passo, o que historicamente havia tendido a ser um processo muito lento. Também gastamos algum tempo com a convicção de que juntos criamos algo único. Falhar agora em produzir qualquer coisa feriria profundamente os nossos egos tanto quanto qualquer outra coisa e poderia resultar no abandono do projeto. Enquanto o mundo prendia a respiração, pedíamos mais sanduíches.

Depois do primeiríssimo dia, entretanto, percebemos que poderíamos produzir material de qualidade e após mais algumas sessões, trouxemos Guy Pratt para tocar o baixo. A vinda dele imediatamente adicionou mais coesão aos ensaios, mas também descobrimos que um fenômeno interessante aconteceu, que era o modo de tocar de Guy que tendia a mudar o clima da música a qual havíamos criado sozinhos.

O acaso também foi igualmente importante. Em um ponto, David, frustrado por não conseguir entender diretamente uma determinada ideia vinda de Rick, gravou-a experimentando no teclado, sem saber que a fita ainda estava gravando. Dessa sessão inesperada, conseguimos mais três possíveis peças, incluindo uma parte de piano que nunca conseguimos recriar tão bem durante todas as outras sessões de gravação e finalmente acabamos usando o original de Britannia Row da exata forma com que havíamos feito com o som do Asdic em "Echoes".

As improvisações que estávamos fazendo, entretanto, não tinham o objetivo de ser peças de climas como as condenadas fitas "Nothings 1-24" que havíamos tentado produzir antes de *Meddle.* Ao invés disso, examinamos os resultados capturados no gravador de duas pistas como pepitas de ideias musicais – o núcleo de "Cluster One" e "Marooned" emergiu e permaneceu até a versão final do álbum. Mas o aspecto realmente importante era de que cada improvisação era o pontapé inicial para um processo criativo. Isso era – como sempre pensamos – nosso obstáculo mais problemático. E por nos permitir a tocar qualquer coisa que viesse à nossa cabeça, sem tabus ou áreas proibidas, tive a impressão de que estávamos expandindo um campo de visão que havia se tornado cada vez mais estreito após as duas últimas décadas.

Depois de duas semanas, possuíamos gravado em fita uma coleção extraordinária de *riffs*, sequências de acordes e rabiscos musicais, alguns muito parecidos, outros facilmente identificáveis com antigas canções nossas, alguns claramente reinvenções subliminares de canções bem conhecidas, as quais identificaríamos como "Neil Young", ou quem quer que fosse o motivador aparente – foram fáceis de tirar da disputa. Mas mesmo com esses descartes, quarenta ideias estavam disponíveis. Dado que no passado alguns de nossos discos haviam sido gestados dolorosamente durante um mês de trabalho para fornecer uma única nota útil, esse era um saldo positivo com potenciais peças. Na nossa usual produtividade, isso era suficiente para nos manter gravando discos até o meio do século vinte e um. Por acaso, acabamos com tanto material excedente que consideramos a possibilidade de lançá-lo com um segundo álbum, incluindo um conjunto de canções que denominamos "The Big Spliff", o tipo de música ambiental que nos deixava encantados e acabava de ser adotado por bandas como Orb, embora – diferentemente de Gong's Steve Hillage – nunca tenhamos recebido qualquer convite para nos juntarmos a essa nova geração no palco.

Liderados por David, com contribuições de Rick, as canções foram estruturadas. Minha impressão é de que David havia finalmente dominado a arte de produzir música quando ele precisava. Talvez um pouco do ônus de compor as letras tenha sido removido com a ajuda de Polly Samson, sua nova namorada e futura esposa. Talvez também a turnê e o álbum anterior houvessem mostrado do que éramos capazes, mas dessa vez havia menos pressão, e ambos David e Rick pareciam produzir e trabalhar mais facilmente. David ainda era o líder do processo, mas com Bob Ezrin a bordo novamente, e o rosto amigável de Andy Jackson encarregado da engenharia, era um time familiar em vez de não entrosado.

Através dessa fase preparatória, a atmosfera estava agradavelmente calma. Acima de tudo, não havia disputas judiciais na medida em que o contato com Roger através dos advogados havia chegado ao final. Eu estava achando muito bom passar tanto tempo criando música com os outros e com um verdadeiro sentido de propósito. Nunca fui o mais aplicado dos bateristas quando se trata de praticar técnica, então o simples ato de tocar junto regularmente me ajudou a voltar à boa forma. Desde Knebworth em 1990, minha única verdadeira apresentação havia acontecido no Chelsea Arts Ball, em outubro de 1992, no Royal Albert Hall. O Chelsea Art Club havia se remodelado – e como parte desse ressurgimento, deram uma festa, a qual foi um dos maiores eventos já feitos. Tom Jones se apresentou, e – como resultado, Gary, Tim e Guy que estavam trabalhando com Tom Jones – concordamos em apresentar uma aparição como convidados em três números. Inevitavelmente, isso levou a Jon Carin e Tim aparecerem. Ensaiamos por um dia ou mais e fizemos uma apresentação relativamente sóbria sem praticamente nenhum efeito de palco, filmes ou fogos de artifício.

Depois de deixar Britannia Row, nos reunimos novamente no *Astoria* de David para desenvolver o núcleo das peças. De fevereiro a maio de 1993, trabalhamos em cerca de vinte e cinco ideias diferentes, tentando tocar o máximo de tempo possível juntos no estúdio. A casa barco era certamente mais agradável do que gravar em um *bunker*. Nessa época, David havia adicionado a estufa contendo uma cozinha, bancada e uma sala de jantar. A ambiência do rio e os benefícios de trabalhar com luz natural mostraram o seu charme novamente. Houve divisão entre o espaço de trabalho no *Astoria* e a área na terra firme onde podíamos sentar, conversar e discutir o progresso.

O álbum parece muito mais orgânico, muito mais como uma banda tocando junto em um espaço. Acho que Rick em particular se sentiu muito mais integrado ao processo desta vez, comparando-se com *Momentary Lapse*. Foi muito bom tê-lo de volta.

As canções passaram por um cuidadoso processo de seleção. Havia bastante material e nenhum desespero; pelo contrário, pudemos simplesmente nos concentrar no desenvolvimento das ideias. Nas reuniões da banda, começamos agora a talhar as possíveis canções a entrar no álbum. Organizamos um sistema extremamente democrático no qual David, Rick e eu avaliaríamos com notas de zero a dez cada canção, independentemente de quem originalmente tivesse concebido a peça. Isso deveria ter funcionado tranquilamente se Rick não tivesse mal interpretado os princípios democráticos viciando o sistema de votação. Ele simplesmente avaliou com dez pontos todas as suas ideias e todo o resto com zero. Isso implicava que todas as peças de Rick tinham uma vantagem inicial de dez pontos e levou certo tempo para David e eu percebermos por que esse novo álbum estava rapidamente se tornando uma grande obra de Rick Wright. O sistema de votação foi revisado e começamos a tentar diversos sistemas de vários colégios eleitorais e votos de segunda preferência que ganhariam qualquer grande concurso.

O mesmo problema reapareceu uma década mais tarde quando estávamos selecionando as faixas para a inclusão em *Echoes*, um álbum de coletânea, fato que exigia votos meus, de David, Rick, e Roger. Assim como palpites dos executivos das gravadoras, engenheiros, produtores e empresários, desta vez tivemos que lidar com o fato de Roger, como Rick havia feito antes dele, apenas votar nas suas próprias faixas. Deus abençoe a democracia.

Antes da pausa de verão, levamos oito ou nove faixas favoritas aos Estúdios Olympic em Barnes, recrutando os músicos – com a exceção das cantoras de apoio – da última turnê (Gary, Guy, Tim e Jon) e gravamos o lote em uma semana. Isso nos deu uma percepção extra de que podíamos passar mais tempo desenvolvendo as canções uma vez que percebemos que os elementos essenciais de cada uma já estavam nos seus devidos lugares.

Na verdade, armados com uma rede de segurança, finalmente nos aproximamos da gravação depois do verão de uma forma bastante diferente da que havíamos feito em todos os nossos álbuns anteriores. Gravamos todas as trilhas de apoio no *Astoria*, completadas com ninguém mais além de nós três – Rick, David e eu – aprontando as peças durante duas semanas em setembro. Avanços na tecnologia desde *Momentary Lapse* permitiram-nos masterizar as faixas no barco na medida em que nos aproximávamos do final após seis meses de gravação – embora houvesse o usual desespero de última hora envolvendo o uso de outros estúdios para alguns *overdubs* enquanto a pressão crescia. Algumas tradições são muito profundamente enraizadas para serem abandonadas completamente.

Mais uma vez foi muito bom ter Bob Ezrin a bordo, ordenando as partes de bateria e ajudando com o notoriamente tedioso processo de gravar e modificar os sons da bateria. Na medida em que a forma final das canções emergiu, Michael Kamen foi procurado: ele se ofereceu para fazer os arranjos de cordas de que precisávamos se nós lhe emprestássemos um sistema de som e algumas luzes para uma ópera infantil que ele estava produzindo em Notting Hill. Isso nos pareceu o melhor negócio das nossas vidas – um compositor ganhador de um Oscar em troca de alguns alto-falantes e holofotes. O que não havíamos percebido era que Michael, de musicalidade extravagante, estava planejando fazer o musical *Starlight Express* parecer modesto...

A essa altura do processo de gravação, tudo do que precisávamos era de uma data limite ou duas, geralmente uma maldição para todos os membros do Floyd. Uma salutar lição havia sido aprendida com o álbum anterior, quando uma certa quantidade de vacilo de nossa parte e hesitação da gravadora resultaram no lançamento coincidindo com os álbuns *Bad*, de Michael Jackson, e *Tunnel Of Love*, de Bruce Springsteen. Não surpreendentemente, nesse determinado concurso, nossa posição no pódio das paradas foi um honrado bronze.

Desta vez, uma data limite foi marcada para se fechar o acordo sobre uma grande turnê, planejada para começar em abril de 1994, com o pensamento de que com prazo maior poderíamos planejar e construir a mais eficiente rota através dos vastos estádios dos EUA. Mas como nenhum de nós é ávido fã de futebol, não percebemos outro fator importante: a turnê coincidiu com a Copa do Mundo de 1994 nos EUA, o que implicava que certos estádios não estariam disponíveis em datas críticas e ainda que os gramados não poderiam ser usados por semanas para manter sua condição intocada. Ao invés da racional e elegante rota que havíamos imaginado, o resultado final parecia que havia sido feito por um homem vendado atirando dardos no mapa dos Estados Unidos – ou pior, pela velha equipe da Bryan Morrison Agency...

Os estágios finais do álbum envolveram o trauma da escolha do título e da arte da capa. Mais uma vez, a escolha do título se transformou em um suspense. Já em janeiro de 1994, não havíamos chegado a um acordo e a cada dia frenéticas discussões aconteciam enquanto as datas limites se aproximavam, eram postergadas e então perdidas. David preferia *Pow Wow*, eu gostava mais de *Down To Earth*. Todos tinham um título preferido. A maioria dos votos não podia ser alcançada (mesmo recorrendo-se à nossa vasta gama de sofisticados métodos de votação).

Encontramos ajuda na grande figura de Douglas Adams, o autor de *Guia do Mochileiro das Galáxias*, também um gênio da Apple Mac, entusiasta da guitarra e – para a nossa sorte – fã do Pink Floyd. Ele podia trazer um maravilhoso senso de humor para os momentos mais desesperadores. Ele tomou parte nas discussões sobre o título do álbum. Achamos imensamente confortante falar sobre nossos problemas com um companheiro na luta dos dramas relativos a prazos e datas limites – Douglas uma vez disse que amava o som dos prazos finais assobiando nos seus ouvidos.

Durante o jantar em uma noite, concordamos que se Douglas sugerisse para o álbum um nome do qual gostássemos, faríamos uma doação para uma instituição de caridade de sua escolha. Ele refletiu por algum tempo e sugeriu *The Division Bell*. Uma verdadeira irritação ocorreu porque a sugestão veio de uma frase contida dentro das letras existentes: realmente deveríamos ter lido as letras com mais cuidado.

Armado com um título definitivo, Storm Thorgerson trouxe um grande número de ideias e finalmente estabelecemos o conceito de um par de cabeças formando uma cabeça única em um tipo de ilusão visual. Storm é famoso por insistir em fotografar coisas reais ao invés de usar truques, então as cabeças (finalmente terminadas após várias tentativas em metal e pedra) foram instaladas em um campo adequado nas proximidades de Ely.

Visitei a locação selecionada para a sessão de fotos em um dia frio de fevereiro: a cena era deslumbrante, com as cabeças posicionadas no campo. Um dos nossos maiores problemas foi tentar esconder as cabeças da imprensa, que amaria melar o lançamento do álbum. Lojas de suprimento militar foram visitadas e grandes quantidades de redes de camuflagem foram adquiridas para embalar as cabeças em uma tentativa não muito bem-sucedida de disfarçá-las. O fato de a imprensa não ter conseguido um furo de reportagem foi devido, suspeito eu, a termos superestimado o interesse sobre o nosso álbum, ou por causa dos frios ventos da Costa Leste chegando da Sibéria que pareceram reduzir o conforto do bar Groucho Club no Soho. Storm, que ficou fora da sessão de fotos perto da Catedral Ely, se lembra que a terra lamacenta não permitiu que o reboque levasse as cabeças ao centro do campo, então um grupo um pouco enfadado de fotógrafos e assistentes carregaram os pesados itens pela lama e os colocaram em posição. Eles ficaram significativamente mais enfadados quando Storm disse a eles que aquele não era o campo certo.

Enquanto isso, estávamos desenvolvendo o show. Em 1973, fizemos um show no Hollywood Bowl e uma foto estava à mostra no escritório de Steve O'Rourke feito uma constante lembrança de como um palco pode ficar muito bonito. Tínhamos a ideia de tentar extrair alguns elementos daquele show em particular e desenvolvê-los para os estádios em que iríamos tocar. Também queríamos adicionar um degrau de flexibilidade nos procedimentos. Na turnê anterior, as músicas tocadas no show já estavam definidas a partir do segundo show. Desta vez, desejávamos poder ter a opção de mudar a ordem das canções ou substituí-las.

Então, resistimos ao uso de grandes telas de vídeo mostrando a performance ao vivo. Nunca tivemos e provavelmente nunca teremos câmeras focando diretamente os componentes da banda desse modo. Mas realmente desejávamos filmes para acompanhar a nova música e tendo tomado a decisão de apresentar algumas das canções de *The Dark Side Of The Moon*, pareceu preciso revisitar alguns clipes de *Dark Side*. Embora alguns deles tenham resistido ao tempo muito bem e foram incluídos mais uma vez na suíte de *Dark Side*, boa parte dos filmes já estava muito datada. Em particular os políticos de duas décadas atrás que apareciam em *Brain Damage* estavam agora tão datados que metade do público era jovem demais para saber quem eram eles. O resto do público provavelmente já os teria esquecido.

Tivemos uma série de reuniões de produção com talvez a nossa melhor equipe de todos os tempos. Marc Brickman (que havia trabalhado na abertura das Olimpíadas de Barcelona, em 1992, e se divorciado de uma vez por todas de Barbara Streisand) estava de volta no time como projetista de iluminação, armado com um novo pacote tecnológico. Ele estava acompanhado de Mark Fisher que estava no posto de projetista de palco e Robbie Williams como gerente de produção. Storm foi anexado ao grupo uma vez que ele era o responsável por todos os filmes adicionais necessários – em torno de seis peças com a duração total de quarenta minutos. Eu disse "anexado" devido à amável incapacidade de Storm em trabalhar de qualquer outra forma que não fosse a ditatorial.

Os primeiros projetos do palco apresentavam um hemisfério que então se retrairia para revelar o palco. Essa ideia teve que ser abandonada logo quando se tornou claro que tal estrutura, embora muito elegante, iria exigir a remoção de toda a plateia na área em frente ao palco. A versão final foi concebida a partir de uma série de intrincados modelos, mas mesmo esses acabaram por apresentar alguns problemas quando se passou para a construção concreta.

Quando o palco estava completamente erguido, descobrimos que, devido a todos aqueles múltiplos andares, nichos e alcovas que havíamos construído, nem todos os músicos conseguiam se ver, exigindo um sistema de visualização por telas de vídeo ou ESP para fazer contato. Foi um pouco também um pesadelo de segurança e saúde, com um extraordinário número de alçapões. Eu achava que o palco da turnê anterior era difícil de navegar, mas esse novo palco era positivamente labiríntico em um modo parecido com um U-boat, porque era muito fácil cair em algum alçapão ou beco sem saída da iluminação.

Tendo passado pela luta da montagem do palco, focamos nossa atenção para os instrumentos, tentando evitar tornar nossa bela superfície em algo que lembrasse um ferro-velho. Muitas boas horas foram passadas na Drum Workshops, a fábrica de Clive Brooks, meu técnico de bateria, projetando os suportes para um *kit* que funcionasse com aquele palco. Gary Wallis e eu acabamos com cerca de trinta tambores, vinte *pads*, quarenta pratos e um número desconhecido de outros acessórios afixados nos extensores, uma instalação que nos deveria ter qualificado para o Turner Prize.

Havíamos esperado usar monitores de ouvido para evitar as feias cunhas que desordenam a frente dos palcos. Infelizmente, o sistema não funcionou bem, e fomos obrigados a voltar aos retornos (essa foi talvez uma das últimas turnês na qual se usou grandes caixas de retorno, pois os fones de ouvido foram sendo melhorados). Entretanto, pude usar um pequeno rádio e fones de ouvido o que implicava que o meu retorno tinha um nível de volume não mais alto que um Walkman moderado, e uma mixagem consistindo principalmente do baixo, percussão e a guitarra solo, não aquela recomendada para uso geral.

Enquanto isso, Marc Brickman foi despachado para encontrar os melhores e mais atuais desenvolvimentos em efeitos e luzes. Uma das suas expedições foi na Hughes Corporation. Como uma das maiores fábricas de armamento nos Estados Unidos, e devido à cessação das batalhas olho no olho com a URSS, estava ansiosa para encontrar novos usos para toda aquela nova tecnologia militar que agora estava ociosa. Fins pacíficos para tecnologia militar parece muito bom em princípio, mas não é tão fácil quanto parece. Infelizmente, a despeito das maravilhosas ofertas de negócio, não conseguimos pensar em nenhum uso para um míssil Sidewinder - pelo menos não durante o show...

Nossa busca por inovação técnica foi também frustrada quando descobrimos que não poderíamos usar um determinado e enormemente poderoso projetor - uma possibilidade que exploramos como uma alternativa ao vídeo - uma vez que o motor do projetor, como uma turbina, quando acionado não poderia ser parado sob pena de a coisa toda explodir. A possibilidade de transportar ao redor do globo um projetor girando a 400.000 revoluções por minuto assombrou até mesmo os melhores profissionais da equipe. Com certeza, ninguém da banda estava preparado para embarcar no mesmo voo.

Enquanto olhávamos para antigos registros, decidimos voltar para materiais mais velhos e reintegramos o nosso velho conhecido Peter Wynne Wilson. Depois do seu envolvimento conosco em 1967 e 1968, Peter esteve trabalhando de várias formas, com um grupo de teatro *hippie* viajando em um ônibus, organizando a iluminação para outras bandas, trabalhando como marceneiro, produzindo móveis para o coreógrafo de Pan's People Flick Colby, produzindo prismas para a revolução da discoteca, e desenvolvendo um aparelho denominado PanCam que usava um espelho operado remotamente em frente a um holofote.

Peter se reuniu com Marc Brickman, tendo, em suas palavras "muita diversão", trabalhando com alguns *slides* líquidos e recriando os Daleks. Avanços técnicos deixaram mais difícil de recriar o aspecto dos originais. O nível de calor gerado por uma luz de 6KW implicava que em vez das originais cores pigmentadas, as cores tinham que ser diacrônicas. Enquanto que nos anos 1960 ele podia usar o calor do projetor para fazer um pouco do trabalho e secadores de cabelo para esquentar os *slides*, para as novas versões um completo sistema de ar condicionado teve que ser instalado. Entretanto, os novos Daleks, maiores que nunca, eram muito melhores em um aspecto: devido a elementos de segurança sequer considerados nos anos sessenta, eles eram consequentemente muito menos perigosos à vida do que as versões que ameaçavam nos decapitar como loucos guerreiros samurais.

Tudo estava indo bem na frente da iluminação. Em outro aspecto, entretanto, onde os novos clipes estavam em curso, pilhas de roteiros estavam chegando enquanto Storm tentava desesperadamente conseguir qualquer reação ou resposta, o tempo passava. Um dos nossos problemas era decidir quais peças seriam tocadas durante o show. Não fazia sentido fazer filmes de meio milhão de dólares se então decidíssemos que não gostaríamos de tocar a canção. Eventualmente, possuíamos cinco peças de filmes sendo produzidas – se não estivéssemos finalizando o álbum e ensaiando ao mesmo tempo, poderíamos ter nos divertido experimentando aquela miniatura de rotina em um estúdio de Hollywood.

Os ensaios musicais para a turnê aconteceram nos estúdios Black Island em West London, um pouco atrasados devido a ausência do guitarrista solo e principal vocalista, que estava mais uma vez detido no barco trabalhando nas mixagens finais. Tim Renwick substituiu David como diretor musical. Felizmente, uma vez que havíamos tocado as peças no álbum, todos estávamos familiarizados com a música nova, que não era nada complicada em comparação com a música do álbum anterior.

Então rumamos para Palm Springs, mas ao invés de melhorar nossas técnicas de tênis, seguimos para os ensaios de palco – na Base Aérea de Norton, perto de San Bernardino. Esses eventos não ocorreram sem problemas. Em um ponto, um armador visivelmente trêmulo que estava trabalhando a uma altura de seis metros acima no ápice do arco desceu e sugeriu a evacuação da área. A estrutura toda estava se curvando e a ideia de uma centena de toneladas de aço colapsando, unida com o cancelamento dos shows por pelo menos três meses, deu à experimentada equipe da turnê uma pausa para reflexão. Com sorte, a falha no projeto poderia ser retificada, mas provou-se novamente que aquela miríade de cálculos no computador e projeções não são iguais à montagem final.

A quantidade de trabalho sendo gerada e empreendida era enorme. Tínhamos os filmes em produção, palco e efeitos sendo construídos e equipamento sendo montado; novas peças do palco e do show exigiam uma grande carga de trabalho e modificações para operarem adequadamente. Como é de praxe, tivemos que produzir 30 por cento a mais de equipamentos do que ao final utilizamos, pois descartamos aqueles que não cumpriram as expectativas ou se mostraram muito caros ou perigosos.

Um clássico exemplo disso nessa turnê foi um problemático guindaste mecanizado de cinco toneladas, com iluminação afixada, que viajava em um trilho acima de nós. Quando aquilo finalmente caiu do seu trilho (felizmente não machucando ninguém), Mark Fisher e Robbie Williams, que eram as pessoas responsáveis por transportá-lo, e mesmo a banda que pagou por aquilo, mas estava tocando abaixo, ficaram aliviados em vê-lo desaparecer para sempre.

VENDE-SE
Um guindaste de cinco toneladas. Com trilho e acessórios
para iluminação
Serve para empreiteiras ou antigas bandas de rock.
$100. Coletar na Base Aérea de Norton, San Bernardino

Como sempre, houve um período estranho de um dia ou dois quando a banda chegou para bagunçar tudo o que a equipe esteve fazendo nas duas últimas semanas. Nesse ponto, a equipe teve que passar pela parte mais cansativa de todas, aprender a melhor forma de carregar os caminhões desmontando e reerguendo o palco. Isso não é tão fácil e automático quanto parece. Há uma exata ordem para fazer o carregamento de acordo com o que pode ser desmontado por primeiro e o que precisa ser guardado por primeiro. E dado que, com o limitado espaço atrás do palco, há um igualmente importante cronograma para estacionar os caminhões na ordem certa, um simples fator econômico vem à tona: um caminhão a menos por um período de nove meses pode pagar cerca de doze festas da equipe, um carro novo, ou simplesmente os honorários advocatícios por alguns dias, ou horas.

Conseguimos superar a maior parte dos vários pequenos problemas. Como os filmes de Storm foram por necessidade preparados utilizando-se as canções em suas versões originais, descobrimos que havia problemas de sincronismo com as versões ao vivo. Entretanto, agora sabíamos alguns truques – o filme podia ser abstrato o suficiente no meio para nos dar um pouco de movimento livre, e Jim Dodge, nosso projecionista das turnês anteriores havia se tornado um mestre na técnica de ajustar a velocidade do projetor para assegurar que o começo e particularmente os finais ficassem sincronizados.

As canções tocadas eram uma mistura de novas e velhas, incluindo "Astronomy Domine", a qual não era tocada havia vinte e cinco anos, talvez mais, e que nos trouxe memórias de Syd no palco usando o seu conjunto de manga longa. "High Hopes" foi uma nova canção que adicionamos – completa com um sino gigante, infelizmente operado por um dispositivo que o acionava em vez do forte cavalheiro da Rank Organisation.

O show estava ganhando corpo. Nossa habilidade de aprender com a experiência finalmente estava aparecendo nessa turnê. Apesar de os shows iniciais da turnê de 1987 terem sido muito excitantes, porém fracos na performance em grupo, a despeito da competência individual dos músicos, agora possuíamos uma boa noção de como apresentar o show. Tudo o que precisávamos fazer agora era pagar os custos.

Ainda tenho sentimentos um pouco confusos sobre o patrocínio da turnê. Apresentar um grande show se tornou uma operação muito cara e o patrocínio pode ser um ingrediente útil na mistura. Mas sempre há uma secreta desconfiança no fundo da minha mente (e acho que David sente isso mais do que eu) de que há um risco tal que o patrocínio pode abrandar as forças criativas. O argumento de que sem o patrocínio o preço dos ingressos seria maior é contraposto pela visão a qual uma banda pode pegar menos dinheiro e alcançar o mesmo efeito. Não há dúvida de que negociações envolvendo o tamanho e o posicionamento de anúncios e logomarcas podem se tornar bastante tensas.

Dito isso, fiquei feliz em ter um patrocinador da altura da Volkswagen. O primeiro item na agenda no nosso novo relacionamento com a companhia seria um carro do Pink Floyd. A VW já possuía certa experiência no trabalho com bandas: no ano anterior a empresa havia patrocinado uma turnê do Genesis. Eles haviam aprendido com alguns erros. Fomos informados de que uma versão do carro vinha de fábrica com um conjunto de cores iguais àquelas presentes no símbolo do orgulho gay, fato que a sabidamente machista indústria automobilística e suas vendas falharam em apreciar.

Quando as discussões começaram, houve um entendimento de que não desejávamos nosso nome associado com um ultrarrápido *hatchback*. No lugar disso, decidimos produzir uma versão do Golf que podia ser considerada a mais segura e ecologicamente correta (pode ser dito que um carro ecologicamente correto é uma contradição em termos, como um crocodilo vegetariano por exemplo, mas existem níveis...).

Convocamos a ajuda de um amigo chamado Peter Stevens. Ele é um projetista de carros respeitadíssimo e também professor interino da Royal College Of Art. Encontramo-nos algumas vezes ao longo dos anos, Peter e eu desenhamos a arte gráfica dos carros que pilotei em Le Mans com a equipe Richard Lloyd Racing. Ele também havia trabalhado com Gordon Murray, um dos melhores projetistas de carros de corrida (que também possuía um entusiasmo de longa data para com a guitarra elétrica), conhecido pelo seu trabalho com a equipe McLaren na Fórmula 1. A experiência de Peter com o projeto de carros de corrida de todos os tipos nos deu oportunidade de pelo menos manter nossas sugestões no campo das possibilidades em vez de sugerir mudanças que demorariam sete anos para serem inseridas na linha de produção. O melhor momento ocorreu quando visitamos a grande fábrica da Volkswagen. A VW talvez esperava que fosse apenas um exercício protocolar de apertos de mão, mas os seus gabaritadíssimos engenheiros ficaram assustados quando perceberam que estávamos acompanhados do Doutor Professor Stevens, seu antigo tutor, para avaliar o trabalho que haviam feito.

Peter também achou a experiência instrutiva. Ele percebeu que Steve O'Rourke estava levando consigo um sobretudo com ele durante toda a jornada. Foi apenas antes de entrar na reunião que Steve vestiu o sobretudo. Peter achou isso curioso e perguntou a Steve o porquê. Steve explicou que aquele era o seu sobretudo *mean bastard*. O volume extra que o sobretudo dava a ele, unido com o fato de que ele passou toda a reunião em pé ao invés de sentar-se havia se mostrado uma valorosa ferramenta de negociação. Embora Peter nunca tenha comprado um sobretudo, ele investiu em um par de botas *mean bastard*, as quais ainda são usadas para as eventuais reuniões de confronto. Ele afirma que elas são extremamente efetivas.

Depois de tantos anos fazendo as turnês com nossos próprios recursos, não estávamos acostumados em lidar com outra organização que operava com regras muito diferentes, logo, ocorreram uma série de desentendimentos. Mas o produto final foi um exercício muito mais que gratificante – o carro vendeu muito bem na Europa – e é com certeza mais caro ao meu coração do que até mesmo os mais finos espumantes.

As condições climáticas são sempre um obstáculo, e após alguns ensaios em condições perfeitamente secas, a chuva apareceu logo a partir do primeiro show. Durante uma apresentação – a mais molhada de todas – o equipamento gradualmente piorou. O PA estava soando distintamente aguado, os retornos estavam falhando e a minha bateria foi ficando cada vez mais encharcada. Amarramo-nos à vela-mestre no melhor estilo Hornblower e tocamos o máximo que foi possível, mas a uma certa altura fomos obrigados a abandonar o barco. Isso serviu para nos lembrar que os caros shows em estádios são muito difíceis de controlar. Possuíamos efeitos fabulosos – especialmente o gigante globo espelhado – mas tudo estaria perdido se o palco inundasse.

Devido às sessões em Britannia Row, David, Rick e eu nos sentíamos muito mais como uma banda na estrada. Entretanto, com o nossa reticência tradicional, esquecemo-nos de retransmitir isso para o resto da banda – quase a mesma com a qual trabalhamos na turnê de 1987 – e então, do ponto de vista deles a situação era um pouco diferente. O espírito de grupo que David, Rick e eu estávamos aproveitando ameaçou diluir o sentimento geral de equipe, e certamente mudou a dinâmica. Quando, logo após a turnê ter começado, decidimos receber sozinhos a primeira onda de aplausos, isso, para dizer o mínimo, não melhorou a situação. O resto da equipe recriou sua própria dinâmica ao estabalecer uma boate móvel embaixo do palco, abaixo da estrutura construída para a iluminação e som, que imitava o Donkey's Knob, e se tornou o lugar para várias performances informais pós-show – e até mesmo ocasionais durante o show.

Depois de três shows na Florida e no Texas, cruzamos a fronteira para uma noite na Cidade do México. Essa foi a primeira vez em que tocamos na América Latina. A atmosfera era mais selvagem, mais exuberante e o público era consideravelmente mais jovem comparado ao dos EUA. A plateia não apenas estava vendo o seu primeiro concerto do Pink Floyd como também parecia estar descobrindo a própria música. Ao final da passagem da turnê na América do Norte, e depois de duas noites em Nova Iorque, voamos para Lisboa e seguimos para as datas na Europa, embora com uma pequena pausa em julho para David e Polly se casarem em Londres.

No início de setembro, estávamos em Praga (novamente um lugar novo para nós). Na noite anterior a que tocamos no Strahov Stadium para 120.000 pessoas, tivemos um jantar com Václav Havel, dramaturgo e ex-prisioneiro político que era agora o primeiro-ministro. Não foi o "banquete" de que os tabloides gostam (por que eles insistem nesse discurso de Billy Bunter?), mas um jantar informal em um café nas margens do rio. Alguns de nós haviam feito a lição de casa que consistia na leitura de alguns dos livros de Václav para mostrar um pouco de conhecimento sobre o seu trabalho – e imaginamos se Vaclav havia ficado acordado durante a noite toda ouvindo nossa coleção de CDs. Alguns dos seus ministros pareciam ter sido críticos de rock nas vidas passadas. Realmente penso se no novo regime a polícia secreta estaria agora fazendo críticas de álbuns.

Enquanto isso, ainda tivemos alguns problemas viajando disfarçados. Quando chegamos à Itália, fui mais uma vez lembrado sobre como temos sorte por termos cultivado uma atitude discreta. Os *paparazzi* locais estavam amontoados no aeroporto esperando a nossa saída do avião. A prova de nosso difícil reconhecimento foi observada no fato de eles ainda estarem esperando, apontando as suas lentes na direção das portas mesmo após termos saído do avião, passado por eles e subido no ônibus.

Essa turnê finalizou-se em Lausane em 25 de setembro, ou pelo menos parecia que era o fim da turnê, pois Nettie e eu seguimos para o sul da França a fim de nos recuperarmos da sequência de shows em estádios. Entretanto, ainda tivemos uma série de noites para tocar *indoor* no Earls Court em outubro. Em 1987, tocamos na Wembley Arena e no Docklands, logo, havia se passado quatorze anos em que havíamos tocado em um dos nossos lugares favoritos, um lugar cheio de história, bem no meio do coração de Londres. Entretanto, tocar em casa implicava um exorbitante número de pessoas querendo entrar como convidados. Minha filha Chloe estava trabalhando para mim à época e teve que lidar com o intrincado esforço de arranjar ingressos e lugares durante todo o ano. Em Londres, entretanto, ela teve a tarefa mais dura de todos os tempos.

As sutilezas dos passes para a entrada no santuário interior fornecem um belo tema para monografias. "Acesso à Todas as Áreas" significa metade do caminho até o camarim, "VIP" leva a um nível adiante. Uma pulseira verde permite a você passar por mais um portão. Depois disso, é útil você ser parte de equipe do show, um familiar, ou ter o visual louco que assegura que sempre há alguns lunáticos que conseguem estar onde com certeza eles não deveriam. Um gerente da turnê ficou assustado quando encontrou um desconhecido no seu escritório que sugeriu que ele batesse na porta antes de se intrometer.

Decidimos que a renda obtida com os concertos em Londres seria dada à caridade, e desenvolvemos uma complexa fórmula para assegurar que as pequenas instituições com as quais possuímos vínculos pessoais se beneficiariam juntamente com as maiores que todos apoiávamos. Isso resultou em uma série de sessões de fotografia com cada uma das instituições, que com razão, queriam obter a máxima exposição a partir do evento. Infelizmente, nenhuma delas conseguiu, porque logo antes do início do show uma seção completa da arquibancada colapsou.

As luzes já haviam sido apagadas quando, por entre o zumbido de expectativa da plateia, ouvi o que parecia soar como o rugir de um trovão. Talvez algumas das fitas de efeitos sonoros havia sido tocada na hora errada. A notícia de que uma seção da arquibancada havia caído veio rapidamente. Não havia alternativa além de ligar as luzes imediatamente e conseguir ajuda para as pessoas presas e primeiros-socorros para aqueles que precisavam. O show daquela noite foi cancelado. No dia seguinte, apenas algumas pessoas ainda estavam hospitalizadas, o que foi um alívio para todos, exceto para os ainda feridos, é claro.

Por sorte, havíamos programado um dia extra de descanso dentro da série de apresentações lá, então pudemos marcar a data alguns dias mais tarde, para que a maioria – infelizmente, não todos – pudessem ver o show que havia sido cancelado. A despeito dos acontecimentos da primeira noite, os shows foram um final adequado para a turnê. Todo o trabalho anterior assegurou que os shows fossem tão bons quanto eles podiam ser e o envolvimento com a caridade nos deu uma sensação de bem-estar extra. Douglas Adams se juntou a nós em um show em Earl's Court em 28 de outubro de 1994, numa oportunidade em que lhe oferecemos o espetáculo, parte como presente de aniversário, parte como agradecimento pelo título do álbum *Division Bell*. Meu conselho, o qual claramente na excitação do momento ele esqueceu, foi: "Aconteça o que acontecer Douglas, não olhe para baixo...".

Durante os shows de Earls Court, um inesperado e muito bem-vindo visitante apareceu nos camarins: era Bob Klose. Eu não o via desde os dias do Tea Set em meados dos anos 1960, embora por coincidência ele tenha se casado com uma das minhas antigas colegas da escola Frenshman. Isso me lembrou de que alguns anos mais tarde, durante o Goodwood Festival of Speed, uma chegada ainda mais inesperada do passado foi a do nosso colega de turma de Regent Street Poly, Clive Metcalf. Alguém com uma grande falta de tato fez um comentário inapropriado de que Clive, tendo escolhido deixar a banda, deveria se sentir como alguém que havia perdido um bilhete de loteria premiado. Clive calmamente replicou dizendo que, quando ele e Keith Noble decidiram se separar do resto de nós, eles pensavam que eram eles que estavam fazendo a certa decisão para a carreira.

Nas palavras de Clive, "De qualquer forma, pensávamos que vocês eram os perdedores...".

Depois do último show em Earls Court, sendo o rebelde do rock' n' roll que eu sou, confisquei as máquinas de lavar. Na turnê anterior, descobrimos que havíamos gastado centenas de milhares de dólares em toalhas fornecidas pelos *promoters*, então dessa vez levamos nossas próprias instalações. Levei as máquinas de lavar industriais para casa, onde elas alegremente giraram por vários anos depois...

Embora na época os concertos em Earls Court fossem simplesmente o final de mais uma turnê, eles acabaram marcando uma significante cessação de atividade. Durante os dez anos seguintes, lançamos um álbum ao vivo e um vídeo, ambos chamados *Pulse*, contendo o material da turnê, assim como várias coletâneas e remasterizações do nosso trabalho em novos formatos. Mas não entramos em turnê novamente, tampouco lançamos qualquer material inédito.

David, acho eu, francamente admitiria que ele é o menos ansioso para voltar ao combate. Ele parece ter pouca vontade para enfrentar todas as implicações de colocar toda a maquinaria de turnê para funcionar mais uma vez. Ainda assim, não quero sugerir de que isso é necessariamente o fim do Pink Floyd como uma força ativa. Há várias coisas que ainda não fizemos. Nunca desenvolvemos a ideia de David para uma guinada rumo ao conceito "acústico". Nunca lançamos as fitas "ambientais" das sessões de *Division Bell.* E ainda não apareci na seção cômica "Que Fim Levou" do programa *Never Mind The Buzzcocks.* Após tanta inatividade musical, estive pensando em como finalizar este livro. Entretanto, fui surpreendido ao receber material para um adequado *posfácio*... e logo em seguida farei a melhor conclusão possível.

POSFÁCIO

CABE AQUI FAZER algumas atualizações. Em janeiro de 2001, eu estava indo para um feriado com a minha família na ilha Mustique no Caribe. Depois do início de cada ano, um piquenique é feito para arrecadar fundos para a escola local. Durante a festa, subitamente senti um forte par de mãos agarrar os meus ombros e depois o meu pescoço. De frente a mim, vi os olhos de Nettie cheios de surpresa...

Era Roger. Tendo ele me visto na festa, veio por trás e me pegou desprevenido. Havíamos nos visto apenas algumas vezes durante os últimos quinze anos ou mais. Eu frequentemente pensava como seria o clima se nos encontrássemos novamente e como me comportaria em tal situação. Todos esses planos foram por água a baixo.

Roger e eu começamos a conversar e continuamos por quase toda aquela tarde e nos encontramos mais duas vezes durante aquele feriado. Depois de toda a água que passou por debaixo das pontes do passado, foi muito bom fazer as pazes com um dos meus mais antigos amigos. Uma grande carga emocional foi deixada na alfândega de Mustique.

Mais tarde naquele ano recebi um convite para uma participação especial com Roger na Wembley Arena durante a sua turnê de 2002. Eu não disse "sim" prontamente – a ideia me pareceu um pouco assustadora – mas não demorou muito para perceber que se perdesse aquela oportunidade eu me arrependeria para sempre. Eu havia passado tempo suficiente lamentando a nossa separação, logo parecia particularmente estúpido não aproveitar essa ocasião para demonstrar publicamente uma já amadurecida reconciliação. Toquei apenas um número – o arranjo de Roger para "Set The Controls For The Heart Of The Sun" – mas a noite foi fantástica. A banda de Roger foi muito bem receptiva, e um toque especial foi dado pela possibilidade de tocar junto com Harry Waters, que estava nos teclados; além de ser filho de Roger, Harry é também meu afilhado.

Tocar com Roger novamente foi uma alegria. Adorei os ensaios. A despeito de muitas garantias de que os anos intervenientes haviam abrandado o temperamento de Roger, fiquei feliz ao perceber que qualquer imperfeição no show era tratada com o familiar grito irado do palco para a mesa de mixagem.

E aquele era o fim, eu genuinamente pensava. Quando *Inside Out* foi publicado pela primeira vez em setembro de 2004, a possibilidade do Pink Floyd tocar junto novamente, com ou sem Roger, era um pergunta obrigatória em todas as entrevistas. Eu enfrentava essas perguntas com determinação, mas ainda tentava oferecer um último vislumbre de otimismo, uma vez que até onde sei, nossas atividades não haviam sido encerradas.

Quando a revista *Mojo* publicou uma edição especial dedicada à banda naquele outono, Roger e eu fomos entrevistados. A Roger foi perguntado sobre a possibilidade de descongelar suas relações com David, uma sugestão que ele educada e firmemente esmagou: "Eu não consigo pensar por quê. Ambos somos indivíduos muito truculentos e eu não acho que isso irá mudar". Em outra publicação, David comparou a ideia de uma reunião a "dormir com a ex-esposa" – não parecia esperançoso.

Na minha entrevista, as duas últimas questões eram: "Haverá outro álbum do Pink Floyd?" e "Existe a possibilidade de um concerto do Pink Floyd com Roger Waters para o trigésimo aniversário de *Wish You Were Here*?". Eu respondi: "Consigo me imaginar fazendo algo assim. Mas não consigo crer que Roger gostaria. Acho que David teria que estar se sentindo extremamente motivado para voltar ao trabalho. Seria fantástico se pudéssemos fazer alguma coisa como outro Live Aid; um importante evento desse tipo justificaria uma reunião. Seria maravilhoso. Mas talvez eu esteja sendo muito sentimental. Você sabe como os velhos bateristas são".

Bem, coisas estranhas aconteceram. Seis meses mais tarde alguém me mostrou um comentário feito por Bob Gedolf em um entrevista na TV na qual ele disse que havia visto uma fala minha mencionando que uma possível reunião do Pink Floyd apenas ocorreria em um evento beneficente. Infelizmente, não posso reclamar qualquer crédito pelo resultado final, mas com certeza uma ideia foi plantada no cérebro de Bob e ele pensou de fazer um evento similar ao Live Aid vinte anos depois do primeiro.

Eu estava tão por fora dos planos dele que, quando a minha esposa Nettie me disse que Bob estava ao telefone em um dia de junho de 2005, eu não tinha ideia do motivo por que ele estava ligando. Ocasionalmente havíamos nos encontrado em eventos sociais no comitê de caridade para o Roundhouse Trust desde a sua aparição como Pink no filme de *The Wall*, mas não nos havíamos falado regularmente.

As primeiras ações de Bob para montar o Live 8 ainda não haviam penetrado na minha consciência. Bob então me falou sobre o evento e disse que ele havia falado com David sobre a possibilidade de o Pink Floyd se apresentar, mas David havia dito que não faria. Bob, como sempre, viu essa resposta negativa meramente como um inspirador desafio, e disse que visitaria David em sua casa para discutir o assunto mais apropriadamente. Bob já estava em East Croydon quando David telefonou para dizer: "Nem adianta tentar", mas Bob decidiu que insistiria de qualquer forma. Entretanto, mesmo com um direto e pessoal apelo de um homem famosamente persuasivo, ele ainda não conseguiu fazer David mudar de ideia.

O que estava claro para mim era que David tinha razões perfeitamente aceitáveis para não querer reformar o grupo para o Live 8. A banda não estava trabalhando, e ele havia passado os últimos anos recentes trabalhando nos seus projetos solo. Ele sabia que se decidíssemos tocar, todo o mundo, incluindo a gravadora, a imprensa e os fãs, estariam clamando para lançarmos algum novo material e anunciarmos uma turnê. Do ponto de vista de David, o momento não era adequado para uma reunião – e então, sob a luz dos eventos subsequentes, acho que foi o seu maior sacrifício.

Bob me perguntou se eu poderia mediar um acordo com David. Eu disse que não, simplesmente porque pensei que adicionar a minha voz ao coro não o faria mudar de ideia – na verdade, poderia ter o efeito completamente contrário. Como mais tarde destaquei, você pode levar um cavalo até a água, mas você não pode fazê-lo beber; no caso de David, você sequer consegue levá-lo perto da água. Entretanto, trazer Waters para David poderia dar certo...

Senti que precisava fazer alguma coisa e acabei por mencionar a ideia para Roger. Entretanto, eu não queria que Roger pensasse que eu estava usando a nossa recentemente restabelecida amizade para começar a pedir favores. Decidi agir com precaução. Mandei um *e-mail* para Roger e fiz as mais tímidas referências a Bob querendo nossa ajuda na sua jornada para salvar o planeta. Se Roger não respondesse, as coisas terminariam ali. Pelo menos eu havia empreendido a minha melhor, embora débil, tentativa.

Roger respondeu prontamente o meu *e-mail* perguntando o que Bob queria que fizéssemos. "Honestamente, eu não tenho certeza", trepliquei, com a mesma mistura de dissimulação e diplomacia que havia marcado nossa primeira conversa na Regent Street Poly havia mais de quarenta anos. Na sequência, Roger ligou para Bob. A despeito das distrações da vida doméstica de Bob ao fundo, Roger conseguiu entender que Bob queria que nos reagrupássemos. Então a família de Bob ganhou a precedência novamente e ele disse que teria de ligar para Roger mais tarde.

Roger foi imediatamente favorável à ideia de tocarmos juntos novamente em um evento que era politicamente afinado com seus próprios sentimentos, especialmente porque a intenção de Bob não era arrecadar fundos, mas içar um grande lema global e mandar uma clara mensagem sobre a miséria para os líderes que iriam comparecer à reunião de cúpula do G8 em Gleneagles.

Quando Bob telefonou para Roger novamente, duas semanas e meia haviam se passado. Roger perguntou a Bob qual seria a data do evento Live 8 e fui subitamente atingido pelo fato de que seria em menos de um mês: não havia mais tempo para reflexão. Ele se ofereceu para o último gesto e ligou para David. "Olá", Roger disse quando o telefone foi atendido, "acho que nós devíamos participar do evento". David ainda estava incerto, preocupado porque talvez a sua voz e suas partes na guitarra estivessem muito enferrujadas, uma ideia que Roger combateu rapidamente. David pediu um pouco de tempo para ponderar sobre o assunto. Vinte e quatro horas mais tarde, ele já havia ponderado o suficiente.

Desse modo, em uma sexta-feira de junho, apenas três semanas antes do evento, David telefonou para Bob, Roger e para mim, dizendo: "Vamos participar". Para todos nós estava claro que o Live 8 era sobre conscientização e a reunião do Pink Floyd proporcionaria mais atenção para o evento, embora Roger tenha deixado absolutamente claro que não estava preparado para ser uma banda de apoio para as Spice Girls ou uma banda de tributo ao ABBA. A despeito disso, Bob chegou a descrever Roger como um grande diplomata – isso realmente era um acontecimento novo.

Entretanto, havia mais uma pessoa que deveria concordar. Rick não havia sido parte das primeiras negociações uma vez que elas principalmente envolveram Roger e David, mas era imperativo que ele fosse parte de qualquer reunião da banda. Se iríamos fazer, faríamos do jeito certo. Rick disse sim prontamente, embora possa ter ocorrido um certo tremor de susto em sua voz devido à possibilidade de ele voluntariar-se para reentrar no que uma vez foi, para ele, algo parecido a uma arena de gladiadores.

No domingo, as notícias foram oficialmente dadas após semanas de rumores fazendo com que a roda do moinho trabalhasse mais que um moedor de pimenta italiano. David publicou uma afirmação na qual ele dizia, com muita propriedade, que "quaisquer disputas que

Roger e a banda tiveram no passado são muito pequenas nesse contexto". Roger, respondendo às insinuações de que seria apenas uma mera desculpa para alguns geriátricos músicos de rock promoverem a sua discografia, disse com satisfação: "Os cínicos irão nos ridicularizar. Eles que se danem!".

Os editores de manchete tiveram um grande dia. Machados foram enterrados. Desavenças foram afastadas. E porcos voadores subitamente apareceram na capa de alguns tabloides. Richard Curtis sugeriu que se a banda pudesse concordar sobre quais músicas seriam tocadas, então com certeza a reunião de cúpula do G8 poderia chegar a um acordo prático para resolver os problemas da África.

Por alguma razão as nossas dificuldades internas, com certeza não diferentes daquelas de muitas outras bandas, haviam sido colocadas em uma representação mítica como a maior contenda na história do rock. Tendo passado por elas, posso honestamente relatar (e espero que *Inside Out* tenha refletido isso), de que não foi a Terceira Guerra Mundial, ou se foi, eu teria que dizer que foi uma guerra em termos justos.

Diverti-me com uma tira de Toby Moore no jornal *The Times* que deu aos leitores uma "visita exclusiva" aos ensaios da banda para o Live 8, com todos nós sentados no estúdio enquanto uma fila de advogados verificava se um fá sustenido poderia ou não ser incluído. Gosto da frase que ele atribuiu a mim, dizendo que rock' n' roll era somente sobre "recriminações e advogados". Outro jornal também informou que a irmã de Syd, Rosemary, havia perguntado a Syd o que ele pensava sobre a reunião do Pink Floyd. Ela disse que ele não esboçou qualquer reação. "Ele não é mais Syd", ela disse. "Ele é Roger agora".

Uma vez que a decisão foi tomada, uma das nossas primeiras tarefas foi decidir o que tocar. Inicialmente, Roger e David discutiram isso, com alguma colaboração de Bob. Sugeri que os números a serem tocados deveriam ser aqueles com o andamento mais lento...

A dez dias do evento, nós quatro estávamos reunidos no Connaught Hotel, em Londres, para fazer a escolha final. Foi uma ótima reunião de negócios. Todos sem dúvida estávamos no nosso melhor humor e rapidamente começamos a discutir sobre o que precisava ser feito, embora, como sempre, acabássemos por mergulhar em antigas piadas da banda para dissipar qualquer eventual tensão.

Trouxemos junto uma seleção de fitas de vídeo – algumas dos shows de Roger, o resto das últimas turnês do Pink Floyd – para usarmos no show. Incapazes de romper com o hábito de toda uma vida, achamos que um aprimoramento extra era necessário, o que significava que eu teria que sentar com Roger em uma ilha de edição para selecionar as sequências que acompanhariam as músicas tocadas. Isso me lembrou como eu apreciava a maneira com que Roger gosta de trabalhar. Sob pressão, nenhum tempo foi desperdiçado, mas embora Roger tenha mantido uma noção de clareza sobre o que ele queria, ele ainda assim podia levar a bordo outras ideias se elas parecessem que iriam funcionar.

Concordamos em ensaiar durante três dias em Black Island e em convidar Tim Renwick e Jon Carin para tocar conosco – uma clara ligação com o primeiro Live Aid quando John estava na banda de Bryan Ferry junto com David. Dick Parry trouxe o seu saxofone e Carol Kenyon se juntou a nós como cantora de apoio em "Comfortably Numb". Também conseguimos trazer conosco uma equipe de colaboradores de longa data, incluindo Phil Taylor (nosso mais antigo funcionário), meu técnico de bateria Clive Brooks, o técnico de guitarra de Roger, Colin Lyon, Andy Jackson para a mesa de mixagem e James Guthrie cuidando do som para a televisão. Todos estávamos um pouco mais velhos e talvez um pouco mais sábios, e até mesmo conseguimos ter algumas saudáveis diferenças de opinião sobre como as peças deveriam ser tocadas sem acionar o botão de autodestruição. Um *frisson* de tensão ocorreu quando Rick estava falando sobre um determinada linha do baixo que Guy Pratt havia usado em uma das turnês anteriores (Guy se casou com Gala, filha de Rick, logo após a turnê de *Division Bell*). Roger, ouvindo isso, disse: "Rick, o que você e o seu genro fazem em particular não me interessa...".

Na véspera do show do Live 8, reunimo-nos no Hyde Park. Dentro da área imediatamente em frente ao palco, estavam dispersos o pessoal da segurança, membros das bandas e suas famílias, que assistiram à Madonna ensaiar a sua apresentação. Fiquei feliz ao ver meus dois meninos, Guy e Cary, sorrindo para mim na frente do palco, obviamente demonstrando um talento precoce na arte de passar pela segurança. Com o anoitecer e depois da checagem individual do som finalizada, começamos a tocar. O ensaio ocorreu de forma tranquila, embora tenha havido, devo confessar, um certo nível de instabilidade no departamento da bateria. Entretanto, como todos os bons ensaios de véspera, ele nos deu grande espaço para melhoramentos na noite seguinte.

O sábado, 2 de julho, chegou e sabíamos que subiríamos no palco com atraso – ficou claro que seria uma impossibilidade física para o evento todo cumprir o cronograma – então planejamos chegar ao Hyde Park por volta das seis horas da tarde. Em melhor juízo, pareceu absurdo perder a abertura de uma ocasião tão importante e acho que todos já havíamos chegado quando o primeiro show começou. Fui para a frente do palco para assistir a Paul McCartney e o U2 tocarem "Sgt. Pepper" e mesmo como um experiente e calejado veterano do mundo da música, estava comovido pelo poder e pela força do que estava acontecendo no palco e na plateia.

Nos bastidores, combinou-se que cada camarim ficaria livre uma hora ou mais antes de cada artista prestes a entrar no palco, o que excluía quaisquer excessos no estilo das divas. Demos algumas entrevistas para a mídia e reforçamos a mensagem sobre os ideais do Live 8, o que me ajudou a entender que havíamos feito a decisão certa em nos reunir; na ausência de quaisquer malabaristas e cuspidores de fogo, providenciamos a necessária "novidade" que deve ter feito o público pensar: "O que será que os fez fazer isso?", e refletir sobre a verdadeira mensagem do evento.

A nossa vez no palco foi adiada ainda mais quando um céu encoberto assumiu o lugar de um belo pôr do sol. Quando subimos ao palco às onze horas da noite em ponto, havíamos passado pela comum expectativa da espera, adrenalina correndo nas veias enquanto o nervosismo escalava vários níveis. Mas logo quando a fita com os batimentos cardíacos de "Breathe" começou com o palco escurecido eu já estava relaxado, aproveitando o fato de tocar com a banda, em vez de me concentrar nos números da audiência.

Foi fantástico tocar com os outros novamente - Rick tocando suas únicas texturas, David seguro como sempre, perfeitamente afinado e lírico, e Roger tocando aquelas familiares linhas de baixo e as letras de sua composição com a linguagem corporal que me mostrou que ele realmente estava feliz. A performance foi boa e sóbria, e conseguimos manter distante a excitação demasiada a despeito da importância do evento, nos limitando a dizer: "Olá Londres!". Entretanto, as palavras comedidas de Roger antes de "Wish You Were Here", mencionando Syd, garantiram a realização de um contato significativo com o público.

Depois da nossa despedida final, fomos para os bastidores onde houve muita emoção não contida em curso, mas tenho prazer em informar que, como bons soldados que somos, nós quatro demonstramos aquele inescrutável olhar contido que é parte da fina tradição Pink Floyd...

E a partir de agora a história deve se pausar. O que se acreditava impossível aconteceu, e verdadeiramente sentimos que fizemos a melhor contribuição que poderíamos ter feito para apoiar Bob na sua missão.

Antes da nossa reunião no Live 8, Roger já havia feito a sua própria contribuição para este livro. No final da gestação, após ele ter finalizado a leitura do manuscrito, nos reunimos em um hotel em Londres para falar sobre os comentários dele. Havia passado um bom tempo para ele fazer as correções e para questionar algumas das minhas interpretações e ênfases. Essas observações foram feitas em tinta verde, enquanto ele virava as páginas eu ocasionalmente me assustava ao ver seções nas quais o uso da tinta verde era intenso. Em uma determinada página, Roger simplesmente rabiscou: "Bobagem" sobre todo o texto. Entretanto, após a nossa sessão sobre o livro, ainda estávamos nos sentindo sociáveis o suficiente para irmos a um jantar com a minha esposa Nettie e a namorada dele, Laurie. Deveríamos ter partido, mas Gerry Scarfe veio pelas costas de Roger e o agarrou de surpresa... Não, de novo não.

David deve frequentar a mesma livraria que Roger, pois seus comentários também foram feitos com uma caneta marca-texto verde, e ele teve o mesmo cuidado com a tarefa. No caso de David, particularmente apreciei os seus comentários, pois sabia que ele sempre tratou com reservas quaisquer tentativas de qualquer um de nós para escrever a história da banda, uma vez que nenhum de nós pode estar presente em cada momento decisivo ou criativo da história, e então a verdade nunca seria definitiva. Fiz o meu melhor para capturar o clima de cada período, e embora eu tenha tentado ser imparcial, sei que a maioria dos momentos está colorida com os meus próprios sentimentos de alegria, tristeza ou estafa.

Rick também adicionou seus comentários, mandados via fax de um iate no Caribe. Fiquei particularmente intrigado ao descobrir que após todos esses anos ele finalmente pôde revelar a real razão porque havia recusado a dar para Roger um cigarro quando estávamos na Poly. Primeiramente, Rick disse, que Roger havia sido agressivo ao pedir os cigarros – pouca surpresa até aqui. Mas pior, tendo os cigarros em suas mãos, Roger havia pegado o maço e retirado o plástico protetor da embalagem, o qual Rick era zeloso em mantê-lo intacto.

Ah, ainda há Syd. Ou, como agora devo escrever, houve Syd. Quando eu estava escrevendo este livro, eu não achei apropriado tentar contatar Syd. Ele havia tido sua própria vida agora por um longo tempo, e aparecer na sua porta em Cambridge para mostrar o texto teria sido algo extremamente invasivo e injusto. Após sua morte em 7 de julho de 2006, escrevi algumas linhas para a revista *Time*, e incluo estas breves palavras em tributo: "Syd foi o núcleo que criou o Pink Floyd. Apesar de a banda continuar e crescer depois de sua saída, minha opinião é de que num negócio que faz a teoria do caos parecer uma estratégia maquiavélica, sem a participação dele no início, as chances eram de nenhum de nós seguirmos no caminho da música e o Pink Floyd simplesmente não existiria".

Houve pouco tempo para me recuperar da morte de Syd antes de Rick partir também, apenas dois anos depois, em setembro de 2008. Rick já não andava bem, mas as notícias não foram menos chocantes. O que mais me marcou foi a sensação de desequilíbrio causada por sua perda. Rick talvez nunca receba os créditos – tanto dentro quanto fora da banda – que ele merecia por seu talento, mas a peculiaridade, flutuando entre texturas e cores que ele trouxe ao grupo, foi absolutamente fundamental para que o público reconhecesse o som do Pink Floyd. Musicalmente ele estava em harmonia conosco. Sua abordagem ao tocar era genuinamente única: uma vez, ele nos falou sobre sua filosofia musical: "técnica é tão secundária para ideias". Muitos bons tecladistas poderiam imitar e recriar suas partes, mas ninguém além de Rick teve a façanha de criá-las.

Seu memorial foi realizado no Notting Hill Theater. Foi uma maravilhosa despedida a um amigo que fez parte da minha vida por mais de quatro décadas, e um evento que apresentou um sentimento de satisfação, mais do que de tristeza, tanto socialmente, com muitos rostos familiares lá, quanto musicalmente. Jeff Beck tocou um belíssimo e desacompanhado solo de guitarra, algo inesperado, e Dave e eu apresentamos "Remember a Day", de Rick, pela primeira vez em quase cinquenta anos. Rick teria dito que a festa não foi tão formal, e era o que ele desejava.

Desde que comecei a trabalhar neste livro houve uma série de pessoas que estiveram ajudando ou dando apoio ao projeto que não estão mais entre nós. June Child, Tony Howard e Michael Kamen morreram durante esse período e Storm Thorgerson sofreu um grave derrame (embora tenha se recuperado o suficiente para produzir a capa e arte para *Inside Out*, e também para impor sua marca pessoal que o fez o terror da indústria fonográfica agora no mercado editorial). Entretanto, de longe a perda mais perturbadora para mim foi a de Steve O'Rourke, após um derrame em outubro de 2003. Dado que uma grande parte deste livro foi contada com Steve, passando por tempos difíceis da banda, incluí algumas linhas da carta que escrevi após o funeral dele.

"É da experiência em conjunto de que sinto falta. Nós podemos contar as histórias para as outras pessoas, mas revivê-las com alguém que estava presente tende a ser uma versão mais intensa das situações engraçadas, vexames ou puro temor vivido. Fiquei chocado ao perceber o quanto da minha vida foi compartilhada com Steve e do quão insubstituível ele é.

Posso dizer que me sinto como se tivesse perdido um companheiro de bordo. No afortunado navio 'Floyd', Steve e eu trabalhamos juntos por mais de trinta anos – principalmente como marujos. Servimos sob a liderança de severos capitães. O Louco Capitão Barrett foi o primeiro; seus olhos sagazes e suas fábulas sobre tesouros e estranhas visões quase nos levaram ao desastre, até que um motim nos colocou sob o domínio do cruel (Não tão bem-humorado) Roger... Mais tarde Roger andou descuidadosamente na sua própria prancha para ser substituído pelo Able Seaman Gilmour.

Através dessas aventuras, a despeito de várias promessas de promoção (algumas, lamento dizer, de Steve) permaneci como o cozinheiro do navio. Steve, acho eu, era o contramestre. Ele nunca pôde usar o uniforme de capitão, mas era frequentemente solicitado a navegar o barco por mares revoltos ao passo que toda a tripulação discutia sob o convés sobre como dividir o tesouro.

Dado que nunca há crédito o suficiente para corresponder ao vasto elenco de egocêntricos contidos em uma banda é improvável que seja um dia devidamente reconhecido. Honestamente, ele era sábio o suficiente para saber disso e sorria com a eventual menção do seu nome nos 'Agradecimentos' ou até mesmo nos 'Agradecimentos especiais' que a contragosto constavam no encarte. Inevitavelmente, há importantes contribuições de Steve neste livro, mas lamento o fato de que não pude concordar com todas enquanto ele dizia, 'Não, não, não, Nick, não foi assim'".

Relendo tudo, sinto que a lista daqueles que já não estão mais conosco deveria ser mórbida e conclusiva demais, e se eu sentasse e meditasse sobre o que esta obra representa, lembraria de todos os bons momentos, mais do que dos ruins ou tristes. Confesso que fiquei maravilhado quando, no encontro Goodwood Revival alguns anos atrás, eu estava reunido com Joe Mayo aos seus 89 anos. Ele foi o tutor da Regent Street Poly a quem agradeci pelo sabático ano de que precisei especificamente para a banda decolar. Depois disso, Joe me contou que na sua opinião eu poderia ter sido um bom arquiteto, algo que não lhe ousei perguntar, mas ainda houve tempo para uma mudança de carreira.

E se você está se perguntando por que esta parte está ao final do livro ao invés de aparecer no usual prólogo, prefácio ou introdução, bem, este livro se chama *Inside Out*...

CRONOLOGIA

Uma miscelânea de datas e fatos

1943

28 de julho de 1943
Nasce Rick Wright

6 de setembro de 1943
Nasce Roger Waters

1944

27 de janeiro de 1944
Nasce Nick Mason

18 de fevereiro de 1944
Eric Fletcher Waters morre em Anzio

1945

8 de maio de 1945
Dia da Vitória – o fim da Segunda Guerra Mundial na Europa

6 de agosto de 1945
Bomba atômica lançada sobre Hiroshima

1946

6 de janeiro de 1946
Nasce Syd Barrett

6 de março de 1946
Nasce David Gilmour

31 de maio de 1946
O aeroporto de Heathrow em Londres é inaugurado

1947

14 de outubro de 1947
Chuck Yeager quebra a barreira do som no X-1

1948

O primeiro disco em formato LP 33 1/3 é lançado pela Columbia Record Co.

30 de janeiro de 1948
Mahatma Gandhi é assassinado

1949

2 de março de 1949
Primeiro voo de volta ao mundo sem escalas é realizado pelo Capitão James Gallagher em um Boeing B-50A

1950

1 de outubro de 1950
O primeiro cartão de crédito é lançado pelo Dinners Club

1951

Maio de 1951
O Royal Festival Hall é inaugurado em Londres como parte do Festival of Britain

Julho de 1951
O romance *O Apanhador no Campo de Centeio,* de J.D. Salinger, é publicado

1952

15 de junho de 1952
Publicação de *O diário de Anne Frank*

1953

5 de fevereiro de 1953
O racionamento de doces termina no Reino Unido

Abril de 1953
Brigitte Bardot causa grande impacto no Festival de cinema de Cannes

29 de maio de 1953
Edmund Hillary e Sherpa Tenzing escalam o Everest

2 de junho de 1953
Coroação da Rainha Elizabeth II

Dezembro de 1953
A primeira edição da revista *Playboy* é publicada

1954

6 de maio de 1954
Roger Bannister percorre uma milha em menos de quatro minutos

1955

17 de julho de 1955
A Disneylândia é inaugurada em Anaheim, Califórnia

30 de setembro de 1955
James Dean morre em um acidente de carro quatro semanas antes do lançamento do filme *Rebelde Sem Causa*

1956

31 de janeiro de 1956
Nasce John Lydon, mais conhecido como Johnny Rotten

Outubro de 1956
O álbum *Rock' n' Roll,* de Elvis Presley, é lançado. A canção "Rock With The Caveman", de Tommy Steele, aparece nas paradas no Reino Unido

1957

Fevereiro de 1957
Bill Haley and the Comets excursionam pelo Reino Unido, a primeira turnê feita por um artista de rock

5 de setembro de 1957
On The Road, de Jack Keroauc, é publicado

4 de outubro de 1957
Sputnik, o primeiro satélite no espaço, é lançado

1958

A primeira gravação em estéreo é lançada

Fevereiro de 1958
A Campanha Nacional pelo Desarmamento Nuclear (CND) é fundada em Londres

25 de março de 1958
Elvis Presley ingressa no exército dos EUA

16 de agosto de 1958
Nasce Madonna Ciccone

29 de agosto de 1958
Nasce Michael Jackson

1959

3 de fevereiro de 1959
Morre Buddy Holly

26 de agosto de 1959
O minicarro de Alec Issigonis é lançado

Novembro de 1959
A M1, primeira estrada de alta velocidade britânica, é inaugurada, cobrindo o percurso entre St. Albans e Birmingham

1960

1 de maio de 1960
O avião espião U-2, pilotado por Gary Powers, é abatido pela União Soviética

6 de agosto de 1960
Chubby Checker estreia o programa *Twist on the Dick Clark Show*

1961

Nick Mason passa no teste de direção

Abril de 1961
Yuri Gagarin se torna o primeiro homem a viajar para o espaço

Agosto de 1961
O Muro de Berlim é erguido

1962

10 de julho de 1962
O satélite de comunicações Telstar é lançado

5 de agosto de 1962
Marilyn Monroe é encontrada morta

Setembro de 1962
Roger Waters, Richard Wright e Nick Mason começam o curso de arquitetura na Regent Street Polytechnic

Outubro de 1962
Crise dos mísseis em Cuba

5 de outubro de 1962
Estreia o primeiro filme com a personagem James Bond, *Dr. No*

1963

4 de junho de 1963
John Profumo, ministro conservador, renuncia após escândalo envolvendo uma prostituta

8 de agosto de 1963
O grande roubo do trem

9 de agosto de 1963
Primeira transmissão do programa *Ready Steady Go!* no canal ITV

7 de outubro de 1963
Primeiro voo do Learjet 23

22 de novembro de 1963
O presidente John Fitzgerald Kennedy é assassinado em Dallas, Texas

21 de dezembro de 1963
Primeira aparição dos Daleks no programa *Doctor Who*

1964

1 de janeiro de 1964
Primeira transmissão do programa *Top Of The Pops* na BBC TV

Maio de 1964
Mods e Rockers brigam em Brighton

Páscoa de 1964
Em alto-mar, a rádio pirata Radio Caroline começa a funcionar

Outubro de 1964
O governo de Harold Wilson do Labour chega ao poder

1965

Março de 1965
As primeiras tropas de combate dos EUA são mandadas ao Vietnã

29 de julho de 1965
O filme *Help!* dos Beatles é lançado

Agosto de 1965
Primeiro carnaval de rua de Notting Hill em Londres

15 de agosto de 1965
Os Beatles tocam para uma plateia recorde de mais de 55.000 fãs no Shea Stadium

Outubro de 1965
Tea Set toca na festa de aniversário de Libby January e Rosie January

25 de outubro de 1965
Os Beatles recebem seus MBEs da Rainha.

1 de novembro de 1965
Acontece a primeira apresentação no Fillmore Auditorium em São Francisco, Califórnia

1966

17 de janeiro de 1966
Simon & Garfunkel lançam *Sounds Of Silence*

Março de 1966
O Pink Floyd toca no evento Spontaneous Underground no Marquee Club

29 de junho de 1966
O primeiro cartão de crédito britânico, o Barclaycard, é lançado

30 de julho de 1966
A Inglaterra ganha a Copa do Mundo de Futebol

8 de setembro de 1966
Primeira transmissão de *Jornada Nas Estrelas*

30 de setembro de 1966
Primeira apresentação do Pink Floyd no All Saints Hall, Powis Gardens, Londres

15 de outubro de 1966
Festa de lançamento do *IT* no Roundhouse

31 de outubro de 1966
Blackhill Enterprises é fundada por Peter Jenner e Andrew King

4 de novembro de 1966
John Lennon diz que os Beatles são "mais populares que Jesus Cristo"

29 de novembro de 1966
Última apresentação no All Saints Church Hall

3 de dezembro de 1966
É realizado o evento "Psychodelphia vs Ian Smith" no Roundhouse

12 de dezembro de 1966
Evento "You're Joking" acontece no Royal Albert Hall

23 de dezembro de 1966
Inauguração do UFO

26 de dezembro de 1966
A Revolução Cultural é declarada na China

1967

6 de janeiro de 1967
O evento "Freak Out Ethel" é realizado no Seymour Hall, Londres

11-12 de janeiro de 1967
Sessão de gravação no Sound Techniques Studio em Chelsea incluiu "Arnold Layne"

17 de janeiro de 1967
Show no Commonwealth Institute

12 de fevereiro de 1967
A casa de Keith Richards no Redlands em Sussex é invadida pela polícia

1 março de 1967
O Queen Elizabeth Hall, em South Bank, Londres é inaugurado

11 de março de 1967
O *single* "Arnold Layne" é lançado

17 de março de 1967
O *single* "Purple Haze" do Jimi Hendrix Experience é lançado

1 de abril de 1967
Coletiva de imprensa na EMI

29-30 de abril de 1967
Festival "14 Hour Technicolour Dream" em Alexandra Palace, Londres

Maio de 1967
O *single* "A Whiter Shade Of Pale" do Procul Harum entra nas paradas do Reino Unido

12 de maio de 1967
Evento "Games For May" no Queen Elizabeth Hall

Junho de 1967
É lançado o álbum *Sgt. Pepper's Lonely Heart Club Band* dos Beatles

16 de junho de 1967
O *single* do Pink Floyd "See Emily Play" é lançado

16-18 de junho de 1967
Acontece o Monterey International Pop Music Festival

27 de junho de 1967
O primeiro caixa eletrônico é instalado no Barclays Bank, Enfield

6 de julho de 1967
Primeira aparição no *Top Of The Pops*, tocando "See Emily Play"

28 de julho de 1967
Último show na locação original do UFO em Tottenham Court Road

5 de agosto de 1967
The Piper At The Gates Of Dawn é lançado

12 de agosto de 1967
7th National Jazz and Blues Festival, Windsor

30 de setembro de 1967
A BBC lança a *Radio 1*. A primeira faixa tocada (pelo DJ Tony Blackburn) é "Flowers In The Rain", do The Move

3 de outubro 1967
Chuck Yeager marca novo recorde de velocidade no ar Mach 6.7 no X-15

9 de outubro de 1967
Che Guevara é morto pelas tropas do governo da Bolívia

3 de novembro de 1967
A primeira turnê nos EUA começa na casa de shows Winterland, São Francisco

9 de novembro de 1967
É publicada a primeira edição da revista *Rolling Stone*

3 de dezembro de 1967
Primeiro transplante de coração realizado com sucesso pelo Dr. Christian Barnard

14 de dezembro de 1967
Começo da turnê com Jimi Hendrix no Royal Albert Hall

18 de dezembro de 1967
O *single* "Apples And Oranges" é lançado

22 de dezembro de 1967
O Pink Floyd toca no evento "Christmas On Earth Continued" no Olympia Exhibition Hall, Londres

24 de dezembro de 1967
Apollo 8 entra na órbita da lua. Frank Borman, Jim Lovell e Williams Anders tornam-se os primeiros humanos a conhecer o lado escuro da lua.

1968

12 de janeiro de 1968
Primeira aparição do Pink Floyd com cinco integrantes contando com David Gilmour

4 de abril de 1968
Martin Luther King é assassinado em Memphis, Tennessee

6 de abril de 1968
A saída de Syd é oficialmente anunciada

12 de abril de 1968
"It Would Be So Nice" é lançado

29 de abril de 1968
A Broadway estreia *Hair*

Maio de 1968
Onda de motins liderada pelo movimento estudantil em Paris

28 de maio de 1968
Nasce Kylie Minogue

5 de junho de 1968
Robert Kennedy é assassinado em Los Angeles, Califórnia

29 de junho de 1968
"A Saucerful Of Secrets" é lançado.

Concerto gratuito no Hyde Park

8 de julho de 1968
Começa a segunda turnê nos EUA

15-17 de agosto de 1968
Scene Club, cidade de Nova Iorque

20 de agosto de 1968
Tropas Soviéticas invadem a Checoslováquia para acabar com a "Prague Spring"

27 de outubro de 1968
Manifestação contra a Guerra do Vietnã em frente à Embaixada dos EUA na Praça Grosvenor em Londres é fortemente reprimida pela polícia

26 de novembro de 1968
Concerto de despedida do Cream no Royal Albert Hall

17 de dezembro de 1968
O *single* "Point Me At The Sky" é lançado

1969

2 de janeiro de 1969
Nick Mason casa-se com Lindy Rutter

9 de fevereiro de 1969
Boeing 747 realiza o primeiro voo

2 de março de 1969
Concorde realiza o primeiro voo

14 de abril de 1969
Evento "More Furious Madness From The Massed Gadgets of Auximenes", no Royal Festival Hall, Londres

13 de maio de 1969
Estreia de *More* no Festival de Cinema de Cannes

26 de junho de 1969
Royal Albert Hall, Londres, último show da primeira grande turnê no Reino Unido em dois anos

5 de julho de 1969
Os Rolling Stones tocam no Hyde Park e dedicam a apresentação à memória de Brian Jones

21 de julho de 1969
Neil Armstrong e Buzz Aldrin tornam-se os primeiros homens a caminhar na lua – a BBC usa a música do Pink Floyd para a aterrissagem na lua

15-17 de agosto de 1969
Acontece o Woodstock Music and Arts Festival

29-31 de agosto de 1969
Acontece o The Isle of Wight Festival

5 de outubro de 1969
Primeira transmissão da BBC do *Monty Python's Flying Circus*

25 de outubro de 1969
Ummagumma é lançado

6 de dezembro de 1969
Os Rolling Stones se apresentam em Altamont Speedway, Califórnia

1970

3 de janeiro de 1970
O álbum *The Madcap Laughs* de Syd Barrett é lançado

5 de fevereiro de 1970
Estreia de *Zabriskie Point*

10 de abril de 1970
Paul McCartney anuncia que os Beatles estão se separando

16 de abril de 1970
Apollo 13 retorna à Terra com segurança

4 de maio de 1970
Quatro manifestantes são mortos pela polícia no campus da Kent State University, Ohio, em um protesto contra a Guerra do Vietnã

27 de junho de 1970
Pink Floyd se apresenta no Bath Festival of Blues and Progressive Music

18 de julho de 1970
Segundo concerto gratuito no Hyde Park

26 de julho de 1970
Começo da miniturnê da Riviera no Festival International Jazz d' Antibes

27 de julho de 1970
A revista *Oh, Calcuta!* de Kenneth Tynan's Revue estreia em Londres

18 de setembro
Morre Jimi Hendrix

19-20 de setembro de 1970
Acontece o primeiro Glastonbury Festival (então conhecido como Pilton Festival)

Outubro de 1970
É lançado o álbum *Jesus Christ Superstar,* de Andrew Lloyd e Tim Rice

4 de outubro de 1970
Morre Janis Joplin

10 de outubro de 1970
Atom Heart Mother é lançado

14 de novembro de 1970
O álbum *Barrett* de Syd Barrett é lançado

1971

15 de fevereiro de 1971
A Grã-Bretanha adota moeda na escala decimal

2 de abril de 1971
Nasce Chloe Mason

8 de maio de 1971
Arsenal conquista FA Cup e a Liga dos Campeões no mesmo ano

12 de maio de 1971
Mick Jagger se casa com Bianca Perez Moreno de Macias

14 de maio de 1971
Relics é lançado

15 de maio de 1971
Crystal Palace, Londres

20 de maio de 1971
A Philips lança o primeiro videocassete

2 de junho de 1971
Oz abre processo sobre obscenidade

3 de julho de 1971
Morre Jim Morrison

1 de agosto de 1971
Concerto para Bangladesh em Nova Iorque, organizado por George Harrison

6-7 de agosto
Hakone Festival, Japão

13 de agosto de 1971
Início da primeira turnê na Austrália

4-7 de outubro de 1971
Filmagens de *Live At Pompeii*

10 de outubro de 1971
A reconstruída ponte de Londres é inaugurada em Lake Havasu City, Arizona

5 de novembro de 1971
Meddle é lançado

1972

24 de janeiro de 1972
A Segunda Guerra Mundial finalmente acaba para o soldado japonês Shoichi Yokoi, após 27 anos em um esconderijo na ilha Guam

17 de fevereiro de 1972
Pré-estreia para imprensa de *The Dark Side Of The Moon* no Raibow Theater, Londres

21 de fevereiro de 1972
Richard Nixon viaja para a China para se reunir com o premier Zhou Enlai

15 de março de 1972
Estreia do filme *O Poderoso Chefão*

1 de junho de 1972
Começam as sessões de gravação do *The Dark Side Of The Moon* pela EMI em Abbey Road

3 de junho de 1972
Obsecured By Clouds é lançado

1 de setembro de 1972
Bobby Fisher se torna campeão mundial de xadrez ao derrotar Boris Spassky

Setembro de 1972
Olga Korbut fascina a Olimpíada de Munique

Novembro de 1972
Estreia de *Live At Pompeii.* Apresentações com o Balé de Marselha de Roland Petit e final da turnê na Europa

1973

1 de janeiro de 1973
O Reino Unido, acompanhado da Irlanda e da Dinamarca, se junta à EEC

24 de março de 1973
The Dark Side Of The Moon é lançado (Inicialmente lançado nos EUA em 10 de Março de 1973)

18-19 de maio de 1973
Apresentações em Earls Court

23 de novembro
Uri Geller, extraordinário entortador de colheres, aparece no programa da BBC *Dimbledy Talk-In*

15 de dezembro de 1973
*A Nice Pai*r é lançado

1974

4 de fevereiro de 1974
Patty Hearst é sequestrada pelo Exército Simbionês da Libertação

13 de fevereiro de 1974
Nasce o cantor Robbie Williams

6 de abril de 1974
O Abba vence o concurso Eurovision Song com a canção "Waterloo"

26 de julho de 1974
O álbum *Rock Bottom* de Robert Wyatt é lançado

9 de agosto de 1974
O presidente Richard Nixon renuncia devido ao escândalo de Watergate

1 de outubro de 1974
Primeira franquia do McDonald's no Reino Unido é inaugurada em Woolwich, zona sul de Londres

4 de novembro de 1974
Início da Turnê de Inverno na Inglaterra no Usher Hall em Edimburgo

1975

24 de março de 1975
Nasce Holly Mason

8 de abril de 1975
A turnê *Wish You Were Here* começa em Vancouver

30 de abril de 1975
A Guerra do Vietnã formalmente acaba com a queda de Saigon

20 de junho de 1975
A pirâmide balão se solta das amarras em Pitsburgo

5 de julho 1975
Knebworth Festival

17 de julho de 1975
Soyuz 19 e Apollo 18 acoplam. Fim da corrida espacial

20 de julho de 1975
A sonda Voyager I chega a Marte

5 de setembro de 1975
Wish You Were Here é lançado

1 de outubro de 1975
"O Suspense em Manila": Muhammad Ali vs Joe Frazier

20 de dezembro de 1975
O vídeo de "Bohemian Rapsody" aparece no *Top Of The Pops*

1976

18 de fevereiro de 1976
Controvérsia sobre os tijolos de Carl Andre na Tate Gallery, Londres

3 de dezembro de 1976
O porco Algie escapa em Battersea

Novembro de 1976
O *single* dos Sex Pistols "Anarchy In The UK" é lançado

1977

Nick Mason compra um Ferrari 250 GTO com a placa "250 GTO"

28 de janeiro de 1977
Animals é lançado. A turnê mundial de *Animals* começa em Westfalenhalle, Dortmund

19 de maio de 1977
Os Sex Pistols aparecem no programa *Bill Grundy Show*

25 de maio de 1977
É lançado o primeiro filme da série *Guerra nas Estrelas, Episódio IV: Uma Nova Esperança*

2-7 de junho de 1977
Celebração do Jubileu de Prata da Rainha Elizabeth II

18 de junho de 1977
A canção "God Save The Queen" dos Sex Pistols alcança a primeira posição nas paradas britânicas

6 de julho de 1977
Show da turnê de *Animals* no Olympic Stadium em Montreal

16 de agosto de 1977
Morre Elvis Presley

16 de setembro de 1977
Morre Marc Bolan

Novembro de 1977
O álbum *Music For Pleasure* do The Damned é lançado

16 de dezembro de 1977
O filme *Os Embalos de Sábado À Noite* é lançado

1978

O jogo "Space Invaders" é lançado

Janeiro de 1978
O *single* de estreia de Kate Bush "Wuthering Heights" é lançado, e alcança a primeira posição nas paradas do Reino Unido

25 de julho de 1978
Nasce Lousie Brown, primeiro bebê de proveta do mundo

7 de setembro de 1978
Morre Keith Moon

27 de dezembro de 1978
Fim de quarenta anos de ditadura na Espanha

1979

A Sony lança o Walkman

2 de fevereiro de 1979
Morre Syd Vicious

Abril de 1979
Começam as gravações de *The Wall* na França

4 de maio de 1979
Margaret Thatcher se torna a primeira mulher a ocupar o cargo de primeiro-ministro na Inglaterra

9-10 de junho de 1979
Primeira pilotagem de Nick Mason nas 24 Horas de Le Mans

12 de junho de 1979
Primeiro voo movido a músculos humanos sobre o Canal da Mancha por Bryan Allen no "Gossamer Albatross"

30 de novembro de 1979
The Wall é lançado

22 de dezembro de 1979
"Another Brick In The Wall, Part 2" se torna a canção mais executada no Reino Unido

1980

5 de fevereiro de 1980
O cubo mágico é lançado nos EUA

7 de fevereiro de 1980
A turnê *The Wall* começa na LA Sports Arena

22 de março de 1980
The Dark Side Of The Moon alcança a maior permanência de um álbum contemporâneo nas paradas dos EUA após 303 semanas

17 de julho de 1980
Saddam Hussein se torna presidente do Iraque

21 de novembro de 1980
É transmitido o episódio "Who Shot J.R.?" do seriado *Dallas*

8 de dezembro de 1980
John Lennon é morto a tiros na cidade de Nova Iorque

1981

O jogo de videogame "Pac-Man" é lançado

9 de fevereiro de 1981
Morre Bill Haley

12 de abril de 1981
Primeiro ônibus espacial decola

13-17 de junho de 1981
Série de cinco apresentações de *The Wall* em Earls Court – os últimos shows com David, Nick, Roger e Rick em 24 anos

29 de julho de 1981
Casamento do Príncipe Charles e da Princesa Diana

7 de setembro de 1981
Começam as filmagens para o filme *The Wall*

23 de novembro de 1981
A Collection Of Great Dance Songs é lançado

1982

O jogo de tabuleiro Trivial Pursuit é lançado

Janeiro de 1982
Erika Rose tem um ataque cardíaco em Twickenham durante uma partida internacional de rúgbi

Abril de 1982
Sinclair ZX Spectrum é lançado

2 de abril de 1982
Início da Guerra das Malvinas: Argentina e Inglaterra lutam pelo controle das Ilhas Falkland/Malvinas

23 de maio de 1982
O filme *The Wall* estreia em Cannes

1983

1 de janeiro de 1983
É criada a Internet

21 de março de 1983
The Final Cut é lançado

29 de outubro de 1983
The Dark Side Of The Moon se torna o LP com a mais duradoura permanência nas paradas após 491 semanas

1984

Nick Mason se junta à equipe Rothmans Porsche para a filmagem de *Life Could Be A Dream*

Janeiro de 1984
É lançado o Apple Macintosh 128K, hoje um clássico

30 de abril de 1984
O álbum *The Pros And Cons Of Hitchhiking* de Roger Waters é lançado

Junho de 1984
É publicado o livro *O Guia do Mochileiro das Galáxias* de Douglas Adams

16 de setembro de 1984
Primeira transmissão de *Miami Vice*

Novembro de 1984
A canção "Do They Know It's Christmas?" do Band Aid é lançada

1985

19 de fevereiro de 1985
Primeira transmissão da BBC de *EastEnders*

Março de 1985
Mikhail Gorbachev sucede Chernenko na presidência da União Soviética

Maio de 1985
É inaugurado o The Groucho Club no Soho em Londres

13 de julho de 1985
Acontecem os shows do Live Aid no Estádio Wembley em Londres e no Estádio JFK na Filadélfia

David Gilmour toca com a banda de Bryan Ferry no show realizado em Wembley

19 de agosto de 1985
O álbum *Profiles* de Nick Mason e Rick Fenn é lançado

1 de setembro de 1985
Os destroços do *Titanic* são encontrados

1986

23 de janeiro de 1986
Primeiras indicações ao Rol da Fama do Rock and Roll, incluindo Chuck Berry, James Brown e Elvis Presley

30 de abril de 1986
Chernobyl explode

16 de maio de 1986
O filme *Top Gun: Ases Indomáveis* é lançado

22 de junho de 1986
Diego Maradona marca o seu gol "com a mão de Deus" para a Argentina contra a Inglaterra na decisão da Copa do Mundo

1987

Janeiro de 1987
Mikhail Gorbachev lança a *glasnost* seguida pela *perestroika*

1 de fevereiro de 1987
As fitas DAT são lançadas pela Aiwa

Abril de 1987
Roger Waters comunica à imprensa sua saída do Pink Floyd

29 de maio de 1987
Matthias Rust aterrissa seu avião Cessna na praça Vermelha de Moscou

15 de junho de 1987
O álbum *Radio K.A.O.S* de Roger Waters é lançado

Agosto de 1987
O Pink Floyd ensaia em Toronto para o início da turnê *Momentary Lapse*

8 de setembro de 1987
A Momentary Lapse Of Reason é lançado

9 de setembro de 1987
Começa a turnê *A Momentary Lapse Of Reason* em Ottawa

1988

23 de janeiro de 1988
A turnê mundial *A Momentary Lapse Of Reason* começa em Western Springs, Nova Zelândia, e segue até 23 de Agosto de 1988 no Nassau Coliseum, Long Island

30 de abril de 1988
The Dark Side Of The Moon sai das paradas estadunidenses após 724 semanas figurando entre os 200 discos mais vendidos

21-22 junho de 1988
Shows em Versalhes

10 de novembro de 1988
O bombardeiro F-117 A Stealth é revelado

22 de novembro de 1988
O álbum ao vivo *Delicate Sound Of Thunder* é lançado

1989

14 de fevereiro de 1989
Fatwa representa contra Salman Rushdie por causa do livro *The Satanic Verses*

13 de maio de 1989
Começa a turnê *Another Lapse* em Wercher Park, Bélgica

Junho de 1989
A manifestação estudantil na Praça da Liberdade é reprimida em Pequim, China

3-4 e 6-7 de junho de 1989
Shows no Olympic Stadium, Moscou

15 de julho de 1989
Show em Veneza

18 de julho de 1989
A turnê *Another Lapse* se encerra em Marselha

26 de julho de 1989
Primeiro processo judicial pela criação de um vírus de computador nos EUA

2 de novembro de 1989
Cai o Muro de Berlim

1990

A Nintendo lança o Game Boy

11 de fevereiro de 1990
Nelson Mandela é libertado da prisão

31 de março 1990
Nasce Guy Mason

24 de abril de 1990
O telescópio espacial Hubble é colocado em órbita

21 de maio de 1990
Nick Mason se casa com Annette Lynton

30 de junho de 1990
Knebworth Festival

21 de julho de 1990
Roger Waters apresenta o show *The Wall* em Berlim

28 de novembro de 1990
Margaret Thatcher renuncia ao cargo de primeira-ministra

1 de dezembro de 1990
Os trabalhadores franceses e ingleses se encontram no Túnel do Canal da Mancha

1991

5 de setembro de 1991
O parlamento soviético vota pela dissolução da URSS

24 de setembro de 1991
Nasce Cary Mason

Outubro de 1991
Corrida Carrera Panamericana

1992

A rede mundial de computadores é lançada

13 de abril de 1992
É lançado o vídeo *La Carrera Panamericana*

1993

23 de junho de 1993
John Wayne Bobbitt tem o pênis decepado por sua esposa

13 de setembro de 1993
Yasser Arafat e Yitzhak Rabin apertam as mãos na Casa Branca com Bill Clinton

1994

30 de março de 1994
The Division Bell é lançado. Começa a turnê *The Division Bell* no Robbie Stadium, Miami

24 de outubro de 1994
Último show da turnê *Division Bell* em Earls Court

1995

30 de maio de 1995
O álbum ao vivo *Pulse* é lançado

2005

2 de julho de 2005
Nick, Roger, David e Rick se reúnem para o Live 8 no Hyde Park

2006

7 de julho de 2006
Morre Syd Barrett

2008

15 de setembro de 2008
Morre Rick Wright

CRÉDITOS DAS IMAGENS

Os editores agradecem às seguintes fontes por terem permitido a reprodução das fotografias deste livro. Somos particularmente gratos a Nick Mason pelo acesso concedido ao seu arquivo de fotos (ANM = Arquivo de Nick Mason). Todos os esforços necessários foram feitos no sentido de identificar os detentores dos direitos autorais, porém, qualquer omissão ou erro será corrigido nas futuras edições do livro.

Seção 1

Página 97 ANM
Página 98 ANM (ambas as imagens)
Página 99 (acima) Clive Metcalfe; (abaixo) ANM
Página 100 Mike Leonard (ambas as imagens);
Página 101 ANM
Página 102 ANM (ambas as imagens)
Página 103 (acima à esquerda) Peter e Sumi Jenner/Graham Keen; (acima à direita) ANM; (abaixo) ANM
Página 104 Graham Keen
Página 105 (acima) Adam Ritchie; (abaixo à esquerda) ANM/ Wendy Gair; (abaixo à direita) Adam Ritchie
Página 106 (acima) Dave Mills; (abaixo) Redferns/Andrew Whittuck
Página 107 (acima) Rex Features; (abaixo) ANM
Página 108 (acima) ANM; (abaixo) Colin Prime/www.rockarchive.com
Página 109 ANM (todas as imagens)
Página 110 ANM (ambas as imagens)
Página 111 ANM (ambas as imagens)
Página 112 Peter e Sumi Jenner

Seção 2

Página 161 Storm Thorgerson
Página 162 Strange Things Archive
Página 163 (acima) Jill Furmanovsky; (abaixo) ANM
Página 164 ANM
Página 165 ANM (ambas as imagens)
Página 166 Pictorial Press/Jeffrey Mayer
Página 167 (acima) ANM; (abaixo) The Collection of Steve O'Rourke
Página 168 Mick Rock
Página 169 Ron Geesin/Richard Stanley
Página 170 (acima) Juliette Wright/Gerard Bousquet; (abaixo) ANM
Página 171 Rex Features/Crollanza (ambas as imagens)
Página 172 ANM
Página 173 Repfoto/Robert Ellis
Página 174 (acima) Jill Furmanovsky; (abaixo) ANM
Página 175 ANM (ambas as imagens)
Página 176 Rex Features/Everett Collection

Seção 3

Página 273 ANM
Página 274 ANM (ambas as imagens)
Página 275 ANM (ambas as imagens)
Página 276 e 277 pirâmides, Hipgnosis; banda, Jill Furmanovsky
Página 278 (acima) The Collection of Steve O'Rourke; (abaixo) ANM/Jill Furmanovsky
Página 279 (acima e ao centro) ANM/Jill Furmanovsky; (abaixo) ANM
Página 280 Phil Taylor (ambas as imagens)
Página 281 (acima) Phil Taylor; (abaixo) ANM
Página 282 (acima) Jill Furmanovsky; (abaixo) ANM/Jean Cazals
Página 283 Robbie Williams
Página 284 Phil Taylor
Página 285 ANM (ambas as imagens)
Páginas 286 e 287 (todas as imagens) ANM
Página 288 ANM/Bob Jenkins

Seção 4

Página 337 ANM/Mark Fisher
Página 338 ANM
Página 339 (acima) Jill Furmanovsky; (abaixo) ANM/Bob Jenkins
Página 340 (acima) ANM; (abaixo) MGM/UA coretesia da The Kobal Collection
Página 341 LAT (todas as imagens)
Página 342 (acima) ANM/David Bailey; (abaixo) Jill Furmanovsky
Página 343 (acima) Rex Features/Nils Jorgensen; (abaixo) ANM/Dimo Safari
Página 344 (acima) Robbie Williams; (abaixo) ANM
Página 345 (acima) ANM; (abaixo) ANM/Dimo Safari
Página 346 ANM (todas as imagens)
Página 347 (acima) ANM/Dimo Safari; (abaixo) Holly Mason
Página 348 ANM (todas as imagens)
Página 349 ANM/Dimo Safari (todas as imagens exceto a abaixo à esquerda que pertence à Rex Features)
Página 350 ANM (ambas as imagens)
Página 351 (acima) Jill Furmanovsky; (abaixo) Brian Rasic/Rex Features
Página 352 Brian Rasic/Rex Features

Abertura dos capítulos

Capítulo 1 ANM
Capítulo 2 Redferns/Andrew Whittuck
Capítulo 4 ANM
Capítulo 5 Ron Geesin/Richard Stanley
Capítulo 6 ANM
Capítulo 9 ANM
Capítulo 10 ANM
Capítulo 11 ANM/Dimo Safari
Capítulo 12 ANM/Dimo Safari

ÍNDICE REMISSIVO

B

SOBRE O AUTOR

NICK MASON nasceu em Birmingham em 1944. Ele é – naturalmente – mais conhecido como o baterista do Pink Floyd. Quando não está atrás da bateria, outra paixão de Nick são as corridas de carro. Ele correu de forma intensa tanto com carros antigos quanto contemporâneos e competiu em cinco corridas Le Mans 24 horas. Em 1998, ele escreveu, com Mark Hales, *Into the Red*, uma celebração de 21 carros de sua coleção entre os quais modelos esportivos clássicos e de corridas (O livro, atualizado e ampliado, foi republicado como *Passion for Speed* em 2010). Nick tem escrito para uma ampla variedade de publicações incluindo *The Sunday Times*, *The Independent*, *Time*, *Tatler*, *GQ*, *Autosport*, *Classic Cars*, *Red Line*, *Octane* e *Cars for the Connoisseur*.

SOBRE O EDITOR DO ORIGINAL

PHILIP DODD é autor e editor especializado em música e cultura popular. É o autor do livro *The Book Of Rock* e também coeditor, ao lado de Charlie Watts e Dora Loewenstein, do livro *According to the Rolling Stones*. Foi o entrevistador e editor de Genesis: Chapter and Verse.

Impresso em São Paulo, SP, em novembro de 2013,
em Lux cream 70 g/m² e Couché fosco 115 g/m²
nas oficinas da Arvato.
Composto em Minion Pro, corpo 10 pt.

Não encontrando esta obra nas livrarias,
solicite-a diretamente à editora.

Escrituras Editora e Distribuidora de Livros Ltda.
Rua Maestro Callia, 123
Vila Mariana – São Paulo, SP – 04012-100
Tel.: (11) 5904-4499 – Fax: (11) 5904-4495
escrituras@escrituras.com.br
vendas@escrituras.com.br
imprensa@escrituras.com.br
www.escrituras.com.br